Nadine Kammermann

Argumentationen über den Klimawandel in Schweizer Medien

Sprache und Wissen

Herausgegeben von
Ekkehard Felder

Band 53

Nadine Kammermann

Argumentationen über den Klimawandel in Schweizer Medien

Entwicklung einer sektoralen Argumentationstheorie und -typologie für den Diskurs über Klimawandel zwischen 2007 und 2014

DE GRUYTER

Die Publikation wurde gefördert durch den Schweizerischen Nationalfonds zur Förderung der wissenschaftlichen Forschung.

Schweizerischer Nationalfonds

ISBN 978-3-11-153012-3
e-ISBN (PDF) 978-3-11-076080-4
e-ISBN (EPUB) 978-3-11-076127-6
ISSN 1864-2284
DOI https://doi.org/10.1515/9783110760804

Library of Congress Control Number: 2022933977

Bibliografische Information der Deutschen Nationalbibliothek
Die Deutsche Nationalbibliothek verzeichnet diese Publikation in der Deutschen Nationalbibliografie; detaillierte bibliografische Daten sind im Internet über http://dnb.dnb.de abrufbar.

Dieser Band ist text- und seitenidentisch mit der 2022 erschienenen gebundenen Ausgabe.
Dieses Buch ist als Open-Access-Publikation verfügbar über www.degruyter.com
Satz: bsix information exchange GmbH, Braunschweig

www.degruyter.com

Eine kurze Danksagung

Diese Arbeit wurde durch einen Doc.CH-Beitrag des Schweizerischen Nationalfonds gefördert.[1] Dieses Stipendium ermöglichte es mir, mich während vierzig Monaten intensiv mit diesem spannenden Thema auseinanderzusetzen und die Arbeit anschliessend Open Access zu publizieren. Die Dr. Joséphine de Karman-Stiftung überbrückte die kritischen drei Monate der Abschlussphase finanziell. Ich möchte den Dank aber nicht nur an diese beiden Institutionen aussprechen, die diese Arbeit aus finanzieller Sicht ermöglichten, denn es haben auch viele Menschen zu dieser Arbeit beigetragen und mich auf meinen Weg unterstützt. Diesen möchte ich an dieser Stelle danken. An erster Stelle sei hier Ass.-Prof. Mag. Dr. Martin Reisigl, mein Erstbetreuer, genannt, der mir stets mit Rat und Tat zur Seite stand und mich unterstützte. Aber auch Prof. Dr. Marcus Müller, mein Zweitbetreuer, und sein Team, haben zu der Arbeit beigetragen. Ein Dank gilt ferner den Forscher*innen der Capaciteitsgroep Taalbeheersing, Argumentatietheorie en Retorica, die mich an der Universität von Amsterdam herzlich aufgenommen haben. Und schliesslich danke ich auch Felix Bopst, der sich in der Abschlussphase tapfer durch die Dissertation arbeitete, und den zahlreichen Personen, die mich während dieser Zeit begleiteten.

1 http://p3.snf.ch/Project-162207 (letzter Zugriff 12.04.2022).

https://doi.org/10.1515/9783110760804-200

Inhaltsverzeichnis

1 Einleitung

«Beim Klima ist der Mensch ein Frosch»
(Südostschweiz 13.11.2009)

Diese Arbeit soll einen Einblick in die argumentativen Strukturen des massenmedialen Diskurses über Klimawandel in der deutschsprachigen Schweiz von 2007 bis 2014 geben. Sie reiht sich damit in eine Vielzahl von Arbeiten ein, die sich mit Diskursen über Klimawandel beschäftigen, denn der Klimawandel ist schon lange nicht mehr ein Themenkomplex, mit dem sich ausschliesslich Naturwissenschaftler*innen beschäftigen. Als komplexes Phänomen, dass nicht nur naturwissenschaftliche, sondern auch gesellschaftliche, moralische, politische oder sprachliche Dimensionen aufweist, ist es längst in der Mitte von Sozial- und Geisteswissenschaften angelangt. Trotzdem gibt es noch Leerstellen. Zwei davon sollen im Rahmen dieser Dissertation gefüllt werden. Erstens ist nur sehr wenig über den Diskurs in der Schweiz bekannt, obwohl dieser aus Forschungssicht interessant ist. In der Schweiz hat sich die Durchschnittstemperatur beinahe doppelt so stark erwärmt wie im globalen Schnitt (s. Akademien der Wissenschaften Schweiz 2016: S. 14). Zudem führen Gletscherschmelzen in den Alpen den eher abstrakten Klimawandel praktisch vor Augen.

Zweitens sind argumentationstheoretische Beschäftigungen mit dem Klimawandel die Ausnahme, auch wenn sie in letzter Zeit zugenommen haben, wie beispielsweise das Sonderheft *Environmental Argumentation* des *Journal of Argumentation in Context* (Lewiński & Üzelgün 2019) zeigt. Dies ist erstaunlich, denn eine Betrachtung dieser Diskurse aus argumentationstheoretischer Sicht ist notwendig. Nicht zuletzt deshalb, weil eine beachtliche Anzahl an Thesen aus unterschiedlichsten Handlungsfeldern aufgegriffen wird. Wie divers diese argumentativ verhandelt werden, wird in der Arbeit ausgearbeitet.

Anhand zweier Anlässe, die nach der Ausarbeitung des Konzepts für diese Arbeit stattfanden, möchte ich beispielhaft darlegen, dass der Klimawandel aus gesellschaftlicher Sicht keinerlei Relevanz eingebüsst hat und präsenter ist denn je.

Was Greta Thunberg 2018 begann, gipfelte in den ersten Monaten 2019 in die weltweite Bewegung *Fridays for Future*. In vielen Städten forderten Kinder und Jugendliche, aber auch Erwachsene die Politik dazu auf, mehr und stärkere Klimaschutzmassnahmen zu ergreifen (SDA/mac 15.03.2019).

Diese Klimastreiks zeigten Wirkung: Am 20. Februar 2019 rief Basel den Klimanotstand aus (Vischer 2019). Weitere Städte und Gemeinden folgten und verschiedene Parteien nahmen Klimaschutz in ihr Wahlprogramm auf. Gleichzeitig vermeldete die Weltorganisation für Meteorologie aber auch eine neue Rekord-

https://doi.org/10.1515/9783110760804-001

höhe an Treibhausgasen (Nullis 2018) und die Berichterstattung über den Klimawandel erreichte einen Höhepunkt, der seit über zehn Jahren nicht mehr erreicht wurde. Im Jahr 2014 sind in der *Neuen Zürcher Zeitung* 421 und in der *Berner Zeitung* 262 Artikel über den Klimawandel erschienen. Im Jahr 2019 waren es 778, respektive 556 Artikel.[1] Trotzdem scheinen die klimawandelskeptischen und mitigationskritischen Stimmen in der Öffentlichkeit genauso laut zu sein wie eh und je.

Die folgenden beiden Belege stammen aus Kommentarspalten zu Artikeln über diese Klimastreikbewegung.

> Klima-Demonstrationen werden bald zur Hysterie und Massenpsychose. Gletscher usw. Eismassen schmelzen auch ab, es drohen Städte im Meer zu versinken, usw. usw., die ganze Panik-Bewirtschaftung, ein Horrorszenario jagt das andere und nächste. Das hält die «Grünlinge» auf Trab, in Angst und Schrecken vor einem Nichtproblem. Das Nichtproblem ist die angebliche Klimaerwärmung wegen Co2 [sic!], das lebensnotwendig ist. Klimawandel gab es schon immer. Die Sonne ist der «Klima-Motor».
>
> (Kommentar zu SDA/mac , Tages-Anzeiger 15.03.2019)

> Ein Kinderkreuzzug fürs Klima – die Grünen sind sich offenbar für nichts zu schade. Erbärmlich ist das!
>
> (Kommentar zu Baumann, Berner Zeitung 15.03.2019)

Diese öffentlichen Reaktionen auf die Klimastreiks machen deutlich, was ich zuvor als diverse Verhandlungen bezeichnete und was Eubanks (2017: 108) mit dem folgenden Zitat ausdrückt:

> As much as some of us may wish it weren't, climate change's argumentative situation is – metaphorically speaking – war.

Nicht nur in der Gesellschaft fanden seit der Erarbeitung des Konzepts diskursrelevante Ereignisse statt, sondern auch auf klimapolitischer Ebene. Im Dezember 2015 wurde das Übereinkommen von Paris während der 21. Klimakonferenz verabschiedet. Es handelt sich dabei um das Nachfolgeprotokoll für das 2020 auslaufende Kyoto-Protokoll und verpflichtet unter anderem alle unterzeichnenden Parteien dazu, ihre Treibhausgasemissionen zu reduzieren:

> 1. This Agreement [...] aims to strengthen the global response to the threat of climate change, in the context of sustainable development and efforts to eradicate poverty, including by:

---

1 Hierbei handelt es sich um Artikel aus der *Neuen Zürcher Zeitung* und der *Berner Zeitung*, die mindestens eines der folgenden Suchwörter beinhalten: *Klimawandel*, *Wandel des Klimas*, *Klimaänderung*, *Klimakatastrophe*, *Klimaveränderung*, *Klimaerwärmung*, *Erderwärmung* und *Globale Erwärmung*.

> (a) Holding the increase in the global average temperature to well below 2°C above pre-industrial levels and pursuing efforts to limit the temperature increase to 1.5°C above pre-industrial levels, recognizing that this would significantly reduce the risks and impacts of climate change;
> (b) Increasing the ability to adapt to the adverse impacts of climate change and foster climate resilience and low greenhouse gas emissions development, in a manner that does not threaten food production; and
> (c) Making finance flows consistent with a pathway towards low greenhouse gas emissions and climate-resilient development.
>
> (UN 2015a: Artikel 2)

Das Übereinkommen trat am 4. November 2016 in Kraft. Die Schweiz ratifizierte es ein gutes Jahr später, am 6. Oktober 2017. Bis heute wurde es von 193 der 197 Vertragsstaaten unterzeichnet (s. UN 2015b)

Fernab vom Zusammenhang zwischen Artikeln und Kommentaren, die eben auch teilweise die Diskrepanz zwischen dem wissenschaftlichen Konsens und der öffentlichen Meinung widerspiegeln, zeigen diese Aktualitäten, wie komplex der öffentliche Diskurs über Klimawandel ist. Wissen aus unterschiedlichen Spezialdiskursen fliesst ineinander, ergänzt und überlagert sich. Und dabei war noch gar nicht die Sprache vom klimawissenschaftlichen Diskurs, der sich unter Umständen in folgender Weise manifestiert:

> A direct comparison, by either computing the new RCPs with old AOGCM versions or computing at least one of the SRES scenarios with the new model versions, could yield even more insights. Therefore, the inclusion of one of the SRES scenarios (for example, SRES A1B) in the set of scenarios ran by the CMIP5 models would be advantageous. Such an inclusion would greatly facilitate determining whether differences between CMIP3 and CMIP5 AOGCM results are due to the new scenarios or due to updated model version.
>
> (Rogelj, Meinshausen & Knutti 2012: 252)

Sowohl klimawissenschaftliche als auch -politische Diskurse sind Spezialdiskurse, die für Lai*innen nicht ohne Weiteres zugänglich oder verständlich sind. Sie sind geprägt von eigenen Werten und Normen. Mediendiskurse übernehmen an dieser Stelle als Interdiskurse eine Vermittlerfunktion und machen (Teile der) Spezialdiskurse in der Öffentlichkeit sichtbar:

> The role the media play is crucial. After all, most people get most of their information about science from the media [...]. Of course, scientific news stories are often inherently specialist, containing ideas and language that are unfamiliar to most of the lay public.
>
> (Painter 2013: 8)

Genau diese Funktion von Medien macht es lohnenswert, den massenmedialen Diskurs zu betrachten. «Medien sind Spiegel dessen, was gesellschaftlich anerkannt ist, wirken zugleich aber selbst wirklichkeitskonstitutiv.» (Tereick 2016: 28) In ihrer wirklichkeitskonstitutiven Funktion werden massenmediale Diskurse nun aber selbst – wie jeder andere Diskurs auch – von handlungsfeldspezifischen Werten und Normen (wie beispielsweise Nachrichtenwerte) geleitet. Es entsteht mit Blick auf die Verflechtungen der Diskurse ein äusserst komplexes Bild im massenmedialen Diskurs: Journalist*innen als Lai*innen bilden in einem Interdiskurs mit eigenen Feldspezifika Wissen aus verschiedenen Spezialdiskursen ab, die ihrerseits ebenfalls eigene Spezifika besitzen.

Im Rahmen dieser Arbeit soll es also darum gehen, welches Wissen im massenmedialen Diskurs wie sichtbar gemacht wird. Ich widme mich deshalb der Sichtbarmachung von Geltungsansprüchen und von argumentativen Strukturen, denn mittels solcher kann (strittiges) Wissen verhandelt oder plausibel gemacht werden.

Aus diesen einleitenden Beobachtungen ergeben sich zwei Fragestellungen, eine theoretische und eine praktische:

- Wie kann in einem Zusammenspiel von Theorie und Empirie die Methodologie für eine sektorale Argumentationstheorie erarbeitet werden, um feldspezifische, besondere Topoi eines Diskurses erfassen und beurteilen zu können?
- Welche besonderen, diskursspezifischen Topoi werden in der medialen Berichterstattung über den Klimawandel in der Schweiz verwendet und welche wissens-, verständnis- und persuasionsbezogenen Probleme resultieren aus der spezifischen argumentativen Textur des massenmedialen Diskurses?

Die erste Frage wird nur mit Blick darauf zu beantworten versucht, eine sektorale Argumentationstheorie zu skizzieren, um die spezifische Frage nach Topoi im massenmedialen Diskurs über Klimawandel in der Schweiz beantworten zu können. Denn es wäre zu kurzsichtig, von diesem speziellen Diskurs auf weitere Diskurse zu schliessen. Jeder Diskurs besitzt Diskursspezifitäten, denen in einer sektoralen Argumentationstheorie Rechnung getragen werden muss.

Zwei Charakteristika der Arbeit sollen an dieser Stelle hervorgehoben werden: Die Arbeit wird sich, um diese Fragestellungen zu beantworten, am Diskurshistorischen Ansatz orientieren. Dies bedeutet, dass auch in den Analysen immer wieder Überlegungen losgelöst von Argumentation zum Tragen kommen, denn eine Argumentationsanalyse ohne den Einbezug von Kontext oder Diskursspezifika wird einer diskursanalytischen Perspektive nicht gerecht. Gleichzeitig bedingt eine Analyse von rund 30 000 Artikeln mindestens teilweise korpuslinguistische Zugänge. Solche sind allerdings nicht ohne Weiteres auf alltagslogische, oft implizite Alltagsstrukturen anwendbar und müssen theoretisch an den Diskurshistorischen Ansatz angeknüpft werden. Es handelt sich bei den vorliegenden Analysen deshalb um Argumentationsanalysen *aus der Perspektive* des Diskurshistorischen Ansatzes, die um korpuslinguistische Methoden ergänzt wurden.

Im zweiten Kapitel «Der Diskurshistorische Ansatz...» werde ich für diese Arbeit wichtige Aspekte des Diskurshistorischen Ansatzes, der für diese Arbeit gewählt wurde, beleuchten. Dabei wird der Begriff der Kritik im Forschungsprogramm ausgeweitet, um den Weg für Kritik im Sinne einer Ökosophie zu ebnen, und über den Kontextbegriff eine Anknüpfung an die Digitale Diskursanalyse ermöglicht, um korpuslinguistische Zugänge auch aus theoretischer Sicht einbetten zu können. Im dritten Kapitel «Argumentationen in Diskursen» werden das Verständnis des Diskurshistorischen Ansatzes von Argumentation dargelegt sowie gleichzeitig die Eigenschaften von alltagslogischer Argumentation eingeführt. Dabei wird eine Integration von pragma-dialektischen Konzepten sowie von Feldspezifika vorgenommen. Das vierte Kapitel «Korpus» beschreibt das in dieser Arbeit verwendete Korpus und gibt einen Überblick über die Schweizer Medienlandschaft. Im Unterkapitel 4.3 wird dann die Annotation des Korpus erläutert. Im fünften Kapitel «Sektorale Argumentationstheorie» soll eine Antwort auf die theoretische Fragestellung der Arbeit skizziert werden. Das Kapitel etabliert zuerst den Begriff einer feld- und diskursabhängigen Typologie und stellt danach in drei Unterkapiteln diejenigen Aspekte vor, die unter anderem der Analyse feld- und diskursspezifischer Topoi dienen können. Parallel dazu wird ebenfalls thematisiert, wie sich die entsprechenden Aspekte mit korpuslinguistischen Methoden greifen lassen. Aus diesem Kapitel resultiert aus theoretischer Sicht ein Anknüpfungspunkt für die Analyse. Praktisch ergibt sich daraus eine individuelle Annotation des Korpus, die an die spezifischen Anforderungen des Diskurses angepasst wurde. Im sechsten Kapitel «Journalistisches Handlungsfeld» werden handlungsfeldspezifische Werte und Normen des journalistischen Handlungsfelds eingeführt. Dies ist notwendig, da in diesem massenmedialen Interdiskurs eigene Werte und Normen herrschen, die sich auf die Argumentationen aus den Spezialdiskursen auswirken können. Im gleichen Kapitel werden mögliche Schwierigkeiten in der Berichterstattung über den Klimawandel thematisiert, die sich aus Handlungsfeldspezifika ergeben. Im siebten Kapitel «Auf der Suche nach Diskursimmanenz und Argumentation» widmet sich die Arbeit der praktischen Fragestellung. An dieser Stelle wird zuerst ein korpuslinguistischer Einblick in das Korpus gegeben. Dies ist notwendig, da es kaum Studien zum Klimawandel in der Schweiz gibt. Im gleichen Kapitel werden relevante Diskursereignisse diskutiert und anschliessend diejenigen Stellen im Korpus identifiziert, die diskursimmanent und potenziell argumentativ sind. Das achte Kapitel «Der Klimawandel in Schweizer Medien» soll der Beantwortung der praktischen Fragestellung dienen. Hier wird eine topologische Diskursformation etabliert, anhand derer dann die einzelnen Aspekte des massenmedialen Diskurses über Klimawandel thematisiert und analysiert werden, um so Handlungsfeldspezifika herausarbeiten zu können. Freilich wird es sich hierbei nicht um eine erschöpfende Liste handeln, stattdessen soll auf markante Häufigkeiten hingewiesen werden, um so in die Nähe dessen zu kommen, was die Pragma-Dialektik (s. van Eemeren 2016: 16) als *stereotypical argumentation* bezeichnet. Eine streng quantifizierte Auszählung wird in dem Kapitel allerdings nicht stattfinden, denn Alltagsargumentation lässt sich (mindestens zum jetzigen Zeitpunkt und im Verständnis dieser Studie) nicht sinnvoll quantifizieren. Im neunten Kapitel «Abschliessende Diskussion» werden die Befunde mit Blick auf die Fragestellung besprochen. Die Arbeit wird mit dem zehnten Kapitel «Ein kurzes Fazit» abgerundet.

Was im Rahmen dieser Arbeit nicht vorkommt, ist ein Überblick über Forschungsliteratur zum massenmedialen Diskurs über Klimawandel. Die Forschungsliteratur ist vielfältig und ausufernd – man denke schon an die vielen Disziplinen, die an einer auf den Klimawandel bezugnehmenden Fragestellung interessiert sein könnten –, deshalb gibt es Autor*innen, die einen erheblich besseren Überblick bieten. Aus diesem Grund sei an dieser Stelle auf die *Oxford Encyclopedia of Climate Change Communication* (Nisbet et al. 2018) verwiesen. Wer weniger Zeit besitzt, kann auf Artikel wie Moser (2010), Moser & Dilling (2011), Boykoff, McNatt & Goodman (2015) oder schweizspezifisch auf Bonfadelli (2016) zurückgreifen. Dies bedeutet aber nicht, dass Forschungsliteratur vollständig ausgeklammert wird, stattdessen wird sie in der Arbeit immer wieder relevant sein, bietet sie doch die Möglichkeit, vorliegende Befunde an bereits bekannte Handlungsfeldspezifika anzuschliessen.

2 Der Diskurshistorische Ansatz …

Diskursanalysen sind mittlerweile fester Bestandteil der Sozial- und Geisteswissenschaften, wovon Zeitschriften wie *Discourse Studies* oder *Discourse & Society*, aber auch Bücher wie *Diskursforschung* (Angermuller et al. 2014) oder *DiskursNetz* (Wrana et al. 2014) zeugen. Während ihrer Etablierung kristallisierten sich sieben Strömungen heraus, die sich als Kritische Diskursanalysen verstehen (der *Duisburger*, der *Oldenburger*, der *soziokognitive* und der *soziosemiotische Ansatz*, die *Kritische Diskursanalyse* Faircloughs, die *Feministische Kritische Diskursanalyse* und der *Diskurshistorische Ansatz*).[1] Sie weisen im Wesentlichen fünf Gemeinsamkeiten auf, die sie von anderen nicht-kritischen diskursanalytischen Ansätzen unterscheiden:

> (a) Kritische Diskursanalyse untersucht Diskurse als handlungsbezogene kommunikative Großmuster und textübergreifende Zusammenhänge. (b) Sie geht interdisziplinär, multimethodisch und triangulatorisch vor […] (c) Sie spürt dem sozial konstituierten und sozial konstitutiven Charakter von Diskursen aus einer soziokonstruktivistischen oder kritischrealistischen Perspektive nach […]. (d) Sie tritt explizit für eine kritisch engagierte Wissenschaft ein […] (e) Sie beschäftigt sich vorzugsweise mit sozialen Problemen [.]
>
> (Reisigl & Ziem 2014: 89)

Der Diskurshistorische Ansatz (auch *Wiener Kritische Diskursanalyse*) wurde vor über dreissig Jahren im Wesentlichen durch Ruth Wodak und Martin Reisigl an der Universität Wien begründet und wird seit dann stetig weiterentwickelt. Im Rahmen dieser Entwicklung durchlief er bisher grob vier Phasen (ausführlich in Reisigl 2011: 462–473): Der Ansatz wurde ursprünglich entwickelt, um antisemitische und nationalsozialistische Diskurse zu analysieren. Später beschäftigten sich Forscher*innen ebenfalls mit der Verbesserung von Kommunikation in sozialen Institutionen. Hierbei kristallisierten sich bereits zentrale Merkmale des Ansatzes wie die Interdisziplinarität, Zusammenarbeit, Triangulation und praktische Anwendbarkeit heraus. Zwischen 1993 und 1997 folgte die Institutionalisierung des Ansatzes in Wien. Die Betrachtung rassistischer Diskriminierung sowie der Konstruktion von Nationalität rückten ins Zentrum. In einer nächsten Phase wurde im Forschungszentrum *Discourse, Politics, Identity* von 1997 bis 2003 der Interessenbereich um die Europäische Union ergänzt. Seit 2004 wird der Diskurshistorische Ansatz vermehrt auch an anderen Universitäten verwendet. Nebst den bereits etablierten Forschungsinteressen liegt ein Hauptaugenmerk auf Rechtspopulismus und Faschismus. In jüngster Zeit rückt auch ver-

1 Zu den verschiedenen Ansätzen sowie für weiterführende Quellenangaben siehe z. B. Reisigl (2014b: 93–94).

https://doi.org/10.1515/9783110760804-002

mehrt die Betrachtung von medialen Texten, Diskursen über Rechtspopulismus sowie über Umwelt und Klimawandel in den Mittelpunkt des Interesses (s. Reisigl 2018: 47).

In Anschluss an diese kurze Kontextualisierung sollen in den folgenden Unterkapiteln für diese Arbeit relevante Besonderheiten des Diskurshistorischen Ansatzes diskutiert werden. Weiterführende Überblicke über den Diskurshistorischen Ansatz und verschiedene Studien bieten unter anderem Reisigl (2011, 2018) sowie Reisigl & Wodak (2016).

2.1 ... als *Diskurs*analyse

Der Diskurshistorische Ansatz hebt sich (gemeinsam mit der Kritischen Diskursanalyse Faircloughs (z. B. Fairclough 1995)) von anderen Kritischen Ansätzen dadurch ab, dass Argumentation als konstitutives Merkmal von Diskursen verstanden wird:

> Dieser Ansatz [d. i. Diskurshistorischer Ansatz] sieht *Diskurs* als problem- und themenbezogene, in sozialen Handlungsfeldern verankerte, diachron veränderliche, semiotische Praxis an, die sich multiperspektivisch und argumentativ bzw. persuasiv um Geltungsansprüche wie Wahrheit und normative Richtigkeit herum entfaltet (Reisigl 2011).
>
> (Reisigl & Ziem 2014: 92)

Diskurse als Praktiken zu verstehen, die unter anderem der argumentativen Verhandlung von Geltungsansprüchen dienen, eignet sich ausgesprochen gut für die vorliegende Arbeit, da in Diskursen über Klimawandel – ein hochkomplexes, wissenschaftliches und gesellschaftliches Phänomen – die Thematisierung und argumentative Verhandlung von Geltungsansprüchen zentral ist:

> Most of the observed increase in global average temperatures since the mid-20th century is *very likely* due to the observed increase in anthropogenic GHG concentrations. It is *likely* that there has been significant anthropogenic warming over the past 50 years averaged over each continent (except Antarctica).
>
> (Core Writing Team, Pachauri & Reisinger 2007: 5)

> Anthropogenic greenhouse gas emissions have increased since the pre-industrial era, driven largely by economic and population growth, and are now higher than ever. This has led to atmospheric concentrations of carbon dioxide, methane and nitrous oxide that are unprecedented in at least the last 800 000 years. Their effects, together with those of other anthropogenic drivers, have been detected throughout the climate system and are *extremely likely* to have been the dominant cause of the observed warming since the mid-20th century.
>
> (Core Writing Team, Pachauri & Meyer 2014: 4)

Solche Geltungsansprüche, welche das kausale Verhältnis zwischen dem Menschen und dem Klimawandel thematisieren, sind zentral in den Diskursen über Klimawandel. Die beiden Beispiele zeigen auch, dass sich Diskurse und Geltungsansprüche diachron verändern können: Während der Intergovernmental Panel on Climate Change (IPCC) im Jahr 2007 die kausale Beziehung zwischen den anthropogenen Treibhausgasen und dem Klimawandel als *sehr wahrscheinlich* (*very likely*) bezeichnet, beurteilt er es sieben Jahre später als *extrem wahrscheinlich* (*extremely likely*). Es lässt sich somit die Relevanz der (*diachronen*) *Veränderlichkeit* von Diskursen und deren Einbettung in historische Kontexte nachvollziehen, was zu der Charakterisierung des Ansatzes als diskurs*historisch* führt:

> In line with the Discourse-Historical Approach in CDA […], discourses are viewed here as «historical», i. e. as closely related to other discourses produced synchronically or diachronically in the same or different contexts across different periods of time (Wodak 1996).
>
> (Krzyżanowski 2013: 106)

Die diachrone und synchrone Verortung zwischen anderen Diskursen ist gerade bei Mediendiskursen über Klimawandel erkenntnisstiftend, denn war der Klimawandel vor gut vierzig Jahren noch Bestandteil wissenschaftlicher Spezialdiskurse, so ist er mittlerweile «in aller Munde» (z. B. SonntagsBlick 21.11.2010). Gleichzeitig lassen sich Diskurse über Klimawandel synchron an zahlreiche Diskurse anknüpfen: an solche über Energiewende(n), Umweltschutz, Entwicklungshilfe etc. Diese Diskurse zeichnen sich oft durch ihre Multiperspektivität aus; Standpunkte aus unterschiedlichen Handlungsfeldern wie Wirtschaft, Wissenschaft und Politik, aber auch Religion und Ethik sind vertreten.

Diese beiden Punkte – die diachrone und synchrone Kontextualisierung von Diskursen sowie die Relevanz von Argumentation in Diskursen – machen den Diskurshistorischen Ansatz zu einer geeigneten Herangehensweise zur Beantwortung der vorliegenden Fragestellung. Selbstverständlich reichen diese beiden Aspekte nicht für ein umfassendes Verständnis von *Diskurs* aus, welches für eine Diskursanalyse fruchtbar gemacht werden kann. Der Diskurshistorische Ansatz geht von den folgenden, in einem längeren Zitat dargelegten Aspekten aus, die zentral für das vorliegende Diskursverständnis sind:

> Discourse is a socially constituted as well as constitutive semiotic practice. In order to grasp the practical character of discourses, functionally oriented pragmatics is central. In order to understand the semiotic character, Peircean semiotics and social semiotics are highly relevant.
>
> 1. With respect to its socially constitutive character, discourse represents, creates, reproduces and changes social reality.

2. With respect to its semiotic and pragmatic character, a discourse is a communicative and interactional macro-unit that transcends the unit of a single text or conversation.
3. A discourse is composed of specific groups of actual texts, conversations, interactions and other semiotic events as well as action units. [...]
4. These actual discursive units relate to specific genres and other semiotic action patterns, i. e., to *types* (in Peirce's terms, *legisigns*).
5. The discursive units belonging to a specific discourse are intertextually linked by a macro-topic that diversifies into various discourse topics, subtopics, content-related argumentation schemes (topoi), etc.
6. Discourses are situated within (political, economic, etc.) fields of action. [...]
7. Within these functional frames, discourses become parts of dispositifs and contribute to the constitution of social order. [...]
8. Discourses develop around social problems. The problems become starting points of argumentation. [...] The claims are dealt with from different perspectives. Thus, a discourse involves multiple perspectives. [2]
9. Discourse undergoes historical change relating to social change. Historical change deserves special attention in the DHA.

(Reisigl 2018: 51–52)

Dieses Diskursverständnis weist einige Gemeinsamkeiten mit demjenigen von Jürgen Habermas auf. Dieser versteht Diskurse als Praktiken, um Geltungsansprüche (argumentativ) zu verhandeln:

> Diskurse sind Veranstaltungen mit dem Ziel, kognitive Äußerungen zu begründen. [...] Sie [d. i. kognitive Äusserungen] füllen Informationslücken. Sobald aber deren Geltungsansprüche explizit in Zweifel gezogen werden, ist die Beschaffung weiterer Informationen kein bloßes Problem des Erkenntnisgewinns. [...] Wir verlangen vielmehr nach überzeugenden Gründen, und im Diskurs versuchen wir, durch Gründe zu einer gemeinsamen Überzeugung zu gelangen.
>
> (Habermas 1995: 114–115)

Allerdings ist das Diskursverständnis des Diskurshistorischen Ansatzes nicht vollständig deckungsgleich mit demjenigen von Habermas. Ein Unterschied betrifft das Verständnis von Argumentation, welches eng an das Verständnis von Diskursen gekoppelt ist, was in Kapitel 3 noch gezeigt werden soll. Ein zweiter besteht darin, dass Habermas (1995: 122) Diskurse als Handlungsunterbrüche versteht: «Wir haben bisher zwei Formen der Kommunikation (oder der ‹Rede›) unterschieden: *kommunikatives Handeln* (Interaktion) auf der einen Seite, *Diskurs* auf der anderen Seite.» Der Diskurshistorische Ansatz versteht Diskurse hingegen als spezifische Form sprachlichen Handelns (s. Reisigl 2011: 481).

2 In diesem Punkt unterscheidet sich der Diskurshistorische Ansatz wesentlich von demjenigen Faircloughs (1995), welcher davon ausgeht, dass Diskurse stets nur aus einer Perspektive bestehen.

2.2 ... als kritischer Ansatz

Der Definition von Kritik kommt im Diskurshistorischen Ansatz, der ja eine Spielart der Kritischen Diskursanalysen ist, eine zentrale Rolle zu: «*Critique* refers to the examination, assessment and evaluation, from a normative perspective, of persons, objects, actions, social institutions and so forth.» (Reisigl & Wodak 2016: 24) Kritik an Diskursen kann auf verschiedenen Ebenen geübt werden, der Diskurshistorische Ansatz unterscheidet deren drei (s. Reisigl 2011: 483–487): Erstens wird text- und diskursimmanente Kritik geübt. Diskrepanzen und Widersprüche in Texten und Diskursen sollen ebenso aufgedeckt werden wie trugschlüssige Argumentationen.[3] Auf einer diskursübergreifenden Ebene wird sozio-diagnostische Kritik geübt. Problematische Funktionen von diskursiven Praktiken, wie beispielsweise Propaganda oder Manipulation und Eigeninteressen von Akteur*innen[4], sollen thematisiert werden. An dieser Stelle ist oft eine interdisziplinäre Anknüpfung notwendig, um das erforderliche Hintergrundwissen zur Kontextualisierung zu erhalten. Prospektive praktische Kritik als letzte Ebene soll zur Verbesserung von gesellschaftlichen und kommunikativen Verhältnissen und zur praktischen Anwendbarkeit der Forschungsergebnisse führen. Kritik erfolgt unabhängig von der betrachteten Ebene immer aus einer bestimmten (normativen) Perspektive. Der Diskurshistorische Ansatz sucht diesbezüglich Anschluss an die Frankfurter Schule, womit ein weiterer Bogen zu Jürgen Habermas gespannt werden kann:

> The political model that, in our view, would best help to institutionalise and unfold this form of critique is that of a ‹deliberative democracy› based on a free public sphere and a strong civil society, in which all concerned with the specific social problem in question can participate.
>
> (Reisigl & Wodak 2001: 34)

Menschenrechte und das Einstehen für Emanzipation und gegen Diskriminierung stellen somit die Werte dar, anhand derer Kritik geübt wird. Deliberative Demokratie wird zu jenem politischen System, das die Möglichkeit bietet, entsprechende Werte und Normen zu verankern. Diese Orientierung erscheint insbesondere mit Blick auf die Ziele des Diskurshistorischen Ansatzes sinnvoll:

> Kritische Diskursanalyse setzt sich zum Ziel, die ideologisch durchwirkten oft opaken Formen der Machtausübung, der politischen Kontrolle und Manipulation sowie der diskrimi-

3 Die Unterscheidung von plausiblen und trugschlüssigen Argumentationen wird in Kapitel 3.4.2 thematisiert.

4 Das Buch *The Madhouse Effect* (Mann & Toles 2016) zeigt auf, wie sich teilweise Eigeninteressen von Akteur*innen auf Diskurse über Klimawandel auswirken.

nierenden, beispielsweise sexistischen oder rassistischen, Unterdrückungs- und Exklusionsstrategien im Sprachgebrauch sichtbar zu machen.

(Wodak et al. 1998: 43)

Mit dem zunehmenden Interesse von Forscher*innen an Umweltdiskursen werden weitere Normen und Werte als Grundlage für Kritik notwendig: Der Klimawandel kann zwar als Verletzung der Menschenrechte verstanden werden, wie dies Hulme (2009a: 147) thematisiert: «Climate change may violate – especially for those people who are already easily excluded from society – the basic rights of life, liberty, security, mobility and progeny declared universal by the United Nations in 1948.» Allerdings ermöglicht eine solche Perspektivierung nicht, Kritik an der Unterdrückung und Schädigung der Umwelt – Flora und Fauna – zu üben. Es muss somit ein kritischer Rahmen gefunden werden, innerhalb dessen auch solche Kritik geübt werden kann, wie zahlreiche Studien des Diskurshistorischen Ansatzes zeigen.[5]

Hierfür bietet die Ökolinguistik einen möglichen Anknüpfungspunkt, denn mit Blick auf Kritik, aber auch mit Blick auf das Diskursverständnis oder Analyseverfahren ähneln sich Kritische Diskursanalysen und Ökolinguistik, was Stibbe (2014, 2018) ausführlich thematisiert. Die beiden Zugänge unterscheiden sich aber in der Regel durch ihren Untersuchungsgegenstand: Während sich der Diskurshistorische Ansatz (oder allgemein Kritische Diskursanalysen) – zugegebenermassen trivial formuliert – mit der (Re-)produktion von Macht beschäftigt, richtet die Ökolinguistik ihren Fokus auf Diskurse über Umwelt. Es wäre von diesem Standpunkt aus ein Leichtes, diese Studie als eine ökolinguistische zu konzeptualisieren, allerdings erscheint es mir unpassend, Ansätze allein aufgrund «üblicher» Untersuchungsgegenstände zu favorisieren oder zu verwerfen. Der Diskurshistorische Ansatz bietet hinsichtlich der Fragestellung hervorragende Verortungsmöglichkeiten, da er, wie das letzte Unterkapitel zeigte, Diskurse unter anderem als semiotische Praktiken versteht, um Wissen argumentativ zu thematisieren und zu verhandeln. Allerdings reicht in einem solchem Fall das oben zitierte Kritikverständnis unter Umständen nicht aus, um im gewünschten Rahmen Kritik zu üben (Stibbe 2014: 120): «What is missing from the ‹culture of peace› framework, however, and many similar frameworks in CDA is a consideration of the ecological embedding and impact of cultures.» Die Kritik muss somit auch auf eine Ökosophie Bezug nehmen. Stibbe (2014: 120–121) beschreibt verschiedene Ökosophien, die teilweise auch an Konzepte erinnern, die andere Quellen als Narrationen (z. B. Viehöver 2003) oder Frames (z. B. Hulme 2009b)

5 Reisigl & Wodak (2016), Sedlaczek (2012, 2014, 2016a, 2016b), Forchtner & Kølvraa (2015) und Krzyżanowski (2013, 2015) setzen sich aus der Perspektive des Diskurshistorischen Ansatzes mit Diskursen über Klimawandel auseinander.

bezeichnen. Das Verhältnis dieser Konzepte zueinander ist mindestens teilweise ungeklärt, werden sie doch einerseits als übergeordnete Ökosophien, andererseits als Vertextungsmuster und Frames oder gar als Bestandteile von Argumentationen verstanden. Deshalb erscheint es mir an dieser Stelle nicht sinnvoll, Partei für eine spezifische Ökosophie zu ergreifen, stattdessen werde ich an die Perspektive von Sedlaczek (2016b: 6–7) anknüpfen:

> The problematic status quo that is critiqued is seen in the modern economic industrial societies that rest on a capitalist consumer ideology and on the paradigm of economic growth, which have led to anthropogenic climate change. The visionary model is that of ecological, sustainable societies that are based on a post-growth economy and on the ecological principles propagated by ecolinguistics.

In Diskursen über Klimawandel wird in dieser Studie somit in dem Sinne Kritik geübt, als dass dasjenige schädliche Verhalten, das zum Klimawandel und seinen Folgen führt, unterlassen oder geändert werden muss, um die Folgen so gering wie möglich zu halten. In der klimapolitischen Praxis führte dies im Rahmen des Übereinkommens von Paris (UN 2015a: Art. 2) zum «2-Grad-Ziel»:[6]

> Holding the increase in the global average temperature to well below 2° C above pre-industrial levels and pursuing efforts to limit the temperature increase to 1.5° C above pre-industrial levels, recognizing that this would significantly reduce the risks and impacts of climate change;

Dementsprechend können Reduktionsmassnahmen als ausreichend betrachtet werden, die gemeinsam zu einer maximalen Erwärmung von zwei Grad führen, während solche Adaptationsmassnahmen als notwendig erachtet werden müssen, die auf eine solche Erwärmung reagieren.

2.3 ... als Verfahren

Betrachtet man einige Studien, die sich als diskurshistorisch einordnen lassen, so wird schnell ersichtlich, wie gross die Bandbreite an Verfahren und Methoden ist. Dementsprechend gibt es auch nicht **das** Verfahren. Nichtsdestotrotz sind solche Analysen weder beliebig noch willkürlich, lassen sich doch Analysekategorien und prototypische Schritte finden, die sich aus den Grundsätzen des Diskurshistorischen Ansatzes ergeben.

---

6 Für den betrachteten Zeitraum setzte sich das *2-Grad-Ziel* als fester Begriff durch. Mittlerweile wird gefordert, die Erwärmung auf 1,5 Grad Celsius zu begrenzen (siehe z. B. IPCC 2018).

Analysen des Diskurshistorischen Ansatzes zeichnen sich typischerweise durch drei Dimensionen aus (Reisigl & Wodak 2016: 32): «(1) having identified the specific *content* or *topic(s)* of a specific discourse, (2) *discursive strategies* are investigated. Then (3), *linguistic means* (as types) and content-dependent *linguistic realizations* (as tokens) are examined.» Die fünf diskursiven Strategien Nomination, Prädikation, Argumentation, Perspektivierung und Mitigation sowie Intensivierung sind das zentrale Analysemoment, da sie als Praktiken unter anderem verwendet werden, um Macht, soziale Geflechte oder Wissen in Diskursen zu (re)produzieren.

Um die eben beschriebenen Strategien zu analysieren,

> rekurriert diese Gruppe von ForscherInnen bei ihren primär qualitativen, teilweise aber auch quantitativen Analysen auf die von Dressler geprägte Textlinguistik und Textsemiotik, die (Funktionale) Pragmatik, die Argumentationstheorien nach Kopperschmidt, Kienpointner, Toulmin, van Eemeren, Grootendorst und Wengeler und die Rhetorik (mit Blick auf Tropen, rhetorische Genres, Topiken). Darüber hinaus greift sie zuweilen auf Analysekategorien der systemisch-funktionalen Grammatik und Soziosemiotik zurück (z. B. Reisigl & Wodak 2001).
>
> (Reisigl & Ziem 2014: 92–93)

Je nach Forschungsinteresse nehmen Studien des Diskurshistorischen Ansatzes somit Bezug auf unterschiedliche Theorien und Zugänge. Die nachfolgenden Kapitel thematisieren deshalb aus der Sicht des Diskurshistorischen Ansatzes unterschiedliche Zugänge, die dem Zweck dienen, diskursspezifische Topoi zu etablieren. Das Vorgehen, um die sprachlichen Realisierungen diskursiver Strategien im Sinne des Diskurshistorischen Ansatzes zu analysieren, in den weiteren Kontext einzubetten und Kritik an ihnen zu üben, ist variabel, aber typischerweise in einer Abfolge von acht Schritten zusammenfassbar:

> Aktivierung des theoretischen Vorverständnisses [...]; 2. Triangulatorische Datenerhebung (einschließlich Datengenerierung durch Interviews, Fokusgruppendiskussionen etc.) und Sammlung von Kontextinformationen [...]; 3. Materialaufbereitung [...]; 4. Einengung des Themas und Hypothesenformulierung auf der Grundlage der Aufbereitung der Daten; 5. Qualitative Pilotanalyse [...]; 6. Detaillierte qualitative und gegebenenfalls quantitative Analysen [...]; 7. Sorgfältige Formulierung der Kritik [...]; 8. Gesellschaftliche Verwertung der Forschungsergebnisse [...].
>
> (Reisigl 2011: 487–488)

Wie dieser kurze und unvollständige Überblick über den Diskurshistorischen Ansatz vermuten lässt, handelt es sich um einen äusserst komplexen Zugang, der viele Theorien in sich vereint. Für die hier vorliegende Arbeit bedeutet dies – wie eigentlich für jede Arbeit eines solchen Ansatzes –, dass keine vollständige Diskursanalyse unter Einbezug aller Theorien möglich oder überhaupt notwendig wäre. Stattdessen fokussiert diese Arbeit auf die dritte Strategie der *Argumentation*, weshalb sich die folgenden Kapitel hauptsächlich mit ihr beschäftigen werden. Dies bedeutet aber keineswegs, dass die anderen Strategien vollständig ausgeklammert werden; Strategien sind nicht trennscharf und beeinflussen sich gegenseitig. Zudem ist eine (sektorale) Argumentationsanalyse ohne eine Einbettung in den grösseren Kontext nicht gewünscht, denn eine solche würde einer Argumentationsanalyse *aus der Perspektive* des Diskurshistorischen Ansatzes schlicht nicht gerecht. Dementsprechend werden sich die folgenden Kapitel zwar hauptsächlich mit Argumentation beschäftigen, nichtsdestotrotz werden aber auch zusätzliche Aspekte der Diskursanalyse zum Tragen kommen.

2.4 ... und korpuslinguistische Methoden

Die Verwendung korpuslinguistischer Methoden in Diskursanalysen ist unter den Bezeichnungen *Corpus-assisted Discourse Studies* (CADS; Überblicke bieten beispielsweise Baker 2006 oder Partington, Duguid & Taylor 2013) im englischsprachigen sowie *quantitativ informierte qualitative Diskursanalyse* (s. beispielsweise Bubenhofer 2013) im deutschsprachigen Raum längst etabliert. Beide Bezeichnungen implizieren, dass korpuslinguistische Methoden **für** Diskursanalysen eingesetzt werden (s. auch Partington, Duguid & Taylor 2013: 10).

In Kritischen Diskursanalysen wird die Verschränkung von korpuslinguistischen und diskursanalytischen Zugängen ebenfalls seit über zwanzig Jahren thematisiert (Hardt-Mautner 1995; Garzone & Santulli 2004; Baker et al. 2008; Mautner 2016). Allerdings ist die Verwendung korpuslinguistischer Methoden in Kritischen Diskursanalysen nicht unproblematisch, werden Diskurse doch «als handlungsbezogene kommunikative Großmuster und textübergreifende Zusammenhänge» (Reisigl & Ziem 2014: 89) verstanden, was sich wiederum nur bedingt mit korpuslinguistischen Methoden greifen lässt, welche eben das grosse Desiderat aufweisen, (textübergreifende) Kontexte nur bedingt miteinbeziehen zu können. Somit gilt bei der Verwendung von korpuslinguistischen Methoden für Kritische Diskursanalysen in noch höherem Masse, dass es sich bei ihnen nur um Methoden unter anderen handeln kann. Akzeptiert man diese Einschränkung, so kann der triangulatorische Miteinbezug von korpuslinguistischen Methoden mit Blick auf mehrere Aspekte bereichernd sein:

> Corpus linguistics is based on the belief ‹that language variation is both systematic and functional› (Gray and Biber 2011: 141). [...] Corpus linguistics allows critical discourse analysts to work with much larger data volumes than they can when using purely manual

> techniques. [...] In enabling critical discourse analysts to significantly broaden their empirical base, corpus linguistics can help reduce researcher bias [...].[7] Corpus linguistics software offers both quantitative and qualitative perspectives on textual data [...] as well as presenting data extracts in such a way that the researcher can assess individual occurrences of search words, qualitatively examine their collocational environments, describe salient semantic patterns and identify discourse functions.
>
> (Mautner 2016: 155–156)

Die Tatsache, dass sich Korpuslinguistik nur mit der sprachlichen Oberflächenstruktur und nicht mit der Tiefenstruktur und Kontexten, wie sie ja gerade für Kritische Diskursanalysen zentral sind, beschäftigen kann, stellt meines Erachtens die Grenze bei der Verwendung von korpuslinguistischen Methoden im Rahmen von (Kritischen) Diskursanalysen dar und bedingt einen triangulatorischen Zugang. Dies lässt sich konkret an dem aktuellen Vorhaben zeigen: Gerade alltagslogische Argumentationen, die sich durch einen hohen Grad an Implizitheit auszeichnen, sind über die Betrachtung der sprachlichen Oberflächenstruktur nur teilweise greifbar. Zur Rekonstruktion und späteren kritischen Verortung sind Kontexte notwendig, die im Gegensatz zum Kotext nicht unmittelbar auf der sprachlichen Oberfläche liegen. Spätestens die Abstraktion von wiederkehrenden Topoi aus einzelnen, argumentativen Textstellen sowie die Beurteilung ihrer Plausibilität erfordern einen komplexen Kontextbegriff. Der Diskurshistorische Ansatz unterscheidet deshalb in der Rekonstruktion und Analyse vier verschiedene Kontextdimensionen:

---

7 Mautner (2016: 179) verweist in der dazugehörigen Fussnote darauf, dass der Vorwurf des *researcher bias* bereits mehrfach von Kritischen Diskursanalytiker*innen zurückgewiesen worden sei. Nichtsdestotrotz bietet auch die Verwendung von korpuslinguistischen Methoden keinen Ausweg aus dem *researcher bias*, wie beispielsweise auch Baker et al. (2008: 277) vermerken. Hierfür gibt es meines Erachtens zwei Hauptgründe: Erstens ist die Kontrastierung von quantitativen, korpuslinguistischen und qualitativen, diskursanalytischen Methoden nicht haltbar. (Dasselbe gilt insgesamt für die Dichotomie qualitativ – subjektiv gegenüber quantitativ – objektiv.) Auch korpuslinguistischen Verfahren liegen subjektive Überlegungen und Entscheidungen zugrunde. Zweitens stellen korpuslinguistische Methoden immer nur Bestandteile von Diskursanalysen und nicht Endergebnisse dar; so wird eine reine Frequenzauflistung kaum je das Endresultat einer Diskursanalyse sein, sondern viel eher ein Ausgangspunkt. Die quantifizierenden, serialisierenden Methoden der Korpuslinguistik können aber bereichernd für diskursanalytische Zugänge sein (Subtirelu & Baker 2018: 118): «The use of techniques from corpus linguistics such as keyword or collocation analysis are particularly helpful in supporting generalisations about discourse, both in the form of how words or phrases might be used generally as well as how characteristic of a set of texts a particular usage of a word or phrase is.»

. The immediate, language internal co-text and co-discourse regards thematic and syntactic coherences, lexical solidarities, collocations, connotations, implications, presuppositions and local interactive processes.
1. The intertextual and interdiscursive relationship between utterances, texts, genres and discourses (e. g., with respect to discourse representation, allusions, evocations) is a further contextual research dimension.
2. Social factors and institutional frames of a specific context of situation include: degree of formality, place, time, occasion, addressees, interactive and political roles, political and ideological orientation, gender, age, profession, level of education, ethnic, regional, national, religious identities, etc.
3. On a meso- and macro-level, the broader sociopolitical and historical context is integrated into the analysis. At this point, fields of action and the history of the discursive event as well as of discourse topics are looked at.

(Reisigl 2018: 53)

Mittels korpuslinguistischer Zugänge sind nur Teile des Kotexts direkt greifbar, allenfalls sind über die Anreicherung mit Metadaten auch Informationen, welche den dritten Kontextbegriff betreffen, zugänglich. Selbstredend reicht ein solcher korpuslinguistischer Zugang zum Kontext somit nicht aus, um diskursanalytisch vorgehen zu können. Diese Erkenntnis ist nun weder neu noch bahnbrechend: Diskursanalytiker*innen, die korpuslinguistische Methoden anwenden, sind sich dieser Problematik gewahr. So zeigt sich dies in der Definition der *Korpuspragmatik* bereits in der Kombination von quantitativen und qualitativen Methoden (Felder, Müller & Vogel 2012: 4–5):

> Unter Korpuspragmatik verstehen wir einen linguistischen Untersuchungsansatz, der in digital aufbereiteten Korpora das Wechselverhältnis zwischen sprachlichen Mitteln einerseits und Kontextfaktoren andererseits erforscht und dabei eine Typik von Form-Funktions-Korrelationen herauszuarbeiten beabsichtigt. Solche Kontextfaktoren betreffen potenziell die Dimensionen Handlung, Gesellschaft und Kognition. Die Analyse bedient sich insbesondere einer Kombination qualitativer und quantitativer Verfahren.

Um die Schlucht zwischen korpuslinguistischen Methoden und diskursanalytischer Perspektive gefahrlos zu überqueren, reicht die blosse triangulatorische Kombination nicht aus, stattdessen muss eine theoretische Brücke zwischen dem engen, durch korpuslinguistische Methoden greifbaren Ko(n)text sowie dem weiten, für (Kritische) Diskursanalysen notwendigen Kontext geschlagen werden. Dies tut Müller (2017: 5), indem er «sprachliche Zeichen (S_1) als *Spuren sozialer Situationstypen*» versteht, wodurch sich ein Bogen zwischen dem engen Kontextbegriff – Kotext (S_1) und dem weiten Kontextbegriff – S_2 – spannen lässt: «Die Wiedererkennbarkeit und damit Symbolizität sprachlicher Zeichen entsteht dadurch, dass im Sprachgedächtnis Leser*innen oder Hörer*innen ein Zeichen von der typischen Situation seines Gebrauchs ‹really affected› ist. Es geht um die Tatsache, dass jedes sprachliche Zeichen symbolische Bedeutungen in den sozialen Routinen seiner Verwendung ausprägt.» (Müller 2017: 4–5) Der oft in der Korpuslinguistik verwendete Kontextualisierungsbegriff der Musterbildung und Serialisierung lässt sich hier an die *typischen Situation seines Gebrauchs* anschliessen.

Dabei geht Müller (2012: 48–52) davon aus, dass es keine Trennung zwischen Text und Kontext gebe, der Kontext aus mehreren Schichten bestehe, diese Kontextschichten kognitiv verankert seien und sich zusätzlich materiell-performativ manifestierten. Mit diesen Annahmen kann eine Verknüpfung zwischen S_1 und S_2 hergestellt werden:

> Das korpuspragmatische Verfahren besteht nun darin, mittels offen gelegter und reproduzierbarer Verfahren Tendenzen und Konjunkturen der Ausdruckskonfiguration in gegebenen Diskursen aus S_1 zu ermitteln, mittels derer dann auf diskursspezifische Verhältnisse in S_2 zu schließen und aus den so gewonnenen Hypothesen über S_2 Aussagen über S_1 zu gewinnen, die dann wiederum überprüfbar sind.
>
> (Müller 2012: 37)

Müller (2012) geht somit davon aus, dass von korpuslinguistisch fassbaren Mustern und Tendenzen in S_1 auf Strukturen in den nicht korpuslinguistisch fassbaren Kontexten in S_2 geschlossen werden kann. Dies machen (Kritische) Diskursanalysen in einem gewissen Rahmen auch, wenn sie typische oder interessante Einzeltexte kontextualisieren und mit anderen Texten in Verbindung setzen. Korpuspragmatik wählt einen anderen Weg: Sie sucht sprachliche Muster und Serialität über viele Texte hinweg und kontextualisiert sie, indem «sie mit Bezug auf Firth Sprache als im Gebrauch situierte, serialisierte und kulturell kontextualisierte Ausdruckskomplexe begreift» (Müller 2017: 20).

Text(teile) werden somit sowohl im Diskurshistorischen Ansatz als auch in der Korpuspragmatik als sprachliche Elemente verstanden, die sich aufgrund verschiedener kontextueller Faktoren in einer bestimmten Weise manifestieren. Diese konkreten Manifestationen zu beschreiben und zu kontextualisieren, ist sowohl für den Diskurshistorischen Ansatz als auch für Korpuspragmatik zentral. Dies bedeutet aber auch, dass korpuslinguistische Zugänge im Rahmen von Diskursanalyse wertvoll für die triangulatorische Methodenvielfalt sind, niemals aber das Ende der Analyse darstellen können (Müller 2017: 21):

> Gemeinsam ist diesen [d. i. korpuspragmatischen] Zugängen, dass die digitalen Zugriffe als Teilprozesse der Analyse begriffen werden, deren Ergebnisse theoriegeleitet zu kontextualisieren sind. Das verläuft typischerweise – explizit oder implizit – über den Leitaspekt der Diskursfunktion sprachlicher Zeichen, die wiederum nur am Einzelbeleg nachzuvollziehen und an der Konkordanz in ihrer Geltung abzuschätzen ist. Deswegen ist Digitale Diskursanalyse sinnvollerweise: immer nur einen Schritt vom Text entfernt.

3 Argumentationen in Diskursen

Wird ein Diskurs also, wie im vorangegangenen Kapitel erörtert wurde, «als problem- und themenbezogene, in sozialen Handlungsfeldern verankerte, diachron veränderliche, semiotische Praxis [...], die sich multiperspektivisch und argumentativ bzw. persuasiv um Geltungsansprüche wie Wahrheit und normative Richtigkeit herum entfaltet» (Reisigl & Ziem 2014: 92), verstanden, so ist das Vertextungsmuster der Argumentation[1] dasjenige Mittel, um nicht (länger) akzeptierte oder problematisierte Geltungsansprüche rational[2] zu thematisieren und zu verhandeln. Denn «[d]ie originäre Funktion von Argumenten besteht darin, Geltungsansprüche auf Nachfrage möglichst überzeugend einzulösen. Vom Gelingen dieser argumentativen Einlösung hängt es dann ab, ob Geltungsansprü-

1 Traditionellerweise wird das Vertextungsmuster der Argumentation von denjenigen der Narration, Explikation, Instruktion und Deskription unterscheiden. Insbesondere die Unterscheidung zwischen Explikation, mittels der keine problematisierten Geltungsansprüche gestützt werden, und Argumentation ist in der Praxis nicht immer eindeutig (s. beispielsweise Klein 1987, 2001). Gerade in der Wissenschaft lassen sich Explikation und Argumentation oft nicht trennscharf unterscheiden (s. Reisigl 2014a: 75). Vertextungsmuster können auch in komplexer Beziehung zueinanderstehen, so beschäftigt sich beispielsweise Hannken-Illjes (2006) damit, wie Narrationen argumentativ wirksam sein können.

2 Selbstverständlich wäre auch eine irrationale Verhandlung möglich (beispielsweise durch Gewalt oder Macht), aber dann handelte es sich nicht mehr um Argumentation, allenfalls noch um klar trugschlüssige Argumentation wie beispielsweise in Form eines *argumentum ad baculum*. Gerade aber in der diskursiven und rationalen Verhandlung von Geltungsansprüchen liegt der grosse Vorteil von Argumentationen, auch wenn eine vollständig rationale Verhandlung, die sämtliche Ansprüche einer idealen Sprechsituation (zum Begriff der idealen Sprechsituation s. Habermas 1995: 118–122) erfüllt, kaum je in der Praxis möglich sein wird. Nichtsdestotrotz bietet ein solches Verständnis einen Gewinn für die Analyse von Argumentation, nicht zuletzt auch mit Blick auf normative Komponenten des Diskurshistorischen Ansatzes (Kopperschmidt 1989: 10): «Wenn Gesellschaften ihre bestandssichernden Koordinationsaufgaben nicht mehr aus den Ressourcen präkommunikativ unterstellter Handlungsorientierungen befriedigen können, und wenn sie weiter die notwendige Handlungskoordination auch nicht durch akommunikative Sanktionsmittel bzw. durch Steigerung ihrer Kontrollkapazität erzwingen können, dann hängt ihre Überlebenschance davon ab, ob es ihnen gelingt, strukturell Kommunikationsprozesse zu ermöglichen und zu institutionalisieren, in denen sich kooperationsfördernde Einverständnisse und Motivlagen bilden und stabilisieren können, die Handlungskoordination auf der ‹Grundlage einer Motivation durch *Gründe*› zulassen (Habermas 1981/1: 525).»
Nichtrationale und persuasive Mittel zur Sicherung von Geltungsansprüchen dürfen somit nicht ausser Acht gelassen werden, sondern sie müssen kritisch thematisiert und kontextualisiert werden, da sie normativen Konzepten wie dem herrschaftsfreien Diskurs oder den pragma-dialektischen Regeln zuwiderlaufen.

https://doi.org/10.1515/9783110760804-003

che weiterhin berechtigterweise erhoben werden dürfen» (Kopperschmidt 2005: 43). Diese Charakterisierung teilt auch die Pragma-Dialektik:

> Argumentation is a communicative and interactional (speech) act complex aimed at resolving a difference of opinion before a reasonable judge by advancing a constellation of reasons the arguer can be held accountable for as justifying the acceptability of the standpoint(s) at issue.
>
> (van Eemeren 2010: 29)

Das Ziel von Argumentation ist in beiden Zitaten, eine Meinungsverschiedenheit aufzulösen, indem der Geltungsanspruch (oder in der Terminologie der Pragma-Dialektik der Standpunkt) auf der Basis von Argumenten akzeptiert oder verworfen wird. Während sich die Autor*innen bei dem Ziel von Argumentation einig sind, ist die Beschaffenheit von Argumentation nicht eindeutig geklärt. Während Habermas (1981: 38) Argumentation als «Typus von Rede, in dem die Teilnehmer strittige Geltungsansprüche thematisieren und versuchen, diese mit Argumenten einzulösen oder zu kritisieren» versteht, konzeptualisiert die Pragma-Dialektik Argumentation als komplexen Sprechakt (s. van Eemeren & Grootendorst 1992: 26–33 und zur Kritik an der Definition von Argumentation als komplexer Sprechakt s. beispielsweise Reisigl 2014a).[3]

Argumentation durch den Versuch der vernünftigen Auflösung von Meinungsverschiedenheiten zu definieren, dürfte gerade mit Blick auf den Habermas'schen herrschaftsfreien Diskurs durchaus sinnvoll sein, allerdings ist eine solche Definition zu eng für alltagslogische Argumentation, denn selten wird dieses Ideal[4] erreicht. Selbiges gilt insbesondere für öffentliche Medien; diese werden zwar regelmässig als Vierte Gewalt in Demokratien verstanden, wodurch der Schluss nahe läge, sie müssten ebenfalls nach diesem Ideal streben, allerdings ergibt sich zusätzlich zu der oben erwähnten Diskrepanz zwischen Ideal und alltäglicher Praxis das Problem, dass der Zweck von öffentlichen Medien nicht darin besteht, Geltungsansprüche endgültig zu sichern oder zu verwerfen, sondern viel eher darin, gängige Verhandlungen über Geltungsansprüche durch die Gesellschaft zu thematisieren:

---

3 So erfordert erfolgreiche Argumentation beispielsweise die Befolgung bestimmter Glückensbedingungen (*felicity conditions*) (van Eemeren & Grootendorst 1992: 30–33), was sich insbesondere in den früheren Werken der Pragma-Dialektik wie *Reconstructing Argumentative Discourse* (van Eemeren et al. 1993) zeigt.

4 «Ideal nennen wir im Hinblick auf die Unterscheidung des wahren vom falschen Konsensus eine Sprechsituation, in der die Kommunikation nicht nur nicht durch äußere kontingente Einwirkungen, sondern auch nicht durch Zwänge behindert wird, die sich aus der Struktur der Kommunikation selbst ergeben. Die ideale Sprechsituation schließt systematische Verzerrung der Kommunikation aus.» (Habermas 1971: 137)

> News reports do not necessarily prescribe the concrete opinions of readers. Rather, they are the main form of public discourse that provides the general outline of social, political, cultural, and economic models of societal events, as well as the pervasively dominant knowledge and attitude structures that make such models intelligible.
>
> (van Dijk 1988a: 182)

Argumentation dient also nicht nur dazu, Meinungsverschiedenheiten zu beseitigen, sondern diese überhaupt erst zu thematisieren. Damit wird eine umfassendere Definition von Argumentation möglich:

> [A]rgumentation is a nonviolent linguistic as well as cognitive pattern of problem-solving that manifests itself in a more or less regulated sequence of speech acts, which, altogether, form a complex and more or less coherent network of statements or utterances. [...] [A]rgumentation can be conceived of as linguistic and cognitive action pattern which follows the aim of justifying or questioning validity claims that have become problematic or have been questioned.
>
> (Reisigl 2014a: 72, 74–75)

Während Argumentation mit Blick auf ihr Ziel weiter gefasst wird, muss sie sogleich mit Blick auf die verhandelten Geltungsansprüche eingeschränkt werden. Habermas (1995) unterscheidet vier Arten von Geltungsansprüchen: diejenigen a) der Wahrheit, b) der Richtigkeit, c) der Wahrhaftigkeit und d) der Verständlichkeit. Erfolgreiche Kommunikation basiert darauf, dass diese vier Geltungsansprüche eingehalten oder eingelöst werden:

> Eine Kommunikation verläuft nur dann ungestört (auf der Grundlage eines ‹eingespielten› Konsenses), wenn die sprechenden/handelnden Subjekte a) den pragmatischen Sinn der interpersonalen Beziehung (der in Form eines performativen Satzes ausgedrückt werden kann) sowie den Sinn des propositionalen Bestandteils ihrer Äußerung verständlich machen; b) die Wahrheit der mit dem Sprechakt gemachten Aussage (bzw. der Existenzvoraussetzung des darin erwähnten propositionalen Gehaltes) anerkennen; c) die Richtigkeit der Norm, als deren Erfüllung der ausgeführte Sprechakt jeweils gelten darf, anerkennen; d) die Wahrhaftigkeit der beteiligten Subjekte nicht in Zweifel ziehen.
>
> (Habermas 1995: 110)

Kommunikation beruht somit darauf, dass die Kommunikationsteilnehmer*innen davon ausgehen können, dass Geltungsansprüche anerkannt und, falls gefordert, begründet werden. Der Geltungsanspruch der Verständlichkeit liegt dabei allen anderen Ansprüchen zugrunde. Geltungsansprüche der Wahrhaftigkeit betreffen die Intention der Sprecher*innen und können nur durch Handlungen eingelöst werden. Geltungsansprüche der Wahrheit betreffen Fragen nach der Wahrheit von Propositionen, während Geltungsansprüche der Richtigkeit die Anerkennung von Normen und Werten betreffen (s. Habermas 1995). Während

Geltungsansprüche der Wahrhaftigkeit und der Verständlichkeit nicht diskursiv eingelöst werden können, ist dies bei Geltungsansprüche der Richtigkeit und der Wahrheit (mit argumentativen Mitteln) möglich:[5]

> Richtigkeit trifft sich mit Wahrheit darin, daß beide Ansprüche allein diskursiv, auf dem Wege der Argumentation und der Erzielung eines vernünftigen Konsenses eingelöst werden können. Freilich besagt ein möglicherweise erzielter Konsens in diesen beiden Fällen nicht dasselbe. Die Wahrheit von Aussagen bemißt sich an der Möglichkeit einer universalen *Zustimmung zu* einer Auffassung, die Richtigkeit einer Empfehlung und/oder Warnung an der Möglichkeit der universalen *Übereinstimmung in* einer Auffassung.
>
> (Habermas 1995: 110)

Das Verhältnis zwischen den beiden Geltungsansprüchen und dem Vertextungsmuster der Argumentation ist für den hier betrachteten Diskurs, in dem der Fokus auf wissenschaftlichem Faktenwissen und seiner politischen Umsetzung liegt, besonders interessant, denn Wissenschaft ist typischerweise eine Institution zur Bearbeitung von Geltungsansprüchen der Wahrheit:

> Mit ihr [d. i. der Wissenschaft] hat die moderne Gesellschaft ein Subsystem ausdifferenziert, das auf wahrheitsfähige Aussagen funktional spezialisiert ist und in dem Maße Reputation besitzt, wie eine Gesellschaft von der Verlässlichkeit wissenschaftlichen Wissens existenziell abhängt.
>
> (Kopperschmidt 2005: 41)

Politik hingegen ist eng mit Geltungsansprüchen der Richtigkeit verknüpft, da im Rahmen von Politik zukünftige Massnahmen beschlossen oder Entscheidungen evaluiert werden müssen, was auch die Nähe zu pragmatischer Argumentation erklärt (Andone 2015: 3): «Politicians argue for the adequacy of their future actions in response to explicit or anticipated criticism in which the quality of their political conduct is doubted.»

Dementsprechend vereinen (mediale) Diskurse über Klimawandel diejenigen Bereiche, die sich intensiv mit Geltungsansprüchen der Wahrheit – Klimawissenschaften – sowie der Richtigkeit – Klimapolitik – auseinandersetzen und

---

5 Die weiteren beiden Geltungsansprüche sind trotzdem für Argumentationen relevant, auch wenn sie nicht argumentativ eingelöst werden können. So lässt sich die zehnte Regel der Pragma-Dialektik (s. Kapitel 3.4.2) unmittelbar als Einlösung des Geltungsanspruchs der Verständlichkeit verstehen. Die enge Verknüpfung von Ethos und Wahrhaftigkeit kann hingegen dazu führen, dass die Argumentation einer Person aufgrund des Nichteinlösens solcher Geltungsansprüche als strittiger wahrgenommen (oder gar zurückgewiesen) wird. Fehlende Wahrhaftigkeit kann auch trugschlüssig als *indirect personal attack* angeführt werden, um Antagonist*innen am Äussern einer These zu hindern (s. van Eemeren & Grootendorst 1992: 110–113).

entsprechende Regelwerke ausdifferenziert haben, um solche Geltungsansprüche mit möglichst grosser Akzeptanz abzusichern.

3.1 Die rhetorische Wende und Argumentation in der «freien Wildbahn»

> Praxis braucht Argumentationen, die Ungewissheit durch methodisches Anschließen an geteilte Gewissheiten so weit zu reduzieren vermögen, dass sie ein auf bewährte Plausibilitätsannahmen gestütztes (!) und deshalb verantwortliches Reden und Handeln zulassen.
> (Kopperschmidt 2005: 20–21)

Die Menschheit beschäftigt sich schon seit jeher mit Argumentation; von der Antike, über das Mittelalter bis in das neue Jahrtausend gab es stets Personen, die sich intensiv mit Argumentation(stheorien) auseinandersetzten und auseinandersetzen. Entsprechend sieht sich eine Arbeit wie die vorliegende mit einer über zweitausendjährigen Geschichte konfrontiert, der ein einzelnes Kapitel nicht gerecht werden kann; das beinahe tausend Seite umfassende *Handbook of Argumentation Theory* (van Eemeren et al. 2014) zeigt eindrücklich, wie viel Platz benötigt wird, um einen Überblick über Argumentationstheorien und ihre Geschichte zu geben, was im Rahmen dieser Arbeit natürlich nicht geleistet wird.[6] Stattdessen soll auf diejenigen Aspekte eingegangen werden, die zentral für das vorliegende Verständnis von Argumentation sind.

Dieses Verständnis nimmt seinen Anfang mit der «rhetorischen Wende», welche durch Werke wie *La Nouvelle Rhétorique* (Perelman & Olbrechts-Tyteca 1958) oder *The Uses of Arguments* (Toulmin 1958/2003) in den 50er Jahren des 20. Jahrhunderts eingeläutet wurde. Vor dieser Wende herrschte eine traditionelle Trennung zwischen der formallogischen Betrachtung von logisch gültigen Argumentationen auf der einen sowie manipulativen Mitteln der Rhetorik auf der anderen Seite. Argumentation aus rhetorischer Sicht zu betrachten war demnach unüblich.

Durch solche formallogischen Betrachtungen lassen sich zwar Argumentationen wie der nachfolgende Modus ponens beschreiben und analysieren.

1. Ein Schmetterling ist ein Tier.

1.1 Sokrates ist ein Mensch.

1.1' Wenn Sokrates ein Mensch ist, ist ein Schmetterling ein Tier.

(Beispiel aus Kienpointner 1992: 51; eigene Darstellung)

6 Nebst dem bereits erwähnten, aber sehr umfangreichen *Handbook of Argumentation Theory* (van Eemeren et al. 2014) eignet sich *Argumentation* (Hannken-Illjes 2018) meines Erachtens gut als erster Zugang zu der Thematik.

Allerdings ist ein solches formallogisches Verständnis von Argumentation nicht ausreichend, um ihr in ihrer alltäglichen Funktion wie in dem folgenden Fall gerecht zu werden.[7]

> Das deutsche Umweltbundesamt fordert deshalb, dass die EU die Emissionsziele von 20 auf 30 Prozent erhöhen müsse. Germanwatch ist der Ansicht, dass mit solchen Vorleistungen seitens der EU die Chance für einen ehrgeizigen neuen Klimavertrag grösser wird. Doch ausgerechnet das Gastgeberland der diesjährigen Klimakonferenz setzt sich solchen Plänen entgegen, weil das Land die Energiesicherheit gefährdet sieht. Polen will gemäss Germanwatch verhindern, dass die EU im nächsten Jahr ambitionierte, verbindliche Ziele für den Klimaschutz, Energieeffizienz und erneuerbare Energien festlegt.
>
> (Tages-Anzeiger 09.11.2013)

Ein formallogisches Verständnis führt dazu, dass ein Grossteil der tatsächlich auftretenden Argumentationen im besten Fall als ungültig und im schlimmsten Falle als trugschlüssig klassifiziert würden. Gleichzeitig sind analytisch gültige Schlüsse in einem alltagslogischen Sinn nicht zwingend akzeptabel. Das Schmetterling-/Sokratesbeispiel würde vermutlich von keinem Mitglied einer Sprechgemeinschaft akzeptiert werden.

Alltagslogische Argumentation unterscheidet sich in drei wesentliche Punkte von formallogischen Schlüssen, die in Kapitel 3.3 thematisiert werden sollen:

1. Die Überführung eines strittigen Geltungsanspruchs in einen unstrittigen ist nicht zwingend, sondern probabilistisch.
2. Teile der alltagslogischen Argumentation sind typischerweise implizit (oft die Schlussregel).
3. Argumentation und Argumentieren sind abhängig von Handlungsfeldern.

Die Feststellung, dass sich alltagslogische Argumentation nicht mit formallogischen Argumentationstheorien beschreiben lassen, ist allerdings keine neue Erkenntnis der «Rhetorischen Wende»:

> It is that gap, between the rigour of formal logic and the emotive potential of rhetoric, that the ancient theories of *topoi* were developed to fill. They provide an informal theory of argument which, while not possessing the formal deductive validity of (for example) the Aristotelian or Stoic syllogism, offers a set of flexible schemata which can be used in a wide variety of practical contexts.
>
> (Rubinelli 2009: xviii)

---

7 Zudem ist ein solches rein formallogisches Verständnis von Argumentation auch gar nicht gewünscht, da aus analytischen Schlüssen kein abduktiver Erkenntnisgewinn erfolgen kann, was beispielsweise für die Wissenschaft fatal wäre (Kopperschmidt 2005: 20): «[D]ie Argumentation [müsste], um analytischen Ansprüchen zu genügen, tautologisch werden, d. h., sie könnte als Konklusion nur ‹mit anderen Worten wiederholen›, was sie bereits vorausgesetzt haben muss, um ihre allgemeine Prämisse beispielhaft oder enumerativ absichern zu können.»

Formallogische Formen der Argumentation erhielten bereits in der Antike alltagslogische Äquivalente, um den Unterschieden gerecht zu werden. So wird das Enthymem[8] dann auch zum rhetorischen Gegenstück des dialektischen Syllogismus. Dieses Verständnis von alltagslogischer Argumentation verlor allerdings, wie eingangs beschrieben, an Bedeutung und wurde erst mit der «Rhetorischen Wende» wieder aufgegriffen. Damit rehabilitierten diese Autor*innen Rhetorik zur Betrachtung von Argumentation und ermöglichten so überhaupt erst die angemessene Beschreibung und Analyse von alltagslogischer Argumentation. Bestehen blieb (und bleibt teilweise) allerdings die Trennung von Rhetorik und Dialektik, die in der antiken Rhetorik[9] keineswegs üblich war:

> Unlike in Aristotle's approach, however, there is a wide conceptual gap between the two perspectives on argumentation, going together with a communicative gap between their protagonists. This double gap is probably a consequence of the separation between the two perspectives that took place in the sixteenth and seventeenth century and resulted in an ideological division of two mutually isolated paradigms generally seen as contradictory.[10]
>
> (van Eemeren et al. 2014: 30)

Im nächsten Kapitel soll die dialektische, eher verfahrensfokussierte Perspektive auf Argumentation kurz erläutert werden. Diese ist sehr wohl relevant, wird im Rahmen dieser Arbeit allerdings eher eine untergeordnete Rolle spielen, da der Fokus auf Topoi liegt.

---

8 Ein Enthymem unterscheidet sich in fünf Punkten von einem Syllogismus, die teilweise auch an die oben genannten Eigenschaften angeknüpft werden können (Ottmers 2007: 75): «In seiner alltagssprachlichen Verwendung weist das Enthymem jedoch noch fünf weitere charakteristische Merkmale auf: 1. Es ist nicht in seiner formalen Struktur festgelegt. 2. Nicht alle drei Enthymemkomponenten müssen explizit aufgeführt werden. 3. Die enthymemische Argumentation zielt auf Plausibilität und nicht auf letzte Gewissheit. 4. Das herangezogene Argument darf selbst nicht strittig sein. 5. Enthymemschlüsse basieren auf spezifischen, teils alltagslogischen, teils konventionalisierten Schlussverfahren, die von der rhetorischen Argumentationstheorie in der sogenannten *Topik* gesammelt und analysiert worden sind.»

9 Rubinelli (2009: 54–56) zeigt beispielsweise, wie im Aristotelischen Konzept des Enthymems Dialektik und Rhetorik ineinandergreifen.

10 Hier handelt es sich um einen weiteren Punkt, in dem sich der Diskurshistorische Ansatz von der Pragma-Dialektik unterscheidet: Während die Pragma-Dialektik, wie der Name bereits offenbart, ein eindeutig dialektisches Verständnis von Argumentation hat, in das erst zu einem späteren Zeitpunkt Rhetorik mittels *strategic maneuvering* integriert wurde (zusammenfassend in van Eemeren 2010), versteht der Diskurshistorische Ansatz Argumentation primär als rhetorisch.

3.2 Ablauf von Argumentation

Beschreibungen von und Perspektiven auf Argumentation sind vielfältig. So kann Argumentation beispielsweise als Produkt, Prozess oder Prozedur verstanden werden.[11] Als Verfahren dargestellt wird der dialogische Charakter von Argumentation sichtbar:

Kopperschmidt (1989: 98) unterscheidet drei Phasen eines Diskurses: In der ersten wird der Geltungsanspruch problematisiert (*p?*), in der zweiten eingelöst (*p aufgrund von q*) und in der letzten ratifiziert (*p!*). Eine Argumentation setzt hier – und auch in anderen prototypisch dialektischen Argumentationstheorien – zwei Protagonist*innen voraus, was aber nicht zwingenderweise der Fall sein muss. So ist es äussert einfach, sich Diskussionen mit einer einzigen oder mehr als drei Personen vorzustellen, was Zampa & Perrin (2016) beispielsweise anhand des journalistischen Schreibprozesses aufzeigen.

In der Pragma-Dialektik spielt der prozedurale Charakter von Argumentation sowohl in der Rekonstruktion als auch in der Analyse eine entscheidende Rolle. Im Gegensatz zu Kopperschmidt (1989, 2005) unterscheidet die Pragma-Dialektik vier Phasen einer kritischen Diskussion: erstens die Konfrontationsphase, in welcher der Standpunkt geäussert wird; zweitens die Eröffnungsphase, in der materiale Startpunkte (Prämissen) und prozedurale Verfahrensregeln geklärt werden; drittens die Argumentationsphase, in der Argumente für oder gegen Standpunkte (Thesen) angebracht werden und viertens die Konklusionsphase, in der die Meinungsverschiedenheit aufgelöst oder beigelegt wird. (s. van Eemeren & Snoeck Henkemans 2017: 20–21; Bihari 2012a: 63–65) Jede Phase erfüllt in kritischen Diskussionen eigene Funktionen und weist – zumindest im Verständnis der Pragma-Dialektik – prototypische Sprechakte auf. Dies führt zu erwartbaren Argumentationsabläufen, die sich durch ihre Ausgangslage oder den Argumentationsverlauf unterscheiden.[12] Diese Sichtweise auf Argumentation wird im Rahmen dieser Studie allerdings nur eine untergeordnete Rolle spielen, da der Fokus auf Topoi liegt.

---

11 Hannken-Illjes (2018) unterscheidet eine logische, eine dialektische und eine rhetorische argumentationstheoretische Perspektive. Argumentationstheorien und auch Argumentationsanalysen erfolgen üblicherweise nicht nur aus einer dieser Perspektiven und sie lassen sich auch nicht trennscharf unterscheiden. So ist die Pragma-*Dialektik* beispielsweise ursprünglich eine dialektische Argumentationstheorie, die somit Argumentation als Verfahren begreift, allerdings wird Argumentation in der Analyse (insb. bei der Betrachtung mittels Argumentationsschemata) ebenfalls als Produkt, respektive durch die Einführung des *strategic maneuvering* auch aus einer rhetorischen Perspektive betrachtet.

12 Verschiedene Varianten von kritischen Diskussionen werden beispielsweise in van Eemeren, Houtlosser & Snoeck Henkemans (2007) besprochen.

3.3 Aufbau alltagslogischer Argumentation sowie deren Rekonstruktion

Argumentation bedeutet, dass durch Anknüpfung (= Schlussregel) an Bekanntes/Unstrittiges (= Prämisse) etwas Strittiges (= These) für Rezipierende in eine akzeptable oder plausible Aussage überführt werden soll, um «den GA [Geltungsanspruch] einer Äußerung akzeptabel bzw. zustimmungsfähig zu machen, um dadurch seine *Berechtigung* nachzuweisen. Gelungen ist eine solche Argumentation, wenn sie die Berechtigung eines bestrittenen GAs durch *überzeugende* Argumentation nachzuweisen vermag» (Kopperschmidt 1989: 24).

Alltagsargumentation lässt sich analog zu formallogischer Argumentation ebenfalls dreiteilig darstellen, was die folgende Abbildung 1 verdeutlicht.

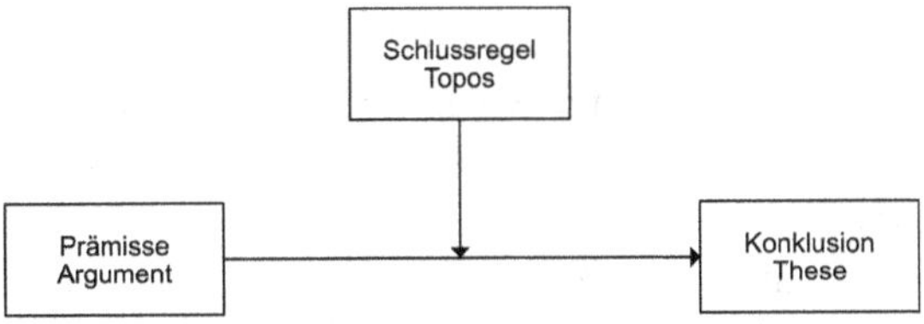

Abb. 1: Kleinstmöglicher Aufbau einer alltagslogischen Argumentation[13]

Der Topos übernimmt die entscheidende Funktion, «akzeptable inhaltliche Relationen zwischen Argument und Konklusion» (Kienpointner 1992: 43) herzustellen, um von der Plausibilität und Akzeptabilität der Prämisse auf diejenige der These zu schliessen. Schlussregeln sind oft (aber nicht zwingend!) diejenigen Teile der Argumentationen, die implizit bleiben, wodurch eine Rekonstruktion notwendig wird. Auch andere Teile der Argumentation können implizit bleiben, so beispielsweise die Konklusion (hier die moralisch äusserst problematische normative These: *Wir müssen die Zahl der Erdenbürger stabilisieren*):

> Die CO_2-Belastung soll sinken, aber die Wirtschaft muss gleichzeitig wachsen, um die steigenden Bedürfnisse von immer mehr Menschen zu befriedigen. Wenn es uns nicht gelingt, die Zahl der Erdenbürger zu stabilisieren oder gar zurückzufahren (ich weiss, das ist zynisch), dann wird die Natur dies durch den Klimakollaps tun...
>
> (Aargauer Zeitung 22.12.2009)

13 Für die unterschiedlichen Positionen gibt es unterschiedliche Bezeichnungen. Kienpointner (1992: 19) spricht von *Argument – Schlussregel – Konklusion*, womit auch gleich der Unterschied zwischen *Argument* und *Argumentation* geklärt wäre; *Argumente* sind Bestandteile der *Argumentation*. Die Pragma-Dialektik bezeichnet dieselben Elemente als *Prämisse – Brückenprämisse – Standpunkt*. In der Abbildung 1 befinden sich diejenigen Begriffe, die ich hier verwenden werde.

Es handelt sich bei dieser Darstellung um einen sehr mikroskopischen Blick auf Argumentation, der kaum ausreicht, um Argumentation über Beispielsätze hinaus, geschweige denn in Diskursen, beschreiben zu können. Eine sehr bekannte und oft verwendete Alternative ist das Toulmin-Schema (Toulmin 1958/2003: 97), welches die klassische Dreiteilung *Prämisse–Schlussregel–Konklusion* um die Positionen *Stütze, Modaloperator* sowie *Ausnahmebedingung* ergänzt:[14] Die *Stütze* stützt die *Schlussregel* und ist vom Handlungsfeld abhängig (s. Kapitel 3.4.3); beispielsweise sind Gesetze und Rechtsvorschriften als Stütze in einem juristischen Handlungsfeld akzeptabel, während sie in ethischen/religiösen Handlungsfeldern unter Umständen nicht im gleichen Masse akzeptiert würden. Tritt die *Ausnahmebedingung* ein, ist die Stützung der *Konklusion* durch die *Prämisse* (bei Toulmin üblicherweise als *Datum* bezeichnet) mittels der *Schlussregel* nicht mehr gegeben. Der *Modaloperator* konkretisiert die Verlässlichkeit der Überführung.[15] Er wirkt sich auch unmittelbar auf die Pflicht zur Verteidigung (*burden of proof*) aus; wird ein starker Operator wie *sicher* oder *sicherlich* gewählt, so ist diese Pflicht stärker als bei einem schwachen Operator wie *möglicherweise* oder *vielleicht* und fordert unter Umständen auch stärkere (oder zusätzliche) Argumente (s. Snoeck Henkemans 1997: 108–117). Streng genommen lässt sich auch dieses fünfgliedrige Toulmin-Schema in mehrere dreigliedrige Schemata unterteilen, dadurch gehen aber Informationen über die Funktion der einzelnen Teile sowie ihre Relationen zueinander verloren.

Sowohl das dreiteilige Schema (Abbildung 1) als auch das Toulmin-Schema können im Gegensatz zu formallogischen Zugängen alltagslogische Argumentation erfassen, allerdings nur in Form einzelner, einfacher Argumentationen, in denen eine Prämisse zu einer Konklusion führt. In «freier Wildbahn» sind Strukturen oft aber komplexer, umfassen mehrere solcher drei- oder fünfgliedrigen Schemen und stehen in Beziehung zueinander wie in dem folgenden Beispiel:

> Vielleicht ist Geschichte die Besserwisserwissenschaft schlechthin. Denn hinterher weiss man natürlich, wie es weitergegangen ist. Hinterher – und Geschichte wird immer aus dieser Perspektive betrieben, wie denn anders? – ist jedem klar, welche Massnahmen notwendig gewesen wären, um die Katastrophe zu verhindern. Und dass man es im Jahr 2002, 2004, aber doch spätestens 2007 angesichts der deutlichen Warnungen doch hätte wissen müssen. Waren die Indizien nicht eindeutig?
>
> (Basler Zeitung 31.12.2007)

14 Die deutschen Übersetzungen dieses bekannten Beispiels entstammen Hannken-Illjes (2018: 85).

15 Eine ausführliche Beschreibung des Toulmin-Schemas befindet sich in Toulmin (1958/2003: 87–100).

Tatsächlich auftretende Argumentation erreicht somit schnell einen Grad an Komplexität, der mit solchen Ansätzen nur schwer beschreib- und darstellbar ist. Ein hohes Mass an Rekonstruktion ist erforderlich, um einerseits implizite Teile zu rekonstruieren und andererseits die einzelnen Teile zueinander in Beziehung zu setzen. Die Pragma-Dialektik geht hierfür von vier notwendigen Transformationsschritten (van Eemeren et al. 1993: 60–90) aus, um die argumentativ relevanten Teile eines Diskurses zu erhalten:

1. streichen (*deletion*) der nicht der Auflösung einer Meinungsverschiedenheit dienlichen Teile,[16]
2. vertauschen (*permutation*) der Elemente, so dass Argumente, die sich aufeinander beziehen, beieinanderstehen,
3. ergänzen (*addition*) impliziter Sprechakte,[17]
4. ersetzen (*substitution*) nicht eindeutiger Ausdrücke durch eindeutige Ausdrücke.

Nicht nur die Rekonstruktion komplexerer Beispiele ist anspruchsvoll, sondern es werden auch zusätzliche Möglichkeiten benötigt, um die Beziehung der einzelnen Elemente zueinander beschreiben zu können. Eine Meinungsverschiedenheit (*difference of opinion*) kann einfach (*single*, eine Proposition) oder komplex (*multiple*, mehrere Propositionen) sein sowie ungemischt (*non-mixed*, nur positive oder negative These(n)) oder gemischt (*mixed*, positive und negative These bezüglich derselben Proposition). Eine ungemischte Meinungsverschiedenheit entsteht, wenn Zweifel an der These erhoben (oder thematisiert) werden; eine gemischte Meinungsverschiedenheit entsteht, wenn Diskussionsteilnehmer*innen gegensätzliche Thesen vertreten (van Eemeren & Snoeck Henkemans 2017: 6–8; Bihari 2012a: 61–62). Diese Unterscheidungen scheinen mir auf der Diskursebene schwierig, da unklar ist, wo eine Meinungsverschiedenheit im Diskurs endet und die nächste beginnt. Im Rahmen der Berichterstattung über den Klimawandel zeigt sich aber die Tendenz, dass die Meinungsverschiedenheiten oft gemischt sind; so kommen sowohl *Der Klimawandel existiert* als auch (weitaus seltener) *Der Klimawandel existiert nicht* als Thesen vor. Dies muss allerdings nicht auf einen ambivalenten Status von klimawissenschaftlichem Wis-

---

16 Diese Formulierung verweist auf das engere Verständnis von Argumentation. So werden in den hier vorliegenden Rekonstruktionen auch diejenigen Teile beibehalten, die dem blossen Thematisieren von Geltungsansprüchen dienen.

17 Die Rekonstruktion impliziter Elemente ist keineswegs trivial, wovon zahlreiche Literatur zeugt. Die Pragma-Dialektik legt der Rekonstruktion impliziter Elemente im Sinne der namensgebenden Pragmatik ein Kommunikationsprinzip (*Principle of Communcation*), welches an die Grice'schen Konversationsmaximen (Grice 2000) erinnert, sowie ein logisches Geltungskriterium (*logical validity criterion*) zugrunde (s. van Eemeren & Grootendorst 1992: 60–72).

sen hinweisen. Es ist viel eher zu vermuten, dass Nachrichtenwerte sowie das Ziel von Medien, über relevante Meinungsverschiedenheiten zu berichten (s. zu den beiden Punkten auch Kapitel 6), dazu führen.

Wie schnell solche Rekonstruktionen komplex werden können, soll anhand eines Textausschnitts anlässlich der 13. Klimakonferenz auf Bali aufgezeigt werden:

> Am Freitag ist die Uno-Klimakonferenz auf Bali ins Stocken geraten. Im Vordergrund standen Probleme mit Entwicklungsländern und Diskussionen um die Erwähnung konkreter Reduktionsziele im Fahrplan, der zu neuen Klimaverträgen führen soll. [...] Die Blockade wurde durch die Drittweltländer verursacht, die in der Gruppe G-77 und China organisiert sind. Sie störten sich am Wort Vereinbarung, das im einleitenden Satz zu diesem und anderen Abschnitten stand. [...] Die Länder der G77, offenbar vor allem Indien, befürchten, dass die Formulierung für sie zu Forderungen nach Emissionsreduktionen führen könnte, ähnlich jenen der Industrieländer. Dagegen wehren sie sich, weil sie, wie sie erklären, zur Armutsbekämpfung auf ein weiteres Wachstum angewiesen sind. Auch möchten sie keinesfalls, dass die Klimakonvention und das Kyoto-Protokoll mit den entsprechenden Reduktionsverpflichtungen für die Industrieländer durch einen neuen Vertrag gewissermassen ausser Kraft gesetzt werden. [...] Umstritten war in der Freitagnacht aber auch, inwiefern in den Dokumenten ein Bezug auf den Bericht des Intergovernmental Panel on Climate Change (IPCC) gemacht werden soll. [...] Insbesondere die EU findet es wichtig, dass ein solcher Bereich [d. i. Reduktionsziele] im Fahrplan für die Zeit ab 2012, wenn die erste Phase des Kyoto-Protokolls ausläuft, als Richtgrösse Erwähnung findet. Länder wie die USA, aber auch Russland, Japan und Kanada stellten sich offenbar dagegen. Sie möchten die Formulierung möglichst offenhalten, um den Spielraum der Verhandlungen über das Klimaregime nach 2012, die in den nächsten zwei Jahren stattfinden sollen, nicht vorzeitig einzuschränken.
>
> (Neue Zürcher Zeitung 15.12.2007)

Dieser Ausschnitt zeigt in aller Deutlichkeit, dass eine einfache (*single*) Argumentation, in der eine Prämisse eine These stützt, oft nicht ausreicht, um alltagslogische Argumentation zu beschreiben. Eine Rekonstruktion sowie Beschreibung des Verhältnisses zwischen Prämissen und Thesen wird notwendig. Eine pragma-dialektische Rekonstruktion dieses Textbeispiels könnte folgendermassen aussehen:[18]

18 Es handelt sich hierbei zwar um eine Rekonstruktion, die gewissen Regeln wie den bereits erwähnten vier Transformationsschritten folgt. Nichtsdestotrotz beinhaltet eine solche Rekonstruktion bereits massive interpretatorische Entscheidungen. Dementsprechend ist es üblich, dass für ein und denselben Text mehrere Rekonstruktionen möglich sind. Durch die Zurverfügungstellung des Originalbelegs soll die Interpretation möglich transparent und für den und die Leser*in zugänglich sein.

1 Am Freitag ist die UNO-Klimakonferenz auf Bali ins Stocken geraten.

1.1 Im Vordergrund standen Probleme mit Entwicklungsländern und Diskussionen um die Erwähnung konkreter Reduktionsziele im Fahrplan, der zu neuen Klimaverträgen führen soll.
(1.1') (Weil Probleme mit Entwicklungsländern und Diskussionen um die Erwähnung konkreter Reduktionszielen im Fahrplan im Vordergrund standen, geriet am Freitag die UNO-Klimakonferenz auf Bali ins Stocken.)
1.1.1a Die Blockade wurde durch die Drittweltländer verursacht, die in der Gruppe G-77 und China organisiert sind.
1.1.1a.1 Sie störten sich am Wort Vereinbarung.
1.1.1a.1.1 Die Länder der G77, offenbar vor allem Indien, befürchten, dass die Formulierung für sie zu Forderungen nach Emissionsreduktionen führen könnten, ähnlich jenen der Industrieländer.
1.1.1a.1.1.1a Zur Armutsbekämpfung sind sie auf ein weiteres Wachstum angewiesen.
(1.1.1a.1.1.1b) (Emissionsreduktionen führen zu einem geringeren Wachstum.)
1.1.1a.2 Auch möchten sie keinesfalls, dass die Klimakonvention und das Kyoto-Protokoll mit den entsprechenden Reduktionsverpflichtungen für die Industrieländer durch einen neuen Vertrag gewissermassen ausser Kraft gesetzt werden.
1.1.1b Umstritten war in Nacht zum Freitag aber auch, inwiefern in den Dokumenten ein Bezug auf den Bericht des Intergovernmental Panel on Climate Change (IPCC) gemacht werden soll.
1.1.1b.1a Insbesondere die EU findet es wichtig, dass ein solcher Bereich im Fahrplan für die Zeit ab 2012, wenn die erste Phase des Kyoto-Protokolls ausläuft, als Richtgrösse Erwähnung findet.
1.1.1b.1b Länder wie die USA, aber auch Russland, Japan und Kanada stellten sich offenbar dagegen.
1.1.1b.1b.1 Sie möchten die Formulierung möglichst offenhalten.
1.1.1b.1b.1.1 Der Spielraum der Verhandlungen über das Klimaregime nach 2012, die in den nächsten zwei Jahren stattfinden sollen, soll nicht vorzeitig eingeschränkt werden.

Implizite Elemente werden in runde Klammern gesetzt, um sie von tatsächlich auftretenden Propositionen unterscheiden zu können. Im Text selbst sind die These 1 sowie die dazugehörigen stützenden Prämissen explizit ausformuliert. Die Hauptthese ist deskriptiv, während drei der Prämissen normativ sind (1.1.1a.2, 1.1.1b.1b.1 sowie 1.1.1b.1b.1.1).[19] Die jeweiligen Schlussregeln sind – typischerweise – implizit. Eine davon (1.1') wurde exemplarisch ausformuliert, wobei das Apostroph die Schlussregel markiert. An jedem Übergang könnte eine

19 Kienpointner (1992: 241) unterscheidet deskriptive Schemata von normativen: «[D]eskriptive Schemata enthalten deskriptive Prämissen und deskriptive Konklusionen und dienen zum Erweis von Wahrheit/Wahrscheinlichkeit von strittigen Propositionen; normative Schemata enthalten deskriptive *und* normative Prämissen und führen zu normativen Konklusionen; sie dienen zum Erweis von Richtigkeit von strittigen Propositionen.» Die Pragma-Dialektik verfolgt die dreiteilige Unterscheidung von Standpunkten in normativ, deskriptiv und evaluativ (s. van Eemeren & Grootendorst 1992: 158–160).

solche Schlussregel explizit gemacht werden, falls notwendig. Auch andere Elemente wie beispielsweise die koordinative Prämisse 1.1.1a.1.1.1b, die notwendig ist, um gemeinsam mit 1.1.1a.1.1.1a 1.1.1a.1.1 zu stützen, können implizit sein. Oft wird eine These von mehreren Prämissen gestützt, wobei die Prämissen in drei verschiedenen Verhältnissen zueinander stehen können: Erstens können die Prämissen die These koordinativ (*coordinatively*) stützen: «Coordinative argumentation is one single attempt at defending the standpoint that consists of a combination of arguments that must be taken together to constitute a conclusive defense.» (van Eemeren & Snoeck Henkemans 2017: 59) Muss eine der Prämissen zurückgezogen werden, so ist auch die These nicht mehr gestützt. Die Prämissen haben eine gemeinsame Schlussregel und werden mit Buchstaben gekennzeichnet. So stützen beispielsweise 1.1.1a und 1.1.1b koordinativ 1.1. Zweitens können mehrere Argumente angeführt werden, die unabhängig voneinander die These stützen. Es handelt sich dann um mehrfache (*multiple*) Argumentation: «It consists of alternative defenses of the same standpoint, presented one after another. These defenses do not depend on each other to support the standpoint and are, in principle, of equal weight.» (van Eemeren & Snoeck Henkemans 2017: 58) 1.1.1a.1 und 1.1.1a.2 stellen im betrachteten Ausschnitt beispielsweise mehrfache Argumentation dar. Die Unterscheidung zwischen mehrfacher und koordinativer Argumentation ist selbstverständlich alles andere als trennscharf und auch die Pragma-Dialektik hat sich damit auseinandergesetzt (s. unter anderem in Snoeck Henkemans 1997). Die dritte Möglichkeit ist die untergeordnete (*subordinate*) Argumentation:

> The defense of the initial standpoint is made layer after layer, as it were. If the supporting argument for the initial standpoint cannot stand on its own, then it is supported by another argument, and if that argument needs support, then a further argument is added, and so on, until the defense seems conclusive.
>
> (van Eemeren & Snoeck Henkemans 2017: 59)

Solche langen Verteidigungsketten gibt es im Textausschnitt nicht, allenfalls handelt es sich bei 1.1.1b.1b, 1.1.1b.1b.1, 1.1.1b.1b.1.1 um untergeordnete Argumentation.

Dieser Zugang ermöglicht die Rekonstruktion impliziter Elemente sowie deren Beziehungen zueinander und offenbart damit die argumentative Struktur eines Textes, allerdings beantwortet er noch nicht die Frage, **wie** die Prämisse(n) überhaupt die These stützt (stützen). **Warum** stützen beispielsweise 1.1.1a und 1.1.1b gemeinsam 1.1?

3.4 Schlussregeln als Bindeglied

> Schlußregeln sind Teil des gemeinsamen Weltwissens in einer Sprechgemeinschaft und werden deshalb in der Argumentation oft als implizite Prämissen vorausgesetzt.
>
> (Kienpointner 1992: 46)

Die Funktion von Schlussregeln als Stütze macht diese zu den zentralen Bindegliedern einer Argumentation,

> weil sie den ‹Übergang› von der stützenden Äußerung zu der zu stützenden Äußerung regeln und damit die Bedingungen angeben, aufgrund deren eine Äußerung überhaupt erst als Datum fungieren kann, aus dem die Berechtigung eines problematisierten GAs [Geltungsanspruchs] im Sinne einer *Konklusion* (K) ableitbar wird, der zumindest rational motivierende Nötigung zukommt.
>
> (Kopperschmidt 1989: 125)

Die Akzeptabilität einer Schlussregel und somit auch die Plausibilität, mit der von der Prämisse auf die These geschlossen werden kann, lässt sich nicht (ausschliesslich) über die formale Gültigkeit des gewählten Schemas beurteilen. Der Sachverhalt ist bei alltagslogischer Argumentation weitaus komplexer, da

> die Plausibilität von Alltagsargumentationen in vielerlei Hinsicht – sprachspezifisch, gruppenspezifisch, kontextspezifisch, epochenspezifisch – von der Semantik und Pragmatik der Argumentation abhängt. ‹Wahrheit›, ‹Wahrscheinlichkeit›, ‹Richtigkeit› und ‹Plausibilität› werden damit relativiert, jeweils in Bezug auf Sprachspiele Gebrauchsregeln und dem darauf beruhenden Konsens (von Subgruppen) einer Sprechgemeinschaft.
>
> (Kienpointner 1992: 138)

Dies heisst aber keineswegs im Umkehrschluss, dass dieses Vorgehen aufgrund seiner Komplexität willkürlich ist: Mitglieder einer Sprechgemeinschaft haben erstaunlich genaue Vorstellungen davon, wie Schlussregeln angewandt werden und ob sie akzeptabel sind (s. unter anderem Kienpointner 1992: 402–416; van Eemeren, Garssen & Meuffels 2009). So lässt sich das Argument *Die Erde erwärmt sich* als Stütze für *Die Gletscher schmelzen* intuitiv als ein Verhältnis zwischen Ursache und Wirkung – und somit als ein kausales – verstehen. Sogleich sind auch einige Fälle denkbar, in denen der Schluss nicht plausibel wäre: beispielsweise wenn es sich nur um eine zeitliche Nachfolge handelte oder wenn es andere Hauptgründe für die Gletscherschmelze gäbe. Beide Fälle liegen aber in diesem konkreten Fall nicht vor.

3.4.1 Topik als Fundort für Topoi

Es gibt nicht beliebig viele Möglichkeiten, um eine Verbindung zwischen Prämissen und These herzustellen, sondern bestimmte Arten von Relationen – wie eben kausale –, mit Hilfe derer die Unstrittigkeit der Prämisse auf diejenige der These übertragen werden kann. Diese Beobachtung ist zentraler Bestandteil von Rhetorik und Argumentationstheorien und wird unter der Bezeichnung *Topik* seit der Antike in entsprechenden Werken systematisiert:

> Entsprechend stellt die Topik ein System von Suchanweisungen (topoi/loci) dar, die auf die Frage antworten, wie und wo man in Problemlagen methodisch (!) Plausibilitätsressourcen für die Stützung problematisierter Geltungsansprüche finden kann. [...] Sie besteht in der Systematisierung des Anschließens an Geltungspotenziale durch systematisches Aufsuchen einschlägiger Geltungsbeziehungen.
>
> (Kopperschmidt 2005: 126–127)

In einer Topik werden allgemeine Argumentationsschemata (wie beispielsweise *Ursache-Wirkung* oder *Genus-Spezies*) aufgeführt, mit denen die Verknüpfung zwischen der (den) unstrittigen Prämisse(n) und der strittigen These gewährleistet werden kann. Hierbei handelt es sich einerseits um einen Fundort für Anwender*innen, an dem sie mögliche Stützen für die Überführung finden (wie es beispielsweise oft in der amerikanischen Rhetorik (z. B. Govier 1991) der Fall ist), andererseits aber auch um ein Analyseinstrument, mit dessen Hilfe bereits vorliegende Texte betrachtet werden können.

Einen interessanten Zugang zu Charakteristiken von Topoi zeigt Bornscheuer (1976: 91) auf, indem er «[v]ier Strukturmomente eines allgemeinen Topos-Begriffs» beschreibt:

> Den Umriß eines Topos bzw. einer Topik bestimmen vier verschiedenartige Hauptmomente: die kollektiv-habituelle Vorprägung (Habitualität), die polyvalente Interpretierbarkeit (Potentialität), die problemabhängige, situativ wirksame Argumentationskraft (Intentionalität) sowie die sich gruppenspezifisch konkretisierende Merkform (Symbolizität).
>
> (Bornscheuer 1976: 105)

Topoi, die diese Strukturmomente aufweisen, werden in Topiken aufgelistet. Topiken sind bereits in der antiken Rhetorik bekannt und spielen auch in der zeitgenössischen Literatur eine Rolle. So bietet Rubinelli (2009) beispielsweise eine Liste von Aristoteles' Topoi (Rubinelli 2009: 74–75) sowie der entsprechend systematisierten Topik Ciceros (Rubinelli 2009: 119). Topiken sowie die darin gesammelten Topoi sind somit bereits lang bekannte Elemente von Argumentationstheorien und sie sind erstaunlich beständig; ein Grossteil der Schemata wird gleich klassifiziert wie in der antiken Rhetorik. Neben den bereits erwähnten Autor*innen Perelman & Olbrechts-Tyteca (1958) beschäftigen sich auch andere Autor*innen wie beispielsweise Kienpointner (1992, 1996), Walton (1996, 2006), Walton, Reed & Macagno (2008), Govier (1991) oder Schellens (1985) mit ihnen. Die Pragma-Dialektik ist bis anhin mit drei Grundtopoi (Garssen 1997) wegen der fehlenden Ausdifferenzierung nur bedingt geeignet, um von einer Diskursanalyse ausgehend Argumentationen zu analysieren, denn «[w]as die maximal kontextabstrakten Argumentationsmuster betrifft, so kann angenommen werden, daß mit etwa 50–60 Mustern der wesentliche Bestandteil der Schemata der Alltagsargumentation erfaßt ist, auch wenn beim gegenwärtigen Stand der Forschung Zahlenangaben problematisch sind» (Kienpointner 1992: 235).

Kienpointner (1992, 1996), der bekannte Schemata systematisiert und auch die Topoi der antiken Rhetorik berücksichtigt, dient oft als argumentationstheoretischer Ausgangspunkt für den Diskurshistorischen Ansatz. Er (Kienpointner 1992: 250–402) ordnet die Schemata in drei übergeordnete Kategorien ein: erstens schlussregelbenützende Schemata, zweitens schlussregeletablierende Schemata und drittens solche, die weder Schlussregeln benutzen noch etablieren.[20] Diese Schemata decken viele der üblichen, alltagslogischen Schlussregeln ab und systematisieren sie. Allerdings entstehen bei der Rekonstruktion sowie der Einordnung Zweifelsfälle.

Ein vielversprechender Ansatz, um diesen Problemen zu begegnen, scheint das Periodensystem der Argumente (Wagemans 2019) zu sein, das allerdings noch nicht vollständig ausdifferenziert ist. Schlussregeln werden in dem System mit Blick auf drei Dimensionen unterschieden (Wagemans 2016c):

1. Subjekt- und Prädikatsargumentation
2. Erstrangige und zweitrangige Argumentation
3. Evaluative, präskriptive und deskriptive Propositionen

Im Rahmen dieser Arbeit soll das Augenmerk auf die erste Dimension gelegt werden. Prädikatschemata zeichnen sich dadurch aus, dass die Prädikate in den Prämisse(n) und der These unterschiedlich sind (*a ist x, weil a ist y*), während sie bei Subjektschemata gleich sind, sich dafür aber die Subjekte unterscheiden (*a ist x, weil b ist x*) (s. Wagemans 2016c: 4–5). Diese Differenzierung ist nun interessant, da unter dem gleichen Schema bei anderen Autor*innen teilweise sowohl Subjekt- als auch Prädikatargumentation subsummiert werden. Dies zeigt sich unter anderem an den Einordnungsschemata (Definition, Genus-Spezies, Ganzes-Teil), aber auch an Waltons (2006: 128) *Argument from Verbal Classification*. Dies soll anhand zweier Beispiele Kienpointners (1992: 275) illustriert werden:

---

20 Eine Übersicht bietet die Tabelle in Kienpointner (1992: 246).

Innsbruck liegt in Tirol.
Also: Innsbruck liegt in Österreich.

Die Wiener Philharmoniker sind hervorragend.
Also: Die Orchestermitglieder der Wiener Philharmoniker sind hervorragend.

Die erste Argumentation ist eine Prädikat-, während die zweite eine Subjektargumentation ist, allerdings werden beide als Beispiele für Ganzes-Teil-Schemata verwendet. Das Fehlen dieser Unterscheidung muss nicht zwingend ein Desiderat sein, denn das Verhältnis der Prädikate bei Prädikatsargumentation (wie im ersten Beispiel) sowie das Verhältnis der Subjekte bei Subjektsargumentation (wie im zweiten Beispiel) ist ja eben ein solches vom Ganzen und seinen Teilen. Nichtsdestotrotz soll im Rahmen dieser Arbeit versucht werden, diese Unterscheidung aus drei Gründen anzuwenden: Erstens ermöglicht sie die weitere Ausdifferenzierung von Subschemata und würde somit eine Systematisierung der Topoi eine Ebene unter den maximal kontextabstrakten Schemata ermöglichen. Zweitens lässt sich die oft nicht eindeutige Rekonstruktion von Topoi so vereinfachen und transparenter gestalten, da die Topoi mit Blick auf ihre Form vereinheitlicht werden können und so besser vergleichbar sind. Ein dritter Vorteil liegt darin, dass diskursspezifischen Topoi besser systematisiert werden können: Reisigl (2014a: 95) weist auf die unklare Benennung diskursspezifischer Topoi bei Wengeler (2003) hin. Durch die eben erläuterte Anordnung lässt sich dies vermeiden, denn so kann in Subjektargumentationen die Schlussregel über dasselbe Prädikat klassifiziert und benannt werden (und in Prädikatargumentation entsprechend über dasselbe Subjekt).

Bei den in diesem Kapitel genannten Quellen handelt es sich um Topiken mit kontextabstrakten, formalen Topoi, die gegenüber konkreten materialen Topoi abgegrenzt werden müssen. Formale Topoi können in zahlreichen Diskursen für oder gegen eine These verwendet werden und bilden somit den bereits thematisierten «Fundort» für Argumente, was Bornscheuers (1976: 97–99) Strukturmoment der Potenzialität entspricht. Die Intentionalität manifestiert sich dann aber erst im konkreten Gebrauch, in einem materialen, kontextspezifischen Topos. Betrachtet man materiale Topoi, so potenzieren sich die fünfzig bis sechzig Muster um ein Vielfaches. Dies zeigt die Habilitationsschrift Wengelers (2003) eindrücklich, der Topoi des Migrationsdiskurses von 1960 bis 1985 erhob. Es entstehen dadurch wesentlich kontextspezifischere Topoi wie etwa der Europa-Topos: «Weil etwas der Idee und Praxis der europäischen Vereinigung (nicht) förderlich ist oder auf der Ebene der E(W)G (nicht) gewollt ist, sollten bestimmte Handlungen (nicht) ausgeführt werden.» (Wengeler 2003: 305)

Die Potenzialität solcher kontextspezifischen Topoi ist wesentlich geringer, dafür aber ihre Intentionalität höher. Dies kann je nach Ausgangspunkt ein

Nachteil sein, denn die Aussagekraft beschränkt sich auf den jeweiligen Diskurs (Kontext), allerdings ist aber genau dies im Rahmen des Diskurshistorischen Ansatzes gewünscht, denn es geht ja gerade darum, welche Geltungsansprüche wie diskursspezifisch strittig gemacht und verhandelt werden. Nichtsdestotrotz ist eine formale Topik auch hier ein hilfreiches Instrument, da sich mit ihrer Hilfe übliche Geltungsbeziehungen ausarbeiten und materiale Topoi einordnen lassen, da sich Argumentationsschemata auf einer Skala, die von allgemeinen Schemata (*Wenn Ursache, dann Wirkung*) bis hin zu materialen, diskursspezifischen (*Wenn der Klimawandel stattfindet, führt er zu bestimmten Folgen*) reicht, einordnen lassen (Kienpointner 1992: 234). Mit zunehmender Kontextspezifizierung nimmt die Potenzialität ab, während die Intentionalität zunimmt.

Wie bereits erwähnt, sind die ungefähr sechzig kontextabstrakten Topoi zu abstrakt, um in einer sektoralen Argumentationsanalyse Verwendung zu finden, während bei einer maximalen Kontextspezifizierung lediglich Einzelfälle aufgeführt würden. Es müssen also Topoi von den Einzelfällen her abstrahiert und von den maximal kontextabstrakten Schemata her konkretisiert werden, denn «die auf mittlerer Abstraktionsebene angesiedelten kontextspezifischen Topoi [können] nur innerhalb des Wissensbereiches, in dem sie gewöhnlich verwendet werden, um glaubhaft Argumentation zu verwirklichen, Stimmigkeit beanspruchen» (Kuck & Römer 2012: S. 76).

3.4.2 Vernünftige und trugschlüssige Argumentation

Wengeler (1997, 2000, 2003) beschreibt Topoi im Migrationsdiskurs und beantwortet die Frage, **wie** Geltungsansprüche in diesem Diskurs verhandelt werden. Eine kritische Diskursanalyse geht einen Schritt weiter und will nicht nur die Frage nach dem *Wie* beantworten, sondern auch, ob diese Überführung in einem kritischen Sinn vernünftig ist, sprich, ob es sich um *Überreden* oder um *Überzeugen* handelt:

> Argumentieren heißt zugleich auch immer, den Anspruch zu erheben, die vorgebrachten Argumente müssten andere rational davon überzeugen können, dass ein Geltungsanspruch rechtens bzw. legitimierweise erhoben worden ist. Wenn wir von ‹überreden› sprechen, dann bestreiten wir nicht diesen Selbstanspruch jeden Argumentierens, wohl aber bestreiten wir, dass er ernsthaft gilt; wir behaupten, dieser Selbstanspruch sei nur prätendiert, um eigene Interessen durchsetzbar zu machen (etwa in der Werbung).
>
> (Kopperschmidt 2005: 52–53)

Die verwendete Argumentationstheorie braucht somit eine normative Komponente, weil die Wahl eines bestimmten Argumentationsschemas noch nicht garantiert, dass die Argumentation vernünftig ist. Ansätze wie die oben vorgestellten bieten keine Möglichkeiten, um zu entscheiden, ob die Anwendung eines Topos im Einzelfall legitim ist, um den Geltungsanspruch zu verteidigen (vernünftige Argumentation), oder ob das Vorgehen illegitim ist (Trugschluss). Allenfalls kann thematisiert werden, ob die Form gültig ist.

Werden Trugschlüsse[21] von vernünftigen Argumentationen unterschieden, muss deshalb die gewählte Theorie einen Rahmen bieten, innerhalb dessen die Argumentation beurteilt werden kann. Bereits Aristoteles thematisierte Trugschlüsse. Auch später, im 17. Jahrhundert, wurden die heute noch geläufigen und durch Locke (1690/1997) etablierten *ad*-Fehlschlüsse verwendet (s. für eine kurze Einführung in Trugschlüsse Hannken-Illjes 2018: 46–52).[22] Das Verhältnis von vernünftiger Argumentation und Trugschluss blieb deshalb lange Zeit ein kontradiktorisches, welches erst spät von dem Verständnis abgelöst wurde, welches Hamblin (1993: 12) als *Standard Treatment of Fallacies* bezeichnet und kritisiert: «A fallacious argument, as almost every account from Aristotle onwards tells you, is one that *seems to be valid* but *is not* so.»

Insbesondere die Gültigkeit (*validity*) löste zahlreiche Debatten aus, denn Gültigkeit allein reicht nicht aus, wie bereits das Sokratesbeispiel in Kapitel 3.1 zeigte. Trotzdem hatte eine solche Standarddefinition gegenüber dem Vorgehen Lockes (1690/1997) einen entscheidenden Vorteil: Jedes Argumentationsschema kann so vernünftig oder trugschlüssig verwendet werden und die kontradiktorische Trennung von trugschlüssigen und vernünftigen Schemata entfällt somit. Dieses Verständnis von Trugschlüssigkeit zeigt sich dort, wo kritische Fragen zur Differenzierung verwendet werden: Wenn die kritischen Fragen eines Schemas beantwortet werden können, handelt es sich nicht um einen Trugschluss.[23] So dienen kritische Fragen dazu, die Plausibilität von angewandten Topoi zu eruieren.

---

21 Hannken-Illjes (2018: 49) unterscheidet bezugnehmend auf Löhner (1996) Fehlschlüsse von Trugschlüssen, welche die bewusste Verwendung von Fehlschlüssen bezeichnen. Im Rahmen dieser Arbeit werden die Begriffe synonym verwendet, da es problematisch scheint, zu entscheiden, ob Fehlschlüsse bewusst von Autor*innen verwendet wurden oder nicht. Es soll aber betont werden, dass nicht jeder Trugschluss absichtlich verwendet wird.

22 Diese Klassifikation von Locke führte dazu, dass *ad*-Schlüsse (oft) systematisch als Trugschlüsse aufgefasst wurden. So wurden beispielsweise *Argumenta ad verecundiam* per se als trugschlüssig aufgefasst, obwohl die Bezugnahme auf Expert*innen durchaus ein vernünftiges (und auch häufiges) Verfahren sein kann, wie beispielsweise Walton (1997) aufzeigt.

23 Kritische Fragen leisten aber noch viel mehr (van Eemeren 2016: 16–17): «According to the pragma-dialectical approach, argument (sub)schemes are to be distinguished from each other when, due to the critical questions pertinent to the argument (sub)scheme, they initiate a dialectical route in argumentative discourse that is different from the dialectical routes initiated by other (sub)schemes.»

Wie aber bereits Hamblin (1993) anmerkt (der auch von den oben angeführten Autor*innen miteinbezogen wird), reicht eine solche Definition nicht aus: Einerseits ergibt sich die Plausibilität der Argumentation nicht nur aus der Beantwortung einer finiten Liste kritischer Fragen, sondern betrifft beispielsweise auch andere Phasen einer kritischen Diskussion, andererseits sind die Plausibilitätskriterien handlungsfeldabhängig, weshalb beispielsweise Anforderungen an Kausalschemata in der wissenschaftlichen Domäne in der Regel anders sind als an Kausalschemata in anderen Bereichen. Aus diesen Gründen erweitert die Pragma-Dialektik die Definition von Trugschlüssen:

> Any infringement of a discussion rule, whichever party commits it and at whatever stage in the discussion, is a possible threat to the resolution of a dispute and must therefore be regarded as an incorrect discussion move. Fallacies are analyzed as such incorrect discussion moves in which a discussion rule has been violated.
>
> (van Eemeren & Grootendorst 1992: 104)

Es handelt sich hierbei um die folgenden zehn Regeln: «Redefreiheit» (Kienpointner 1996: 27), «Begründungspflicht» (Kienpointner 1996: 31), «Redliche Bezugnahme auf das Gesagte» (Kienpointner 1996: 34), «Sachlichkeitsgebot» (Kienpointner 1996: 38), «Redliche Bezugnahme auf implizite Voraussetzungen» (Kienpointner 1996: 45), «Gemeinsame Ausgangspunkte respektieren» (Kienpointner 1996: 48), «[L]ogische Gültigkeit» (Kienpointner 1996: 56), «Verwendung plausibler Argumentationsmuster» (Kienpointner 1996: 54), «Annahme der Ergebnisse der Diskussion» (Kienpointner 1996: 63) und «Klarheit des Ausdrucks und korrektes Verstehen» (Kienpointner 1996: 66).[24] Diese Regeln lassen sich teilweise an bereits angesprochene Konzepte anknüpfen. So entspricht die achte Regel der Beantwortung der kritischen Fragen eines Schemas, während die letzte Regel unmittelbar an den Geltungsanspruch der Verständlichkeit anknüpft. Die Regeln umfassen somit sowohl Erwartungen an und Verpflichtungen der Teilnehmer*innen, konkretisieren aber auch die Bedingungen, welche Argumentationen erfüllen müssen. Damit lassen sich nun auch Trugschlüsse einordnen, die nicht aus der falschen Anwendung von Schemata resultieren. So kann beispielsweise ein *Argumentum ad baculum* als Verletzung der ersten Regel verstanden werden, sofern eine Person durch eine Drohung daran gehindert

---

24 Die Regeln, welche Übersetzungen der pragma-dialektischen Regeln (s. van Eemeren & Grootendorst 2004: 190–196; für einen Überblick Bihari 2012b) sind, werden aus Kienpointner (1996: 27–71) zitiert. Die Regeln 7 und 8 wurden getauscht, da dies in den neueren Werken der Pragma-Dialektik so üblich und sinnvoll ist, denn wenn das Schema logisch ungültig ist, so erübrigt sich auch die Frage nach der Plausibilität und korrekten Anwendung des Schemas. Nebst den Regeln befinden sich in Kienpointner (1996) auch ausführliche Diskussionen und Beispiele dieser Regeln.

wird, überhaupt erst eine These zu äussern (s. für eine Besprechung von Trugschlüssen aus pragma-dialektischer Sicht van Eemeren & Grootendorst 2004: 107–207).[25] An diesen Regeln orientiert sich auch der Diskurshistorische Ansatz, um trugschlüssige von plausibler Argumentation zu unterschieden. Allerdings fehlt noch ein Aspekt, um das Bild zu vervollständigen: «If these rules are violated, fallacies will occur. It is not always easy, however, to decide without **precise context knowledge**, whether an argumentation scheme has been employed as a reasonable topos or as a fallacy.» (Reisigl & Wodak 2016: 36; meine Hervorhebung, N. K.)

Mit der Erweiterung der Pragma-Dialektik durch Frans van Eemeren und Peter Houtlosser (s. van Eemeren 2010) wurden durch die Einführung des strategischen Manövrierens (*strategic maneuvering*) rhetorische Überlegungen in die Theorie der Pragma-Dialektik eingebettet, indem Argumentieren als Balanceakt zwischen dialektischer Vernünftigkeit (*reasonableness*) und rhetorischer Wirksamkeit (*effectiveness*) verstanden wird:

> In making argumentative moves, arguers are out to achieve the effect of acceptance in the audience they want to reach, but to achieve this effect based on the merits of the moves they make, they need to remain within the boundaries of reasonableness as defined by the rules for critical discussion. Because pursuing at the same time these two objectives inevitably creates a certain tension, the arguers have to keep a delicate balance.
>
> (van Eemeren et al. 2014: 553)

Strategisches Manövrieren äussert sich in drei nicht trennbaren Möglichkeiten: (1) Wahl aus dem topischen Potenzial, (2) Anpassung an die Zielgruppe und (3) stilistische Mittel (s. Kapitel 4 in van Eemeren 2010). Plausible Argumentation wird somit als eine Argumentation verstanden, in der die Zielgruppe zwar überzeugt werden soll, allerdings innerhalb der rationalen, dialektischen Regeln für eine kritische Diskussion, was oft zu der Beschreibung von Trugschlüssen als Entgleisung des strategischen Manövrierens (*derailment of strategic maneuvering*) führt.

Aus diesen Überlegungen ergeben sich drei wesentliche Merkmale zur Unterscheidung von trugschlüssiger und plausibler Argumentation:

> (1) sound and fallacious strategic maneuvers are of the same kind, and sound and fallacious manifestations of the same mode of strategic maneuvering look essentially the same; (2) a particular mode of strategic maneuvering may encompass a continuum that varies from clearly sound to clearly fallacious strategic maneuvering, with less clear cases

---

25 An dieser Stelle könnte diskutiert werden, inwiefern sich Habermas' Grundsätze einer idealen Diskussion in die pragma-dialektischen Regeln integrieren liessen.

> in between; (3) in different communicative activity types, the soundness criteria that pertain to a certain mode of strategic maneuvering may differ to some extent.
>
> (van Eemeren et al. 2014: 565)

Um den dritten Punkt soll es im folgenden Kapitel gehen.

3.4.3 Handlungsfelder und feldspezifische Argumentationsbedingungen

> Es könnte sein, dass gar nicht so sehr die Frage ist, ob Kernkraftwerke rechtfertigungsfähig sind, sondern in welchem kategorialen Rahmen dies verhandelt werden muss.
>
> (Kopperschmidt 1989: 107)

Dass Argumentation vom jeweiligen Kontext, von der jeweiligen Sprachgemeinschaft und sogar von der jeweiligen geschichtlichen Epoche abhängt, ist hinreichend bekannt und wird von zahlreichen Autor*innen berücksichtigt: Toulmin (1958/2003) etwa spricht von Feldern (*fields*), Levinson (1979) spricht von *activity types*, wohingegen Goodnight (2012) die Bezeichnung *Sphäre* bevorzugt. Kopperschmidt (1989, 2005) spricht von *Bereichsabhängigkeit*, Walton (2008) von *type of dialogue*. Unter all diesen Begriffen wird (selbstredend aus unterschiedlichen theoretischen Perspektiven) die Beobachtung subsumiert, dass gewisse (argumentative) Phänomene in gewissen Bereichen (z. B. in religiösen Diskursen) angemessen, akzeptabel sowie üblich sind, um Thesen zu verteidigen, und in anderen (z. B. juristischen Diskursen) nicht.

Die Pragma-Dialektik beschreibt mit dem Konzept des *communicative activity type* dasselbe Phänomen (van Eemeren 2010: 139): «Communicative activity types are conventionalized practices whose conventionalization serves, through the implementation of certain ‹genres› of communicative activity the institutional needs prevailing in a certain domain of communicative activity.» Mit der Einführung dieser kommunikativen Handlungstypen, die im Zuge der bereits erwähnten Erweiterung der Pragma-Dialektik erfolgte, kann nun die Definition von Trugschlüssen um die Feldspezifik erweitert werden:

> In view of the contextual differentiation in the soundness criteria that must be applied in checking whether a certain rule for critical discussion has been complied with, it is necessary to make a distinction between *general* soundness criteria for strategic maneuvering, which always apply because they are context independent, and *specific* soundness criteria, which are dependent on the institutional macrocontext in which a certain mode of strategic maneuvering is employed and which vary to some extent in particular communicative activity types.
>
> (van Eemeren et al. 2014: 566)

Die Unterscheidung verschiedener Handlungsfelder erlaubt es also, Argumentationen als diskursspezifisch zu konkretisieren und zu analysieren. So sind in unterschiedlichen Handlungsfeldern beispielsweise unterschiedliche Argumentationsmuster erwartbar. Die Pragma-Dialektik spricht hier von prototypischen Argumentationsmustern (*prototypical argumentation patterns*, s. van Eemeren 2016: 12–16).[26] Ein Paradebeispiel ist die Funktion von pragmatischer Argumentation in politischen Diskursen. Das Handlungsfeld wirkt sich nicht nur auf die Wahl der Schemata aus, sondern auch auf kritische Fragen, Verfahrensregeln und vieles mehr. Es beeinflusst unter Umständen alle vier Phasen einer kritischen Diskussion, was zu den empirischen Manifestationen der vier Phasen einer kritischen Diskussion führt: (1) initiale Situation (*initial situation*), (2) Startpunkte (*starting points*), (3) argumentative Mittel und Kritik (*argumentative means and criticisms*) sowie (4) mögliche Ergebnisse (*possible outcomes*) (s. van Eemeren 2016: 43–45).

Verschiedene kommunikative Handlungstypen lassen sich unter einem *genre*[27] *of communicative activity* zusammenfassen, welches das institutionelle Ziel, das mit dem kommunikativen Handlungstyp erreicht werden soll, umschreibt. Diese Genres sind oft typisch für bestimmte Domänen, so beispielsweise Deliberation für politische Handlungstypen. Die Pragma-Dialektik hat sich bis anhin vermehrt mit juristischen (z. B. Plug 2012; Feteris 2017), politischen (z. B. Andone 2013, 2016; Garssen 2016), medizinischen (z. B. Snoeck Henkemans 2017a, 2017b; van Poppel 2014) sowie akademischen (z. B. Wagemans 2016a, 2016b) Handlungsfeldern beschäftigt.

Diese Domänen sowie die kommunikativen Handlungstypen können sich (durch die Implementierung des institutionellen Ziels) auf alle Phasen und Aspekte des Argumentierens auswirken, wobei die institutionellen Einschränkungen je nach Handlungstyp und Domäne unterschiedlich ausfallen können – ein informelles Gespräch unter Freund*innen wird weitaus weniger eingeschränkt

26 Prototypische Argumentationsmuster sind diejenigen Muster, die aufgrund der handlungsfeldtypischen Bedingungen zu erwarten sind. Im Gegensatz dazu sind stereotypische Argumentationsmuster (*stereotypical argumentation patterns*) solche, die nicht nur typisch sind, sondern auch tatsächlich häufig vorkommen (s. van Eemeren 2016: 16).

27 Es handelt sich hierbei nicht um dieselbe Verwendung von *Genre* wie in der Textlinguistik. Texte eines Genres zeichnen sich in der Pragma-Dialektik durch ein gemeinsames institutionelles Ziel aus. Der Diskurshistorische Ansatz (Reisigl & Wodak 2001: 36) orientiert sich bei der Definition von *Genre* hingegen an Norman Fairclough: «‹genre› may be characterised, following Norman Fairclough, as the conventionalised, more or less schematically fixed use of language associated with a particular activity, as ‹a socially ratified way of using langauge [sic!] in connection with a particular type of social activity› (Fairclough 1995[...]: 14).» Das *Genre* in diesem Sinne entspräche am ehesten der pragma-dialektischen Bezeichnung *communicative activity type*.

sein als ein Beitrag in einer wissenschaftlichen Fachzeitschrift. Gleichzeitig gilt es zu beachten, dass die einzelnen Typen und Domänen alles andere als trennscharf sind. Es ist ein Leichtes, Handlungstypen zu ersinnen, die nicht nur einer Domäne oder einem Genre angehören.

Da der Diskurshistorische Ansatz an der diskursspezifischen Manifestation von Topoi interessiert ist, beinhaltet er ebenfalls ein Inventar, um diese Feldspezifik beschreiben zu können:

> ‹Fields of action› (Girnth 1996) indicates a segment of social reality that constitutes a (partial) ‹frame› of a discourse. Different fields of action are defined by different functions of discursive practices. [...] A ‹discouse› about a specific topic can find its starting point within one field of action and proceed through another one. Discourses then ‹spread› to different fields and relate to or overlap with other discourses.
>
> (Reisigl & Wodak 2016: 28)

Innerhalb eines Handlungsfelds (Girnth 2015: 45) kann dessen Funktion über verschiedene Genres erreicht werden. Diskurse bestehen nun aus Texten, die unterschiedlichen Genres angehören und sich auch mit verschiedenen Themen beschäftigen, was dann zu Überlappungen verschiedener Diskurse führen kann.

4 Korpus

> Corpus linguistics studies languages on the basis of discourse. […] It will never be possible to study all extant texts. All corpus linguistics can do is to work with a (suitable) sample of the discourse. Such a sample is called the corpus.
>
> (Teubert & Čermáková 2007: 41)

Die Verwendung von Korpora in Kritischen Diskursanalysen zielt oft darauf ab, über das Korpus quantitativen Zugang zum Diskurs zu erhalten. Für diesen Zweck muss das Korpus so gestaltet werden, dass es den zu betrachtenden Diskurs möglichst repräsentiert, wenn auch nie eine vollständige Übereinstimmung zwischen Diskurs und Korpus möglich ist. Im Rahmen dieser Arbeit wird der Diskurs über Klimawandel in Massenmedien der deutschsprachigen Schweiz betrachtet, insbesondere mit Fokus auf der Frage, wie Wissen aus Spezialdiskursen in massenmedialen Diskursen thematisiert und verhandelt wird. In diesem Sinne wird das Korpus so zusammengestellt, dass es sich möglichst an den hier beschriebenen Diskurs annähert.

4.1 Beschaffenheit

Das Korpus umfasst ausschliesslich Medien aus der deutschsprachigen Schweiz, die gemeinhin als Push-Medien verstanden werden, da Pull-Medien wie beispielsweise das Internet ein bereits bestehendes Interesse einer Person an einem bestimmten Thema sowie deren Bereitschaft, sich aktiv zu informieren, bedingen. Zudem repräsentieren öffentliche Push-Medien die vorhandenen Geltungsansprüche in der Gesellschaft (Tereick 2016: 28): «Medien sind Spiegel dessen, was gesellschaftlich anerkannt ist, wirken zugleich aber selbst wirklichkeitskonstitutiv.» Fernsehkanäle und Zeitungen scheinen unter diesen Medien aus rezeptiver Sicht von besondere Bedeutung zu sein, wie unter anderem Stamm, Clark & Reynolds Eblacas (2000) für den amerikanischen Raum aufzeigen; Parallelen zeigen sich auch für den Diskurs über Atomenergie in der Schweiz (Bonfadelli & Kristiansen 2012).

In das Korpus werden häufig rezipierte Push-Medien miteinbezogen, die einen möglichst hohen Anteil der Bevölkerung erreichen: Sämtliche Zeitungen, die 2014 eine Auflagenstärke von mehr als 100 000 Exemplaren aufwiesen (zehn Tageszeitungen, zwei Gratiszeitungen und sechs regionale Zeitungen; Auflagenstärken gemäss der WEMF AG für Medienforschung (WEMF 2014))[1], sowie die

1 Die Auflagenstärke entspricht der *total verbreiteten Auflage* in WEMF (2014). Es wurden lediglich deutschsprachige Zeitungen aufgenommen.

https://doi.org/10.1515/9783110760804-004

beiden Nachrichtenfernsehformate *10vor10* und *Tagesschau* des öffentlich-rechtlichen Fernsehens finden Eingang in das Korpus.[2] Der Zeitraum, über den Artikel in das Korpus aufgenommen wurden, reicht von 2007 bis 2014. Im Jahr 2007 wurde der vierte (Solomo et al. 2007; Parry et al. 2007; Metz et al. 2007), 2013 und 2014 der fünfte Sachstandsbericht des IPCC (Stocker et al. 2013; Field et al. 2014; Barros et al. 2014; Edenhofer et al. 2014) veröffentlicht. Grund für den Zeitraum ist die Relevanz dieser Dokumente: Die Inhalte bilden jeweils die Grundlage für Entscheidungen in der Klimapolitik.

Nicht nur anhand des Zeitraums und der Medien müssen Beiträge beschränkt werden, sondern auch inhaltlich. Denn es ist weder erstrebenswert noch sinnvoll, alle Artikel der genannten Jahre in das Korpus aufzunehmen. Nicht alles, was in diesen acht Jahren in diesen zweiundzwanzig Zeitungen und zwei Fernsehsendungen Aufmerksamkeit erregte, ist relevant im Diskurs über Klimawandel. Es gilt also, Beiträge zu finden, die den Diskurs über Klimawandel thematisieren und dabei ein Gleichgewicht zwischen den Suchkriterien zu finden, so dass möglichst wenig irrelevante Artikel in das Korpus Einzug finden, ohne dass gleichzeitig diskursrelevante Artikel ausgeschlossen werden. Im Rahmen des Projektes *Changing Climate* der Universität Lancaster (Centre for Corpus Approaches to Social Science (CASS) o. J.) stellten verschiedene Universitäten Korpora zum Diskurs über Klimawandel zusammen (beispielsweise Müller o. J.). Um das Gleichgewicht zwischen noch relevanten und nicht mehr relevanten Texten zu wahren sowie eine vergleichbare Datengrundlage zu erhalten, um komparative Studien durchführen zu können, wurden die Suchwörter für die Zusammenstellung der Korpora für das Projekt mittels einer von Gabrielatos (2007) vorgeschlagenen Methode erhoben. Für das deutsche Korpus (Müller o. J.) ergaben sich die folgenden Suchwörter:

> *Klimawandel, Erderwärmung, Klimaschutz, Klimaerwärmung, Ausstoß, Energiewende, Kohlendioxid, Erwärmung, Klimakonferenz(en)*

Diese Suchwörter wurden auch für die Erstellung des Schweizer Korpus verwendet. Alle Artikel, die zwischen 2007 und 2014 in einem der gewählten Medien veröffentlicht wurden und mindestens eines der Suchwörter aufweisen, wurden in das Korpus aufgenommen.

---

2 Das Aufnehmen von mehr Fernsehformaten in das Korpus wäre wünschenswert gewesen. Zeit- und Ressourcenbegrenzungen erschwerten dieses Vorhaben. Der Miteinbezug dieser beiden Formate muss somit klar als Kompromiss gesehen werden. Die Wahl der beiden Fernsehformate wird im späteren Verlauf dieses Kapitels begründet.

4.2 Zusammensetzung

Im Korpus selbst nehmen die Tageszeitungen eine Schlüsselrolle ein. Die Anzahl Artikel, die in Tageszeitungen über den Klimawandel veröffentlicht wurden (s. Abbildung 2), fällt weit höher aus, als der blosse Vergleich mit der Auflagenstärke (s. Abbildung 3) erwarten liesse.

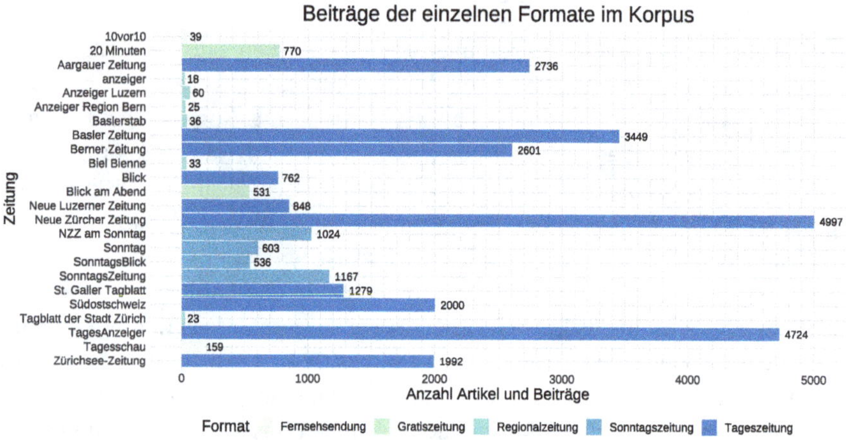

Abb. 2: Anzahl Artikel und Beiträge im Korpus in den einzelnen Zeitungen und Fernsehformaten

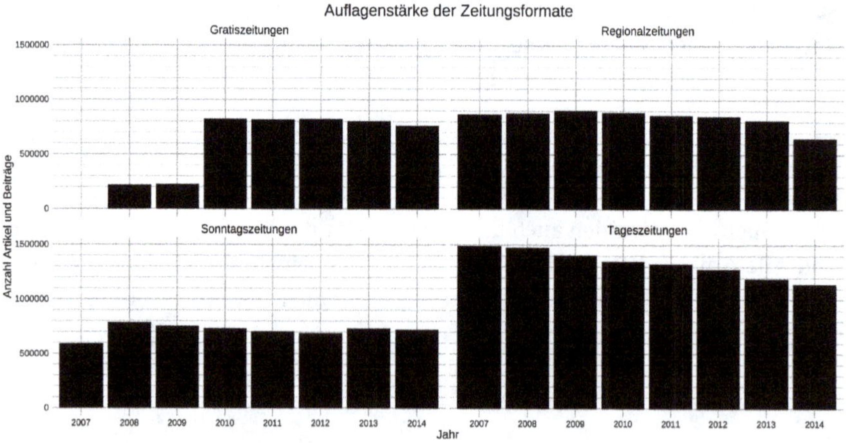

Abb. 3: Aufaddierte Auflagenstärke der im Korpus befindlichen Zeitungsarten von 2007 bis 2014 (gemäss Zahlen des WEMF 2007, 2008, 2009, 2010, 2011, 2012, 2013, 2014)

Tageszeitungen scheinen dementsprechend quantitativ relevant für die Vermittlung von Diskursen über Klimawandel zu sein. In Regionalzeitungen hingegen wird kaum über den Klimawandel berichtet. Zusätzlich weisen auch Zeitungen innerhalb einer Zeitungsform deutliche Unterschiede auf, so wurden in der *Neuen Zürcher Zeitung* im betrachteten Zeitraum fast sechsmal mehr Artikel über den Klimawandel publiziert als in der *Neuen Luzerner Zeitung*.

4.2.1 Schweizer Medienlandschaft

Die Schweizer Medienlandschaft ist im Umbruch und war über die letzten Jahre hinweg von drei wesentlichen Tendenzen geprägt.[3] Wenige Medienhäuser sind für einen immer grösseren Teil der Presse zuständig und die Leserzahlen traditioneller Zeitungen sind rückläufig, während sich Gratiszeitungen zunehmender Beliebtheit erfreuen (s. Publikation des Forschungszentrums Öffentlichkeit und Gesellschaft (fög 2014)).

Folgende Zeitungsarten befinden sich im Korpus:

- *Tageszeitungen* werden einmal täglich (Montag bis Freitag oder Montag bis Samstag) publiziert.
- *Sonntagszeitungen* werden einmal wöchentlich sonntags publiziert.
- *Gratiszeitungen* werden kostenlos einmal täglich im öffentlichen Raum verteilt (typischerweise von Montag bis Freitag an Bahnhöfen).
- *Regionalzeitungen* werden an Bewohner*innen einer Region kostenlos zugestellt. Teilweise handelt es sich um die amtlichen Publikationsorgane der entsprechenden Region. Die Häufigkeit variiert; oft werden Regionalzeitungen zweimal pro Woche verteilt.

Wie Abbildung 3 bereits zeigte, sind Tageszeitungen die auflagenstärksten Zeitungen im Korpus, gefolgt von Regional- und Sonntagszeitungen. Die Auflagenstärke der Gratiszeitungen ist trotz ihrer Bedeutung verhältnismässig klein, was unter anderem daran liegt, dass im Wesentlichen zwei Gratiszeitungen (*20 Minuten* und *Blick am Abend*) mehreren Tages- und Sonntagszeitungen gegenüberstehen. Zudem kann davon ausgegangen werden, dass einzelne Exemplare mehrfach gelesen werden; als sogenannte «Pendlerzeitungen» werden sie in den öffentlichen Verkehrsmitteln gelesen, liegengelassen und von nachfolgenden Passagier*innen erneut gelesen.

---

3 Die Medienlandschaft in der Schweiz soll an dieser Stelle nur so weit ausgeführt werden, wie dies dem/der der Schweiz unbekannten Leser*in einen allgemeinen Überblick sowie einen genaueren Blick auf die Zeitungen und Fernsehformate im Korpus ermöglicht (für einen Überblick über Besonderheiten der schweizerischen Medienlandschaft s. Studer et al. 2014).

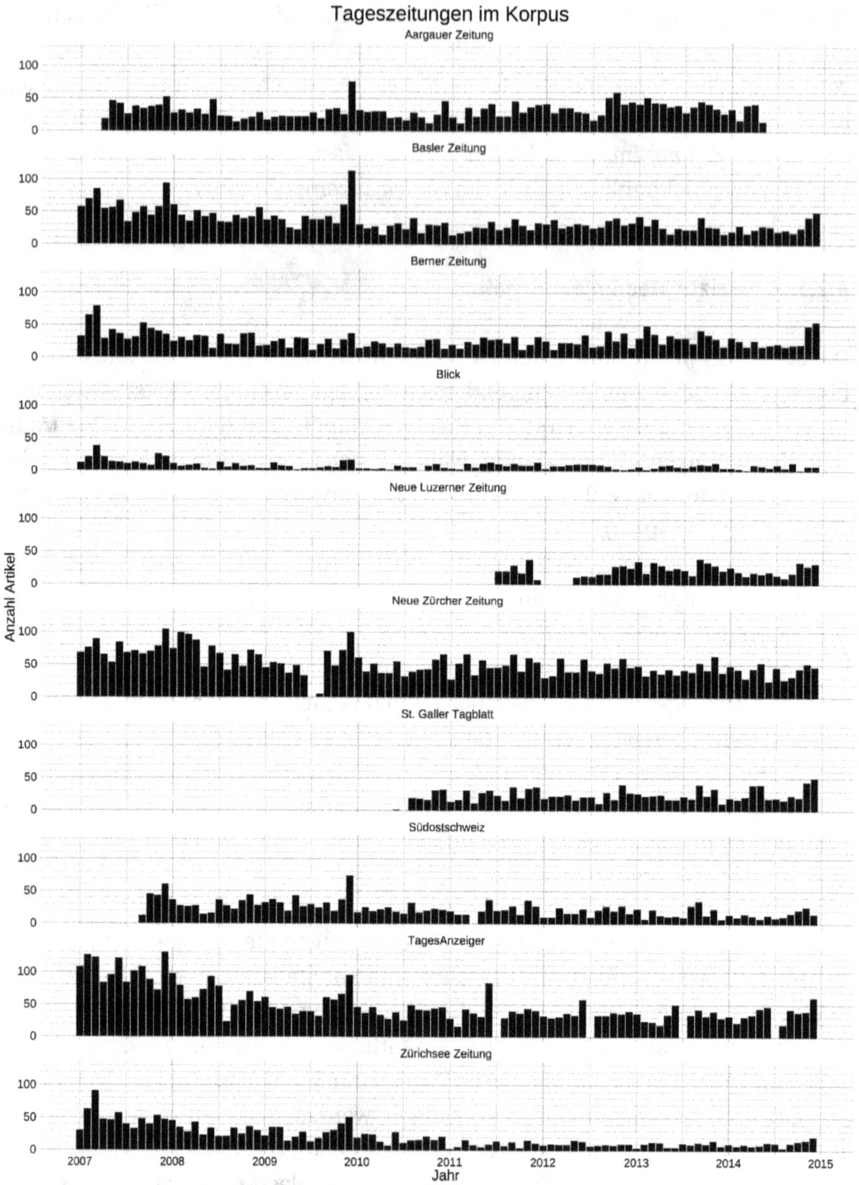

Abb. 4: Monatlich publizierte Artikel in Tageszeitungen im Korpus

4.2.1.1 Tageszeitungen

Im Korpus befinden sich zehn Tageszeitungen. Neun davon werden durch fög (2014) als Abonnementenzeitungen bezeichnet, die zehnte – der *Blick* – als Boulevardzeitung.[4] Im betrachteten Zeitraum ist die Auflagenstärke der Tageszeitungen insgesamt rückläufig (s. WEMF 2007, 2008, 2009, 2010, 2011, 2012, 2013, 2014). Dies zeigt sich auch an den im Korpus vorhandenen Artikeln (s. Abbildung 4).

Die Qualität[5] der Tageszeitungen nahm insgesamt ab (Gesamtqualität 2010: 5,1; 2013: 4,9, die Daten entstammen fög 2014: 99), diejenige der Boulevardzeitungen hingegen zu (2010: 2,6; 2013: 3,3; fög 2014: 99). Als Grund für die Qualitätsabnahme werden die derzeitigen Schwierigkeiten im Medienbereich genannt: Finanzielle Umstände führen dazu, dass Einordnungsleistung und Beitragsrelevanz tendenziell abnehmen. Die qualitative Verbesserung der Boulevardpresse resultiert hingegen aus einer Versachlichung (s. fög 2014: S. 98). Ein auch im Korpus beobachtetes Phänomen ist, dass Artikel oft auf Agenturmeldungen basieren (s. fög 2014: 37). In der Konsequenz lassen sich Artikel in gleicher oder ähnlicher Form in verschiedenen Zeitungen finden, wodurch die Vielfalt insgesamt abnimmt.

4.2.1.2 Sonntagszeitungen

Dem gegenüber stehen vier Sonntagszeitungen, wobei eine – der *SonntagsBlick* – der Boulevardkategorie zugeordnet wird. Die Auflagenstärke von Sonntagszeitungen ist insgesamt höher und über die Jahre hinweg stabiler als diejenige der Tageszeitungen (s. WEMF 2007, 2008, 2009, 2010, 2011, 2012, 2013, 2014). Im Korpus schwankt die Berichterstattung hingegen, wie die monatliche Verteilung in Abbildung 5 verdeutlicht.

---

4 Die Unterscheidung von Abonnements-, Boulevard und Sonntagspresse, die in fög (2014) verwendet wird, wird im Rahmen dieser Arbeit nicht übernommen, da zahlreiche Zeitungen mehreren dieser Kategorien angehören. Zudem erscheint mir die Unterscheidung von Abonnements-, Boulevard- und Sonntagszeitungen inkonsistent; die Distinguierung erfolgt aufgrund der Art der Bezahlung, des Inhalts sowie der Anzahl wöchentlicher Ausgaben.

5 «Dieses Verständnis [von Qualität] geht ursprünglich auf den Aufklärungsliberalismus zurück und manifestiert sich seither in den Ansprüchen auf Universalität, Relevanz, Ausgewogenheit und im Objektivitätsstreben beim öffentlichen Räsonieren als Voraussetzung für eine funktionierende Demokratie. Diese Ansprüche finden sich wieder in den modernen Qualitätsnormen der ‹Vielfalt›, der ‹Relevanz›, der mit ihr verbundenen ‹Aktualität› und in den wesentlichen Anforderungen an die ‹Professionalität› journalistischen Arbeitens (u. a. Sachlichkeit, Eigenleistung, Quellentransparenz).» (fög 2014: 28)

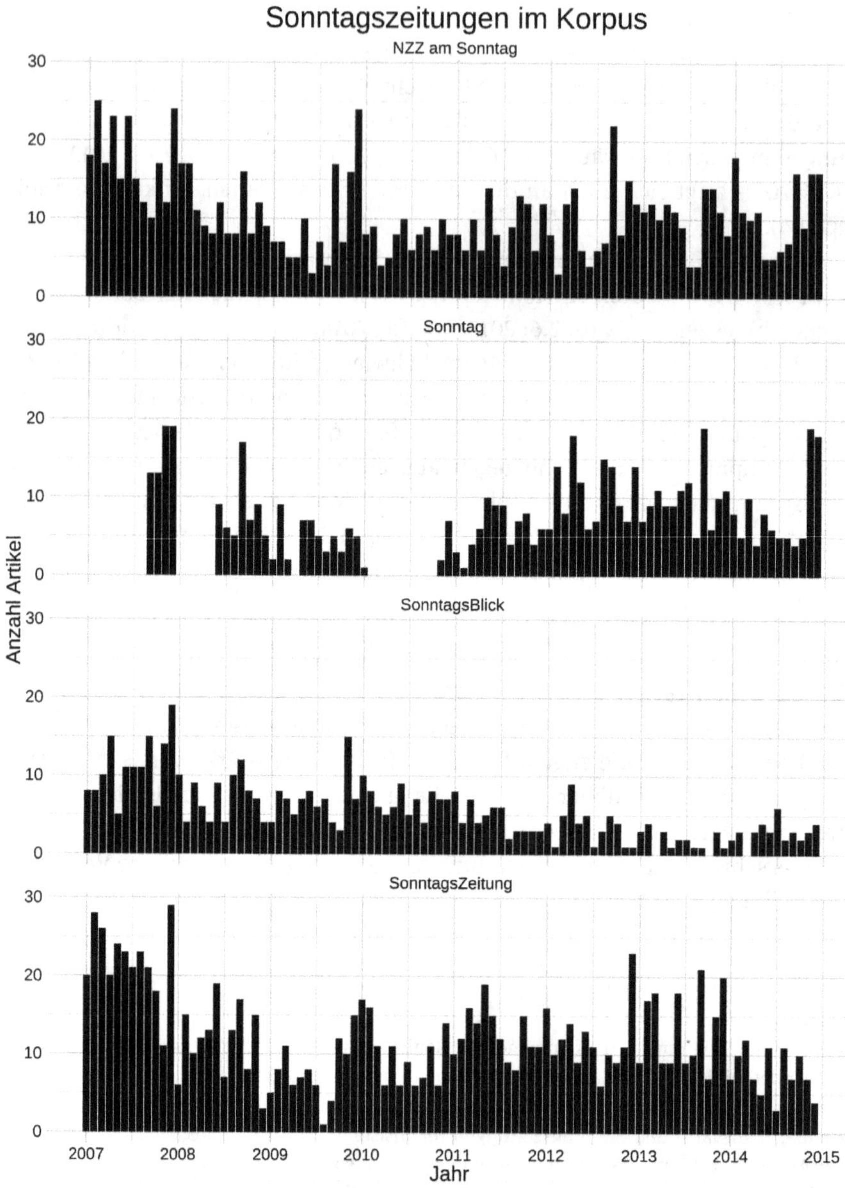

Abb. 5: Monatlich publizierte Artikel in Sonntagszeitungen im Korpus

Nicht nur die Auflagenstärke, sondern auch die Qualität der Sonntagszeitungen ist verhältnismässig stabil (2010: 4,8 sowie 2013: 4,7; fög 2014: 99), wobei sich insbesondere der *SonntagsBlick* in diesen drei Jahren stark verbesserte (plus 0,8 Punkte; fög 2014: 99–100). Diese Unterschiede zu den Tageszeitungen lassen sich unter anderem damit erklären, dass es bei Sonntagszeitungen oft noch typische Redaktionen gibt, welche die Artikel der Kernressorts schreiben. Gleichzeitig besteht aber die Tendenz, dass in besagten Redaktionen stets mehr Zeit für *Softnews*[6] aufgewendet wird (s. fög 2014: 37).

4.2.1.3 Gratiszeitungen

Im Korpus befinden sich zwei kostenlose Zeitungen: *20 Minuten* und *Blick am Abend* (s. Abbildung 6).

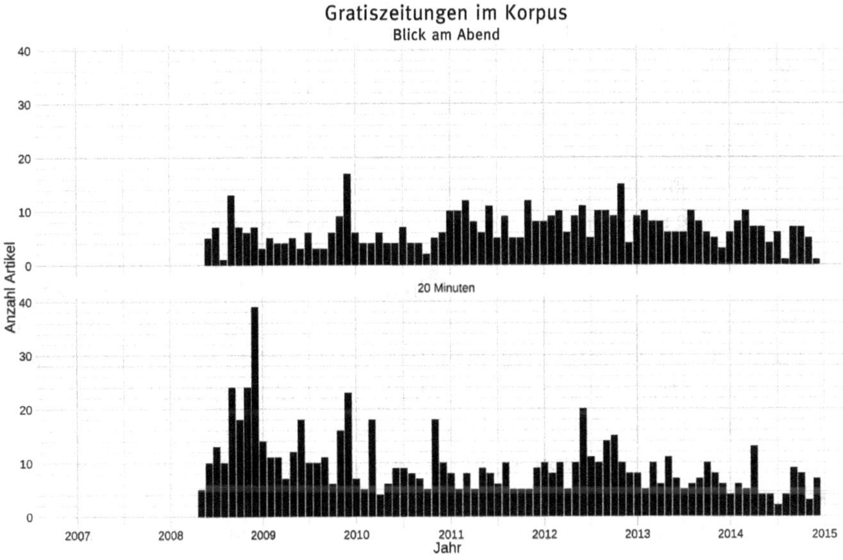

Abb. 6: Monatlich publizierte Artikel in Gratiszeitungen im Korpus

Diese Gratiszeitungen sind mindestens in der Schweiz ein relativ neues Phänomen; so gibt es *20 Minuten* seit 1999, *Blick am Abend* erst seit 2008.[7] Weitere kostenlose Zeitungen wurden publiziert, die Verbreitung wurde allerdings wieder eingestellt. Die Präsenz von Gratiszeitungen unterscheidet die Schweiz auch vom europäischen Umland, da sie in der Schweiz «zu den auflagen- und reich-

6 «Weiche Nachrichten (‹soft news›) sind solche, deren Nachrichtenwert bei eher fehlender objektiver Bedeutung vor allem durch die Neugier und Sensationslust des Publikums bestimmt wird.» (Mast 2018: 347) Im Gegensatz dazu stehen *Hardnews*.

7 Die Produktion von *Blick am Abend* wurde am 21. Dezember 2018 eingestellt (Ringier 2018).

weitenstärksten Titeln der Presse» (fög 2014: 30) gehören. Durch die enorme Reichweite erreichen diese beiden Zeitungsformate grosse Teile der Öffentlichkeit:

> Betrachtet man die Bildungs- und Einkommensverteilung, so ist diese bei den Gratiszeitungen praktisch identisch mit dem Durchschnitt der (mediennutzenden) Bevölkerung. Dies ist Ausdruck der ausgesprochen hohen Reichweite und gesellschaftlichen Verbreitung, die die Gratiszeitungen mittlerweile über alle Bildungs- und Einkommensschichten hinweg erreicht haben.
>
> (fög 2014: 38–39)

Gratiszeitungen sind als qualitativ schlecht (2010: 3.1 und 2013: 3.1, s. fög 2014: 39) einzuordnen, unter anderem, weil «die Hardnews in Gratiszeitungen [...] überdurchschnittlich oft lediglich umgeschriebene Agenturmeldungen» sind (fög 2014: 37).

4.2.1.4 Regionalzeitungen

Unter dem Terminus *Regionalzeitungen* werden an dieser Stelle verschiedene Zeitungsformate subsumiert. Es handelt sich dabei einerseits um lokale Blätter, die kostenlos an die Anwohner*innen einer bestimmten Region gesendet werden, und andererseits um amtliche Publikationsorgane. Die Auflagenstärke der Regionalzeitungen hängt stark von der Anzahl an Einwohner*innen der Regionen ab. Regionalzeitungen erscheinen oft wöchentlich, so der *Anzeiger Luzern*, *anzeiger – Das Ostschweizer Wochenmagazin*, *Biel Bienne*[8] sowie das amtliche Publikationsorgan der Stadt Zürich *Tagblatt der Stadt Zürich*. Das amtliche Publikationsorgan der Stadt und Agglomeration von Bern – *Anzeiger Region Bern* – erscheint hingegen zweimal wöchentlich. Der mittlerweile eingestellte *Baslerstab* konnte im öffentlichen Raum Zeitungsboxen entnommen werden. Zu Beginn des Zeitraums wurde er noch bis zu fünfmal pro Woche ausgetragen, gegen Ende nur noch wöchentlich. Die *BaZ kompakt* ist der unmittelbare Nachfolger des *Baslerstabs*. Aus Gründen der Zugänglichkeit befindet sie sich aber nicht im Korpus. Im betrachteten Zeitraum fiel die Berichterstattung über den Klimawandel in den Regionalzeitungen eher gering und punktuell aus (s. Abbildung 7).

8 Hierbei handelt es sich um eine Gratiszeitung, die im Kanton Biel vertrieben wird. Die Zeitung ist zweisprachig – Deutsch und Französisch – aufgebaut. Im Korpus befinden sich nur die deutschsprachigen Artikel.

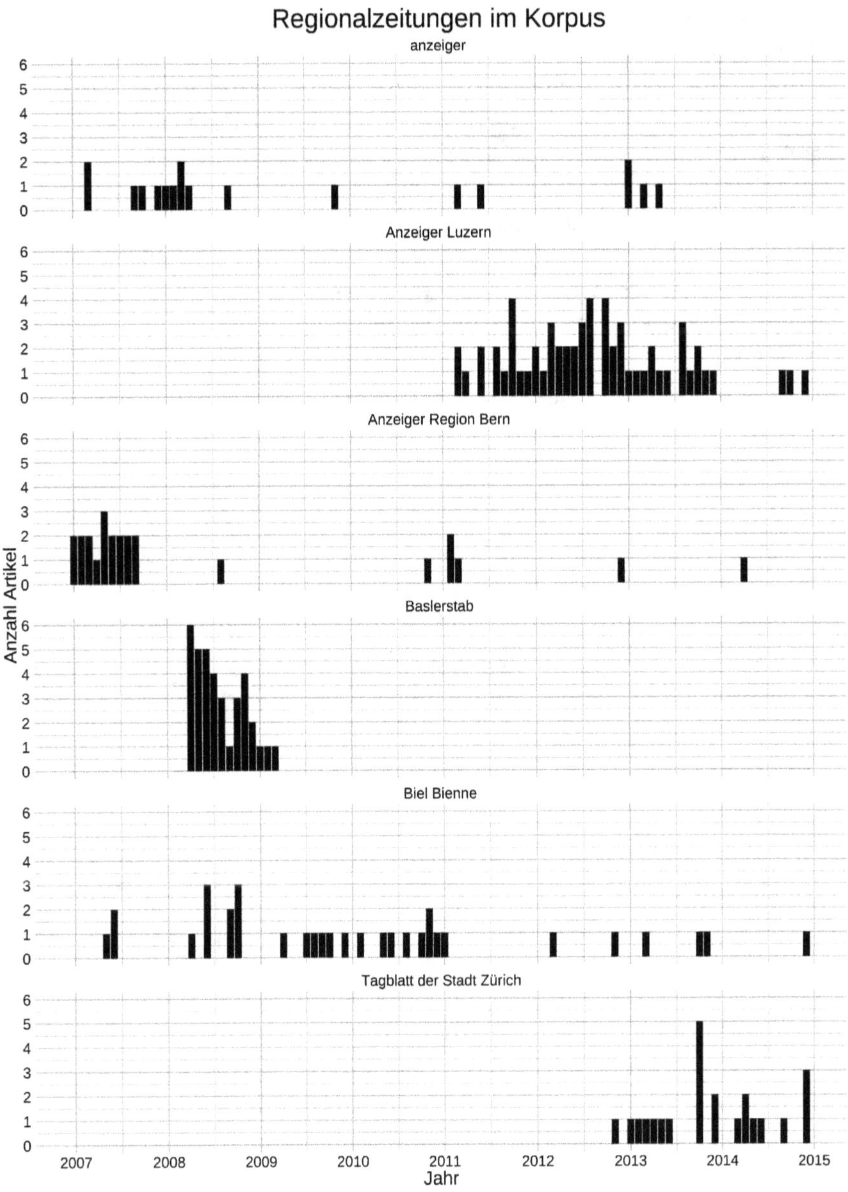

Abb. 7: Monatlich publizierte Artikel in Regionalzeitungen im Korpus

4.2.1.5 Fernsehformate

Da das Korpus den öffentlichen Mediendiskurs repräsentieren soll, wurden zwei Fernsehnachrichtenformate gewählt: *10vor10* und *Tagesschau*. Die *Tagesschau* informiert viermal täglich über «Themen aus Politik, Wirtschaft, Kultur, Sport, Gesellschaft und Wissenschaft. Sie gibt einen Überblick über die wichtigsten Ereignisse des Tages» (Schweizerische Radio- und Fernsehgesellschaft (SRG) o. J.a) und ist eine der beliebtesten und meistgesehenen Sendungen der Schweiz.[9] Bei *10vor10* handelt es sich um die zweite Nachrichtensendung der öffentlich-rechtlichen Fernsehsender. Diese Sendung soll einmal täglich vertiefte Hintergrundinformationen bieten (SRG o. J.b). Das Anwenden des Zeitraums sowie der Suchwörter führt dazu, dass sich 39 Beiträge aus *10vor10* und 159 Artikel aus der *Tagesschau* im Korpus befinden (s. Abbildung 8).[10]

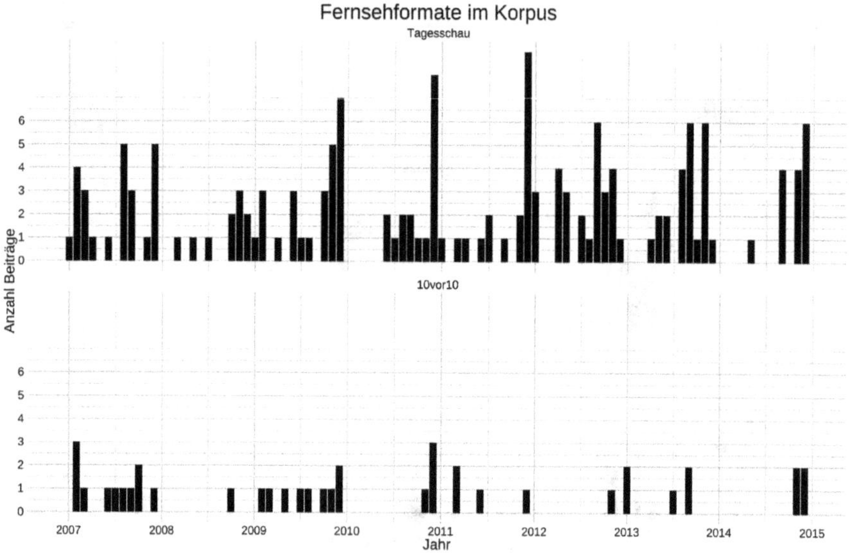

Abb. 8: Monatlich ausgestrahlte Fernsehsendungen im Korpus

9 Eine Begebenheit, welche Rebetez (2006) schildert, zeigt die Bedeutung der *Tagesschau* auf. Eine im deutschsprachigen Raum angewandte Methode zur Messung der durchschnittlichen Tagestemperatur war es, Personen dreimal täglich zu bestimmten Zeiten die Temperaturen an einer bestimmten Stelle messen zu lassen (Rebetez 2006: 35–36): «Bis 1970 wurde in der Schweiz um 7.30 Uhr, 13.30 Uhr und 21.30 Uhr gemessen. Ab 1971 wurden die Messzeiten dann auf 7.00 Uhr, 13.00 Uhr und 19.00 Uhr verlegt. [...] Da es ohnehin schwierig war, Freiwillige für diese schlecht bezahlte, einschränkende und nicht unbedingt dankbare Aufgabe zu finden, beschloss man, den dritten Messzeitpunkt auf den frühen Abend zu verlegen, vor den Beginn der Tagesschau.»

10 Die Beiträge entstammen der Plattform *PLAYSRF* (SRG o. J.e), auf der die meisten Sendungen der öffentlich-rechtlichen Schweizer Kanäle kostenlos zugänglich sind.

Mit Hilfe von Entwürfen, die mir die beiden Redaktionen dankenswerterweise zur Verfügung stellten, wurde dann eine Transkription der Sendungen vorgenommen. Schweizerdeutsche sowie französische Passagen wurden aufgrund der Zugänglichkeit in den schriftsprachlichen Standard übersetzt. Die Transkription orientiert sich stark am geschriebenen Standard, da dies weniger zeitintensiv und auch korpuslinguistisch besser greifbar ist.

4.3 Aufbereitung

Das Sammeln von Artikeln reicht keineswegs für korpusanalytische Zugänge aus, da diese für Programme ohne Weiterverarbeitung noch nicht lesbar sind und Kontextinformationen fehlen. Deshalb müssen Artikel (semi-)automatisch sortiert und annotiert werden. Diese Vorgänge machen die Daten eines Korpus einerseits zugänglich, limitieren sie andererseits aber auch, denn hinter jeder Annotation stecken Entscheidungen, die auf theoretischen und methodologischen Annahmen fussen und somit eine gewisse Perspektive auf das Korpus nach sich ziehen, während dadurch andere in den Hintergrund rücken.

Die Beiträge aus dem Korpus stammen aus unterschiedlichen Datenbanken: *LexisNexis* (o. J.), *Factiva* (o. J.), *SwissDox* (o. J.), redaktionsinterne Archive sowie *SRFPlay* (SRG o. J.e) sind vertreten. Jede einzelne hat eigene Darstellungsformate und Metadaten; selbst innerhalb der einzelnen Datenbanken sind die Darstellungen der Artikel und der Metadaten teilweise heterogen aufgrund der Länge des betrachteten Zeitraums. Dies erschwert das Unterfangen, Beiträge in ein mit der *Corpus Workbench* (CWB) (Evert & Hardie o. J.) kompatibles Format zu überführen[11] und möglichst viele Kontextinformationen zugänglich zu machen, beträchtlich, da eine manuelle Annotation von Metadaten aufgrund der Beitragsmenge weder erstrebenswert noch realistisch ist.

Im Folgenden soll ein Überblick über diejenigen Informationen gegeben werden, die sich automatisiert aus den digitalen Daten erheben liessen und somit auch Eingang in das Korpus fanden. In den Datenbanken liegen die Artikel in vereinfachter Form vor, die je nach Datenbank mehr oder minder stark von den tatsächlichen Zeitungsartikeln abweichen. Spalten, (oft auch) Bilder, Schriftarten und -grösse, Platzierung sowie Layout etc. gehen in der Regel verloren. Für alle Dokumente sind Datum, Zeitung, der Fliesstext sowie der Titel zugänglich, seltener auch das Ressort, die Seitenangabe des Artikels, der Lead

11 Zu den für die *Corpus Workbench* benötigten Formaten s. Evert & CWB Development Team (2016).

und der Autor. Bildunterschriften, Zwischentitel oder Zitate lassen sich hingegen nur selten als solche identifizieren.

Diese Informationen werden in ein für das Programm lesbares Format übertragen. Die Struktur eines Zeitungsartikels im Korpus besteht aus den in Abbildung 9 dargestellten Elementen.

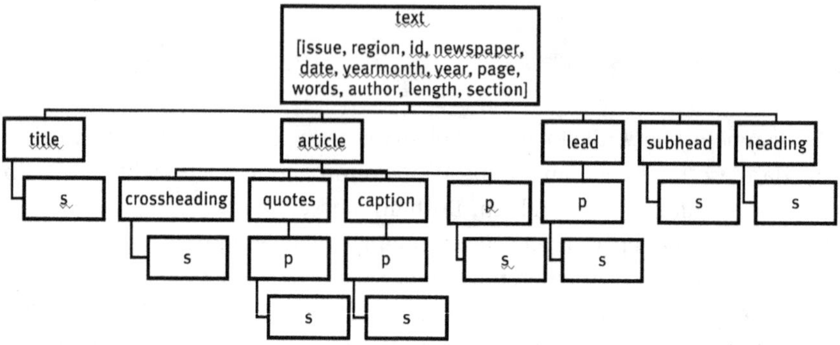

Abb. 9: XML-Syntax der Zeitschriftenartikel. Mit Wellenlinie sind diejenigen Informationen versehen, die alle Artikel aufweisen. *p* sind Absätze, *s* einzelne Sätze.

Die Codierung der Fernsehbeiträge weicht von diesem Schema ab, da Fernsehbeiträge anders aufgebaut sind und teilweise auch andere Metadaten aufweisen. Nebst Moderatorenbeiträgen (*moderator*) können auch Beiträge mit einer Stimme aus dem Off (*input*) und Sprecherbeiträge (*quote*) unterschieden werden (s. Abbildung 10).

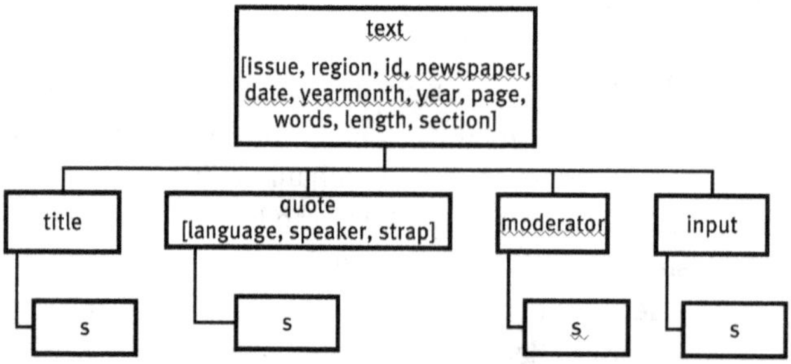

Abb. 10: XML-Syntax der Fernsehsendungen. Mit Wellenlinien sind diejenigen Informationen versehen, die alle Sendungen aufweisen. Da mündliche Beiträge keine Absätze aufweisen, werden nur Sätze (*s*) markiert.

Wie bereits erwähnt, unterschieden sich die einzelnen Datenbanken bezüglich der Zugänglichkeit und Vollständigkeit von Metadaten stark. Deshalb sind auch nicht für alle Artikel sämtliche Metadaten verfügbar, was die Tabelle 1 verdeutlicht.

Tab. 1: Prozentuales Vorkommen der Metadaten im Korpus

Metadatum	**Anzahl Artikel mit Metadatum**
Zeitung/Fernsehformat	100 %
Datum	100 %
Seite	82.1 %
Ressort[12]	78.6 %
Anzahl Wörter	77.5 %
Autor*in	49.3 %
Region	4.3 %
Ausgabe	0.3 %

Dies hat zur Folge, dass auf Metadaten beruhende Analysen ausser bei Zeitung und Datum stets nur Teilanalysen darstellen.

4.3.1 Annotationen im Korpus

Die Vorbereitung von Korpora endet selten bei den eben vorgestellten Metadaten, denn weitere Annotationen können entweder zusätzliche Zugriffsmöglichkeiten auf das Korpus bieten (wie beispielsweise mittels Lemmatisierung) oder aber weitere Aspekte der Kontexte greifbar machen (wie beispielsweise Themen):

> Annotationen stellen normalerweise *Generalisierungen* dar, z. B. wird von einzelnen Wortinstanzen auf allgemeine Klassen abstrahiert wie auf die Wortart *Adjektiv*. Generalisierungen wiederum helfen, wiederkehrende *Muster* in der Vielfalt der Formen zu erkennen. Bei der Suche dienen Annotationen als *Anker*, über den die annotierten Phänomene *effizient* und *nachhaltig* wieder auffindbar sind.
>
> (Zinsmeister 2015: 86)

12 Ressorts sind zusätzlich bereits in den konsultierten Datenbanken teilweise falsch verschlagwortet. Deshalb ist eine Verortung innerhalb der Ressorts nur in Einzelfällen möglich.

Mit Blick auf die Menge an Artikeln sind insbesondere Methoden der automatischen Annotation interessant, da eine händische Annotation über alle Artikel hinweg im Rahmen der Arbeit nicht möglich wäre. Solche automatischen Annotationen können aber gerade mit Blick auf eine Analyse aus der Perspektive des Diskurshistorischen Ansatzes problematisch sein: Automatische Annotationen sind insbesondere für das zeitgenössische Englisch verfügbar. Bewegt man sich diachron oder mit Blick auf die Sprache von diesem Standard weg, so schwinden auch die Möglichkeiten für automatische Annotation. Weiter sollte berücksichtigt werden, dass solche Annotationen immer auf theoretischen Konzepten beruhen, die sich nicht zwingend mit denjenigen decken, die in den Analysen bevorzugt werden. Um diesen beiden Punkten zu begegnen, habe ich teilweise auch individuelle Annotationen angewandt. Dies bedeutet, Kategorien wurden aufgrund von theoretischen Konzepten etabliert, für eine automatische Annotation generalisiert und dann auf das Korpus angewandt. Dies führt selbstredend nicht zu solch komplexen Annotationen wie durch automatische Annotationen. Hierfür wären allenfalls *Machine Learning*-Ansätze hilfreich, die aber im Rahmen dieser Studie nicht thematisiert werden.

Die Annotation des Korpus werde ich aus den genannten Gründen im Rahmen des nachfolgenden Kapitels 5 besprechen, in dem auch die sektorale Argumentationstheorie erörtert wird, um den Anschluss der Annotation an die Entwicklung einer solchen Argumentationstheorie gewährleisten zu können. Denn die Wahl der Annotationen hängt stark von der Konzeptualisierung der sektoralen Argumentationstheorie, die der Beantwortung der Fragestellung dienen soll, ab; dies gilt insbesondere für manuell etablierte Kategorien. Dementsprechend scheint es mir, auch wenn es eher unüblich ist, sinnvoller, die Annotationen im nachfolgenden Kapitel an den entsprechenden Stellen zu verorten, damit sie nicht theorielos im Raum stehen. Es handelt sich dabei um folgende Annotationen:

- Metadaten der Zeitungsartikel und Fernsehbeiträge (Annotation von Texten):
- Sequenzierung, Lemmatisierung, Wortarten mittels *TreeTagger* (Schmid o. J.) und *Stuttgart-Tübingen Tagset* (Schiller et al. 1999): Kapitel 4.3.1.1
- 90 mittels *Mallet* (McCallum 2002) erhobene Themen (Annotation von Wörtern und Texten): Kapitel 5.1.1
- Modalverben anhand der von Helbig & Helbig (1990) vorgeschlagenen Kategorien sowie Realisierungsmöglichkeiten für Negation (Zifonun, Hoffmann & Strecker 1997: 147): Kapitel 5.2.3
- Eigennamen mittels *Stanford NER* (Stanford NLP Group o. J.): Kapitel 5.3.4
- Statistische Erhebung von *Keywords* und *Co-Keywords* im Korpus: Kapitel 5.4.1.2.1

- Pragma-dialektische Indikatorenfür unterschiedlichen Argumentationsphasen und -schemata anhand von van Eemeren, Houtlosser & Snoeck Henkemans (2005) sowie van Eemeren, Houtlosser & Snoeck Henkemans (2007): Kapitel 5.4.2
- Beschreibende und meinungsbasierte Texte anhand der annotierten Ressorts: Kapitel 6.3

Die Sequenzierung, Lemmatisierung und Annotation von Wortarten wird sogleich thematisiert, handelt es sich doch um ein Verfahren, das überhaupt erst einen sinnvollen Zugriff auf das Korpus ermöglicht und somit in der Regel unabhängig vom gewählten Ansatz angewandt wird.

4.3.1.1 Sequenzierung, Lemmatisierung und Annotation von Wortarten

Ein Standardverfahren, das zur Aufbereitung von Korpora verwendet wird, ist die Wortartenannotation. Häufig findet gleichzeitig eine Sequenzierung von Sätzen sowie eine Lemmatisierung statt, da beides in der Regel notwendig für die Annotation von Wortarten ist. Allerdings können diese beiden Schritte bereits problematisch sein, so kann beispielsweise die Lemmatisierung von Verben mit trennbaren Präfixen Schwierigkeiten bereiten und bei der Sequenzierung muss die nicht ganz triviale Frage nach Satzgrenzen beantwortet werden. Im vorliegenden Korpus wurden die Satzgrenzen gemäss dem Stuttgart-Tübingen Tagset (im Folgenden STTS; Schiller et al. 1999: 73) festgelegt.[13] Für die Annotation selbst existieren regel- und statistikbasierte Systeme (s. Zinsmeister 2015), zu letzteren gehört auch das im deutschsprachigen Raum häufig und auch hier verwendete Programm *TreeTagger* (Schmid o. J.) mit dem STTS (Schiller et al. 1999). Es basiert auf einer traditionellen Einteilung von Wortarten. Ein Tagger, der sich an der systemisch-funktionalen Grammatik (s. Halliday & Matthiessen 2014) orientierte, wäre aus Sicht des Diskurshistorischen Ansatzes wünschenswert und zeigt deutlich, dass korpuslinguistische Methoden trotz ihrer Möglichkeiten durchaus auch einschränkend sein können.

Die automatische Annotation von Wortarten ist anfällig für Fehler (offensichtlich bei Homonymen oder unbekannten Wörtern). Zwar ist die korrekte Zuordnung von Wortarten durch den *TreeTagger* insgesamt recht hoch,[14] allerdings treten regelmässig anwendungstypische, systematische Fehler auf. An dieser Stelle sollen die Funktionsweisen des *TreeTaggers* kurz erläutert und

---

13 Demnach markieren Punkte, Ausrufe- und Fragezeichen, Semikola sowie Doppelpunkte Satzgrenzen.

14 Zinsmeister (2015: 96) spricht von einer Akkuratheit von 95,82 % pro Token für den *TreeTagger*.

mögliche Fehlerquellen identifiziert werden, denn «[d]ie Fehler, die diese Tools produzieren, haben bei genauerer Betrachtung gemeinsam, dass sie systematisch auftreten und in gewisser Weise erklärbar und auch vorhersehbar sind» (Zinsmeister 2015: 89). Das Wissen um solche systematischen Fehler ist somit für Analysen äusserst wichtig, da sie bei entsprechenden Suchanfragen beachtet und im Idealfall umgangen werden müssen.

TreeTagger arbeitet einerseits mit einer Wortliste, in der Lexeme einer entsprechenden Wortarten-Wahrscheinlichkeit zugeordnet sind, anderseits mit Sequenzen von bis zu drei Tags. Dieser sequenzbasierte Ansatz soll anhand eines Beispiels aus Zinsmeister (2015: 91–92) erläutert werden: *Erhalten* tritt am häufigsten als Infinitiv eines Vollverbs (in der Terminologie des STTS gesprochen als VVINF) und am zweithäufigsten als Partizip eines Vollverbes (VVPP) auf. Betrachtet man 3-Gramme mit *erhalten*, so treten solche der Abfolge Nomen–*zu* (vor Infinitiv)–Infinitiv eines Vollverbs (NN–PTKZU–VVINF, beispielsweise «den Friedhof zu erhalten») am häufigsten auf, gefolgt von der Kombination Artikel–Nomen–Partizip Perfekt eines Vollverbs (ART–NN–VVPP, beispielsweise «das Landeskriminalamt Berlin habe einen Hinweis erhalten»). Durch die Kombination von Wortlisten und diesem sequenzbasierten Ansatz kann die Akkuratheit insgesamt erhöht und die Annotation unbekannter Wörter ebenfalls ermöglicht werden. Die Berechnung sequenzbasierter Wahrscheinlichkeit ist beim *TreeTagger* mit Blick auf zwei Punkte eingeschränkt. Erstens führt die Reduzierung auf drei Lexeme dazu, dass eindeutige Konstruktionen wie «Der Ständerat will Offroader in der Schweiz nicht verbieten.» (10vor10 07.03.2011) nicht berücksichtigt werden. Interessiert man sich für die Wortart von *verbieten*, so ist der Blick auf *will* äusserst dienlich. Diesen Schluss kann *TreeTagger* allerdings nicht ziehen, da er für die wahrscheinlichkeitsbasierte Verteilung nur die drei Tokens *Schweiz nicht verbieten* berücksichtigt. Zweitens wird immer nur die Wahrscheinlichkeit des letzten Ausdrucks in einem von links nach rechts gelesenen 3-Gramm berechnet. In dem Beispiel «Die EU will anscheinend nichts mehr wissen von ihrem CO_2-Reduktionsziel von 30 %» (10vor10 16.12.2009; Hervorhebungen N. K.) werden *von ihrem* bei der Annotation von *wissen* nicht beachtet. Weitere Schwierigkeiten und Besonderheiten müssen bei der Verwendung von *TreeTagger* beachtet werden (Zinsmeister 2015: 105–106):

- Nomen können nicht klar von Eigennamen,
- adverbial genutzte Adjektive nur schwer von abgeleiteten Adverbien,
- und prädikativ genutzte Adjektive nicht immer von verbalen Partizipien abgegrenzt werden.
- Zusätzlich werden *sein* und *haben* immer als Hilfsverben klassifiziert.

Während der Analyse hat sich zudem gezeigt, dass die Annotation (und Lemmatisierung) trennbarer Verben ebenfalls problematisch ist.

5 Sektorale Argumentationstheorie

> Das besondere Interesse einer Kritischen Diskursanalyse, die – wie der Wiener Ansatz – einen themenbezogenen Diskursbegriff favorisiert, an einer inhaltsbezogenen, feldabhängigen Argumentationsanalyse leitet sich davon ab, daß jede Argumentation feld- und themenabhängig ist. Die Analyse der inhaltlichen Dimension von Argumentation lehrt viel über den funktionalen Einsatz bestimmter Wissensstrukturen und ideologischer Hintergrundannahmen in Diskursen.
>
> (Reisigl 2011: 477)

Ein solcher Zugang zu Argumentationen im Diskurs muss unterschiedliche Aspekte von Argumentationstheorien miteinbeziehen, wie auch das Kapitel 3 gezeigt hat. Dies erklärt auch teilweise, warum sich der Diskurshistorische Ansatz auf zahlreiche Argumentationstheoretiker*innen gleichzeitig stützt:

> Dabei sucht er [d. i. Diskurshistorischer Ansatz] in bezug auf die funktionale Analyse von Argumentation unter anderem Anschluß an Stephen Toulmin (1996), aber auch an Josef Kopperschmidt (1989, 2000), dessen Projekt es ist, Habermas argumentationstheoretisch zu beerben. Die formale Analyse beruft sich unter anderem auf Manfred Kienpointners (1992, 1996) Unterscheidung zwischen grundlegenden formalen Argumentationsschemata, und in materialer Hinsicht wird stark an Martin Wengelers (2003) inhaltlicher Topik angeknüpft. Der schwierigen Frage der Unterscheidung von rationaler und trugschlüssiger Argumentation nähern sich die mit Argumentationsanalyse befaßten Wiener DiskursanalytikerInnen vorwiegend aus der Perspektive der pragmadialektischen Theorie der Trugschlüsse[.][[1]]
>
> (Reisigl 2011: 476)

Durch die Zusammenführung dieser Autor*innen ergibt sich ein Rahmen, der es ermöglicht, Argumentation theoretisch so zu verorten, dass an das Diskursverständnis des Diskurshistorischen Ansatzes angeknüpft werden kann, um Argumentationen feld- und diskursabhängig analysieren und beurteilen zu können. Aus methodologischer Sicht muss somit aber im Sinne des Diskurshistorischen Ansatzes ein Analyseverfahren für Argumentation gewählt werden, welches es ermöglicht, diskursspezifische materiale Topoi und ihre Besonderheit sowie ihre Relation zueinander herauszuarbeiten und in einem weiteren Schritt mit Blick auf ihre Plausibilität zu evaluieren, was Kopperschmidt (2005: 13) als *sektorale Argumentationstheorie* bezeichnet:

> *Allgemein* sollen Argumentationstheorien heißen, die sich 1. für die elementare Funktion des Argumentierens im Kontext sozialen Zusammenlebens interessieren […], die sich 2.

1 Die Unterscheidung von funktionaler, materialer und formaler Argumentationsanalyse als mikrostrukturelle Analysen grenzt Kopperschmidt (1989: 122–228) von der makrostrukturellen ab. Diese Unterscheidung wird im Folgenden nicht mehr systematisch thematisiert.

https://doi.org/10.1515/9783110760804-005

> für die komplexen Voraussetzungen interessieren, die erfüllt sein müssen, damit überhaupt argumentiert werden kann, sowie für die verschiedenen Typologisierungen, nach denen sich Argumente ordnen lassen [...], die sich 3. für die Chancen der bereichsspezifischen Konkretionen ihrer allgemeinen Fragestellungen interessieren sowie Konzepte fördern, die der Erweiterung argumentativer Kompetenzen dienen bzw. der Methodisierung von Analyse und Kritik faktischer Argumentationen [...], und die sich 4. sowohl für die soziale Macht interessieren, die Argumentierenkönnen auch darstellt, wie für die normativen Implikationen des Argumentierens und für die Chance, sie als eigensinnige Ressource von Normen zu nutzen [...]. Von ihr [d. i. allgemeine Argumentationstheorie] lassen sich Argumentationstheorien unterscheiden, die *sektoral* heißen sollen, weil sie die o. g. Fragen mit Blick auf bestimmte Praxisbereiche des Argumentierens spezifizieren und konkretisieren.

Damit kann nun endlich der Bogen zum Titel der Studie sowie zu der von Reisigl (2014a: 94) vorgeschlagenen sektoralen Argumentationstheorie geschlagen werden: "This theory should – among other things – concentrate on comprehensive criteria that allow us to construct plausible, field- and topic-dependent typologies (not taxonomies!) of content-related topoi." Um eine solche Typologie zu etablieren, könnten gemäss Reisigl (2014a: 94–95) folgende Kriterien relevant sein: Verschränkung von Theorie und Empirie, semantische Indikatoren für diskursspezifische Topoi und Trugschlüsse, Geltungsansprüche der Wahrheit und der Richtigkeit in der Nähe potenzieller Argumentationsmuster, lexikalische Schlüsselwörter und Tropen. Diese müssen keineswegs systematisch nacheinander abgearbeitet werden, viel eher handelt es sich um Überlegungen, die auf verschiedenen Ebenen einer solchen Analyse miteinbezogen werden müssen. Die Verknüpfung von Theorie und Empirie hat bereits im letzten Kapitel stattgefunden, indem das Argumentationsverständnis der vorliegenden Arbeit aus schon vorliegenden argumentationstheoretischen Grundlagen hergeleitet wurde. Aber es gibt auch längst Werke, die sich (im weitesten Sinn) mit Argumentationen in Diskursen über Klimawandel beschäftigen. Eine explizite Anknüpfung an solche erfolgt im achten Kapitel, in dem parallel zur Analyse Topoi aus bestehender Forschungsliteratur aufgearbeitet werden.[2]

Dieses Kapitel soll nun dem Zweck dienen, mögliche Aspekte der sektoralen Argumentationstheorie so zu etablieren und theoretisch und korpuslinguistisch so zu verankern, dass ein Zugriff auf materiale Topoi im massenmedialen Diskurs über Klimawandel möglich ist.

2 Reisigl & Wodak (2001) schliessen ihre Topoi beispielsweise an Wengeler (1997) und andere Autor*innen an.

5.1 Wie sieht eine feld- und diskursabhängige Typologie aus?

Mittels einer sektoralen Argumentationstheorie soll eine Typologie materialer, diskursspezifischer Topoi erarbeitet werden. Eine solche Typologie wird oft in Form einer Liste repräsentiert, in welcher die kontextspezifischen Topoi mittels Beispielen und Kontextualisierungen verortet werden (wie bei Wengeler 2003). Das Verhältnis der Topoi zueinander wird durch eine solche Auflistung allerdings nicht deutlich. So wie auf der Mikroebene Argumente können sich auch auf der diskursiven Makroebene Argumentationen gegenseitig stützen oder schwächen. Sie stehen also in Relation zueinander. Diesen Aspekt hat Römer (2012: 199–200) in seiner Analyse von Argumentation über den Golfkrieg berücksichtigt:

> [D]ie Stellung der einzelnen Argumentationsmuster innerhalb eines Argumentationsraumes [muss] bestimmt werden [...], mit dem Ziel, einen abstrakten topologischen Rahmen abzuleiten, der jenes übergreifende basale diskursstrukturierende Schema des Argumentierens veranschaulichen soll, welches die konkreten Argumentationen organisiert. Diesen Rahmen bzw. dieses Schema nenne ich vorläufig topologische Diskursformation.

Eine solche Typologie ist nun in dem Sinn spezifisch, dass nicht eine allgemeine Argumentationsabfolge erarbeitet werden soll, sondern eine Abfolge, die typisch für den betrachteten Diskurs ist. Gleichzeitig ist eine solche Typologie in dem Sinne abstrakt, als nicht (nur) nach Relationen in einzelnen Texten, sondern auch nach intertextuellen Relationen auf der Diskurseben gefragt wird. Solche Relationen beschreibt Klein (2000: 625)[3] unter dem Begriff *komplexe topische Muster*:

> [D]ie Suche nach komplexen topischen Mustern [wird] verknüpft mit der Frage nach der Bereichsabhängigkeit von Argumentation. Dem liegt die Hypothese zugrunde, daß die Domänen- und/oder Diskursspezifik von Argumentation sich nicht zuletzt darin manifestieren kann, daß aus der Gesamtmenge der Topoi eine bestimmte Auswahl getroffen wird und die Argumentation im Rahmen mehr oder weniger fester Topoi-Konstellationen abläuft. [...] Die Topik, deren semantischen Dimension von Kienpointner hervorgehoben wird, wird hier also auch in ihrer pragmatischen Dimension betrachtet.

In der Folge wird eine auf einer sektoralen Argumentationstheorie basierende Typologie nicht bloss als Liste verstanden, sondern als Geflecht von Topoi, die zueinander in Beziehung stehen. Diese Beziehungen ergeben sich einerseits aus Argumentationsschemata – auch auf einer makrostrukturellen Ebene ist zu er-

---

3 Mithilfe von Kienpointners (1992) Zugang zu argumentative Mikrostrukturen erarbeitet Klein (2000) komplexe topische Muster für politisch-parlamentarische Diskurse sowie für christliche Verkündigungen und Predigten.

warten, dass ursachenthematisierende Schemata mit folgenthematisierenden Schemata zusammenhängen –, andererseits aus den folgenden Analysen. Anstelle einer Liste resultiert daraus eine topologische Diskursformation, in der diskursspezifische Topoi zueinander in Beziehung gesetzt werden, wie diejenige in Diskursen über Wirtschaftskrisen aus dem Projekt *Sprachliche Konstruktion sozial- und wirtschaftspolitischer Krisen* (Römer & Wengeler 2013: 281).[4]

Diskurse dienen im Sinne des Diskurshistorischen Ansatzes der Konstitution «soziale[r] Akteurinnen, Wissensobjekte, Situationen, soziale[r] Rollen und interpersonale[r] Beziehungen zwischen den Interagierenden und verschiedenen gesellschaftlichen Gruppen» (Wodak et al. 1998: 43). Durch das Verständnis einer Typologie als Geflecht von verwobenen Topoi kann die Konstitution und Verhandlung solcher Wissensobjekte auch um deren Relationen erweitert werden. Die Verhandlung solcher Wissensobjekte ist, wie bereits thematisiert wurde, vom jeweiligen Handlungsfeld abhängig und diese sind im massenmedialen Diskurs über Klimawandel zahlreich. Deshalb muss eine an Argumentation interessierte topologische Diskursformation auch Handlungsfeldspezifika miteinbeziehen. Einen möglichen korpuslinguistischen Zugang zu solchen Spezifika bietet *Topic Modelling.*

5.1.1 *Topic Modelling* als korpuslinguistischer Zugang zu Handlungsfeldern

Topic Modelling ist ein Vorgehen, das in den *Digital Humanities* oft verwendet wird, um aus einem grossen Korpus «Themen» zu extrahieren: «Topic modeling algorithms are a suite of machine learning methods for discovering hidden thematic structure in large collections of documents. With a collection of documents as input, a topic model can produce a set of interpretable ‹topics› (i. e., groups of words that are associated under a single theme) and assess the strength with which each document exhibits those topics.» (DiMaggio, Nag & Blei 2013: 577) Bei Themen – *Topics* – handelt es sich aber nicht (nur) um The-

---

4 Das Projekt *Sprachliche Konstruktion sozial- und wirtschaftspolitischer Krisen* (z. B. Römer & Wengeler 2013; Römer 2012, 2017; Wengeler 2013; Wengeler & Ziem 2014) beschäftigt sich im Sinne von Klein (2000) mit komplexen topischen Mustern zur Konstruktion von Krisen. Das Projekt ist auch aus inhaltlicher Sicht interessant, da *Krisen* und *Klimawandel* mit Blick auf die individuelle Erfahrbarkeit Parallelen aufweisen: Beide sind nicht unmittelbar erfahr- und spürbar. Es handelt sich um «abstrakte Entitäten wie ‹Wirtschaftskrisen›[, die] nicht einfach objektiv da sind, sondern [...] sprachlich, diskursiv, medial ‹konstruiert› werden» (Römer & Wengeler 2013: 269). Der Klimawandel ist zwar sehr wohl objektiv da, allerdings ist er in seiner Komplexität ebenfalls nicht direkt in der individuellen Lebenswelt erfahrbar und muss deshalb konstruiert werden.

men im sprach- oder literaturwissenschaftlichen Sinn, sondern autor-, register- oder diskurspezifische Muster manifestieren sich ebenfalls als Themen, was eine Analyse erschwert. Aus mathematischer Sicht entstehen solche Themen durch ein Wahrscheinlichkeitsmodell: LDA (*Latent Dirichlet allocation*). Interessanterweise eignen sich diese Methoden für Probleme unterschiedlicher Bereiche. So kann diese Methode nicht nur verwendet werden, um Themen aus Texten zu extrahieren, sondern findet beispielsweise auch in der Evolutionsgenetik Anwendung (s. Blei 2012).

An dieser Stelle sollen die Vorannahmen und Konsequenzen des zugrundeliegenden mathematischen Modells erklärt werden, da diese für die Interpretation und Analyse zentral sind. *Topic Modelling* geht davon aus, dass sich in jedem Dokument unterschiedliche Themen mit unterschiedlichen Wahrscheinlichkeiten manifestieren und dass jedes Wort mit unterschiedlichen Wahrscheinlichkeiten Themen manifestiert:

> We formally define a *topic* to be a distribution over a fixed vocabulary. [...] We assume that these topics are specified before any data has been generated. Now for each document in the collection, we generate the words in a two-stage process.
> – Randomly choose a distribution over topics.
> – For each word in the document
>   a) Randomly choose a topic from the distribution over topics in step #1.
>   b) Randomly choose a word from the corresponding distribution over vocabulary.
>
> (Blei 2012: 78)

Mit diesen Annahmen und den daraus entstehenden Berechnungen ergeben sich zwei Matrizen:
1. die Häufigkeit der Themen Z in Dokument D,
2. die Häufigkeit der Wörter W in Thema Z.

Mittels *Topic Modelling* werden die beiden Matrizen berechnet. Dabei findet gewissermassen ein «umgekehrter» Prozess statt: Das Modell geht davon aus, dass die Dokumente durch diese beiden Matrizen entstanden. Von der beobachteten wird nun auf die versteckten Strukturen geschlossen, die zu den beobachteten Strukturen geführt haben könnten. Das Modell startet hierfür mit einer zufälligen Themen- und Wortverteilung und wird dann über eine zu definierende Anzahl Iterationen optimiert, bis die zufällige Verteilung möglichst mit den tatsächlichen Dokumenten übereinstimmt.[5] Aufgrund der komplexen Wahrscheinlichkeitsberechnungen lassen sich die Ergebnisse bei mehreren Durchläufen nicht vollständig reproduzieren.

5 Blei (2012: 81–82) schildert die unterschiedlichen Methoden hierfür.

Topic Modelling bringt im Wesentlichen drei Einschränkungen mit sich (s. Blei 2012: 82–83). Erstens gehen auch die gängigen LDA-Ansätze wie die meisten computerlinguistischen Ansätze von einem *bag of words* aus, sprich, die Wörter werden kontextunabhängig betrachtet. Da sich im Korpus mehrheitlich kurze Dokumente befinden und die Wortumgebung und der Kontext über andere Verfahren exploriert werden, dürfte dies im Rahmen dieser Untersuchung vernachlässigbar sein. Zweitens wird die Reihenfolge der Dokumente in diesem Modell nicht berücksichtigt, es ist allerdings zu erwarten, dass sich die Beiträge im Korpus gegenseitig beeinflussen und sich die Themen über die Zeit verändern. Im Korpus wird dies lediglich über die Veränderung der Themenzusammensetzung im Laufe der Zeit betrachtet (s. beispielsweise Abbildung 16, 17, 19, 20, 21, 22 und 23). Drittens wird die Anzahl der Themen a priori festgelegt.[6]

Um ein solches statistisches Modell auf ein Korpus anzuwenden, müssen vorab verschiedene Werte festgelegt werden. In die Berechnung selbst kann aber nicht eingegriffen werden. Es muss erstens festgelegt werden, welche Dokumente miteinander verglichen werden. So ist es beispielsweise möglich, einzelne Artikel miteinander zu vergleichen oder aber auch Genres, Zeiträume oder andere Eigenschaften zur Distinktion von Dokumenten zu verwenden. Da diese Untersuchung auf einzelnen Fernsehbeiträgen und Zeitungsartikeln fusst, wurden diese als Dokument aufgefasst.[7] Somit modelliert der Prozess Themen in rund 30 000 Artikeln. Weiter werden die Anzahl an Themen, der Optimalisierungsintervall sowie die Hyperparameter vor der Berechnung festgelegt. Dementsprechend ist bereits eine Kenntnis vom Untersuchungsgegenstand erforderlich und die Auswertung der Ergebnisse ermöglicht einen grossen Interpretationsspielraum:

> For one thing, they require you to make a series of judgment calls that deeply shape the results you get (from choosing stopwords, to the number of topics produced, to the scope of the collection). The resulting model ends up being tailored in difficult-to-explain ways by a researcher's preferences.
>
> (Underwood 2012)

6 Es gibt Modelle, die selbst die Anzahl der Themen berechnen. Dafür müssen allerdings anderweitig Entscheidungen gefällt werden und die Anforderungen an die Rechenleistung steigen enorm. Gleiches gilt für Modelle, die davon ausgehen (können), dass sich die Themen im Laufe der Zeit verändern. Nach zahlreichen Versuchen hat sich herausgestellt, dass für diese Fragestellung und das Korpus ein herkömmlicher LDA-Ansatz am zweckdienlichsten ist.

7 Mit anderen Dokumentdefinitionen könnten andere Fragestellungen beantwortet werden. Es wäre zum Beispiel denkbar, den zeitlichen Verlauf der Themen zu explorieren, in dem alle Zeitungsartikel und Fernsehbeiträge eines Jahres als Dokument aufgefasst würden.

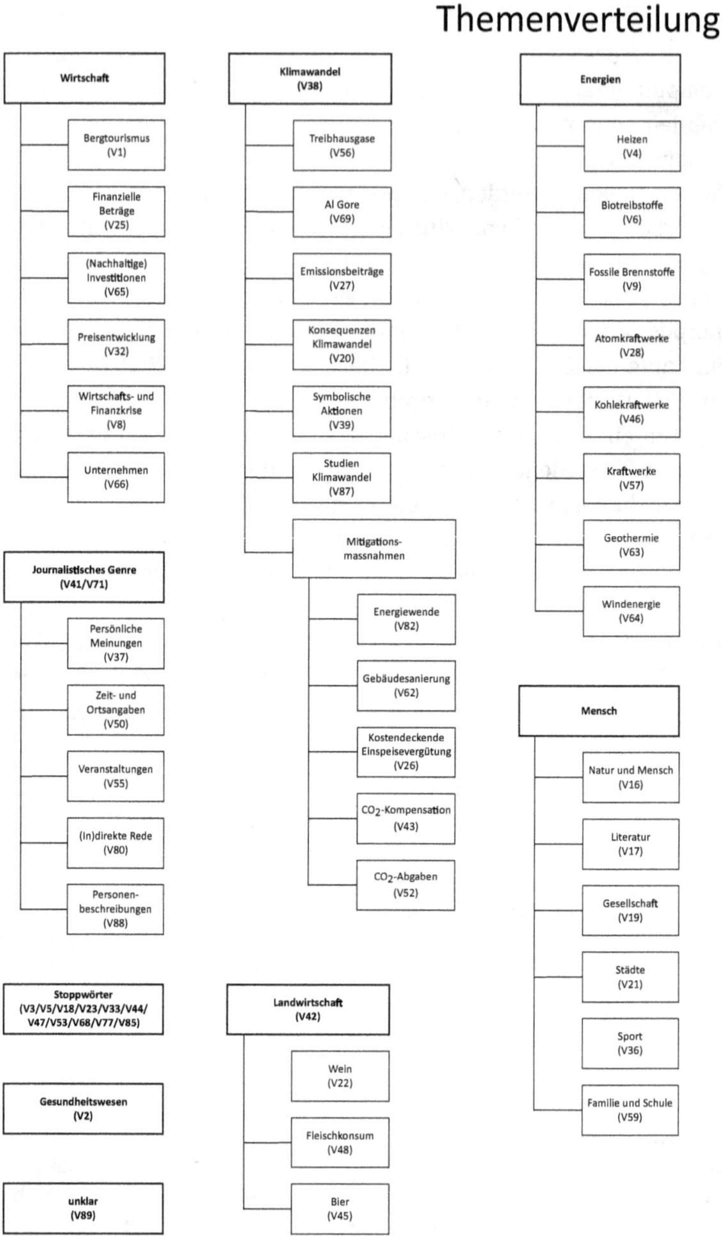

Abb. 11: 90 durch *Mallet* erhobene Themen im Korpus. Aus Gründen der Übersicht wurden sie in Kategorien zusammengefasst.

im Korpus

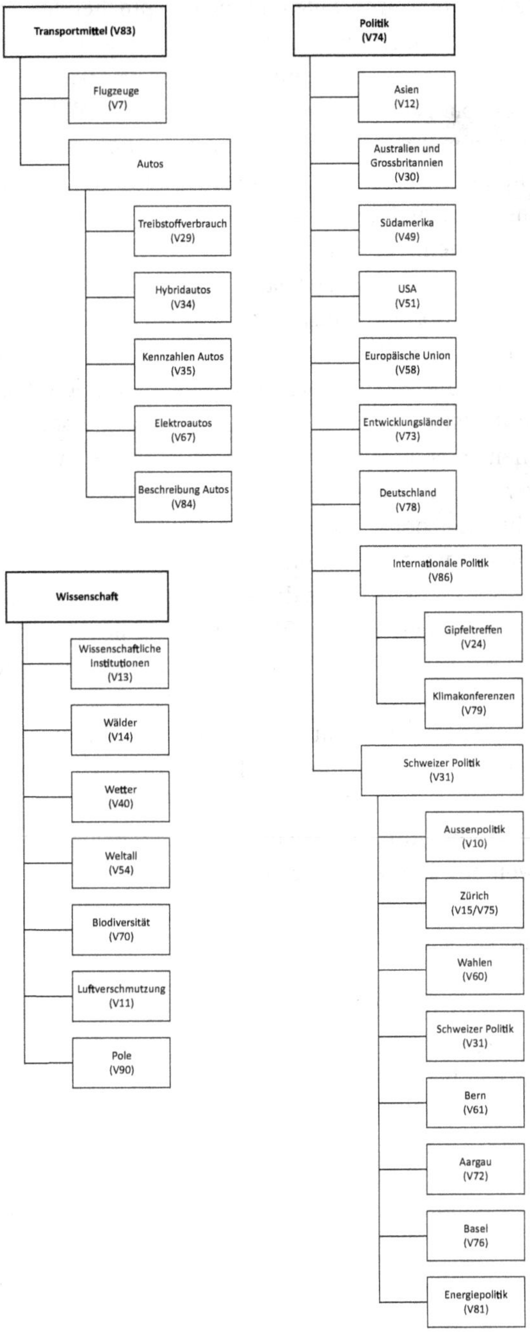
Transportmittel (V83)
Flugzeuge (V7)
Autos
Treibstoffverbrauch (V29)
Hybridautos (V34)
Kennzahlen Autos (V35)
Elektroautos (V67)
Beschreibung Autos (V84)
Wissenschaft
Wissenschaftliche Institutionen (V13)
Wälder (V14)
Wetter (V40)
Weltall (V54)
Biodiversität (V70)
Luftverschmutzung (V11)
Pole (V90)
Politik (V74)
Asien (V12)
Australien und Grossbritannien (V30)
Südamerika (V49)
USA (V51)
Europäische Union (V58)
Entwicklungsländer (V73)
Deutschland (V78)
Internationale Politik (V86)
Gipfeltreffen (V24)
Klimakonferenzen (V79)
Schweizer Politik (V31)
Aussenpolitik (V10)
Zürich (V15/V75)
Wahlen (V60)
Schweizer Politik (V31)
Bern (V61)
Aargau (V72)
Basel (V76)
Energiepolitik (V81)

Ähnlich kritisch sehen auch Brookes & McEnery (2019) die Verwendung von *Topic Modelling* in Diskursanalysen. *Topic Modelling* und die entsprechenden Annotationen wurden aus diesen Gründen erst nach einer Pilotanalyse vorgenommen, denn durch erste Einblicke in das Korpus konnte beurteilt werden, ob die Themen im vorliegenden Diskurs plausibel oder erwartbar sind. Ebenfalls waren mit Blick auf die Grundannahmen mehrere Testdurchläufe notwendig, ehe eine plausible Themenkombination entstand. In den verschiedenen Durchläufen erschienen einige Themen robuster als andere. Die getroffenen Annahmen sollen im nächsten Absatz aufgeführt werden.

Für das *Topic Modelling* wurde das R-Package *mallet* (Mimno 2013) verwendet, das auf *Mallet* (McCallum 2002) basiert.[8] Insgesamt wurden versuchsweise 10 bis 200 Themen ausdifferenziert, ebenfalls erfolgten verschiedene Versuche mit den Hyperparametern und den Iterationen. Die daraus resultierenden Wortlisten wurden mit den Erkenntnissen aus den Pilotanalysen abgeglichen. Die Ausdifferenzierung von 90 Themen generierte die sinnvollsten und robustesten Resultate. Die Hyperparamater wurden im verwendeten *Topic Modelling* alle 50 Wiederholungen optimiert. Mit einer hohen Iteration von 10 000 sollte die Robustheit der Themen gewährleistet werden. Auf das Ausschliessen von Funktionswörtern (Stoppwörtern) wurde verzichtet. Aus diesem Vorgehen resultierten eine Wort-Themen- sowie eine Dokument-Themen-Matrize.[9] Anschliessend wurden die Themen als Metadaten der Dokumente im Korpus hinterlegt und für jedes Wort das wahrscheinlichste Thema als Attribut annotiert. So ist es möglich, in der *Corpus Workbench* die Themen sowohl auf der Dokument- als auch auf der Wortebene als Analysekategorie zu verwenden. Auf der Grundlage der manuellen Sichtung der häufigsten Wörter pro Thema wurde jedem Thema ein Hyperonym zugewiesen und die in Abbildung 11 ersichtliche hierarchische Struktur erstellt.[10] Dieses wird im weiteren Text zur Bezeichnung der Themen verwendet. Die Themenbezeichnungen konnten für einige Themen zusätzlich über die Betrachtung von Texten verifiziert werden (s. Kapitel 7.3 und für die konkreten Texte Anhang 13.4.2).

Die Themen manifestieren sich auf unterschiedlichen Ebenen. Themen wie *Klimakonferenz* oder *fossile Brennstoffe* befinden sich auf einer inhaltlichen Ebene, während andere Themen, wie beispielsweise *Berichterstattung* oder *(in)direkte Rede*, genrespezifische Eigenheiten hervorheben. Funktionswörter (Stopp-

8 Die Paramater und der entsprechende Code befinden sich in Anhang 13.3.1.

9 Weiter resultieren aus den Modellierungen Wort- und Frequenzlisten, die für die Modellierung zentral sind, im weiteren Verlauf aber nicht mehr thematisiert werden. Für entsprechende Analysen wird die *Corpus Workbench* verwendet.

10 In Anhang 13.2.1 befinden sich die zwanzig häufigsten Wörter je Thema und das entsprechend definierte Hyperonym.

wörter) wurden bewusst miteinbezogen. Wie sich im Ast unten links deutlich zeigt, separieren sich diese von selbst in eigene Kategorien. Dass sie allerdings nicht voreilig ausgeklammert werden sollten, ist aus diskursanalytischer Sicht sinnvoll:

> Also problematic from the point of view of discourse analysis is the common use within topic modelling approaches of stop-word lists in order to exclude closed class words from the analysis. However, such grammatical or ‹functional› items often hold clues as to words' meanings and facilitate text coherence, and can thus have an important role to play in the exploration of discourse (Van Dijk, 1977).
>
> (Brookes & McEnery 2019: 5)

Dies lässt sich auch unmittelbar im Korpus demonstrieren: *Man* ist nach *Kohlendioxid* und CO_2 das dritthäufigste Wort im Themenkomplex *Treibhausgase* (s. Anhang 13.2.1). Eine solche Feststellung wäre nicht möglich gewesen, wären Synkategoremata kategorisch ausgeschlossen worden.

5.2 Geltungsansprüche und Modalität

Die Funktion von Geltungsansprüchen in Argumentationen wurde bereits im Kapitel 3 thematisiert. Problematisierte Geltungsansprüche können auf strittige Thesen hinweisen, die unter Umständen argumentativ aufgegriffen werden. Ein prototypisches sprachliches Mittel, um den Geltungsanspruch einer Aussage zu thematisieren, ist Modalität (Köller 1995: 39): «Bei der Modalität geht es offenbar um eine unterschwellige Informationsschicht in der Sprache, in der der Geltungsanspruch einer thematischen Grundinformation irgendwie qualifiziert wird.» Dieses Zitat Köllers impliziert zwei Eigenschaften. Erstens ist Modalität mehr oder minder eng mit Geltungsansprüchen verknüpft, was sie in Hinblick auf den Untersuchungsgegenstand dieser Arbeit interessant macht. Zweitens ist Modalität nur schwer begreif- und beschreibbar, wovon auch ihre «irgendwie qualifizierende» Eigenschaft zeugt.

Es erstaunt deshalb nicht, dass sich auch Argumentationstheorien mit Modalität beschäftigen (Reisigl 2014c: 271): «In der Argumentationstheorie ist Modalität dasjenige funktionale Element von Argumentationen, das die illokutive Stärke der These mit Hilfe modaler Operatoren (beispielsweise *vermutlich*) angibt (vgl. z. B. Toulmin 1996: 92).» Nicht nur Toulmin (1958/2003) anerkennt die Wichtigkeit von Modalität für Argumentation mit dem Modaloperator in seinem Argumentationsschema an, sondern auch die Pragma-Dialektik (Snoeck Henkemans 1997: 112): «By using a modality, the speaker gives an explicit modification or qualification of his commitment to the truth of the propositional content of the expressed opinion with respect to which he has put forward a standpoint.» Die Beweislast für die These hängt dann auch stark vom verwendeten Modalitätsmarker ab: Sind die genannten Argumente ausreichend, um die These in der genannten Stärke zu verteidigen? Ein Modalwort wie *vielleicht* führt zu einer geringeren Beweislast, während ein Modalwort wie *sicher* eine höhere Beweislast nach sich zieht. Die Stärke der Modalisierung wirkt sich so auf die Stärke der Verpflichtung gegenüber der These aus und kann sich deshalb auch gemeinsam mit anderen Faktoren auf die Struktur der Argumentation auswirken (Snoeck Henkemans 1997: 113–117).

Epistemische Modalität, welche Geltungsansprüche der Wahrheit modalisiert, lässt sich von nicht-epistemischen Modalitäten, welche Geltungsansprüche der Richtigkeit modalisieren, unterscheiden. Die beiden Modalitäten besitzen unterschiedliche Auswirkungen auf Argumentation:

> These [epistemic] modals function as *direct indicators* of argumentatively relevant speech acts, such as putting forward a hypothesis for consideration or concluding that a hypothesis must be the case. [...] Non-epistemic modals are *indirect indicators* of argumentation connected to the level of argumentation schemes, that is, to the level of the specific content relations on which the acts of argumentation rest[.]
>
> (Rocci 2009: 219)

Aus Sicht von Argumentationstheorien wirkt sich somit vor allem epistemische Modalität auf die Argumentationsstruktur aus. So kann, wie bereits weiter oben angedeutet, die Stärke der epistemischen Modalität ein Kriterium dafür sein, ob koordinative Argumentation notwendig ist. Nicht-epistemische Modalitäten dagegen befinden sich hingegen eher auf der inhaltlichen Ebene der Prämissen oder Thesen und können sich, wie bereits im Zitat erwähnt, auf die Wahl von Argumentationsschemata auswirken, so führen nicht-epistemische Modalitäten oft zu pragmatischer Argumentation.

Nicht-epistemische Modalität wird in der Literatur typischerweise in drei Lesarten differenziert, wodurch vier Arten von Modalitäten unterschieden werden:

> (1) Epistemische Modalität betrifft den Grad an Gewissheit (Glauben, Wissen usw.), der z. B. in einer Abschwächung oder Verstärkung zum Ausdruck gebracht wird; (2) deontische Modalität bezieht sich auf normative Fragen der Organisation sozialer Beziehungen, z. B. Pflicht, Zwang, Erlaubnis oder Verbot; (3) volitive bzw. buletische Modalität ist auf Vorlieben, Absichten und Neigungen der sprechenden/scheibenden Instanz bezogen; (4) dispositionelle Modalität betrifft schließlich Fähigkeiten, Vermögen, Dispositionen des sprechenden/schreibenden Subjekts.
>
> (Reisigl 2014c: 270)

In der Pilotanalyse (s. Kapitel 7.3) zeigte sich, dass diese vierfache Unterscheidung von Modalität für das hier vorliegende Ansinnen ausreichend ist. Deshalb werden wichtige Beiträge zur Modalität, die andere Kategorisierungen vorschlagen, weitgehend ausgeklammert.[11] Spätestens in Analysen wird diese Vierteilung allerdings um zusätzliche Mischkategorien erweitert. Diewald (1999) etabliert die objektiv-epistemische Lesart, Rheindorf (2006) unterscheidet in seiner Analyse von studentischen Seminararbeiten zusätzlich epistemisch-dispositionelle – die ungefähr der objektiv-epistemischen Lesart Diewalds (1999) entsprechen dürfte–, deontisch-volitive sowie dispositionell-deontische Modalität. Die Einteilung in Lesarten ist somit alles andere als trennscharf.

In der deutschen Sprache gibt es verschiedene Möglichkeiten zur Realisierung von Modalität. Öhlschläger (1984: 1) listet folgende auf: «Modalverben, Modalwörter, modale Infinitive, die Modi und die Modalpartikeln». Köller (1995: 40) ergänzt diese Auflistung um «*Modaladverbiale* bzw. *Modalsätze*». Rheindorf (2006: 214) erfasst «*Modalverben*, *Halbmodale* und *Verbgruppen* mit modalisierender Funktion (‹verba cogitandi›, ‹verba putandi›, ‹verba sentiendi›, ‹verba sapiendi› und ‹verba dicendi›).» Im Rahmen der korpuslinguistischen Ausrichtung wird ein eher einfacher Zugang zu Modalität gewählt: nebst den klassischen Modalverben, Modalwörtern sowie modalen Infinitiven wird bis zu einem gewissen Grad auch der Konjunktiv II als Modus miteinbezogen. Ein Miteinbezug von Modalpartikeln ist hingegen kaum möglich, da sie Homonyme in anderen Wortarten besitzen, was einen korpuslinguistischen Zugang stark erschwert.

In diesem Kapitel werde ich als Erstes den Geltungsanspruch der Wahrheit mit der epistemischen Modalität verknüpfen. Anschliessend wird der Geltungsanspruch der Richtigkeit mit der deontischen, der dispositionellen und der volitiven Modalität verknüpft. Im letzten Unterkapitel wird die korpuslinguistische Annotation von Modalität diskutiert.

5.2.1 Geltungsanspruch der Wahrheit

Ein sprachliches Phänomen, das epistemische Modalität[12] ausdrückt, wirkt sich auf die Faktizität einer Proposition aus. So kann beispielsweise eine Assertion durch die Thematisierung des Geltungsanspruches der Wahrheit mittels eines

---

11 Einen Überblick über den Forschungsgegenstand bietet Hundt (2003).

12 Die Terminologie unterschiedlicher Modalitätsarten ist keineswegs einheitlich gestaltet; Hoffmann (2016) spricht beispielsweise von *Transfergebrauch*, Diewald (1999) von *deiktischer Modalität* und Helbig & Buscha (2013) von *subjektiver Modalität*.

Modalworts in einen theoretischen Diskurs (s. Habermas 1995: 115) und damit auch in eine These überführt werden:

> Der Klimawandel wird wahrscheinlich noch dieses Jahrhundert rund 40 Prozent mehr Menschen einem Risiko von Wasserknappheit aussetzen, als es ohne Klimaänderung der Fall wäre, berichten Forscher in PNAS.
>
> (SonntagsZeitung 15.12.2013; meine Hervorhebung, N. K.)

Das Beispiel zeigt, wie modalisierende Ausdrücke die Faktizität einer Aussage abschwächen können: Die Verwendung von *wahrscheinlich* macht sie zu einer potenziellen These. Die modalisierte Assertion im Zitat wird durch ein Kausalschema gestützt:

> 1 Wahrscheinlich werden noch dieses Jahrhundert rund 40 Prozent mehr Menschen einem Risiko von Wasserknappheit ausgesetzt, als es ohne Klimaänderung der Fall wäre.
>
> ---
>
> (1.1) (Der Klimawandel findet statt.)
>
> (1.1') (Weil der Klimawandel stattfindet, wird er (wahrscheinlich) noch dieses Jahrhundert rund 40 Prozent mehr Menschen einem Risiko von Wasserknappheit aussetzen, als es ohne Klimaänderung der Fall wäre.)

Die These wird zusätzlich durch einen Autoritätstopos gestützt. Das Kausalitätsverhältnis ist gedehnt: Die in der Prämisse genannte Ursache (= Klimawandel) führt nicht direkt und unmittelbar in einem alltäglichen Sinne zu der in der These genannten Wirkung (= Wasserknappheit). Stattdessen sind mehrere Zwischenschritte nötig, um den Schluss von Ursache zu Wirkung zu ermöglichen.

Wahrscheinlich kann nun innerhalb dieses Kausalschemas an verschiedenen Stellen modalisieren. Es kann als Antwort auf die erste kritische Frage des Argumentationsschemas verstanden werden (Walton, Reed & Macagno 2008: 328): «CQ1: How strong is the causal generalization?» Die Generalisierung könnte mit *wahrscheinlich* modalisiert werden, so dass also die kausale Beziehung zwischen Klimawandel und Wasserknappheit als eine wahrscheinliche abgeschwächt wird. Der Ausdruck könnte auch eine Antwort auf die zweite kritische Frage sein (Walton, Reed & Macagno 2008: 328): «CQ2: Is the evidence cited (if there is any) strong enough to warrant the causal generalization?» Belege oder Beweise werden im Rahmen dieses Beispiels nicht genannt, stattdessen dienen «Forscher in PNAS» (SonntagsZeitung 15.12.2013) als Evidenz. Dies könnte unter Umständen dazu führen, dass sich die epistemische Abschwächung der Evidenz auf die im Satz befindliche Expert*innenreferenz auswirkt und diese ebenfalls entsprechend schwächt. Drittens könnte *wahrscheinlich* indirekt als Antwort auf die dritte kritische Frage – «CQ3: Are there other causal factors that could interefere with the production of the effect in the given case?» (Walton, Reed & Macagno 2008: 328) auch bedeuten, dass andere Faktoren nicht ausgeschlossen sind und deswegen die kausale Verknüpfung als *wahrscheinlich* modalisiert wird. Dies ist mit Blick auf das wissenschaftliche Handlungsfeld denkbar, denn die Auswirkungen des Klimawandels hängen einerseits von Mitigations- und Adaptationsprozessen ab und werden andererseits mittels Modellierung komplexer physikalischer Prozesse für die Zukunft prognostiziert, was statistische Unsicherheiten nach sich zieht. Dadurch ist die Nennung vollständiger Sicherheit nicht möglich.[13]

5.2.1.1 Epistemische Modalität

> Wir verstehen unter *epistemischer Modalität* den erkenntnistheoretischen, epistemischen Grad an Gewissheit bezüglich einer bestimmten Überzeugung bzw. die Art, wie dieser Grad an Gewissheit sprachlich behauptet bzw. zum Ausdruck gebracht wird.
>
> (Rheindorf 2006: 2010)

Modalverben und Modalwörter können kontextabhängig epistemische Modalität ausdrücken, wobei die einzelnen Modalverben unterschiedliche Tendenzen aufweisen und sich entsprechend einfacher in eine epistemische oder nicht-epistemische Lesart überführen lassen. Sowohl Hoffmann (2016: 327) als auch Helbig & Buscha (2013: 121) gehen dabei davon aus, dass sich epistemisch verwendete Modalverben hinsichtlich der Gewissheit unterscheiden und schlagen dabei folgende Abstufung vor: *müssen* > *werden* > *können* > *mögen*, respektive *müssen* > *dürfen* > *mögen* > *können.*

Müssen

Die epistemische Verwendung von *müssen* wird in der Regel mit einer hohen Faktizität in Verbindung gebracht. So kennzeichnet dieses Modalverb gemäss Helbig & Buscha (2013: 121) «Gewissheit, Überzeugung (= sicherlich, gewiss)», und Diewald (1999: 215) weist ebenfalls auf die Tendenz zu [-nichtfaktisch] hin. Hoffmann (2016: 325) bringt deiktisches *müssen* gar mit einem argumentativen Schluss in Verbindung:

---

13 Der Umgang mit wissenschaftlichen Unsicherheiten sowie deren epistemische Modalisierung stellen allgemein eine Schwierigkeit der Berichterstattung über wissenschaftliche Themen dar. Trotzdem können und sollten solche Formulierungen nicht vermieden werden, wie auch Mann & Toles (2016: 10–12) eher trivial thematisieren: «There will always be uncertainty, but it is hardly a reason for inaction. To believe otherwise is to buy into the fallacy that because we don't know everything, we know nothing. [...] Sciences deals instead with degrees of likelihood, balances of evidence, and inconsistency among lines of evidence. We can't ‹prove› gravity. It is, after all, only a ‹theory›. But when hiking a knife-edge mountain trail, we respect it nonetheless.»

> Wenn A vorliegt, dann typischerweise auch B; so ist auch von B auszugehen. [...] Der Gebrauch von *müssen* kennzeichnet eine Annahme, die für den Sprecher in seinem Wissen zwingend ist oder sich stark nahelegt und von der Sprecher und Hörer zunächst ausgehen können.

Eine Überlegung, die auch Ehlich & Rehbein (1975: 339) anführen: «Mit der Exothese als ‹müssen› gibt der Sprecher an, daß er lediglich *mittels eines Schlußverfahrens* zu dem Resultat gekommen ist.»

Können

Epistemisches *können* deutet hingegen darauf hin, dass eine Assertion möglich ist: «*Können* überträgt den Handlungsraum auf einen allgemeinen Möglichkeitsraum, das, was nach bestehendem Wissen denkbar ist und sich ereignet haben kann. Damit ist es breit verwendbar, bei unterschiedlichsten Wissenshintergründen.» (Hoffmann 2016: 325) *Können* hat gemäss Diewald (1999: 215) eine Tendenz zu [+nichtfaktisch], da der Schluss möglich, aber nicht zwingend ist (s. Ehlich & Rehbein 1975: 340): «Denn hier [bei *können*] beruht der Schluß nicht auf einer Notwendigkeit, sondern lediglich auf einer Möglichkeit.»

Dürfen

Helbig & Buscha (2013: 121) verknüpfen die epistemische Verwendung von *dürfen* mit dem Begriff der Wahrscheinlichkeit. Diewald (1999: 232) geht davon aus, dass mit *dürfte(n)* die [+/-nichtfaktische] Bewertung durch eine/n zitierende/n Sprecher*in (als Vermutung) übernommen wird. Hierbei stellt die Autorin fest, dass der Konjunktiv II von *dürfen* typisch für argumentative Textsorten ist (s. Diewald 1999: 231).

Mögen

Bei keinem anderen Modalverb ist die Distinktion von epistemischer und nichtepistemischen Verwendungen so stark grammatikalisiert wie bei *mögen* im Indikativ als epistemischer und im Konjunktiv II als volitiver Marker (Hoffmann 2016: 326):[14] «Die Bedeutung ist hier die, dass man etwas durchaus einräumen kann, ohne dass die Konsequenzen der Gegenposition (Befangenheit etc.) zwingend wären.» Insbesondere schriftlich zeigt die Phrase *mag sein, dass...* einen Gegensatz zwischen zwei Sachverhalten an (Basler Zeitung 13.11.2007): «Mag

---

14 *Mögen* kommt selbstverständlich auch als Vollverb vor wie in *Ich mag Schokolade.* Dies gilt auch für die anderen Verben in diesem Kapitel. Da es aber um Modalität geht, wird ihre Funktion als Vollverben nicht thematisiert.

sein, dass der Kanton finanziell profitiert von der Benzinabgabe – doch er tut dies auf Kosten des Gewerbes und vor allem auf Kosten seiner Glaubwürdigkeit.» Dementsprechend hat *mögen* eine konzessive Bedeutung (Diewald 1999: 236–237).

Sollen

Mit *sollen* wird eine Aussage nicht durch den Sprecher oder die Sprecherin bewertet, sondern durch eine Drittperson. Die Bewertung ist [-nichtfaktisch] (s. Diewald 1999: 225). Hoffmann (2016: 326) formuliert dies folgendermassen: «*Sollen* bezieht sich auf extern Herangetragenes; hier bezeichnet es eine von Dritten zugeschriebene Wirklichkeitsqualität, für die der Sprecher nicht einstehen kann, die er aber weitergibt.» Bei *sollen* geht die Einschränkung der Faktizität auf eine nicht mit dem Satzsubjekt identische Drittperson zurück (Helbig & Buscha 2013: 122): «Bei *sollen* ist es die Rede einer im aktualen Satz nicht genannten Personengruppe (‹man›) über das syntaktische Subjekt.»

Wollen

Eine ähnliche Funktion erfüllt *wollen*, allerdings zweifelt die Sprecherin oder der Sprecher an der Faktizität der Aussage (s. Diewald 1999: 229). Hoffmann (2016: 326) konstatiert:

> Mit der Modalität des Wollens wird der subjektive Anspruch (entsprechend dem festen Handlungsziel im handlungsorientierten Gebrauch) so herausgearbeitet, dass er einer willkürlichen Entscheidung nahekommt. In der Übertragung wird der Geltungsanspruch geschwächt, der Sachverhalt als subjektiv und kaum objektiv nachvollziehbar belegbar hingestellt.

Weitere sprachliche Möglichkeiten, um etwas epistemisch zu modalisieren, bieten Modalwörter (Köller 1995: 47): «Modalwörter dienen dazu, modalisierende Kommentare des Sprechers zu einem gegebenen Sachverhalt zu vermitteln.» Helbig & Helbig (1990) gehen in dem Werk *Lexikon deutscher Modalwörter* ausführlich und systematisch auf Modalwörter im Deutschen ein. Für eine korpus- und diskurslinguistische Annäherung ist das Werk dienlich, da es einerseits Modalwörter klassifiziert und auflistet und andererseits auch die einzelnen Modalwörter ausführlich erörtert. Helbig & Helbig (1990: 56–60) unterscheiden fünf Subklassen von Modalwörtern, wovon drei demjenigen Bereich zugeordnet werden können, der im Rahmen des Kapitels als epistemische Modalität beschrieben wird:

> Diesen genannten 3 Klassen von MW [Modalwörtern] (Gewißheitsindikatoren, Hypothesenindikatoren, Distanzierungsindikatoren) ist es gemeinsam, daß sie eine Einstellung des Sprechers zum Grad und/oder zur Motivation der Sicherheit oder Verläßlichkeit ausdrücken, mit der er p äußert, daß sie eine ‹Gewißheitsmodalität› ausdrücken.
>
> (Helbig & Helbig 1990: 57)

Diese drei Kategorien zeichnen sich durch die folgenden Eigenschaften aus:
- Epistemische *Gewissheitsindikatoren* beschreiben die Sprechereinstellung des Wissens und umfassen Wörter wie *zweifellos* oder *tatsächlich.*
- Doxastische *Hypothesenindikatoren* beschreiben die Sprechereinstellung des Glaubens und umfassen Wörter wie *anscheinend* oder *möglichenfalls.*
- *Distanzindikatoren* umfassen Wörter, mit denen kritisch auf Äusserungen Dritter Bezug genommen wird, wie *angeblich* oder *vermeintlich.*

Bei den anderen beiden Kategorien handelt es sich nicht um epistemische Modalität. Da es sich allerdings auch nicht um nicht-epistemische Modalitäten handelt, sie aber trotzdem argumentativ wirksam sein können, werden sie der besseren Übersicht halber hier thematisiert.
- Mit Emotiva wird die emotionale Einstellung zu einem Sachverhalt geäussert wie beispielsweise mit *ärgerlicherweise* oder *gottlob.*
- Valuative *Bewertungsindikatoren* bewerten einen Sachverhalt qualitativ wie beispielsweise *erwartungsgemäss* oder *fairerweise.*

Gewissheits- und Hypothesenindikatoren stehen dabei an der Stelle des Toulmin'schen Modaloperators und können entsprechende Auswirkungen auf die Argumentation haben. Bei *Distanzindikatoren* kann in hohem Masse davon ausgegangen werden, dass Kritik an einer These oder einem Argument geübt wird, wodurch sie als Indikatoren für strittige Geltungsansprüche dienen können. *Emotiva* und *Bewertungsindikatoren* scheinen sich mit Blick auf Argumentation auf der gleichen Ebene zu befinden wie nicht epistemische Modalität – nämlich als Bestandteil der These oder des Arguments selbst. Thesen mit solchen Indikatoren sind einfach in normativ wertende Thesen zu überführen, deren Wertung dann (unter Umständen) mittels Argumenten eingelöst werden muss.

5.2.2 Geltungsanspruch der Richtigkeit

Ein zweiter Geltungsanspruch, der mittels Modalität ausgedrückt wird, ist derjenige der Richtigkeit, welcher Handlungsziele sowie Handlungsaufforderungen betrifft:

> Um das Ziel 2020 ausschliesslich mit Massnahmen im Inland zu erreichen, muss sich die Schweiz deshalb zusätzlich anstrengen.
> (10vor10 08.03.2011; meine Hervorhebung, N. K.)

Das Beispiel zeigt einen Geltungsanspruch der Richtigkeit, der oft mit dem Argumentationsschema der pragmatischen Argumentation verknüpft ist. Die epistemische Dimension einer solchen Proposition wird durch die Verwendung des Modalverbs *müssen* nicht tangiert, dafür aber die Proposition; die enthaltene Handlung wird als notwendig erachtet. Geltungsansprüche der Richtigkeit sind, allgemein formuliert, mit solchen Schemata, die eine normative These stützen, verknüpft, denn die Aufforderung etwas zu tun, erfordert mindestes in einer idealen Diskussion Gründe. Das Moment der pragmatischen Argumentation lässt sich für das obige Zitat folgendermassen rekonstruieren:

1 Die Schweiz muss sich zusätzlich anstrengen.[15]

1.1 Die Schweiz will das Ziel 2020 ausschliesslich mit Massnahmen im Inland erreichen.
1.1' Die Schweiz muss sich zusätzlich anstrengen, wenn sie das Ziel 2020 ausschliesslich mit Massnahmen im Inland erreichen will.

Diese Nähe zur *pragmatischen Argumentation* beobachtet interessanterweise auch Kratzer (2002: 314): «There is an obvious connection between my way of analyzing modals and what has been called ‹practical inferences›.»

5.2.2.1 Deontische Modalität

> Deontische Modalverben enkodieren das Resultat eines direktiven Sprechaktes als Zustand des Subjekts (den Zustand des Direktive-bekommen-Habens des Subjekts).
> (Diewald 1999: 124–125)

Deontische Modalität drückt Pflicht, Zwang und Aufforderung aus. Sie kann aber auch Möglichkeiten im Sinne von Erlauben eröffnen. *Müssen, sollen* und *dürfen* sind prototypisch deontisch verwendete Modalverben. Selbstredend können diese – so wie alle anderen Modalverben – auch andere Lesarten zulassen.

Dürfen

Dürfen besitzt laut Diewald (1999: 134) in der nicht-epistemischen Verwendungsweise die Eigenschaften [-Origo], [-diffus], [-intern] sowie [+reaktiv]. Insbesondere die letzte Eigenschaft ist zentral für die Bedeutung von *dürfen*. So «bezeichnet

---

15 Ein argumentatives Grundschema der pragmatischen Argumentation befindet sich in Walton, Reed & Macagno (2008: 323).

[dürfen] den Fall, dass jemand durch die Erlaubnis eines Anderen eine Handlungsmöglichkeit erhält, die er angestrebt hat und die zuvor verschlossen war» (Hoffmann 2016: 316). *Nicht dürfen* umfasst entsprechend auch «die Versagung einer erbetenen Direktive» (Diewald 1999: 133) und tritt somit ein, wenn die Bitte um eine Erlaubnis von der entsprechenden Person verwehrt wurde.

Müssen

Müssen führt zu einer «Verengung des Handlungsraums auf eine bestimmte Handlung, die erzwungen bzw. von einer anderen Person/Instanz gefordert oder physisch notwendig zu realisieren ist» (Hoffmann 2016: 317). Diese Notwendigkeit resultiert auch in eine Verunmöglichung der alternativen Handlungsräume, wobei die Notwendigkeit von einer äusseren Instanz vorgegeben wird. Das Subjekt selbst muss nicht zwingend einverstanden sein:

> [D]as «Wollen» von z wird beim «Müssen» gleichfalls ausgeschlossen; es ist gleichgültig, ob er p tun will oder nicht. Die Entscheidungselemente des Aktanten z: Initial – «mögen» – und eigentliche Entscheidung – «wollen» – fallen beide aus. Sie sind vollständig ausgelagert und ersetzt durch das «es ist notwendig» (wenn «können» und «müssen», dann «tun»).
>
> (Ehlich & Rehbein 1975: 325)

Sollen

Wie bei *müssen* handelt es sich auch bei *sollen* um Notwendigkeit, allerdings beruht diese auf einer weiteren Person (oft auf einer Institution): Was diese *will*, wird zum *Sollen* des/r Aktant*in:

> Um aus der Welt des Aktanten x in die Welt von z zu gelangen, der die (von x) gewollte Handlung p-tun ausführen soll, bedarf es einer spezifischen Operation. Sie wird ausgeführt durch einen Sprechakt (Auftrag, Befehl) und transponiert das Wollen von x (x will, daß z p tut) in die Welt von z als ein *Sollen* von z.
>
> (Ehlich & Rehbein 1975: 323)

Sollen tritt bevorzugt in der deontischen Lesart auf, lässt sich allerdings relativ einfach von einer deontischen in eine quotative (oder epistemische) Lesart überführen (s. Diewald 1999: 282).

Modale Infinitive bewegen sich im peripheren Bereich der Modalverben und kommen ausschliesslich in einer nicht epistemischen Lesart vor, wobei oft die deontische Lesart vorliegt.

- *Nicht brauchen zu* wird gemeinhin als Negation von *müssen* verstanden (Ehlich & Rehbein 1975: 326): «Unter diesem Gesichtspunkt kann man bei ‹nicht brauchen› von einer *pragmatischen Negation* sprechen. Sie dient dazu, die Auslagerung des eigenen Mögens bzw. Mögens und Wollens, des eigenen Handlungsinitials für den Aktanten z rückgängig zu machen.»

- *Haben zu* «bedeutet öfter eine Notwendigkeit, manchmal aber auch eine Möglichkeit» (Helbig & Buscha 2013: 112).
- *Sein zu* «bedeutet öfter eine Möglichkeit, manchmal aber auch eine Notwendigkeit (z. B. Vorschriften). [...] Im Gegensatz zu den *haben*-Verbindungen [...] sind die *sein*-Verbindungen passivisch, das mit *von* anzuschließende Agens der Handlung fehlt häufig» (Helbig & Buscha 2013: 113).

5.2.2.2 Dispositionelle Modalität

Die dispositionelle Modalität umfasst innere oder äussere Eigenschaften sowie Fähigkeiten und wird prototypisch durch *können* verkörpert.

Können

Können weisst gemäss Diewald (1999: 161) folgende Eigenschaften auf: [-Origo], [+diffus] und [+reaktiv]. Es eröffnet einen Handlungsraum und kann somit im eigentlich dispositionellen Sinne nur mit (menschlichen) Akteur*innen verwendet werden (s. Hoffmann 2016: 316). Deshalb schwingt in einem Satz wie «Dieser Hut *kann* den Kopf warmhalten» immer eine gewisse Personifikation mit. Rheindorf (2006: 213) beschreibt diese Verwendung als epistemisch-dispositionelle Mischkategorie, die «all jene Fälle [umfasst], in denen ein nicht menschliches Agens, ein abstrakter Akteur, eine grammatische Metapher oder kollektivierende Metonymie als Subjekt für ein Modalverb auftritt, das wie z. B. ‹können› sowohl epistemische als auch dispositionelle Modalität realisieren kann». Im Korpus lässt sich diese Verwendung ebenfalls oft finden:

> Der Klimawandel ist von Menschen gemacht und kann die Welt, wie wir sie kennen, zugrunde richten.
>
> (Basler Zeitung 20.08.2010)

1. Epistemisch: Der Klimawandel richtet die Welt, wie wir sie kennen, möglicherweise zugrunde.
2. Dispositionell (enger Skopus): Der Klimawandel besitzt die Fähigkeit, die Welt, wie wir sie kennen, zugrunde zu richten.

Die Überführung von einer dispositionellen in eine epistemische Lesart ist bei *können* insbesondere bei solchen nicht menschlichen Akteur*innen verhältnismässig einfach.

5.2.2.3 Volitive Modalität

Volitive Modalität steht für die Intention, das Wollen eines Subjekts. Volitivität wird typischerweise mit *wollen* ausgedrückt.

Wollen

Diewald (1999: 150) beschreibt *wollen* als Direktive an sich selbst und ordnet es wie folgt ein: [-Origo], [-diffus], [+intern] und [-reaktiv]. Das Modalverb setzt ein «subjektiv unabweisbares Ziel, dessen Erreichbarkeit schon durch Betrachtung des Handlungsraums überprüft wurde» (Hoffmann 2016: 314), voraus. Diese Überprüfung des Handlungsraums wird dabei keineswegs von allen Autor*innen als notwendige Bedingung betrachtet:

> ‹*wollen*› kennzeichnet, daß ein festes Handlungsziel besteht. [...] Unspezifiziert bleibt, ob der zielbildende Aktant bereits über einen Handlungsplan für die Ausführung verfügt oder nicht, ob für ihn das Ziel aktuell ist oder ob er es hypothetisch betrachtet.
>
> (Brünner & Redder 1983: 42)

Möchten

Die nicht-epistemische, volitive Lesart von *mögen* ist auf den Konjunktiv II *möchten* beschränkt und beschreibt ein «persönliches Bedürfnis etwas zu tun, einen bestimmten Zustand zu erreichen oder ein Objekt zu erlangen» (Hoffmann 2016: 314). Im Gegensatz zu *wollen* spielt bei *möchten* die Realisierbarkeit keine Rolle. Sie muss nicht zwingend vorab geklärt werden: «Zwischen *wollen* und *möchten* liegt also ein deutlicher Unterschied, insofern *möchten* nur das Bedürfnis kennzeichnet und noch keinen festen Plan oder Handlungsweg.» (Hoffmann 2016: 314–315) Eine andere Perspektive nimmt Diewald (1999: 147–148) ein: «*Mögen* im Konjunktiv II [...] bezieht sich auf die Absichten des Partners, man kann sagen, es ist ein Beabsichtigen in Abhängigkeit von den Absichten anderer, [...] ein ‹bedingtes Beabsichtigen›.» Für sie ist die Unterscheidung von *wollen* und *möchten* somit unabhängig von der Realisierbarkeit, sondern hängt vom Wunsch einer anderen Person ab. Dadurch ergibt sich auch Diewalds (1999: 150) Klassifizierung als [-Origo], [-diffus], [+intern] und [+reaktiv].

Werden

Werden muss ebenfalls als peripheres Mitglied der Modalverben betrachtet werden und «dient dazu, eine Handlungsausführung als verbindlich zu kennzeichnen, nachdem der Entschluß gefallen ist. Es bildet dann nicht nur das Handlungsergebnis, sondern auch die Handlungsausführung das Ziel des Aktanten» (Brünner & Redder 1983: 42). Es handelt sich dabei prototypisch um volitive oder deontische Modalität. *Werden* wird typischerweise volitiv oder deontisch verwendet.

5.2.3 Korpuslinguistischer Zugriff auf Geltungsansprüche

Die von Helbig & Helbig (1990) vorgeschlagenen und eben besprochenen Modalwörter sowie Modalverben und modale Infinitive wurden annotiert; Gewissheitsindikatoren als *gi*, Hypothesenindikatoren als *hi*, Emotiva als *em* und Bewertungsindikatoren als *bi*, wobei insbesondere von den ersten beiden Indikatorenarten ein Mehrwert zu erwarten ist, weil sie Geltungsansprüche der Wahrheit indizieren können. Auf die Unterscheidung verschiedener Lesearten wurde verzichtet, da sie sich mit Ausnahme von *mögen* und *möchten* nur bedingt auf der sprachlichen Oberfläche manifestieren, sondern vom Kontext abhängen. Es gibt zwar systematische Unterschiede in den Ko(n)texten für unterschiedliche Lesarten, die sich teilweise auch auf der sprachlichen Oberfläche manifestieren (s. für einige Kriterien beispielsweise Diewald 1999), allerdings wäre ein solcher Miteinbezug für eine Annotation schnell zu komplex und auch nicht ausreichend zuverlässig, um einen solchen Aufwand zu rechtfertigen. Zusätzlich zur Modalität wurden Realisierungsmöglichkeiten für Negation annotiert. Diese wurden aus Zifonun, Hoffmann und Strecker (1997: 147) übernommen und umfassen *nicht, kein, nichts, keiner, keinesfalls, niemand, mitnichten, nie, nirgendwo, keines, nein* und das Adjektivpräfix *un-*. Die entsprechenden Wörter im Korpus wurden mittels *Python* annotiert.

5.3 Tropen

Spätestens seit der Etablierung der *konzeptuellen Metaphern* durch Lakoff & Johnson (1980/2003) wurden Metaphern aus der rhetorisch-stilistischen Ecke des *ornatus* wieder in die Mitte des Raumes gestellt und ihre Funktionen, welche weit über reinen Schmuck und Zierde hinausgehen, anerkannt. Bereits der Titel *Metaphors We Live by* zeugt von der Relevanz von Metaphern fernab reiner Stilistik:

> Metaphern bündeln auf komplexe und vielschichtige Weise Orientierungen, Orientierungshilfen und Wissen über den bezeichneten und umschriebenen Gegenstand. Die Metapher ist in diesem Sinne ein Medium des Wissens.
>
> (Junge 2010: 7)

Die Beobachtung, «daß die Metapher eine für uns wirklichkeitskonstituierende bzw. -strukturierende Funktion besitzt und damit nicht nur unsere alltägliche Wahrnehmung in ihrer Komplexität (Denken, Fühlen, Wollen und Sollen), sondern auch unser Handeln beeinflußt» (Böke 1997: 164), ist mittlerweile in vielen Bereichen der Wissenschaften angelangt. Spätestens Studien und Experimente wie diejenigen von Thibodeau & Boroditsky (2011) oder daran anschliessend diejenige von Reijnierse et al. (2015) zeigen eindrücklich, wie stark sich Metaphern auf die Wahrnehmung auswirken können. Metaphern helfen dabei, abstrakte Vorgänge greifbar zu machen und zu verorten: *Eisdecken*, *Hitzewellen* und *Treibhausgase* zeugen davon, wie fundamental Metaphern für das (wissenschaftliche) Verständnis von Klimawandel sind. Deshalb sind sie auch oft betrachtete Phänomene im Diskurs (s. beispielsweise Pansegrau 2000; Weingart, Engels & Pansegrau 2008; Wehling 2016: 180–192). Von der Wichtigkeit von Metaphern für die Strukturierung der Wirklichkeit kann allerdings noch nicht auf die Relevanz von Tropen (Metaphern, Metonymien und Synekdochen) für Argumentation geschlossen werden.[16] Aufgrund der Tatsache, dass sich die meisten Autor*innen mit der argumentativen Funktion von Metaphern auseinandersetzen, werde ich von diesem Sprungtropus aus eine Brücke zwischen Argumentationen und Tropen schlagen.

Durch die traditionelle Trennung von Logik und Rhetorik (s. Kapitel 3.1) wurde selten die Frage gestellt, ob und wie Tropen argumentativ wirksam sein können. Metaphern (und Tropen im Allgemeinen) wurden als rhetorische Stilmittel wahrgenommen. Ein solches Verständnis von Tropen liegt vor, wenn etwa Garssen (2009) figurative Analogie rein rhetorisch als Präsentationsmöglichkeit (*presentational device*) im Rahmen von *strategic maneuvering* betrachtet:

> The figurative analogy is a presentational device that is used to put forward a specific kind of rule. This means that figurative analogy is used to put forward other types of argu-

16 «Es ist von zentraler Bedeutung, den persuasiven Charakter der Tropen theoretisch im Rahmen einer neuen Art von Tropologie einzufangen, indem der enge und systematische Zusammenhang zwischen Argumentation und Metaphern, Metonymien sowie Synekdochen argumentationsanalytisch erschlossen wird.» (Reisigl 2016: 50) Dies kann im Rahmen dieser Arbeit nicht geleistet werden. Es werden deshalb lediglich mögliche Anknüpfungspunkte aufgezeigt, welche im Rahmen der Analyse fruchtbar gemacht werden.

> mentation such as symptomatic argumentation or causal argumentation in an indirect way.
>
> (Garssen 2009: 139)

Es handelt sich hierbei um eine Substitutionstheorie (Pielenz 1993: 62). Eine weitere Integration von Metaphern in Argumentationstheorien findet statt, wenn Metaphern als Analogieschemata verstanden werden. Pielenz (1993: 61) spricht in diesem Fall von einer Vergleichstheorie. Diese Vergleichstheorie ist auch Teil des Forschungsprogramms des *Metaphor Lab* der Universität Amsterdam (Metaphor Lab o. J.), welches folgende Leitfragen formuliert, um die Beziehung zwischen Argumentation und Metapher näher zu beleuchten: «(1) How do metaphors express standpoints and arguments? (2) How can metaphor be described as argumentation by nonliteral comparison? (3) How can people argue against the use of specific metaphors?» Mit der ersten Frage beschäftigt sich Wagemans (2016d: 92). Er konkludiert:

> First of all, when reconstructing argumentative content, it is not always possible nor necessary to transform figurative language into literal language. From this we may conclude that the function of metaphor is not purely ornamentative but also argumentative. Second, metaphor cannot always be conceived in terms of argument schemes based on analogy but may also play a role as (part of) a standpoint expressing different types of propositions and as (part of) argument schemes that are based on other concepts than analogy.

Solche Überlegungen ermöglichen meines Erachtens allerdings noch keine ausreichende Erklärung dafür, warum *Das Boot ist voll* (s. für das Beispiel Reisigl 2016: 43) ein Argument für die implizite normative These *Die Aufnahme von Asylsuchenden muss gestoppt werden* sein kann. Um diese Fragen annähernd zu beantworten, werde ich mich auf Pielenz (1993) stützen, denn durch ihn ist die Beobachtung, dass Metaphern argumentativ wirksam sein können, mindestens im deutschsprachigen Raum seit beinahe dreissig Jahren bekannt:

> Denn als ein Bündel kollektiv etablierter und verfügbarer, i. e. habitualisierter Schlußprinzipien, [sic!] liefert sie [d. i. konzeptuelle Metapher] die erforderliche Geltungsgarantie für die in Argumentationshandlungen involvierten Schlußpräsuppositionen. [...] Jede einzelne metaphorische Schlußregel läßt sich im argumentativen Bedarfsfalle zu einer Schlußpräsupposition beleben, die als eine plausible Prämisse in der Regel enthymematisch zum Einsatz kommt.
>
> (Pielenz 1993: 157)

Die Metapher *Das Boot ist voll* impliziert unter anderem die Schlussregel «Wenn das Boot voll ist, darf es, um nicht zu kentern, keine zusätzlichen Menschen aufnehmen» (Reisigl 2016: 43). Metaphern sind somit *«ein Schatz geltungsgarantie-*

render Schlußpräsuppositionen» (Pielenz 1993: 157) und lassen sich mit Bornscheuers Strukturmerkmalen beschreiben (s. Pielenz 1993: 132–135).

In den folgenden drei Unterkapiteln werde ich die drei Tropen Synekdoche, Metapher und Metonymie kurz umreissen und eine Brücke zu Argumentationen schlagen. Den vierten Tropus – Ironie – werde ich aussparen, denn «[v]on diesen vier Haupttropen tanzt die Ironie aus der Reihe. [...] Der komplexe Tropus der Ironie ist oft auf einen intonatorischen Indikator oder einen körpersprachlichen Index angewiesen, um überhaupt erkannt zu werden» (Reisigl 2016: 40–41). Damit ist dieser Tropus denkbar ungeeignet, um in einem schriftlichen Korpus aufgespürt zu werden. Aus strategischen Gründen werde ich mit der Beschreibung der Synekdoche beginnen.

5.3.1 Synekdochen

Synekdochen sind Grenzverschiebungstropen:

> Im Griechischen bedeutet «synekdoché» «mitmeinen», «mitverstehen». Folglich gilt die Synekdoche oft auch als Tropus des Mitmeinens, bei dem innerhalb ein- und desselben Begriffsfeldes ein semantisch weiterer durch einen semantisch engeren Ausdruck repräsentiert wird oder – umgekehrt – ein semantisch weiterer [sic!; engerer, N. K.] Ausdruck durch einen semantisch engeren [sic!; weiteren, N. K.].
>
> (Reisigl 2002: 205–206)

Es handelt sich hierbei um die Unterscheidung zwischen partikularisierenden und generalisierenden Synekdochen, wobei sich die beiden Ausdrücke typischerweise durch eine Relation von der Spezies zum Genus, vom Teil zum Ganzen oder vom Konkretum zum Abstraktum auszeichnen.

Dubois et al. (1974: 166–168) unterscheiden zwei verschiedene Modi, mittels derer eine Partikularisierung oder Generalisierung erreicht werden kann. Der distributive Modus $\prod$, welcher Verhältnisse wie dasjenige zwischen Haus und Dach, Fenster, Tür, Wand etc. beschreibt, und der Modus $\sum$, welcher Verhältnisse, wie dasjenige zwischen Hund und Pudel, Schäferhund, Dackel, Dogge etc. beschreibt. Somit ergeben sich vier grundlegende Synekdochenarten: partikularisierende Synekdochen des Modus $\prod$ und des Modus $\sum$ sowie generalisierende Synekdochen des Modus $\prod$ und des Modus $\sum$. Synekdochen lassen sich nun mit den Einordnungsschemata von Kienpointner verbinden, denn diese haben «mit der ‹Einordnung› einer Größe im weitesten Sinn zu tun» (Kienpointner 1992: 250). Während es sich bei Synekdochen des Modus $\prod$ um implizite Ganzes-Teil-Schemata handelt, handelt es sich bei solchen des Modus $\sum$ um Genus-Spezies-Relationen. Während der Schluss vom Teil auf das Ganze oder von der Spezies auf das Genus die Gefahr von *hasty generalization* birgt (Reisigl 2016: 47–49), können mit Synekdochen auch Akteur*innen (un)sichtbar gemacht werden.

Synekdochen sind allerdings auch noch aus einem anderen Grund für den betrachteten Diskurs relevant, denn «die Synekdochisierung in ihren unterschiedlichen Ausformungen [ist] ein Grundprinzip der politischen Repräsentation» (Reisigl 2002: 209).

5.3.2 Metaphern

Eine Metapher ist ein Sprungtropus und «bringt zwei unterschiedliche Begriffssphären in einen Zusammenhang der Ähnlichkeit» (Reisigl 2016: 41). Gewisse semantische Eigenschaften müssen hierbei allerdings sowohl bei dem Begriff aus dem Zielbereich als auch bei dem Begriff aus dem Herkunftsbereich gleich sein (s. Schofer & Rice 1977: 136).

Dubois et al. (1974: 180) unterscheiden nun zwei verschiedene Arten von Metaphern:

> Um eine Metapher zu konstruieren, müssen wir zwei komplementäre Synekdochen koppeln, die in genau entgegengesetzter Weise funktionieren und eine Überschneidung zwischen A und Z herbeiführen. Nach dem Modus Σ beruht die sich ergebene Metapher auf den Z und A gemeinsamen Semen, während sie nach dem Modus Π auf ihren gemeinsamen Teilen beruht.

Das intermediäre Wort ist dabei eine Synekdoche des Ausdrucks *in praesentia*, während der Ausdruck *in absentia* eine Synekdoche des intermediären Wortes ist.

Für Metaphern hat Böke (1996, 1997), unter anderem bezugnehmend auf Liebert (1992) und Pielenz (1993), sehr detaillierte Beschreibungsmöglichkeiten herausgearbeitet, welche auch den argumentativen Dimensionen von Metaphern gerecht werden. Diese sollen im Rahmen dieser Arbeit verwendet werden und ich werde sie mittels ihres Beispiels *Der Zustrom von Flüchtlingen hält an* erläutern. Es handelt sich hierbei um ein Token – die konkrete Realisierung der Metapher. Sie lässt sich in einen Fokus (*Zustrom*) und in einen Rahmen (*von Flüchtlingen hält an*) differenzieren. Bei einer solchen Lexemmetapher findet eine Zuordnung statt: <«Zustrom», ‹Zulauf von Wasser›>, <«Zustrom», ‹Zuwanderung von Flüchtlingen›>. Im Gegensatz dazu besteht ein Metaphernlexem wie *Flüchtlingsstrom* aus einem metaphorisierten (*Flüchtlings*) und einem metaphorisierenden (*-strom*) Teil. Konsequenterweise gibt es als Gegenstück zu dieser Token-Ebene und analog zur Korpuslinguistik eine Typ-Ebene. Auf dieser Ebene bezeichnet der Metaphernbereich die Projektion vom Herkunfts- auf den Zielbereich, in diesem Fall ZUWANDERUNG ALS WASSER. Es handelt sich dabei um das, was gemeinhin als konzeptuelle Metapher verstanden wird. Metaphernbereiche umfassen verschiedene Metaphernkonzepte, welche die Strukturfolien des Herkunftsbereichs konkretisieren (Böke 1996: 444): Im betrachteten Beispiel ist ZUWANDERUNG ALS LINEARER WASSERLAUF das verwendete Konzept und öffnet weitere Leerstellen wie «Weg» und «Ende». Andere Metaphernkonzepte wie ZUWANDERUNG ALS WASSERZYKLUS wären ebenfalls denkbar.

Wenn nun Flüchtlinge als Zustrom konzeptualisiert werden, so impliziert dies eine normative Argumentation: *Ein unbegrenzter Zustrom ist nicht wünschenswert, denn er führt früher oder später zu Überschwemmungen. Deshalb muss ein Zustrom gestoppt oder zumindest kontrolliert werden.* Allerdings aktiviert ein solches Metaphernkonzept nicht nur diese eine implizite Schlussregel, denn konzeptuelle Metaphern stellen «ein Bündel kollektiv etablierter und verfügbarer, i. e. habitualisierter Schlußprinzipien» (Pielenz 1993: 157) dar. Es lassen sich deshalb von konzeptuellen Metaphern ganze Systeme zur Legitimierung von Geltungsansprüchen ableiten, wie Pielenz (1993: 106) beispielsweise für die konzeptuelle Metapher LIEBE ALS KOOPERATIVES KUNSTWERK zeigt.

Im letzten Unterkapitel wurde bereits erwähnt, dass mittels Synekdochen Akteur*innen generalisiert oder partikularisiert und damit (un)sichtbar gemacht werden können. Mittels Personifikationen können nun nicht menschliche Akteur*innen handlungsfähig gemacht werden:

> Die *Personifikation* ist eine Sonderform der Metapher, das heißt, in ihr werden unterschiedliche Begriffssphären in Zusammenhang gebracht, und zwar eine Begriffssphäre mit dem semantischen Merkmal [- menschlich] mit einer Begriffsphäre mit dem semantischen Merkmal [+ menschlich]. Das Ergebnis ist eine Anthropomorphisierung.
>
> (Wodak et al. 1998: 97–98)

Diese Personifikationen können massive Auswirkungen auf die Möglichkeit, zu argumentieren, haben, denn die Möglichkeit, Geltungsansprüche der Richtigkeit zu verhandeln – was ja eine ganze Reihe von Argumentationsschemata, die in der Tradition der pragmatischen Argumentation stehen, tun –, ist in der Regel menschlichen Akteur*innen vorbehalten. Auch mit Blick auf deskriptive Kausalschemata ist das Merkmal [+menschlich] entscheidend. Während Gründe, die Folgen nach sich ziehen, in der Regel menschlichen Akteur*innen vorbehalten sind, sind Ursachen nicht menschlich (s. Kienpointner 1992: 334 und Kapitel 8.2 der vorliegenden Arbeit).

5.3.3 Metonymien

Während bei Metaphern Begriffe aus zwei unterschiedlichen Bereichen miteinander in Verbindung gebracht werden, sind die beiden Bereiche bei Metonymien benachbart, wodurch es sich um Grenzverschiebungstropen handelt:

> Metonymies (from the Greek: ‹renaming,› ‹name change›) are constituted by a shift involving two semantically (and materially, causally, or cognitively) adjacent fields of reference: a name of a referent stands for the name of another referent, which semantically (abstractly or concretely) adjoins the referent of the name.
>
> (Reisigl 2006: 602)

Die Nachbarschaft beruht dabei auf bestimmten Beziehungen zwischen den benachbarten Feldern (Reisigl 2002: 203–204):
- Produkt/Effekt für Ursache/Urheber*in,
- Objekt für Verwender*in,
- Behälter für Inhalt,
- Ort/Gebäudekomplex für Personen,
- Ort für Ereignis,
- Land für Person,
- Personengruppe für Land,
- Zeit(epoche) für Personen,
- Institution für Verantwortungsträger*innen,
- Institution für Ereignis/Handlungen.

Für Dubois et al. (1974: 196) ist die Metonymie ein «[g]emeinsamer Einschluß in einer Sem-Gesamtheit». Ein solcher Einschluss ist nur mittels einer generalisierenden Synekdoche des Modus $\prod$ oder einer partikuliarisierenden Synekdoche des Modus $\sum$ möglich (Dubois et al. 1974: 195): «Analysieren wir z. B. den Satz ‹Nehmt euren Cäsar› [...]. Dann ist der intermediäre Term (vgl. ‹I› im Schema) die räumlich-zeitliche Gesamtheit aus Leben, Lieben, literarischem Werk, Kriegen, Epoche, Stadt des berühmten Konsuls. In dieser Gesamtheit des Typs $\prod$ besteht Kontiguität zwischen Julius und seinem Buch.»

Metonymisierung kann mit Blick auf Argumentation zu ähnlichen Problemen führen wie Synekdochisierung (Wodak et al. 1998: 95–96): «Metonymien vermögen es unter anderem, verantwortliche AkteurInnen verschwinden zu lassen oder bewußtseinsmäßig in den Hintergrund zu stellen, was besonders der Rechtfertigung und Relativierung dient.» Und auch die bereits angesprochene Gefahr von *hasty generalization* ist unter Umständen gegeben (Reisigl 2016: 48): «[I]n solchen Metonymien [können] hochproblematische, häufig trugschlüssige

Verallgemeinerungen und Homogenitätsfiktionen stecken [.]» Gleichzeitig sind sie, wie Synekdochen, für das politische Handlungsfeld äusserst relevant:

> Many names of political institutions and ‹collective› political actors have their origin in metaphorization and metonymization (e. g., ‹government, › ‹parliament,› ‹minister,› and ‹ministry›).
>
> (Reisigl 2006: 598)

Metonymien lassen sich im Gegensatz zu Synekdochen nicht ohne Weiteres an Kienpointners (1992) Argumentationsschemata anknüpfen. Zwar ist die Nähe zu den Einordnungsschemata durchaus sichtbar, allerdings scheint es zusätzliche Anknüpfungspunkte innerhalb der Systematik zu geben, so ist eine Metonymie des Typs «Ursache für Wirkung» eher einem Kausal- oder Zeichenschema zuzuordnen als einem Genus-Spezies- oder Ganzes-Teil-Schema.

5.3.4 Korpuslinguistischer Zugriff auf Tropen

Im Rahmen eines korpuslinguistischen Zugangs zu Diskursanalysen besteht ein reges Interesse daran, Metaphern und andere Tropen korpuslinguistisch für Diskursanalysen zugänglich zu machen. So beschäftigen sich beispielsweise Stefanowitsch (2006) oder Partington (2006) mit Metaphern und Metonymien aus korpuslinguistischer Sicht. Korpuslinguistik kann in dem Fall allerdings zum heutigen Zeitpunkt lediglich ein Hilfsmittel sein, denn es ist nicht möglich, Tropen automatisch zu annotieren. Das Erkennen von Tropen benötigt einerseits ein Verständnis von Kontexten und andererseits eines von den in den Ausdrücken enthaltenen Semen. Beides ist mindestens zum jetzigen Zeitpunkt für korpuslinguistische Methoden kaum greifbar.

In der Einleitung zu dem Sammelband *Corpus-based Approaches to Metaphor and Metonymy* (Stefanowisch & Gries 2006) spricht Stefanowitsch (2006: 2–6) von den folgenden Möglichkeiten, um Tropen im Diskursen zu erheben:
- manuelle Erhebung der Tropen,
- Ausdrücke aus dem Herkunftsbereich erheben,
- Ausdrücke aus dem Zielbereich erheben,
- Sätze erfassen, in denen Ausdrücke aus dem Herkunfts- und dem Zielbereich vorkommen,
- Metaphernindikatoren verwenden
- sowie die Verwendung von annotierten Korpora.

Einige dieser Vorschläge sind auf die vorliegende Arbeit nicht anwendbar (insbesondere die Verwendung annotierter Korpora). Die Suche nach Tropen dürfte im Rahmen dieser Arbeit insbesondere ausgehend vom Zielbereich interessant sein, da es nicht um ein Interesse an den Tropen *per se* geht, sondern darum, aufzuzeigen, welche Metaphern(-konzepte) im Zusammenhang mit gewissen Zielbereichen verwendet werden und argumentativ wirksam sind. Der vierte Punk in der Liste wird sich erfahrungsgemäss mit dieser Methode überschneiden. Ein Problem besteht insbesondere bezüglich Metaphernindikatoren, denn diese erfassen nur diejenigen Metaphern, die über Vergleiche markiert sind. Solche werden in der Regel bereits über Analogieschemata (s. Kapitel 5.4.2) erfasst. Eine manuelle Erhebung findet im Rahmen der Pilotanalyse statt. Mittels dieser können dann mögliche Tropen auf ihre Frequenz hin überprüft sowie gezielt Herkunfts- und Zielbereiche exploriert werden.

Ein korpuslinguistisches Explorationsverfahren, das vom Zielbereich ausgeht, soll hier kurz dargestellt werden. Interessiert man sich für metaphorisch verwendete Verben, die in der Nähe von *Klimawandel* vorkommen, so kann man beispielsweise, wie in Tabelle 2, mittels Kollokationsanalysen betrachten, welche Verben besonders häufig in einem Abstand von bis zu fünf Lexemen links oder rechts von *Klimawandel* stehen:

Tab. 2: Die ersten zehn Verbkollokationen (V.*) von [Klimawandel][17], im Abstand von 5L bis 5R und einer Mindestfrequenz von 5

Lemma	Anzahl in Korpus	Erwartete Frequenz	Beobachtete Frequenz	Log-likelihood
bedrohen	1094	10.247	155	572.983
bekämpfen	992	9.292	123	421.798
betreffen	2353	22.04	157	354.676
stoppen	1081	10.125	108	324.837
bremsen	962	9.011	102	318.481
begegnen	470	4.402	56	187.605
aufhalten	360	3.372	49	177.14
verursachen	1949	18.256	95	163.029
anpassen	1277	11.961	73	145.024
leiden	1572	14.724	75	126.034

Aus der Betrachtung der Liste werden potenzielle Metaphern wie *bekämpfen* oder *aufhalten* sichtbar, da sich Herkunfts- und Zielbereich nicht überschneiden. Es handelt sich mehrheitlich um solche Metaphern, die darauf hindeuten, dass

17 Mit eckigen Klammern markiere ich Lemmata in Suchanfragen. Komplexere Suchanfragen werden in der CWB-üblichen Schreibweise notiert.

(menschliche) Akteur*innen Massnahmen gegen den Klimawandel ergreifen (*bekämpfen, stoppen* und *bremsen*). Das Verfahren kann nun auch umgekehrt verwendet werden. *Bremsen* ist als Herkunftsbereich im Diskurs auffällig, entsprechend zeigt die Tabelle 3 mittels Kollokationen auf, in welchen Zielbereichen wer/was gebremst wird oder bremst:

Tab. 3: Die ersten zehn Kollokationen von [bremsen], im Abstand von 5L bis 5R und einer Mindestfrequenz von 5

Lemma	Anzahl in Korpus	Erwartete Frequenz	Beobachtete Frequenz	Log-likelihood
Klimawandel	15365	8.961	102	311.545
zu	204197	119.088	265	134.477
Anstieg	1367	0.797	24	117.473
Erderwärmung	2026	1.182	26	111.477
Wachstum	2617	1.526	26	98.781
Kraftübertragung	139	0.081	12	97.158
Klimaerwärmung	3059	1.784	27	96.56
Abmessungen/ Gewicht	96	0.056	11	95.59
Scheibenbremse	59	0.034	10	95.313
die	1538840	897.457	1,183	92.083

Mindestens vier der zehn Kollokationen (*Klimawandel, Erderwärmung, Klimaerwärmung* und allenfalls *Anstieg*) gehören nicht in dasselbe Begriffsfeld wie *bremsen*. Es ist also wahrscheinlich, dass *bremsen* in ihrer Umgebung metaphorisch verwendet wird. Ein solcher Zugang kann und muss selbstverständlich für die Analyse über bessere Suchanfragen, Variationen in der Spannweite oder Sichtungen der *Keyword in Context-* (KWIC-) Darstellung verfeinert werden.

Bis hierhin lag der korpuslinguistische Fokus – mit Herkunfts- und Zielbereichen – eindeutig auf Metaphern. Mit Blick auf Metonymien, Synekdochen und Personifikationen sind insbesondere Eigennamen interessant, die metonymisiert, synekdochisiert oder personifiziert werden und dadurch zu (politischen und handelnden) Akteur*innen werden. Stellen wie «Je weniger die Ziele fürs Stromsparen und für den Ausbau der Erneuerbaren erreicht werden, desto mehr Strom wird die Schweiz importieren müssen.» (Tages-Anzeiger 25.01.2013; meine Hervorhebung, N. K.) sind im Korpus zahlreich. Es handelt sich dabei oft um die in den beiden Unterkapiteln 5.3.1 und 5.3.3 thematisierten (politischen) Repräsentationsverhältnisse. Zudem sind solche Eigennamen sowohl in Kopperschmidts (2005: 90–91) Konzept der Argumentationserwähnung als auch in Hinblick auf die Perspektivierungsstrategie des Diskurshistorischen Ansatzes (Reisigl 2018: 52) relevant, denn es gilt nicht nur zu beachten, welche Argumentationen geäussert werden, sondern auch, welche Akteur*innen sie äussern. Auf der Ebene der sozio-diagnostischen Kritik kann die Plausibilität unter Umständen stark davon beeinflusst werden, wer ein bestimmtes Argument geäussert hat (Stichwort: Ethos). Ein korpuslinguistischer Zugang zu solchen Metonymien und Synekdochen ist die Eigennamenerkennung. Mit ihr lassen sich in ungetaggten und unbekannten Daten Akteur*innen, Orte und Organisationen annotieren. Eine der bekanntesten Anwendungen zur Annotation von Eigennamen, die auch für das Korpus verwendet wurde, ist die Anwendung *Stanford NER* (Stanford NLP Group o. J.), welche auf der Verwendung eines *Conditional Random Field*-Modells beruht (für eine Einführung s. Sutton & McCallum 2007). Das Modell für die deutschsprachige Annotation basiert auf Faruqui & Padó (2010) und annotiert vier Kategorien von Eigennamen: Orte, Personen, Organisationen und gemischt. Die häufigsten Eigennamen befinden sich im Anhang 13.2.3.

5.4 Semantische Indikatoren

Bei semantischen Indikatoren handelt es sich um Ausdrücke verschiedenster Art, die auf (handlungsfeldspezifische) Argumentationen hinweisen können. Sie sind dadurch in einem besonderen Masse interessant, da sie Argumentationen auf der S_1-Ebene repräsentieren und somit korpuslinguistisch aufspüren können. Die Indikatoren bewegen sich auf einem Kontinuum, das von diskursspezifisch – tendenziell materiale Topoi – zu allgemein – tendenziell allgemeine Argumentationsschemata – reicht. Zusätzlich muss zwischen solchen Indikatoren, die auf Argumentation hinweisen, und solchen, die Argumentationen einschliessen, unterschieden werden. Auch hier handelt es sich um ein Kontinuum: Während ein argumentativer Indikator wie *weil* unter Umständen auf eine bestimmte Verbindung zwischen Prämisse und These hinweist, sind beispielsweise auf Geltungsansprüche der Richtigkeit verweisende Indikatoren bis zu einem gewissen Grad auch Bestandteil der Thesen und der Prämissen selbst, wie bereits in Kapitel 5.2.2 festgestellt wurde. An dem Ende der Skala befinden sich intrinsisch argumentative Ausdrücke wie beispielsweise Tropen oder Begriffe wie das *2-Grad-Ziel*. In Abbildung 12 ist dies vereinfacht dargestellt.

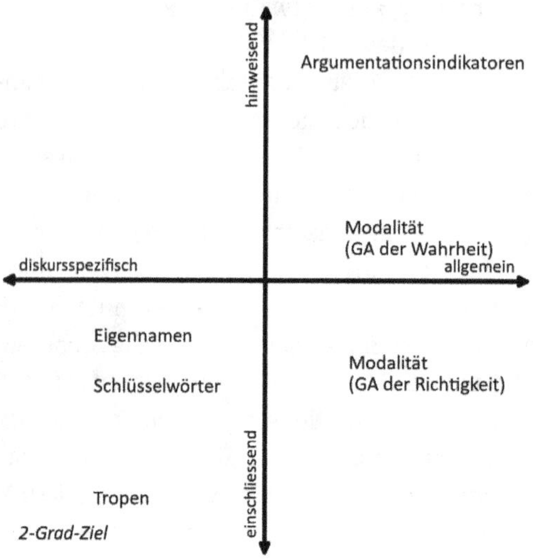

Abb. 12: Anordnung argumentativer Indikatoren auf zwei Achsen

Geltungsansprüche und entsprechende Indikatoren sowie Tropen wurden bereits in den letzten beiden Unterkapiteln 5.2 und 5.3 thematisiert. Ich werde den Fokus dieses Kapitels deshalb auf Schlüsselwörter und allgemeine Argumentationsindikatoren legen.

Schlüsselwörter können eine Möglichkeit bieten, systematisch mögliche diskursspezifische Indikatoren aufzuspüren. Allgemeine Indikatoren bieten hingegen insbesondere mit Blick auf korpuslinguistische Verfahren eine Möglichkeit, um argumentativ relevante Stellen im Diskurs aufzuspüren. Beide Zugänge bieten sich an, da sie einen Blick auf das Korpus ermöglichen, ohne bereits aus vorhandener Literatur Rückschlüsse auf mögliche Indikatoren zu ziehen. Eine solche Anknüpfung soll aus zwei Gründen erst zu einem späteren Zeitpunkt erfolgen. Erstens gibt es für Diskurse über Klimawandel kaum Autor*innen, die sich intensiv aus derselben Perspektive mit Argumentationen im Diskurs beschäftigen.[18] Deshalb werden an dieser Stelle diese beiden Verfahren – Schlüsselwörter und Argumentationsindikatoren – eingeführt, um einen ersten Zugang ohne Bezugnahme auf Literatur zu ermöglichen. Die korpuslinguistische Integration dieser Zugänge in die sektorale Argumentationstheorie wird in den nachfolgenden Kapiteln 5.4.1.2.1 und 5.4.2 besprochen.

18 Wäre man an einem entsprechenden Diskurs über Migration oder Rassismus interessiert, so gäbe es eine Reihe an Forschungsliteratur, an die angeknüpft werden könnte (s. beispielsweise Reisigl & Wodak 2001; Wengeler 1997, 2000, 2003).

5.4.1 Diskursspezifische Indikatoren

Schlüsselwörter sind zentrale Bestandteile von (kritischen) Diskursanalysen. Insbesondere für korpuslinguistische Zugänge zu Diskursen eignen sie sich – einen kurzen Einblick bieten beispielsweise Subtirelu & Baker (2018). Schlüsselwörter sind korpuslinguistisch relativ einfach zu erheben und bieten interessante Einblicke in mediale Diskurse über Klimawandel, wie beispielsweise Grundmann & Krishnamurthy (2010) sowie Tereick (2016) zeigen. Der Begriff *Schlüsselwort* ist allerdings, spätestens wenn sowohl mit traditionellen, diskursanalytischen als auch mit korpuslinguistischen Methoden gleichzeitig gearbeitet wird, ambivalent. Beide Konzepte können in einem gewissen Masse übereinstimmen und es gibt deshalb durchaus Wörter in Diskursen, die sowohl aus diskursanalytischer als auch aus korpuslinguistischer Sicht Schlüsselwörter repräsentieren. Nichtsdestotrotz muss zwischen den beiden Arten von Schlüsselwörtern unterschieden werden. Dies wird im Rahmen dieser Arbeit getan, indem Schlüsselwörter in ersterem Sinn als *Schlüsselwörter* und Schlüsselwörter im zweiten Sinn als *Keywords* bezeichnet werden.

5.4.1.1 *Schlüsselwörter*

In sprachwissenschaftlichen Analysen werden unter der Bezeichnung *Schlüsselwort* oft Begriffe verstanden, die Williams (1983: 15) folgendermassen beschreibt:

> [T]hey are significant, binding words in certain activities and their interpretation; they are significant, indicative words in certain forms of thought. Certain uses bound together certain ways of seeing culture and society, not least in these two most general words. Certain other uses seemed to me to open up issues and problems, in the same general area of which we all needed to be very much more conscious.

Diskurs- und handlungsfeldspezifischer ausgedrückt bedeutet dies, dass sich auch im Diskurs über Klimawandel entsprechende Schlüsselwörter befinden, die mit argumentativ wirksamen Thesen, Annahmen oder Meinungen einhergehen können:

> This type of culturally shared values and beliefs can be identified with the Aristotelian notion of *endoxon*. [...] According to this view, a keyword is a predicate that plays a decisive role in the enthymematic structure of the argument, but not simply as a predicate but because it is bound to an *endoxon*, which is a proposition.
>
> (Rigotti & Rocci 2005: 131–132)

Es gibt zahlreiche Wörter, die sich in Diskursen über Klimawandel als Schlüsselwörter eignen. Angefangen bei *Klimawandel* und ähnlichen Ausdrücken, über das *2-Grad-Ziel* und den *ökologischen Fussabdruck* bis hin zur *Klimagerechtigkeit*. Anhand des letzten Begriffs soll auch der folgende Vorschlag von Rigotti & Rocci (2005: 131) zur Identifikation kultureller Schlüsselwörter illustriert werden:

> We propose to consider as serious candidates to the status of cultural keywords the words that play the role of terminus medius in an enthymematic argument, functioning at the same time as pointers to an endoxon or constellation of endoxa that are used directly or indirectly to supply an unstated major premise.

In den angeführten Beispielen (Rigotti & Rocci 2005) ist das Schlüsselwort jeweils Bestandteil der Prämisse, allerdings kann es – wie das folgende Beispiel zeigen soll – auch Bestandteil der These sein:

> Die Verursacher leben in den Industrieländern, dort beträgt der Ausstoss der klimaschädlichen Gase pro Kopf der Bevölkerung ein Vielfaches. Klimagerechtigkeit müsse also hergestellt werden, so die Forderung einer Tagung von Brot für alle und Fastenopfer am Freitag in Bern.
>
> (Basler Zeitung 21.06.2008)

1 Klimagerechtigkeit muss hergestellt werden.
1.1 Die Verursacher leben in den Industrieländern.
(1.1') (Klimagerechtigkeit bedeutet, dass diejenigen, die für den Ausstoss der klimaschädlichen Gase verantwortlich sind, auch für die Schäden aufkommen müssen.)

Der Schluss von 1.1 auf 1 ist nur mit Hilfe des im Schlüsselwort *Klimagerechtigkeit* implizierten (82) Topos der historischen Schuld[19] möglich. Gleichzeitig wird mit dieser These auch eine zweite, normative These implizit eingefordert, nämlich diejenige, dass die Industrieländer für die verursachten Schäden aufkommen müssen. Ohne ein Verständnis von *Klimagerechtigkeit* und dem damit eng verknüpften Gerechtigkeitstopos wäre der Schluss nicht möglich. Solche Schlüsselwörter, die *endoxa* implizieren können, werden im Rahmen der Analyse wieder aufgegriffen und thematisiert.

5.4.1.2 *Keywords*

Auf der anderen Seite stehen korpuslinguistisch berechnete *Keywords*, welche statistisch gehäuft in Diskursen vorkommen (Bondi 2010: 3): «In a quantitative

---

19 Die in der Arbeit etablierten diskursspezifischen Topoi sind nummeriert. Eine Liste befindet sich in Kapitel 9.3, die vollständige Diskussion erfolgt in Kapitel 8.

perspective, keywords are those whose frequency (or infrequency) in a text or corpus is statistically significant, when compared to the standards set by a reference corpus». *Keyness* im korpuslinguistischen Sinn bedeutet somit zuerst einmal nichts anderes, als dass ein Wort im betrachteten Korpus signifikant häufiger (oder seltener) vorkommt als in einem Referenzkorpus. *Keyword*-Berechnungen sind von verschiedenen Entscheidungen abhängig – unter anderem von der Wahl des Referenzkorpus sowie der statistischen Methode und von Schwellenwerten. Scott (2006) zeigt in verschiedenen Experimenten, wie sich das Referenzkorpus auf die Beschaffenheit von *Keywords* auswirkt. Dabei stellt er insbesondere fest, dass sowohl die Grösse als auch die Beschaffenheit der Korpora lediglich einen kleinen Einfluss auf die Zusammensetzung der *Keywords* besitzt, was darauf hinweist, dass der Vorgang der Extraktion von *Keywords* an sich recht robust ist.

5.4.1.2.1 *Keywords* im Korpus

Um *Keywords* zu berechnen, wird statistisch erhoben, ob ein Wort im betrachteten Korpus signifikant[20] häufiger vorkommt als in einem Referenzkorpus. Dies stellt die vorliegende Arbeit vor ein Problem, denn damit sich *Keywords* ohne grossen Aufwand erheben lassen, muss das Referenzkorpus im selben System vorliegen wie das betrachtete Korpus. Ein Referenzkorpus wie das Digitale Wörterbuch der deutschen Sprache (DWDS) (o. J.b) kommt somit nicht in Frage. Eine Option wäre es, *Keywords* in Abgrenzung zum deutschen Korpus (Müller o. J.) zu bestimmen. Dies hätte allerdings nicht zu *Keywords* geführt, die typisch für den massenmedialen Diskurs über Klimawandel, sondern typisch für das schweizerische Korpus wären. Deshalb habe ich innerhalb des vorliegenden Korpus Referenzkorpora gebildet. Um dieses Vorgehen zu erklären, muss auf das noch folgende Kapitel 7.1 Bezug genommen werden. In diesem wird sich zeigen, dass sich die Berichterstattung durch sechs Diskursereignisse auszeichnet. Die *Keywords* wurden nun für die entsprechenden Diskursereignisse in Abgrenzung zum Gesamtkorpus als Referenzkorpus erhoben (LL ≥ 6,64 (p = 0,01), %DIFF ≥

---

20 Signifikanz reicht allerdings nicht aus, um die *Keyness* von Wörtern zu beurteilen, da Signifikanz nur etwas darüber aussagt, ob das gemeinsame Auftreten der Ausdrücke zufällig ist oder nicht; Signifikanz sagt nichts über die Stärke des Phänomens aus. Gabrielatos & Marchi (2012) schlagen zur Messung des Effekts den %DIFF-Wert (Effektgrösse) vor:

$$\frac{\textit{Normfrequenz in Korpus - Normfrequenz in Referenzkorpus x 100}}{\textit{Normfrequenz in Referenzkorpus}}$$

Der Bereich der %Diff-Werte ist stark von den Korpora selbst abhängig, entsprechend kann hier nicht wie bei Signifikanztests ein externer Schwellenwert angewendet werden, sondern es muss ein interner Schwellenwert festgelegt werden.

Durchschnitt). Dadurch ergeben sich diskursinterne *Keywords*, die auf Besonderheiten der Diskursereignisse abzielen. Auflistungen der so erhobenen *Keywords* befinden sich im Anhang 13.2.2, der Code befindet sich im Anhang 13.3.5.[21] Auf die Annotation von *Keywords* im Korpus wurde verzichtet. Erstens schien es aufgrund der Menge an *Keywords* nicht sinnvoll und zweitens zeigte sich in anfänglichen Versuchen[22], dass eine solche Annotation aus analytischer Sicht für diese Arbeit keinen Mehrwert bietet.

5.4.2 Argumentationsindikatoren

> We call words and expressions that may refer to argumentative moves such as putting forward a standpoint or argumentation *argumentative indicators*. The use of these argumentative indicators is a sign that a particular argumentative move might be in progress, but it does not constitute a decisive pointer.
>
> (van Eemeren, Houtlosser & Snoeck Henkemans 2007: 1)

Neben Indikatoren für Geltungsansprüche und diskursspezifischen Indikatoren gibt es auch Ausdrücke wie *weil* und *deshalb* oder Redewendung wie *Äpfel mit Birnen vergleichen*, die darauf hinweisen können, dass im entsprechenden Textabschnitt unter Umständen das Vertextungsmuster der Argumentation vorliegt. Es handelt sich dabei um Indikatoren auf einer allgemeinen, hinweisenden Ebene. Die Sichtung solcher Indikatoren für den deutschsprachigen Raum ist ernüchternd; mit Ausnahme eines Textes von Dumm & Lemke (2013) sowie Teilen von Atayan (2006) beschäftigen sich meines Wissens keine Autor*innen in einer solchen Weise mit deutschsprachigen Argumentationsindikatoren, dass sie für einen korpuslinguistischen Zugang fruchtbar gemacht werden könnten. Die Auseinandersetzung von Dumm & Lemke (2013) eignet sich ebenfalls nur bedingt, denn sie umfasst nur einige Indikatoren, die in harte und weiche Indikatoren ausdifferenziert werden.

Die Annotation von Argumentationsindikatoren stützt sich deshalb mehrheitlich auf van Eemeren, Houtlosser & Snoeck Henkemans (2005) und van Eemeren, Houtlosser & Snoeck Henkemans (2007). Es handelt sich dabei um ver-

---

21 Aus Gründen des Umfangs wurden jeweils maximal die 200 *Keywords* mit der grössten Effektgrösse angegeben.

22 Es wurde anfänglich ebenfalls *Co-Keyness* (Scott & Tribble 2006) erfasst, welche Relationen zwischen *Keywords* aufzuzeigen vermag. Es zeigte sich allerdings, dass ein solcher Zugang ebenfalls nur bedingt für den gewählten Zugang dienlich ist, da er sich nur sehr schwer in das Format des Korpus übertragen liess und besser in einer Graphdatenbank aufgehoben war. Allenfalls könnte die Kombination eines *Co-Keyness*-Zugangs mit entsprechenden Indikatoren in einem elaborierteren korpuslinguistischen Verfahren fruchtbar gemacht werden.

gleichsweise umfangreiche Studien verschiedener argumentativer Indikatoren. Der grosse Vorteil ist, dass die Autor*innen nicht nur argumentative Indikatoren auflisten und analysieren, sondern diese auch im pragma-dialektischen Theoriegebilde verorten. Es wird entsprechend beispielsweise zwischen Indikatoren unterschieden, die verschiedene Phasen einer Kritischen Diskussion markieren können. Ein Zugang über solche Indikatoren lässt dementsprechend eine feinere Differenzierung zu, gleichzeitig eröffnet er aber auch praktische Schwierigkeiten. Erstens muss von den niederländischen und englischen Indikatoren auf deutsche rückgeschlossen werden. Zweitens ist es offensichtlicherweise wesentlich einfacher Ausdrücke wie *wegen* oder *weshalb* zu annotieren als flexiblere Wendungen wie *X ist ein Zeichen für Y* oder *X zieht Y nach sich.* Die Annotation deutschsprachiger Indikatoren war deshalb relativ zeitaufwändig und explorativ. Mittels Wörterbüchern – einschliesslich Synonymwörterbüchern – wurden geeignete Übersetzungen gesucht. Anschliessend wurde im Korpus getestet, ob die Übersetzungen überhaupt (und potenziell in der beabsichtigten Weise) vorkommen. Traf beides zu, wurden die Indikatoren in eine für das Korpus sinnvolle Kodierung überführt.

Im Rahmen der Arbeit wurden Indikatoren in folgenden Kategorien annotiert, welche sich stark an der Pragma-Dialektik orientieren:
- Indikatoren für Thesen wie *Ich bin der Meinung, dass...* oder *daher*
- Indikatoren für Zweifel wie *Ich bezweifle, dass...* oder *Könnte es nicht sein, dass...?*
- Indikatoren für gemischte kritische Diskussionen wie *Das finde ich nicht* oder *Diese Meinung teile ich nicht*
- Indikatoren für Startpunkte wie *Es ist wahr, dass* oder *sicher(lich)*
- Indikatoren für Analogieschemata wie *Vergleichen Sie* oder Adjektive wie *ähnlich, vergleichbar* oder *analog*; in diese Kategorie sind auch Metaphernindikatoren (s. Kapitel 5.3.4) inkludiert
- Indikatoren für Symptomschemata wie *Kennzeichen* oder *zeigen*
- Indikatoren für Kausalschemata wie *verursachen* oder *nach sich ziehen*
- Indikatoren für Argumentationsstrukturen wie *schlussendlich* oder *aus diesem Grund*
- Indikatoren für den Abschluss einer Diskussion wie *ich bleibe dabei, dass...* oder *kurzum*

5.4.2.1 Argument Mining *als Zugang zu Argumentation*

Argument Mining ist ein Teilbereich der Computerlinguistik, der sich in den letzten Jahren etabliert hat und sich zunehmender Beliebtheit erfreut: «Argumentation mining aims at automatically extracting structured arguments from unstructured textual documents.» (Lippi & Torroni 2016: 1) Im Idealfall würde *Argument Mining* also dazu verwendet, in einem unstrukturierten Text Argumentationen automatisch zu erkennen und zu annotieren. Hierfür wären allerdings, wie Lippi & Torroni (2016) unter Einbezug aktueller Forschungsansätze darlegen, viele verschiedene Teilschritte – von der Segmentierung argumentativer Sequenzen über die Klassifizierung dieser Sequenzen und ihrer Relationen zueinander bis hin zur Rekonstruktion impliziter Teile – notwendig. Jeder dieser Teilschritte ist, wie in den vorangegangenen Kapiteln deutlich wurde, alles andere als trivial, da sie hochgradig kontextabhängig und zu rekonstruierende Teile oft implizit sind. Zudem liegen jedem dieser Teilschritte in einer computerlinguistischen Annäherung Limitationen und Entscheidungen (beispielsweise mit Blick auf das Verständnis von Argumentation) zugrunde. Bis heute gibt es keinen Zugang, der all diese Teilschritte konkretisiert und auf ein unannotiertes Korpus (in deutscher Sprache) anwendbar macht. Einzelne Teilschritte werden zudem dem hier gewählten alltagslogischen und handlungsfeldspezifischen Verständnis von Argumentation nicht gerecht. Dies zeigt sich exemplarisch an Dung (1995), dessen logischer Zugang teilweise als Grundlage für computerlinguistische Zugänge zu Argumentation verwendet wird. Dieser Ansatz vereinfacht oder bezieht für diese Arbeit wichtige Aspekte von Argumentation nicht ein. Weitere Probleme ergeben sich aus der geringen Performanz (Lippi & Torroni 2016: 15–16) sowie daraus, dass für Zugänge des *Argument Mining* oft aufwändig manuell vorannotierte Korpora notwendig sind (Lippi & Torroni 2016). Solche Annotationen sind für diskursspezifische Korpora wie das hier vorliegende unverhältnismässig.

Das Verhältnis von *Argument Mining* und (Kritischer) Diskursanalyse muss also aus den angeführten Gründen und mit Blick auf die entwickelten Ansätze (zum jetzigen Zeitpunkt) als ein eher schwieriges betrachtet werden. Obwohl seit Jahren intensiv an der automatischen Annotation (und/oder Erfassung) von Argumentation geforscht wird, lassen sich die Ergebnisse kaum mit dem hier vorliegenden Argumentationsverständnis vereinbaren oder auf die Arbeit anwenden. Dies hat meines Erachtens nebst den eingangs erwähnten technischen Limitationen drei Gründe. Erstens ist der hohe Grad an Rekonstruktion und Interpretation zurzeit durch computergestützte Zugänge nicht leistbar. Zweitens nehmen Ansätze Bezug auf verschiedene Argumentationstheorien, wodurch immer ein Perspektivenwechsel erfolgt. Drittens sind computerlinguistische Zugänge oft auf das zeitgenössische Englisch ausgelegt. Deshalb erfolgt der korpuslinguistische Zugang zu Argumentationen im Rahmen dieser Arbeit mittels Methoden, die in einer sektoralen Argumentationstheorie eingebettet sind und so diskurspezifische Analyse im Sinne einer Kritischen Diskursanalyse zulassen.

6 Journalistisches Handlungsfeld

Das Kapitel 3.4.3 hat gezeigt, dass Argumentationen sowie deren Beurteilung vom jeweiligen Handlungsfeld abhängen. Deshalb sollen an dieser Stelle das journalistische Handlungsfeld und dessen Einfluss auf die Berichterstattung über den Klimawandel näher beleuchtet werden, handelt es sich doch um dasjenige Handlungsfeld, das dem betrachteten Diskurs unmittelbar zugrunde liegt.

Journalismus als Handlungsfeld wird schon lange sowohl aus wissenschaftlicher (s. z. B. Zampa 2017 oder das Sonderheft *Argumentation in Journalism* (Andone & Rocci 2016a) als auch aus ausbildungspraktischer Sicht (beispielsweise von La Roche 2006; Schneider & Raue 2009) betrachtet. Dementsprechend gibt es ein elaboriertes Verständnis der Werte und Normen, aber auch der Regeln und Konventionen, die in diesem Handlungsfeld herrschen:

> [J]ournalism, a sphere of activity of its own, with its own *raison d'être* (which is, clearly, «informing the public», however problematic and contested its realization might be), its institutionalized field of interaction (the media system, at a local and global level), its professional values (e. g. objectivity, the journalist as a *watchdog*) as well as specific professional *endoxa* guiding deliberation (e. g. the so-called *news values*).
>
> (Andone & Rocci 2016b: 3)

Dabei führt die *Raison d'Être* des journalistischen, aber auch des klimawandelwissenschaftlichen Handlungsfeldes dazu, dass die Berichterstattung über den Klimawandel in der Forschungsliteratur schon lange und immer wieder als anspruchsvoll bezeichnet wird, wie beispielsweise (und keineswegs abschliessend) Thorbietz (1987), Boykoff (2011) oder Painter (2013) und Hömberg (1993: 91) zeigen:

> Ökologie und Umwelt [...] sind auch schwierige Themen für die Medien. Das liegt vor allem an ihrer Komplexität, an der Langfristigkeit ökologischer Prozesse, an der Unangemessenheit einfacher Kausalmodelle zur Folgenabschätzung und Entwicklungsprognose.

Warum dies so ist, soll im Rahmen dieses Kapitels erläutert werden. Hierfür soll als Erstes das Wesen des journalistischen Handlungsfelds genauer betrachtet werden.

Das institutionelle Ziel von Journalismus besteht im Wesentlichen darin, «den gesellschaftlich notwendigen Diskurs» (Schweizer Presserat 2017a: 178) zu sichern, der für «[d]as Recht auf Information, auf freie Meinungsäusserung und auf Kritik» (Schweizer Presserat 2017a: 178) notwendig ist. Dieser institutionelle Punkt verweist direkt auf Artikel 19 der Menschenrechte der Vereinten Nationen (UN 1948):

https://doi.org/10.1515/9783110760804-006

> Everyone has the right to freedom of opinion and expression; this right includes freedom to hold opinions without interference and to seek, receive and impart information and ideas through any media and regardless of frontiers.

Die gleichen Werte sind auch in den Artikeln 16 und 17 der *Bundesverfassung der Schweizerischen Eidgenossenschaft* (BV) verankert:

> **Art. 16** Meinungs- und Informationsfreiheit
> [1] Die Meinungs- und Informationsfreiheit ist gewährleistet.
> [2] Jede Person hat das Recht, ihre Meinung frei zu bilden und sie ungehindert zu äussern und zu verbreiten.
> [3] Jede Person hat das Recht, Informationen frei zu empfangen, aus allgemein zugänglichen Quellen zu beschaffen und zu verbreiten.
> **Art. 17** Medienfreiheit
> [1] Die Freiheit von Presse, Radio und Fernsehen sowie anderer Formen der öffentlichen fernmeldetechnischen Verbreitung von Darbietungen und Informationen ist gewährleistet.
> [2] Zensur ist verboten.
> [3] Das Redaktionsgeheimnis ist gewährleistet.

Somit erfüllt Journalismus eine deliberative Funktion, indem er zur informellen Meinungsbildung beiträgt, die gemeinsam mit der formellen (politischen) Willensbildung, für das (heutige) Verständnis von Demokratie sinnstiftend ist (s. Kopperschmidt 2005: 27). Um diese deliberative Funktion zu erfüllen, muss die Presse unabhängig vom Staat sein. In der Schweiz wird dies durch den eben zitierten Artikel 17 (allgemein) und 93 (spezifisch für das Schweizer Radio und Fernsehen) der Bundesverfassung (BV) gewährleistet:

> **Art. 93** Radio und Fernsehen
> [1] Die Gesetzgebung über Radio und Fernsehen sowie über andere Formen der öffentlichen fernmeldetechnischen Verbreitung von Darbietungen und Informationen ist Sache des Bundes.
> [2] Radio und Fernsehen tragen zur Bildung und kulturellen Entfaltung, zur freien Meinungsbildung und zur Unterhaltung bei. Sie berücksichtigen die Besonderheiten des Landes und die Bedürfnisse der Kantone. Sie stellen die Ereignisse sachgerecht dar und bringen die Vielfalt der Ansichten angemessen zum Ausdruck.
> [3] Die Unabhängigkeit von Radio und Fernsehen sowie die Autonomie in der Programmgestaltung sind gewährleistet.
> [4] Auf die Stellung und die Aufgabe anderer Medien, vor allem der Presse, ist Rücksicht zu nehmen.
> [5] Programmbeschwerden können einer unabhängigen Beschwerdeinstanz vorgelegt werden.

Das Handlungsfeld stellt somit als sprichwörtliche Vierte Gewalt einer Demokratie diejenigen Informationen zur Verfügung, die notwendig sind, um den Mitgliedern der Gesellschaft die Teilnahme an der deliberativen Politik zu ermöglichen:

> Die Interdiskursanalyse versteht die modernen Medieninterdiskurse [...] als Orte, an denen sich solche verbindenden, der Re-Integration des in den Spezialdiskursen arbeitsteilig organisierten Wissens dienenden Elemente und Verfahren häufen. Interdiskurse bilden somit den allgemeinen interdiskursiven Rahmen eines Diskurssystems, ein soziales Band der Integration, das ein Reservoir an Anschauungsformen für die notwendige Kodierung spezialdiskursiver Sachverhalte, insbesondere auch für die aktueller Ereignisse, bereitstellt.
>
> (Parr 2008: 205)

Das journalistische Handlungsfeld beinhaltet somit Interdiskurse, in denen Wissen aus Spezialdiskursen zugänglich gemacht wird (s. zum Begriff des Interdiskurs Link 1978, 1988; Link & Link-Heer 1990). Dies trifft in hohem Masse auf massenmediale Interdiskurse über Klimawandel zu: Wissen aus klimawissenschaftlichen, aber auch klimapolitischen Spezialdiskursen ist für fachfremde Personen kaum zugänglich, wie beispielsweise ein Blick auf die Grafiken der Sachstandsberichte des IPCC (s. beispielsweise Stocker et al. 2013) zeigt. Das Zugänglichmachen von Wissen aus Spezialdiskursen in diesem journalistischen Interdiskurs bedeutet aber auch, dass Spezifika des journalistischen Handlungsfelds mit solchen der Spezialdiskurse interagieren.

Medien erfüllen aber nicht nur die Funktion, Wissen aus den Spezialdiskursen in den öffentlichen Diskurs zu überführen. Sie üben auch weitere Aufgaben in unterschiedlichen Bereichen aus (s. Artikel 16 der Bundesverfassung), die Mast (2018: 23–27) unter der Verschlagwortung *Öffentliche Aufgaben der Massenmedien* folgendermassen zusammenfasst:

- Informationsfunktion
- Herstellung von Öffentlichkeit
- Thematisierungsfunktion
- Politische Bildung
- Legitimation und Akzeptanz für das politische System
- Förderung der Integration
- Kritik und Kontrolle
- Unterhaltung
- Werbeträger

Diese Aufgabenbereiche lassen sich auch in der Praxis finden. So lautet der Auftrag der Schweizerischen Radio- und Fernsehgesellschaft folgendermassen:

> Die Konzession hält ferner fest, dass die SRG mittels ihrer Programme und übrigen publizistischen Angebote zu Folgendem beiträgt:
> - freie Meinungsbildung des Publikums durch umfassende, vielfältige und sachgerechte Information insbesondere über politische, wirtschaftliche und soziale Zusammenhänge
> - kulturelle Entfaltung und Stärkung der kulturellen Werte des Landes sowie Förderung der schweizerischen Kultur unter besonderer Berücksichtigung der Schweizer Literatur sowie des Schweizer Musik- und Filmschaffens
> - Bildung des Publikums, namentlich durch die regelmässige Ausstrahlung von Sendungen mit bildendem Inhalt
> - Unterhaltung
>
> (SRG 2012: 33)

Die Nähe zum Artikel 19 der Bundeserfassung resultiert daraus, dass die SRG für die Umsetzung dieses Artikels zuständig ist (Zampa 2017: 52): «The media organization SRG SSR is a non-profit national holding that is entrusted with the task of providing all of Switzerland with a homogeneous and equal broadcasting service.» Für den Diskurs über Klimawandel sind insbesondere der erste Punkt (mit Blick auf Klimapolitik) sowie der dritte (mit Blick auf wissenschaftliche Grundlagen) relevant.

Im Gegensatz zur SRG wird der Auftrag von Zeitungen und nicht-öffentlichen Radio- und Fernsehsendern nur bedingt staatlich geregelt. Ihnen wird zwar (in Artikel 17 der Bundesverfassung) Pressefreiheit zugesprochen, allerdings wird ihre Funktion nicht über die Verfassung reguliert. Eine gewisse Selbstregulation im Sinne der Einhaltung handlungsfeldspezifischer Werte und Normen entsteht durch den *Schweizer Presserat*, der hauptsächlich als Beschwerdeinstanz dient, gleichzeitig aber auch Richtlinien ausarbeitet, die dazu dienen sollen, dass die institutionellen Ziele eingehalten werden:

> Er wacht über die Einhaltung des für alle Journalisten gültigen Journalistenkodex, der «Erklärung der Pflichten und Rechte der Journalistinnen und Journalisten». [...] Im Entscheid beurteilt und begründet der Presserat, ob und warum ein journalistischer Bericht in Presse, Radio, Fernsehen oder Internet den Journalistenkodex verletzt – oder eben nicht. So garantiert der Rat die freiwillige Selbstregulierung der Medienbranche.
> Der Presserat trägt aber auch zur Reflexion und Diskussion über grundsätzliche medienethische Themen bei. Und er verteidigt die Presse- und Meinungsäusserungsfreiheit.
>
> (Schweizer Presserat o. J.)

6.1 Objektivität, Nachrichtenwerte und der Klimawandel

Das Ziel des journalistischen Handlungsfeldes lautet folgendermassen:«[e]ngaging citizens in the public sphere by informing them» (Omar 2016: 68). Objektivität[1] ist hierfür eine zentrale Voraussetzung:

> The journalistic objectivity norm is sustained through both negative and positive means, by demonstrating distance from «bias», «viewpoint», or «opinion» and markers of meddling by outside parties who have an interest in the way that public events are reported, and by demonstrating a «fairness», «balance», and «trustworthiness» in reporting.
> (Cramer 2011: 71–72)

Objektivität als Mittel zu verstehen, um das zentrale Ziel des journalistischen Handlungsfeldes zu erreichen, kann problematisch sein. Dies gilt insbesondere dann, wenn das Prinzip der Ausgewogenheit gewählt wird, um die Norm der Objektivität zu erfüllen, wie Cramer (2011: 72–73) feststellt:

> In practice, the norm of balance can encourage a two-sidedness that preempts questions about the number and kind of participants in a discursive conflict, and questions about whether a particular issue should be characterized as open and controversial in the first place. [...] Is climate change, for example, a controversy about which all sides should receive equal coverage, or a scientific fact, a state of affairs that we can take for granted?

Deshalb setzt der Schweizer Presserat (Schweizer Presserat 2017a: 179) auch auf das «Prinzip der Fairness» und problematisiert Objektivität als oberste, unhinterfragte Norm sowie Ausgewogenheit, um diese Norm zu erreichen:

> Ein rigoroses Objektivitäts- oder Ausgewogenheitspostulat erzeugt schablonenhaften Journalismus. [...[Schon die Hypothese, die einen Journalisten zur Recherche animiert, enthält intuitive und subjektive Elemente.
> (Studer & Künzi 2017: 90)

Das institutionelle Ziel selbst scheint also universell zu sein, allerdings liegt die Vermutung nahe, dass die Prinzipien zur Umsetzung dieses institutionellen

1 Es handelt sich dabei allerdings nicht um absolute Objektivität, sondern um Objektivität mit Blick auf gesellschaftlich geteiltes, dominantes Wissen, wie van Dijk (1988a: 182) treffenderweise beobachtet: «Partly autonomous in their form of cultural reproduction, partly dependent and monitored by more embracing societal structures and ideologies, the news media embody such structures and ideologies in the very routines of newsmaking [...] News reports do not necessarily prescribe the concrete opinions of readers. Rather, they are the main form of public discourse that provides the general outline of social, political, cultural, and economic models of societal events, as well as the pervasively dominant knowledge and attitude structures that make such models intelligible.»

Ziels bis zu einem gewissen Grad epochen-, kultur- und länderspezifisch sind. Die Wahl der Prinzipien hat dann auch Auswirkungen auf die Berichterstattung: Während Boykoff und Boykoff (2007) für den amerikanischen Raum die überrepräsentierte Darstellung von Klimawandelskeptiker*innen feststellen, ist dies im Rahmen dieses Korpus weniger häufig der Fall. Die direkte Gegenüberstellung von Klimawandelbefürworter*innen und Klimawandelskeptiker*innen ist selten. Klimawandelskeptiker*innen kommen tendenziell eher in Meinungstexten – mehrheitlich in Leserbriefen – zu Wort. In berichtenden Texten werden sie in der Regel kritisch verortet. Ich vermute, dass diese Unterschiede in der Repräsentation teilweise aus den Normen und Prinzipien resultieren, die zur Erfüllung des institutionellen Ziels gewählt werden.[2]

Das Bewusstsein für diese institutionellen Rahmenbedingungen – insbesondere für das institutionelle Ziel des deliberativen Informierens – ist unabhängig von den gewählten Mitteln hoch und die daraus resultierenden Richtlinien (SRG o. J.c; Schweizer Presserat 2017a, 2017b) verankern das institutionellen Ziel in der Praxis. So sprechen die verantwortlichen Institutionen wie der Schweizer Presserat auch Empfehlungen für konkrete Handlungssituationen aus und geben Empfehlungen auf spezifische Fragen wie «Wie stark darf ich Titel und Schlagzeilen zuspitzen» (Studer & Künzi 2017: 130).

Journalismus wird allerdings nicht nur von dem institutionellen Ziel getrieben, die Öffentlichkeit zu informieren, sondern auch von ökonomischen Interessen. Gerade, weil Journalismus unabhängig vom Staat operiert, muss er sich selbst tragen.[3] Dadurch entsteht eine Spannung zwischen institutionellen Zielen und ökonomischen Interessen. Aus dieser Spannung resultieren Nachrichten-

2 Mit Blick auf diese Beobachtung scheint es sinnvoll zu sein, Interdiskurse des nicht-angelsächsischen Sprachraums mit denjenigen des angelsächsischen in einer Studie zu kontrastieren, da sich die unterschiedlichen Verständnisse der Werte und Normen des journalistischen Handlungsfeldes allenfalls auf die Berichterstattung auswirken könnten.

3 Die Konsequenzen hieraus sind in der Schweiz immer wieder spürbar, beispielsweise im Zusammenschluss verschiedener Zeitungen und Redaktionen. Wirtschaftliche Ziele werden zusehends wichtiger, wie auch fög (2014: 44) bemerkt: «*Entwicklung der Presseverlage zu renditeorientierten Multimedia- und Mischkonzernen mit sinkender Bedeutung des publizistischen Geschäfts.* [...] Der Informationsjournalismus wird auch entwertet, weil er gemäss dieser rein betriebswirtschaftlichen Optik die Erwartungen zwangsläufig enttäuschen muss [...] Schwindende Einnahmen im Werbe- wie im Abonnementsgeschäft führen bei gleichzeitig weiterhin hohen Renditeerwartungen zu einer Doppelstrategie, in der neben der Erschliessung neuer profitabler Einnahmequellen die Reduktion der Kosten im publizistischen Geschäft forciert wird. [...] Die Konvergenz und die Reichweitenorientierung auch mit Bezug auf die Social Networks und die mobile Nutzung münden im Verbund mit sinkenden Ressourcen in eine Metrifizierung des Journalismus anhand von Erfolgswerten (Klickraten und Viralitätsquoten) und damit zu einem grundsätzlichen Wandel des Berufsprofils.»

werte, die als leitende Prinzipien im Handlungsfeld der Medien fungieren (van Dijk 1988a: 120–121): «news values reflect economic, social, and ideological values in the discourse reproduction of society through the media». Sie stellen nicht nur Orientierungsprinzipien dar, sondern dienen auch dazu, Ereignisse für Nachrichten zu selektieren, Nachrichten zu produzieren und Nachrichten zu lesen. Nachrichtenwerte können damit sowohl als eine passive, beschreibenden Sicht als auch als eine aktive, produzierende Sicht verstanden werden. Aus argumentativer Sicht können solche in Chartas oder Richtlinien festgehaltenen Grundsätze und Nachrichtenwerte als prozedurale Startpunkte betrachtet werden (s. Omar 2016: 89 für politische Kolumnen sowie Zampa 2017: 41–42 für Nachrichtenwerte als endoxische Prämissen in Redaktionen).

Es gibt unterschiedliche Definitionen und Verständnisse von Nachrichtenwerten, die in der Regel auf Galtung & Ruge (1965) zurückgehen.[4] Exemplarisch werden in Tabelle 4 die Nachrichtenwerte aus drei Studien angeführt und verglichen.

Tab. 4: Synopsis der Nachrichtenwerte verschiedener Studien

van Dijk 1988a: 121–124	Mast 2018: 81	Galtung & Ruge 1965: 70–71
Novelty	Überraschung	Unexpectedness
Recency		
Presupposition	Kontinuität	Continuity
Consonance	Konsonanz	Consonance
Relevance	Bedeutsamkeit	Meaningfulness
Deviance and Negativity	Negativismus	Reference to something negative
	Variation	
Proximity		
	Bezug auf Elitenation/-person	Reference to elite nations/people
	Personalisierung	Reference to persons
	Schwellenfaktor	Treshhold
	Frequenz	Frequency
	Eindeutigkeit	Unambiguity
		Composition

4 Zampa (2017: 37–41) bietet einen kurzen historischen Überblick.

Diese Nachrichtenwerte fallen nun – was im Rahmen des betrachteten Diskurses relevant ist – bei der Entscheidung darüber ins Gewicht, worüber berichtet wird. Gewisse Themen(-bereiche) werden aufgrund ihrer Vereinbarkeit mit den Nachrichtenwerten häufiger behandelt als andere (Cramer 2011: 70):

> As news values reveal a strong focus on the dominant, the conventional, the concrete, the rare, the extreme, and the negative, two of the best strategies for garnering news coverage are to (1) be an elite person and/or to (2) perform some concrete act that is outrageous or transgressive as judged against the dominant and conventional.

Aus Sicht der Nachrichtenwerte ist der Klimawandel kein besonders berichtenswertes Ereignis: Er ist schon lange bekannt – seit über hundert Jahren, sofern man Arrhenius (1907) zugrunde legt – und es gibt in der Regel keine (regelmässige) Frequenz. Als kontinuierliches, langfristiges Ereignis kann der Klimawandel nur dann eine für die Presse relevante Frequenz aufweisen, wenn er an Ereignisse wie etwa Klimakonferenzen oder Unwetter angeknüpft wird. Diese Langfristigkeit von wissenschaftlichen Phänomenen oder von Forschung ist ein zentrales Problem der Wissenschaftskommunikation, das nicht nur die Berichterstattung über den Klimawandel betrifft (Bell 1991: 216): «The news cycle is 24 hours at most – the cycle of scientific research is often years. News seeks for facts as definite and unqualified as possible: the findings of science are often in news terms almost qualified to death.»

Ein Anschluss an Nachrichtenwerte wäre allenfalls über die ausgesprochen negativen Folgen des Klimawandels – getreu dem sprichwörtlichen *Only bad news are good news* – möglich. Eine solche Fokussierung auf die negativen Konsequenzen birgt allerdings auch Gefahren:

> Overall, the intense devastation of human livelihoods and ecosystems, as well as the toll on human lives, made for overwhelmingly dramatic, personalized and novel portrayals on television, newspaper, radio and the internet. But through these norms and values, this ‹wave› of coverage of the event appeared to downplay more comprehensive and textured analysis of associated and enduring questions of climate science and governance.
>
> (Boykoff 2011: 106)

Erschwerend sind die negativen Folgen in der Regel nicht unmittelbar für einzelne Personen mit dem Klimawandel in Beziehung zu setzen oder spür- und erfahrbar. Die Personalisierung ist somit nur über andere Diskurse möglich und Nähe nur schwer herstellbar. Durch die (zeitliche, aber teilweise auch regionale) Distanz der Auswirkungen nimmt auch die Bedeutsamkeit ab.

Findet der Klimawandel trotz der Nachrichtenwerte Einzug in die Berichterstattung, muss der notwendigerweise daraus resultierende Klimaschutz eine zweite Hürde meistern, da das institutionelle Ziel von Medien die zur Verfügungstellung von Informationen und nicht das Aussprechen von Handlungsempfehlungen ist (Moser 2010: 38): «To some extent, basic news reporting [...] is not intended to tell people what to do in response to a problem, but to inform readers and viewers of new developments, and thus has a basic, if minimal, educational function.» Zusätzlich kann Klimaschutz teilweise nicht mit gesellschaftlich geteilten Werten und Normen (beispielsweise derjenigen des maximalen Wirtschaftswachstums) in Einklang gebracht werden.

Moser (2010: 33–36) bietet einen historischen Überblick über Klimawandelkommunikation und geht von folgenden Punkten aus, die zu Schwierigkeiten in der Berichterstattung führen und die sich, wie oben bereits geschehen, teilweise an die Unvereinbarkeit zwischen dem Klimawandel und den Nachrichtenwerten anschliessen lassen:
- Die Ursachen des Klimawandels sind nicht sichtbar.
- Es gibt eine geographische und zeitliche Trennung von Ursachen und Wirkungen.
- Der moderne (städtische) Mensch ist von seiner Umwelt isoliert.
- Mitigationshandlungen haben keinen direkten erfahrbaren Einfluss auf das Klima.
- Dass der Mensch das Klima ändern kann, ist schwer vorstellbar.
- Klimawissenschaften sind komplex und unsicher.
- Klima und Umwelt können den Klimawandel nicht deutlich genug signalisieren.
- Der Mensch hat ein Eigeninteresse am Erhalt des Status Quo.

Das schwierige Verhältnis zwischen dem Klimawandel und Nachrichtenwerten zeigt sich daran, dass die konkrete Berichterstattung oft an Ereignisse geknüpft wird. So wird insbesondere dann über den Klimawandel berichtet, wenn Klimagipfel stattfinden (vorteilhaft für Frequenz, Bedeutsamkeit, Eindeutigkeit, Bezug auf Elitenationen oder -personen, Personalisierung; s. beispielsweise Grundmann 2007). Probleme, die aus der Abstraktion resultieren und Nachrichtenwerte tangieren, werden dadurch abgeschwächt, und somit wird auch eher eine Berichterstattung ermöglicht. Der Entpersonalisierung wird teilweise begegnet, indem Länder oder andere politische Akteur*innen metonymisiert und entsprechend anthropomorphisiert werden.

6.2 Argumentative Besonderheiten

Nachrichtenwerte beeinflussen nicht nur, worüber (nicht) berichtet wird, sondern die Werte und Normen des journalistischen Handlungsfeldes beeinflussen auch die prozeduralen Startpunkte von kritischen Diskussionen. Der Grundsatz der Ausgewogenheit kann dazu führen, dass Meinungsverschiedenheiten tendenziell gemischt konstruiert werden: Wird der Klimawandel als Tatsache verstanden, so geht es in der Berichterstattung allenfalls darum, Zweifel an der These *Der Klimawandel existiert* aus dem Weg zu räumen. Wird der Klimawandel hingegen als Kontroverse verstanden, was im Rahmen des traditionellen Verständnisses einer ausgewogenen Berichterstattung durchaus denkbar wäre, so ist die Meinungsverschiedenheit tendenziell gemischt (*Der Klimawandel existiert* und *Der Klimawandel existiert nicht*), um die Balance zu wahren. In der Konsequenz wird die These als strittiger wahrgenommen, als sie ist. Dies zeigen Boykoff und Boykoff (2007: 1192) für den amerikanischen Diskurs über Klimawandel: «we argue that in the case of anthropogenic climate change, these norms and influences [authority-order and balance] have contributed to informational bias.» Dass dieser Schluss für den Schweizer Diskurs nicht zwingend ist, wurde oben bereits erläutert.

Nichtsdestotrotz hat die Norm der Objektivität auch im Schweizer Diskurs Auswirkungen auf die Argumentationen. Denn wird Objektivität als diejenige Norm verstanden, um das institutionelle Ziel des Handlungsfelds zu erreichen, so ergibt sich daraus die Forderung nach strikter Trennung von Meinungen und Fakten. Da Argumentation aber ein Vertextungsmuster ist, um (potenziell) strittige Geltungsansprüche zu thematisieren, gehört sie in einem solchen Verständnis von Journalismus zu den meinungsbasierten Textsorten wie Kommentare, Leserbriefe usw. Um den Grund dieser klaren Trennung in journalistischen Texten zu erörtern, muss die besondere Rolle von Journalist*innen im Handlungsfeld betrachtet werden, denn sie sind zwar *animators*, bis zu einem gewissen Grad auch *authors*, aber nicht *principals* des Inhalts (Cramer 2011: 71–72): «In this, journalists do not assume the footing of the classical participant in classical speaking situation but instead function as an author who collects and reports others' standpoints as they recontextualize the speech of sources in order to report news events.» Auf den ersten Blick führt dies zu der argumentationstheoretischen Annahme, dass Artikel von Journalist*innen kaum argumentativ seien:

> [A]rgument analysis often assumes that the relevant speakers and writers in a discursive event will be those who present committed argumentative standpoints in a decision-making dialogue designed to resolve a common issue. Less attention tends to be paid to those responsible for structuring the event itself, whether they be institutions which programmatically stage discursive events bound by explicit norms or texts that give shape to such events through their description and narration.
>
> (Cramer 2011: 29)

Aus dieser Beobachtung resultiert die traditionelle Trennung von argumentativen Meinungstexten und nicht-argumentativen beschreibenden Texten.

Während das Footing bei journalistischen Meinungstexten traditionell ist und die Verfasserin oder der Verfasser alle drei Rollen einnimmt, tritt bei den beschreibenden Texten die oben thematisierte Rollenverteilung ein.

Trotz dieser Unterscheidung des Footings scheint mir die Trennung von argumentativen Meinungstexten und nicht-argumentativen beschreibenden Texten für das hier vorliegende Verständnis von Argumentation nicht angemessen, denn eine solche Dichotomie ist aus zwei Gründen unzureichend. Erstens ist bereits die Trennung von Meinungen und Fakten nicht ohne Weiteres möglich:[5]

> One of the central propositions in the news ideology of many journalists, especially in Western countries, is that fact and opinion should not be mixed. This normative thesis is based on the misguided assumption that the description of news events can be value-free. (van Dijk 1988b: 124)

Zweitens wird Argumentation auch in beschreibenden Textsorten relevant, wenn, wie in Kapitel 3 vorgeschlagen, bereits die Thematisierung von strittigen Geltungsansprüchen als Argumentation verstanden wird und wenn man den Begriff der Argumentationserwähnung einführt.

Aus dieser Rollenverteilung ergeben sich unterschiedliche Verpflichtungen hinsichtlich Argumentation. Pragma-dialektische Regeln betreffen in der Konsequenz teilweise Journalist*innen, teilweise Urheber*innen der Thesen und Argumente. Zwar argumentieren Journalist*innen selbst nur in Meinungsartikeln, allerdings geben sie in beschreibenden Artikeln in der Regel die Thesen und Argumente anderer Akteur*innen wieder, welche dann die Rolle von *principals* und von *authors* übernehmen. Diese Wiedergabe ist nichts anderes als das, was Kopperschmidt (1989: 90–91) als *Argumentationserwähnung* bezeichnet:

> Argumentieren, wie es in der zitierten Argumentationserwähnung verstanden wird, meint mithin den Versuch eines Sprechers (A), den begründungsbedürftigen (weil problematischen) GA einer Äußerung (p) durch Berufung auf die unterstellte Gültigkeit einer anderen Äußerung (q) einzulösen: A begründet p mit q als Argument.

5 Dass in journalistischen Beiträgen wesentlich mehr Argumentation vorkommt als erwartet, zeigt sich auch in den empirischen Studien von Biber (1988: 191–192): «Press reportage is reputed to be a direct, factual reportage of information, suggesting that there should be little difference among press texts along the dimension ‹Overt Expression of Persuasion› (Dimension 4). [...] [H]owever, [...] there is considerable variation among press texts along this dimension. Political reportage has a relatively high score, indicating a substantial amount of persuasion and argumentation, while cultural reportage has a markedly low mean score. [...] [S]pot news can vary considerably in its purpose, ranging from a strictly informational and factual presentation of past events to a more argumentative or persuasive consideration of possibilities.»

Argumentationserwähnungen sind ausgesprochen typisch für berichtende Zeitungsartikel. Es handelt sich dabei nicht um eine direkt geäusserte Meinungsverschiedenheit zwischen Protagonist*in und Antagonist*in, sie können aber leicht als Argumentationen (aus Sicht bestimmter Akteur*innen) rekonstruiert werden. Van Eemeren et al. (1993: 46) weisen ebenfalls darauf hin: «[M]any spoken and written texts do not straightforwardly produce arguments but instead frame the argumentation in an act of reporting (cf. Goffman 1974).» Die Differenzierung von *Argumentationsvollzug* und *Argumentationserwähnung* hat auch Auswirkungen auf die Beweispflicht der Verfasser*innen, wie die Autor*innen (van Eemeren et al. 1993: 57–58) in der dazugehörigen Fussnote anfügen:

> For example, the fact that a writer can use the reporting frame to evade argumentative responsibilities while putting forward an argument is a danger that a critic might wish to point out. [...] The problem here is that empirically, there is a normative expectation that news reporters will not engage in advocacy

Eine zweite, implizitere Argumentation seitens Journalist*innen findet auf einer Metaebene statt: Die Entscheidung, worüber und wie berichtet wird, wird (in einer Redaktion) in einer (oft impliziten) kritischen Diskussion verhandelt, die sich teilweise auf Normen wie Richtlinien oder Nachrichtenwerte als Prämissen stützt (s. beispielsweise Zampa 2017). Diese Argumentationsebene bleibt in den Zeitungen selbst meist implizit und kann dem Schreib- und Redaktionsalltag zugeordnet werden. Denkbar wäre, dass eine solche Argumentation in Zeitungen explizit thematisiert wird, wenn öffentlich Kritik an entsprechenden Entscheidungen geäussert wird. Im Rahmen der Arbeit wird diese Ebene allerdings nicht thematisiert.

Aufgrund der Relevanz solcher Argumentationserwähnungen im journalistischen Handlungsfeld spielt die Norm der Wahrhaftigkeit eine entscheidende Rolle, denn Leser*innen müssen jederzeit darauf vertrauen können, dass Argumentationen korrekt wiedergegeben werden. Die konkreten Richtlinien dienen somit dazu, die Unbefangenheit und die Unvoreingenommenheit von Journalist*innen und dadurch den Geltungsanspruch der Wahrhaftigkeit zu sichern. Dies soll anhand zweier Auszüge aus Richtlinien illustriert werden:

> Sie [d. i. Journalist*innen] bedienen sich [...] keiner unlauteren Methoden. [...] Sie nehmen weder Vorteile noch Versprechungen an [...] Sie vermeiden in ihrer beruflichen Tätigkeit als Journalistinnen und Journalisten jede Form von kommerzieller Werbung.
>
> (Schweizer Presserat 2017a: 179–180)

> Wir treffen journalistische Entscheide frei von Einflüssen aus Politik, Wirtschaft und sonstiger Interessengruppen. Wir beugen uns keinem Druck. Wir entscheiden unabhängig von persönlichen Interessen oder Neigungen. Wir lassen uns nicht bestechen.
>
> (SRG o. J.c)

Wird die Wahrhaftigkeit in Zweifel gezogen, so kann dies dazu führen, dass Argumentationsvollzug und -erwähnung zurückgewiesen werden. Das Ethos von Journalist*innen muss deshalb gesichert werden. Dies ist allerdings nicht ganz einfach: Journalist*innen sind oft (insbesondere bei Argumentationserwähnung) nicht unmittelbar bei berichtenswerten Ereignissen anwesend und sind auch nicht zwingend Expert*innen der betroffenen Spezialdiskurse, wodurch zwei wichtige Mittel zur Sicherung dieses Geltungsanspruchs wegfallen. Somit ist es zentral, trotzdem ihre Glaubwürdigkeit zu sichern, was durch das Einhalten dieser Richtlinien geschieht.

Aus argumentationstheoretischer Sicht ist der Vorgang der Argumentationserwähnung und die damit verbundene Sicherung des Geltungsanspruchs der Wahrhaftigkeit indirekt mit einem *Argument from Position to know* (s. Walton, Reed & Macagno 2008: 309) verbunden, denn die Wahrhaftigkeit von Journalist*innen ist nicht ausreichend, um die erste kritische Frage – «Is *a* in position to know whether *A* is true (false)?» (Walton, Reed & Macagno 2008: 309) – und die dritte kritische Frage – «Did *a* assert that *A* is true (false)?» (Walton, Reed & Macagno 2008: 309) – mit Blick auf den Inhalt der Argumentation vollständig zu beurteilen. Dies führt oft zur Verwendung von Autoritätstopoi, die beispielsweise im Kapitel 5 von *Controversy as News Discourse* (Cramer 2011) erörtert werden, um die Wahrheit einer Proposition durch Bezugnahme auf eine bezüglich des Ereignisses glaubwürdige Person (Eliteperson, Expert*in, Augenzeug*in etc.) zu sichern.

In dem Moment, in dem ein Artikel veröffentlicht wurde, muss und kann davon ausgegangen werden, dass der oder die Journalist*in annimmt, dass der Inhalt des Artikels wahr ist und dass er oder sie auch Gründe für diese Annahme hat (und entsprechend auch in der Position ist, zu wissen, ob der Inhalt wahr ist oder nicht). Falls sich eine dieser Annahmen als falsch herausstellt, sieht der Schweizer Presserat (2017b: 186) eine Berichtigungspflicht vor:

> Die Berichtigungspflicht wird von den Medienschaffenden unverzüglich von sich aus wahrgenommen und ist Teil der Wahrheitssuche. Die materielle Unrichtigkeit betrifft die Fakten und nicht die sich auf erwiesene Fakten abstützenden Werturteile.

Mit Blick auf die sektorale Argumentationstheorie sollen an dieser Stelle noch zwei wichtige Punkte angeschnitten werden. Auch wenn die Gegenüberstellung von argumentativen Meinungstexten und nicht-argumentativen beschreibenden Texten weiter oben kritisiert wurde, legen journalistische Richtlinien Wert darauf, dass zwischen Fakten und Meinungen unterschieden wird (Schweizer Presserat 2017b: 182): «Journalistinnen und Journalisten achten darauf, dass das Publikum zwischen Fakten und kommentierenden, kritisierenden Einschätzungen unterscheiden kann.» Es ist also davon auszugehen, dass im Idealfall markiert wird, ob eine Argumentation vorliegt und wer die Quelle dieser Argumentation ist. Dies kann entweder durch die Zugehörigkeit zu einem bestimmten Ressort geschehen oder aber durch die Verwendung von sprachlichen Merkmalen, die auf kommentierende, kritisierende Einschätzungen hinweisen, welche korpuslinguistisch verwertet werden können.

Zweitens wird der Aufbau von Zeitungsartikeln üblicherweise als invertierte Pyramidenstruktur beschrieben (s. Bell 1998). Das Besondere daran ist, dass Texte, die Journalist*innen schreiben, nicht der üblichen chronologischen Anordnung folgen. Stattdessen handelt es sich um eine zirkelnde Abfolge von Fakten oder Meinungen, die immer detaillierter beschrieben werden. Diese Anordnung resultiert aus «a marriage of journalistic values, journalistic practices and technological development, which is strong enough to overturn the drive to comprehensibility» (Bell 1998: 101).

Eine solche invertierte Pyramidenstruktur wirkt sich auch auf argumentative Vertextungsmuster in Artikeln aus, wie anhand des folgenden Titels und des dazugehörigen Leads[6] illustriert werden soll:

6 Im Artikel werden weitere Argumente, welche die These *Grünes Erwachen in Australien* stützen, angeführt und selbst wiederum gestützt. Wie die angeführten Textteile zeigen, findet eine gewisse sprachliche Variation statt: Die These im Titel unterscheidet sich sprachlich von der These im Lead (ebenfalls mit Blick auf die verwendete Metapher).

Grünes Erwachen in Australien; Zunehmendes Umweltbewusstsein bei Regierung und Bevölkerung
Jahrelang nur halbherzig dabei in Sachen Klimaschutz hat Australien unter seiner neuen Regierung einen markanten Kurswechsel vollzogen. Die Gefahren, die für den fünften Kontinent mit der Erderwärmung einhergehen, dringen allmählich ins Bewusstsein der Gesellschaft ein. Gleichzeitig sehen Unternehmer aber auch die Chancen einer Neuausrichtung.
(Neue Zürcher Zeitung 04.04.2008)

1 Grünes Erwachen in Australien
1.1 Zunehmendes Umweltbewusstsein bei Regierung und Bevölkerung
1 Australien hat unter seiner neuen Regierung in Sachen Klimaschutz einen markanten Kurswechsel vollzogen.
1.1a Die Gefahren, die für den fünften Kontinent mit der Erderwärmung einhergehen, dringen allmählich ins Bewusstsein der Gesellschaft ein.
1.1b Gleichzeitig sehen Unternehmer aber auch die Chancen einer Neuausrichtung.

6.3 Korpuslinguistische Differenzierung von beschreibenden und meinungsbasierten Texten

Im letzten Unterkapitel 6.2 wurde die traditionelle Trennung von berichtenden und meinungsbasierten Texten vorgestellt:

> Opinion copy includes what are often called ‹editorials› or ‹leaders› – a statement of the newspaper's own views on an issue, usually appearing on an inside page under a reduced banner of the paper's ‹masterhead›. Most of the remaining opinion copy is regular contributed columns, letters to the editor and reviews. By journalistic tradition, opinion and news reporting are supposed to be kept separate.
>
> (Bell 1991: 13)

Dass diese alles andere als trennscharfe Unterscheidung auch Auswirkungen auf Argumentationen besitzt, wurde ebenfalls bereits thematisiert. Während im Rahmen von berichtenden Texten mehrheitlich Argumentationserwähnungen zum Tragen kommen, sind in meinungsbasierten Texten auch Argumentationsvollzüge durch Verfasser*innen relevant. Dementsprechend ist es sinnvoll, die Möglichkeit zu haben, berichtende von meinungsbasierten Texten zu unterscheiden. Meinungsressorts wie Kommentare oder Leserbriefe wurden deshalb von berichtenden unterschieden und mittels *Python* annotiert.[7] Daraus ergeben sich 1 628 meinungsbasierte und 28 783 berichtende Texte im Korpus.

---

7 Als Grundlage für die Differenzierung galten die Ressortbezeichnungen, da diese in der Regel solche Texte, die traditionell als Meinungstexte verstanden werden, von herkömmlichen Texten trennen (s. Anhang 13.1.1 für die meinungsbasierten Ressorts).

7 Auf der Suche nach Diskursimmanenz und Argumentativität

Dieses Kapitel verfolgt zwei Ziele. Es soll erstens ein Blick in das Korpus ermöglichen und zweitens diskursimmanente, potenziell argumentative Stellen im Korpus aufspüren, um auf diskursspezifische, materiale Topoi rückschliessen zu können. Hierfür wird eine korpuslinguistische Annäherung gewählt, denn diese ermöglicht einen Überblick über die rund 30 000 Artikel. Ein solcher ist insbesondere auch notwendig, weil der mediale Interdiskurs über Klimawandel in der Schweiz in der Forschung bisher kaum thematisiert wurde. Nebst dem Artikel von Besio & Pronzini (2010), der sich mit Artikeln im *Tages-Anzeiger* und in der *Neuen Zürcher Zeitung* beschäftigten, existieren mehrheitlich Masterarbeiten und Dissertationen, die hauptsächlich an der Universität Zürich verortet werden können. Der Fokus liegt auf sozial- und medienwissenschaftlichen Untersuchungen zum Schweizer Diskurs (s. für einen Überblick Bonfadelli 2016).

Die Berichterstattung im Korpus nimmt im betrachteten Zeitraum insgesamt ab, wie Abbildung 13 zeigt. Während 2007 noch 5394 Artikel veröffentlicht wurden, waren es 2014 lediglich 3155.

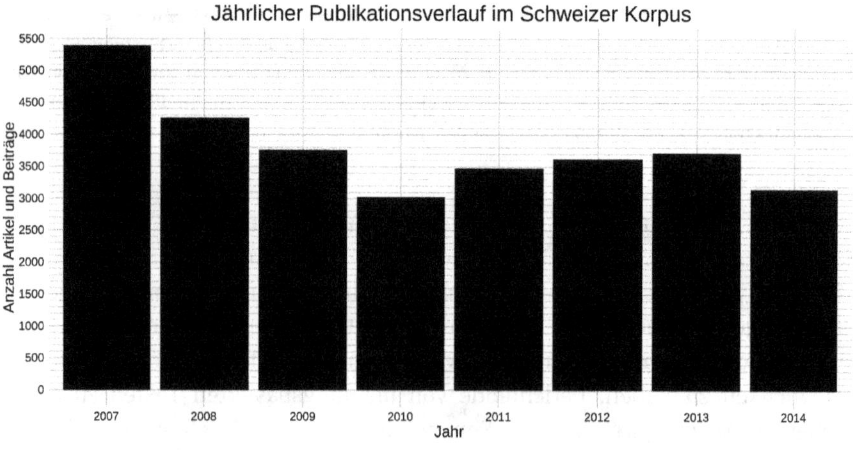

Abb. 13: Jährlich publizierte Artikel und Beiträge in den betrachteten Zeitungs- und Fernsehformaten

Diese Beobachtung deckt sich mit anderen deutschsprachigen Korpora, unter anderem auch mit demjenigen von Müller (o. J.). Hier fällt eine starke Zunahme im Jahr 2007 auf (s. Abbildung 14).

https://doi.org/10.1515/9783110760804-007

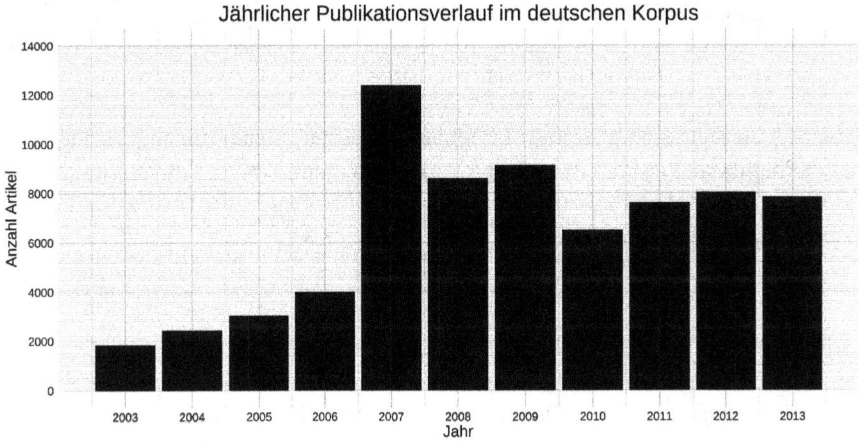

Abb. 14: Jährlich publizierte Artikel im deutschen Korpus (Müller o. J.) von 2003 bis 2013

Wie im Schweizer Korpus wird auch im deutschen Korpus der Höhepunkt aus dem Jahr 2007 bis ins Jahr 2013 nicht mehr erreicht. Diese Beobachtung deckt sich mit Befunden aus anderen Ländern. So zeigt die komparative Analyse von Schmidt, Ivanova & Schäfer (2013) für verschiedene Länder (unter anderem für Kanada, Finnland, Frankreich und Deutschland) eine vermehrte Berichterstattung im Jahr 2007.

Stellt man der hier betrachteten Berichterstattung Befunde aus der Studie von Besio & Pronzini (2010: 289) voran, so ergibt sich für den medialen Diskurs über Klimawandel in der Schweiz ein ähnlicher Befund. In ihrer Studie zeigt sich zwischen 1987 bis 2006 ein kontinuierlicher Anstieg der Berichterstattung über den Klimawandel im *Tages-Anzeiger* und in der *Neuen Zürcher Zeitung*.

Ehrensperger (2009: 80) stellt für den gleichen Zeitraum ebenfalls eine ähnliche Tendenz fest, allerdings steigt in ihrem Korpus die Berichterstattung weniger linear, sondern verstärkt zwischen 2005 und 2007 an. Für den Zeitraum zwischen 2000 und 2004 fällt der Anstieg in den betrachteten Zeitungen *Tages-Anzeiger, Neue Zürcher Zeitung* sowie *Blick* schwächer aus als in Besio & Pronzini (2010). Dies könnte auf unterschiedliche Suchwörter (oder andere Kriterien) zur Zusammenstellung der jeweiligen Korpora zurückzuführen sein. Für den starken Anstieg in der Berichterstattung im Jahr 2007 machen Schmidt, Ivanova & Schäfer (2013: 1240) mehrere Umstände verantwortlich:

> This expanding media attention corresponds with increased activities in different societal realms. Among others, in 2006 Al Gore launched his movie *An Inconvenient Truth* (for which he was awarded the 2007 Nobel Peace Prize, together with the IPCC), the IPCC re-

> leased the Fourth Assessment Report and Sir Nicholas Stern published a study, commissioned by the British government, on the economics of climate change [...]. Moreover, most of the national climate legislation in existence has been drafted since 2007/2008.

Bei den im Zitat thematisierten Ereignissen handelt es sich um sogenannte Diskursereignisse. Sie bieten wichtige Anknüpfungspunkte für die Berichterstattung. Im folgenden Unterkapitel sollen deshalb diejenigen Diskursereignisse, die im Korpus relevant sind, besprochen werden.

7.1 Diskursereignisse

Im betrachteten medialen Diskurs gibt es eine gewisse Grundberichterstattung, allerdings sind mehrere Höchstpunkte zu verzeichnen, die zeitlich mit diskursiv relevanten Ereignissen zusammenfallen. Die Orientierung an solchen Ereignissen hängt möglicherweise mit den in Kapitel 6 thematisierten Werten und Normen des journalistischen Handlungsfeldes zusammen. Durch den Anschluss an solche Ereignisse wird der Klimawandel berichtenswerter.

Fünf Monate zeichnen sich durch eine erhöhte Berichterstattung aus, wobei die Peaks gegen Ende des betrachteten Zeitraums deutlich niedriger sind, wie die nachfolgende Abbildung 15 verdeutlicht.

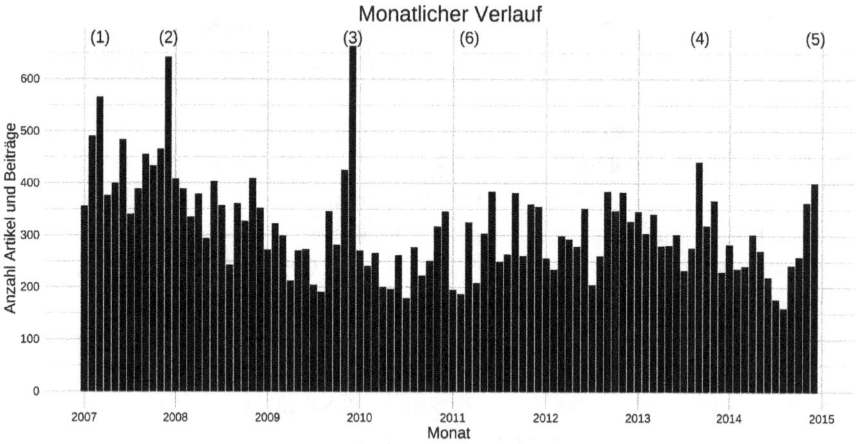

Abb. 15: Monatlich publizierte Artikel und Beiträge im Korpus (Maximum: 664, Minimum: 160, Mittelwert: 319, Median: 302)

Während dieser fünf Monate fanden die folgenden, für die Berichterstattung relevanten Ereignisse statt:

(1) Verabschiedung des Klima- und Energiepaktes durch den Europäischen Rat / Frühjahrssession 2007 des Schweizer Parlaments
(2) 13. UN-Klimakonferenz auf Bali
(3) 15. UN-Klimakonferenz in Kopenhagen
(4) Veröffentlichung des ersten Teils des fünften Sachstandsberichts des IPCC (Stocker et al. 2013) / Herbstsession 2013 des Schweizer Parlaments
(5) 20. UN-Klimakonferenz in Lima / Wintersession 2014 des Schweizer Parlaments
(6) Reaktorunglück in Fukushima

7.1.1 Erstes Diskursereignis: Klima- und Energiepaket / Frühjahrssession

(1) markiert verschiedene politische Vorstösse in der Schweiz und in der Europäischen Union. Im März 2007 wurde das *Klima- und Energiepaket* durch den Europäischen Rat verabschiedet. Es strebt an, bis 2020 die Treibhausgasemissionen um 20 Prozent zu reduzieren, 20 Prozent erneuerbare Energien zu erreichen sowie die Energieeffizienz um 20 Prozent zu steigern (Europäische Kommission o. J.). Aus der in diesem Zusammenhang gängigen Bezeichnung *202020-Ziel* lassen sich im Sinne eines diskursiven Indikators drei normative Thesen rekonstruieren, die durch pragmatische Argumentation gestützt werden, denn es handelt sich um Massnahmen, um die Erderwärmung auf 2° Celsius zu begrenzen:

> Die Kommission gibt einen Überblick über die Kosten und den Nutzen der Bekämpfung des Klimawandels und schlägt verschiedene Maßnahmen vor, mit denen die Erwärmung der Erde auf 2°C begrenzt werden soll.
>
> (EUR-Lex – 128188)

Auf nationaler Ebene fand die Frühjahrssession 2007 statt, in der mehrere für den Diskurs über Klimawandel relevante Erlasse verabschiedet wurden. Diese Vorstösse müssen im Kontext der Neuausrichtung der Energiepolitik durch den Bundesrat vom 21.02.2007 gesehen werden, denn der Anlass für diese Debatte war eine drohende Energieversorgungslücke, die mehrere Gründe hatte: erstens stieg der Energieverbrauch, zweitens war die Versorgung durch Öl und Gas nicht mehr gewährleistet (und auch nur noch bedingt gewünscht) und drittens liefen langfristige Stromimportverträge aus. Diese Ausgangslage führte zu den folgenden Beschlüssen:

Das Stromversorgungsgesetz hatte eine Öffnung des Strommarkts sowie die Förderung erneuerbarer Energien durch die kostendeckende Einspeisevergütung (KEV) zum Ziel (SR 734.7). Ein Bundesbeschluss regelte die Kompensation der durch Gaskombikraftwerke verursachten CO_2-Emissionen. Der Bau wird nur dann erlaubt, wenn eine vollumfängliche CO_2-Kompensation (teils im In-, teils im Ausland) stattfindet (BB 2007-0788). Eine Änderung des Mineralölsteuergesetzes zur Steuerbefreiung von Treibstoffen aus erneuerbaren Rohstoffen wurde thematisiert (BB 2005-2429). Schwerpunkt beider Verhandlungen bildeten somit energiepolitische Massnahmen für den Klimaschutz. Andere für die nationale Klimapolitik wichtige Diskursereignisse wie beispielsweise das CO_2-Gesetz (641.71 2018), welches ein ähnliches Ziel wie das europäische Klima- und Energiepaket 2020 verfolgt, oder das Gebäudeprogramm, welches Förderbeiträge für das Senken von CO_2-Emissionen in Gebäuden (bspw. durch Sanierungen) vorsieht (s. BAFU 2020), führen nicht zu einer vermehrten Berichterstattung.[1]

Keywords (s. Anhang 13.2.2.1) mit einer hohen Effektgrösse wie *Bundesbeschluss*, *Auslandanteil* oder *Gaskombikraftwerk* weisen auf die nationalen Vorstösse hin, wobei der Fokus auf der Kompensationspflicht von Gaskombikraftwerken liegt. Weniger häufige *Keywords* mit einer geringeren Effektgrösse wie *EU-Gipfel* oder *Kommissionspräsident* decken sich mit der Debatte über das Klima- und Energiepaket der Europäischen Union. Der Eisbär *Knut*, der im März 2007 zum ersten Mal der Öffentlichkeit vorgestellt wurde, verfügt ebenfalls über eine hohe Effektgrösse. Das Auftreten Knuts ist interessant, denn «[d]er Eisbär gilt als prototypisches Klimawandelopfer, auch als typische Möglichkeit zur metonymischen Verhandlung menschlicher Schuldgefühle gegenüber der Natur» (Tereick 2016: 218).

Der Fokus der Eigennamen im Korpus (s. Anhang 13.2.3.1) liegt ebenfalls auf politischen Verhandlungen in der Schweiz und in der Europäischen Union. Eigennamen wie *EU*, *Europa* oder *Merkel* auf der europäischen sowie *SVP*, *SP* oder *Bern* auf der Schweizer Ebene zeugen davon. Durch Metonymisierungen und Synekdochisierungen werden sie zu möglichen politischen Akteur*innen oder weisen – wie *Bern* – als Metonymie auf die Institution am entsprechenden Ort hin.

Der Fokus auf (energie)politischen Beschlüssen zeigt sich auch an der Themenzusammensetzung: Themen wie «Energiewende» oder «Atomkraftwerke», welche auf die energiepolitischen Beschlüsse hinweisen, sind ebenso zentral wie «Politik», was in Abbildung 16 ersichtlich ist.

1 Einen Überblick über wichtige Aspekte der Klimapolitik in der Schweiz bietet BAFU (2018a).

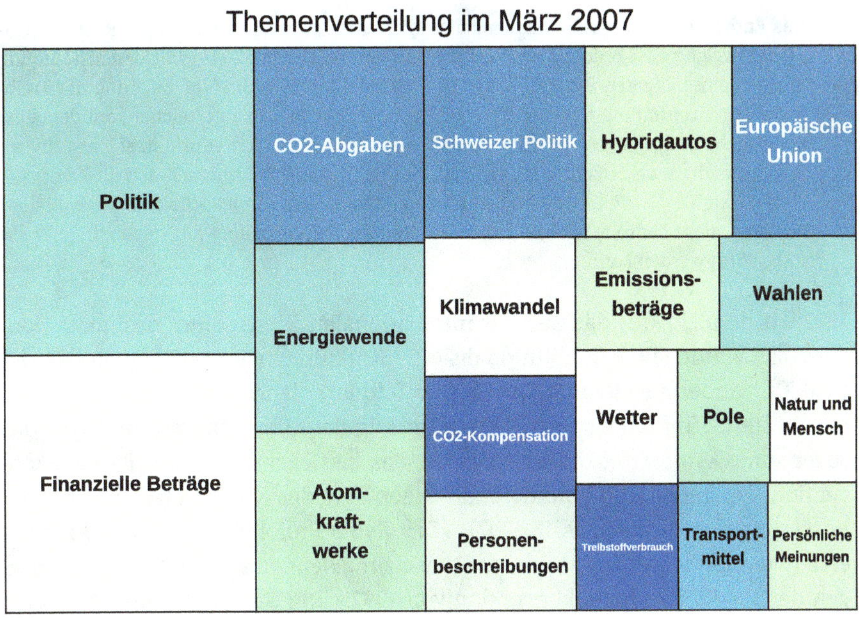

Abb. 16: Themenverteilung im März 2007. Je grösser das Feld, desto grösser ist der prozentuale Anteil des entsprechenden Themas während des Diskursereignisses.[2]

7.1.2 Zweites Diskursereignis: 13. UN-Klimakonferenz auf Bali

(2) markiert die UN-Klimakonferenz auf Bali, die im Dezember des gleichen Jahres stattfand. Es ist an dieser Stelle notwendig, in der Klimapolitik einige Jahre zurückzugehen, um die Tragweite der Konferenz auf Bali erfassen zu können. Als erster Meilenstein in der internationalen Klimapolitik kann die Verabschiedung des *Rahmenübereinkommens der Vereinten Nationen über Klimaänderungen* (United Nations Framework Convention on Climate Change (UNFCCC) 1992: Artikel 2) im Jahr 1992 betrachtet werden:

2 Das Kacheldiagramm zeigt die häufigsten Themen in den Beiträgen, die im März 2007 publiziert oder ausgestrahlt wurden. Die Grössen der einzelnen Kacheln repräsentieren die Häufigkeitsverhältnisse, wobei ein Schwellenwert von 0,5 Prozent für das Vorkommen von Themen während der Diskursereignisse definiert wurde. Synkategoremata und genrespezifische Themen (Themen «Stoppwörter», «(In)direkte Rede», «Berichterstattung», «unklar») wurden aus Gründen der Übersichtlichkeit ausgeschlossen (s. für den Code 13.3.4).

> Das Endziel dieses Übereinkommens und aller damit zusammenhängenden Rechtsinstrumente, welche die Konferenz der Vertragsparteien beschließt, ist es, in Übereinstimmung mit den einschlägigen Bestimmungen des Übereinkommens die Stabilisierung der Treibhausgaskonzentrationen in der Atmosphäre auf einem Niveau zu erreichen, auf dem eine gefährliche anthropogene Störung des Klimasystems verhindert wird. Ein solches Niveau sollte innerhalb eines Zeitraums erreicht werden, der ausreicht, damit sich die Ökosysteme auf natürliche Weise den Klimaänderungen anpassen können, die Nahrungsmittelerzeugung nicht bedroht wird und die wirtschaftliche Entwicklung auf nachhaltige Weise fortgeführt werden kann.

1992 wurde nicht nur das Ziel der internationalen Klimapolitik bestimmt, sondern sie wurde auch institutionalisiert: Strukturen wie das Sekretariat der UNFCCC wurden gebildet und ab diesem Zeitpunkt fanden jährlich Klimakonferenzen statt. Fünf Jahre später, 1997, wurde an der Klimakonferenz in Kyoto das sogenannte *Kyoto-Protokoll* beschlossen, das im Gegensatz zu der Rahmenkonvention konkrete Reduktionsziele für Annex I-Länder[3] vorsieht (Akademien der Wissenschaften Schweiz 2016: 207): «Das Kyoto-Protokoll von 1997 bildet den ersten verbindlichen Schritt hin zur Umsetzung der Grundsätze und Zielsetzungen der UN-Klimarahmenkonvention von 1992.» Die Umsetzung des Protokolls erfolgt in zwei Verpflichtungsperioden: Die erste reicht von 2008 bis 2012, die zweite von 2013 bis 2020. Die Schweiz verpflichtete sich in der ersten Periode – analog zur EU – dazu, ihren Ausstoss um 8 % gegenüber 1990 zu senken. Dieses Ziel erreichte die Schweiz «und zwar mehrheitlich dank Reduktionsmassnahmen im Inland. Auch im Ausland erworbene Emissionsreduktionszertifikate sowie die CO_2-Senkenleistung der Schweizer Wälder wurden mitberücksichtigt.» (BAFU 2014a) Für die zweite Verpflichtungsperiode bis 2020 war seitens der Schweiz eine Reduktion um 20 % vorgesehen (BAFU 2018b). Das wesentliche Instrument zur nationalen Umsetzung dieser Reduktion ist das CO_2-Gesetz:

> Das CO_2-Gesetz von 2013 ist die aktuelle Grundlage der schweizerischen Klimapolitik. Es legt fest, dass bis 2020 mindestens 20 Prozent der Treibhausgasemissionen mit Massnahmen im Inland reduziert werden müssen – dies im Vergleich zum Stand von 1990. Zudem weist das CO_2-Gesetz dem Bund eine koordinierende Rolle zu bei der Anpassung an den Klimawandel und verlangt, dass dem Klimaschutz auch in der Berufsbildung und mithilfe von Beratungsangeboten stärker Rechnung getragen wird. Die Instrumente zur Verminderung der Emissionen setzen dort an, wo das Reduktionspotenzial am grössten ist: Beim

3 Bei den Annex-I-Ländern handelt es sich um sogenannte «Industriestaaten». Im Gegensatz dazu stehen die Non-Annex-I-Staaten, welche in der Presse üblicherweise als «Entwicklungsländer» bezeichnet werden. Unter diesen Non-Annex-I-Staaten befinden sich auch solche, die vom Klimawandel besonders betroffen sind. Sie mussten bei der Ratifizierung des Kyoto-Protokolls keine Verpflichtungen zu Emissionsreduktionen eingehen (s. UN 2009).

> Verkehr, den Gebäuden, der Industrie sowie bei der Abfallbehandlung [...]. Für die Landwirtschaft als weiteren klimarelevanten Sektor sieht das CO_2-Gesetz keine spezifischen Massnahmen vor.
>
> (BAFU 2018a: 10)

Dank dieser Ausführung kann nun auch die Relevanz der dreizehnten Klimakonferenz erklärt werden. An der Konferenz wurde der sogenannte *Fahrplan von Bali* (*Bali Roadmap*) erarbeitet, der die Richtung für die Verhandlungen über die zweite Verpflichtungsperiode des Kyoto-Protokolls vorgab. Der Fahrplan umfasst – um bei den Zugmetaphern zu bleiben – zwei Gleise: Einerseits den *Bali Action Plan*, der verschiedene Bereiche wie Mitigation, Adaptation, Energietransfer sowie Finanztransfer umfasst. Unter anderem wurde im Zuge dessen das REDD-Programm beschlossen, das dem Schutz von Wäldern dient. Andererseits sollte der Weg für die zweite Verpflichtungsperiode des Kyoto-Protokolls geebnet werden.[4]

Keywords (s. Anhang 13.2.2.2) zeugen von der Relevanz der Klimakonferenz im Dezember 2007. Ausdrücke wie *Anpassungs-* und *Adaptionsfonds* oder *Bali-Roadmap*, aber auch *Dobriansky*, welche die amerikanische Delegationschefin war, weisen eine hohe Effektgrösse auf. Gleiches gilt für frequentere *Keywords* mit geringerer Effektgrösse wie *Klimakonferenz*, *Uno-Klimakonferenz* oder *Delegation*, die allgemein mit Klimagipfeln assoziiert werden können. Entsprechend sind auch Eigennamen (s. Anhang 13.2.3.2), welche teilnehmende Staaten wie die *USA*, die *Schweiz* oder politische Akteur*innen wie *Leuenberger* oder *Bush* bezeichnen, frequent.

Während der Konferenz werden die Länder oft anthropomorph verwendet: «Länder wie die USA, aber auch Russland, Japan und Kanada stellten sich offenbar dagegen.» (Neue Zürcher Zeitung 15.12.2007) Dass allerdings gerade «im ministeriellen Teil der 13. Vertragsparteien-Konferenz der Klimakonvention» (Neue Zürcher Zeitung 15.12.2007) von solchen Generalisierungen die Rede ist, ist problematisch, da die Klimakonferenzen jeweils lediglich von einigen Delegierten besucht werden. Bemerkenswert sind auch die Übersetzungen von *United Nations Climate Change Conference* (Akronym *COP*) wie *Klimagipfel, Weltklimagipfel, UNO-Klimagipfel, Klimaverhandlung, UNO-Konferenz* etc. Indem diese uneinheitlich verwendet werden, besteht einerseits Unklarheit darüber, worum es geht, und andererseits wirkt auch der Vorgang intransparent: Es gibt nicht einmal eine einheitliche Bezeichnung für die Konferenzen. Diese Intransparenz setzt

---

4 Ausführliche und ergänzende Informationen zum *Fahrplan von Bali* lassen sich in UNDP Environment & Energy Group (2015) finden.

sich auch in der Bezeichnung von klimawandelpolitischen Gegenständen fort, deren Bedeutung eigentlich nur ersichtlich wird, wenn man mit den Themen vertraut ist:

> Das Dokument [d. i. unklar] war aus dem sogenannten Dialog entstanden, der vor zwei Jahren in Montreal ins Leben gerufen worden war. In diesem Dokument werden auch «Aktionen» von Entwicklungsländern zur nationalen «Milderung» – das Stichwort wird im Rahmen der Verhandlungen für Massnahmen zur Minderung von Emissionen benutzt – angesprochen.
>
> (Neue Zürcher Zeitung 15.12.2007)

Aufgrund des Austragungsortes ist *Bali* der häufigste Eigenname im Korpus. Er tritt gehäuft als Lokalbestimmung der Klimakonferenz auf, seltener auch metonymisch für die Konferenz. Weitere häufige Eigennamen sind Konferenzteilnehmer*innen wie die *Schweiz*, die *USA*, die *EU*, *China* und *Indien*, in den Meinungstexten *USA*, *Schweiz* und *China*. Die *EU* tritt in den Meinungstexten seltener auf. Ein zweiter Diskursstrang scheint landesspezifisch zu sein, worauf die Nennung von Politiker*innen (*Leuenberger*, *Blocher*) sowie von Parteien (*CVP*, *SVP*) und Städten (*Basel*, *Bern*, *Zürich*) hinweisen. Klimawissenschaften werden durch *Al Gore* sowie den *IPCC* vertreten.

Einen weiteren Aspekt zeigen *Keywords* wie *Lichterlöschen*, *löschen* oder *Licht*. Sie weisen auf die Aktion «Licht aus für unser Klima» hin, die anlässlich des Klimagipfels im deutschsprachigen Raum stattfand (naturschutz.ch 2007). Diese Fokussierung zeigt sich auch in der Themenzusammensetzung (s. Abbildung 17). «Klimakonferenzen» und «Politik» sind besonders häufig vertreten, gefolgt von «Symbolischen Aktionen» und Themen wie «Energiewende», «Treibstoffverbrauch» oder «CO_2-Reduktion», welche auf Mitigationsmassnahmen hinweisen:

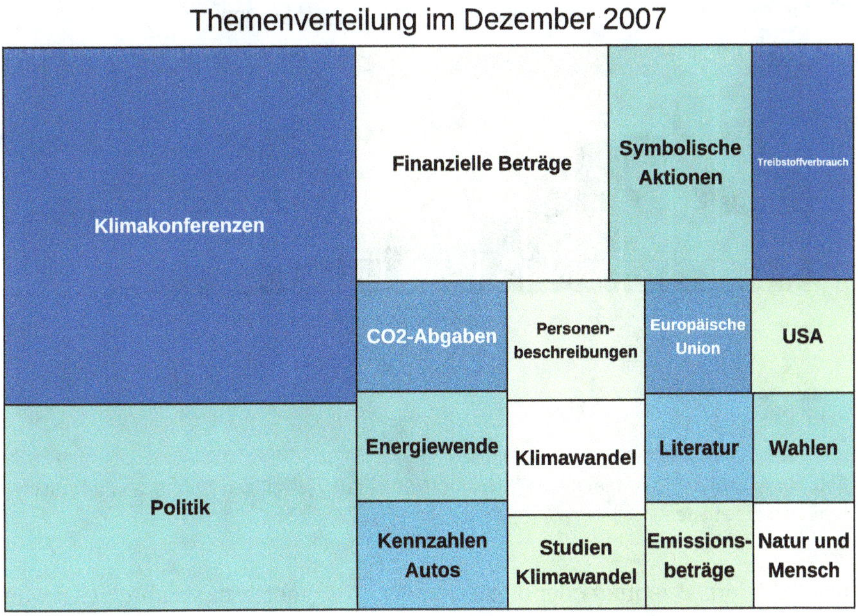

Abb. 17: Themenverteilung im Dezember 2007. Gleiche Bedingungen wie bei Abbildung 16

7.1.3 Drittes Diskurereignis: 15. UN-Klimakonferenz in Kopenhagen

(3) Im Dezember 2009, als die fünfzehnte Klimakonferenz in Kopenhagen stattfand, war die Berichterstattung im Korpus am höchsten. Insgesamt wurden 663 diskursiv relevante Artikel veröffentlicht. Auffällig ist, dass einige Zeitungen – namentlich die *Basler Zeitung*, die *Neue Zürcher Zeitung* sowie der *Tages-Anzeiger* – häufig darüber berichteten, während beispielsweise die *Berner Zeitung* und der *Blick* wesentlich weniger berichteten. Eine ähnliche Varianz besteht auch bei den Sonntagszeitungen und bei den beiden Fernsehformaten. Die Verteilung ist in Abbildung 18 dargestellt.

Der fünfzehnten Klimakonferenz in Kopenhagen kam besondere Bedeutung zu, da sie elementar für die längerfristige Planung der internationalen Klimapolitik war: Das Ziel dieser Klimakonferenz war die Ausarbeitung einer verbindlichen Regelung für die zweite Verpflichtungsperiode des Kyoto-Protokolls auf der Basis des *Fahrplans von Bali*. Die Konferenz endete nach einem Wechsel der Gipfelleitung mit dem *Copenhagen Agreement*, das weder bindend war noch von

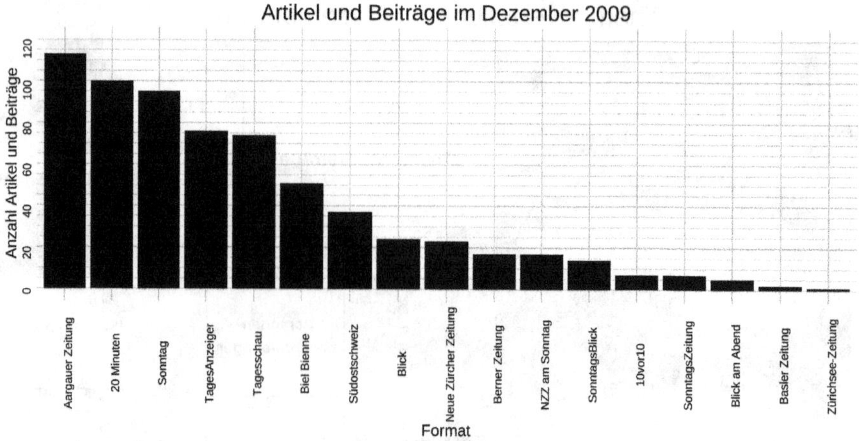

Abb. 18: Anzahl der Beiträge, die im Dezember 2009 in den jeweiligen Zeitungs- und Fernsehformaten erschienen

allen Ländern akzeptiert oder offiziell an der Klimakonferenz verabschiedet wurde. Darin wurde das allgemeine Ziel, die Erderwärmung auf zwei Grad Celsius zu begrenzen, festgehalten:

> To achieve the ultimate objective of the Convention to stabilize greenhouse gas concentration in the atmosphere at a level that would prevent dangerous anthropogenic interference with the climate system, we shall, recognizing the scientific view that the increase in global temperature should be below 2 degrees Celsius, on the basis of equity and in the context of sustainable development, enhance our long-term cooperative action to combat climate change.
>
> (UN 2009: Artikel 1)

Die Diskrepanz zwischen dem geplanten, verbindlichen Protokoll und dem Minimalkonsens, der lediglich «zur Kenntnis» genommen wurde, wurde medial stark thematisiert.

Keywords (s. Anhang 13.2.2.3) mit einer verhältnismässig hohen Effektgrösse wie *Kompromisspapier*, *Konferenzpräsidentin* oder *Rasmussen* weisen ebenso auf die Geschehnisse in Kopenhagen hin wie frequentere *Keywords* mit einer geringeren Effektgrösse wie beispielsweise *Gipfel*, *Entwicklungsland* oder *Klimakonferenz*. Gleiches gilt für häufige Eigennamen (s. Anhang 13.2.3.3). *Kopenhagen* befindet sich an erster Stelle, gefolgt von *USA*, *China* und *Schweiz*. Es folgen an der Konferenz teilnehmende Politiker*innen. Die Berichterstattung über die Klimakonferenz von Kopenhagen wird stark von politischen Akteur*innen dominiert. *Kopenhagen* steht oft metonymisch für die Konferenz oder wird zur genaueren

Charakterisierung der Konferenz verwendet. Bei den geopolitischen Anthroponymen handelt es sich um aktive Teilnehmer*innen. Erwähnte Einzelpersonen sind entweder Schweizer Politiker*innen, oft genannte internationale Politiker*innen oder Personen, die eine besondere Funktion an der Klimakonferenz in Kopenhagen erfüllen. Akteur*innen von evaluativen Texten der Pilotanalyse sind typischerweise metonymisierte, personifizierte Akteure, die oft durch ihre geopolitische (*China*, *Schweiz* oder *USA* beispielsweise) oder politische Funktion (*Mitglieder der UNO-Klimakonvention*, *Staats- und Regierungschefs*) definiert sind. Einzelpersonen mit Eigennamen treten nur selten auf. Ihre Nennung führt dazu, dass konkreter berichtet werden kann, wie beispielsweise an dieser Stelle (Blick 19.12.2009): «Man stelle sich das Bild vor: Politiker wie Barack Obama, Nicolas Sarkozy oder auch die deutsche Kanzlerin Angela Merkel gehen den Entwurf durch: Satz für Satz, Wort für Wort, Komma für Komma.»

Unter den *Keywords* mit einer hohen Effektgrösse befinden sich, wie während der Klimakonferenz auf Bali, auch solche, die auf symbolische Aktionen hindeuten, wie beispielsweise *Klimaexpress*, *Kirchenglocke* oder *läuten*. Sie weisen auf zwei Aktionen hin, die anlässlich der Konferenz stattfanden. Schweizer Politiker*innen und weitere Teilnehmer*innen fuhren mit dem sogenannten «Klimaexpress» nach Kopenhagen. Es handelt sich dabei um einen von der SBB (Schweizerische Bundesbahn) nur für diesen Anlass gestalteten Zug, der in der Berichterstattung als starkes Symbol thematisiert wurde:

> «Jede und jeder kann mit seiner Wahl des Verkehrsmittels einen Beitrag für das Klima leisten», appellierte SBB CEO Andreas Meyer in Burgdorf an die Gästeschar des «Klimaexpress» nach Kopenhagen. [...] Eine speziell gestaltete und in Burgdorf erstmals vorgestellte Lokomotive des Typs Re 460 erinnert die Schweizer Bevölkerung in den kommenden Monaten an die Umweltvorteile der Bahn.
>
> (SBB 2009)

Die *Keywords* aus dem Kirchenbereich weisen auf eine zweite symbolische Aktion hin. Die Hilfswerke *Brot für alle*, *Fastenopfer* und *HEKS* forderten landesweit Kirchen dazu auf, gleichzeitig ihre Kirchenglocken läuten zu lassen, um anlässlich der Kopenhagener Klimakonferenz auf den Klimawandel aufmerksam zu machen. Das Kapitel 8.3 geht unter anderem auf die argumentativen Besonderheiten der Berichterstattung anlässlich dieser beiden Aktionen ein.

Auch die Themenzusammensetzung zeugt von diesen beiden Schwerpunkten (s. Abbildung 19). Während Bereiche wie «Klimakonferenzen» oder «Politik» auf den Klimagipfel hinweisen, sind auch «Symbolische Aktionen» präsent.

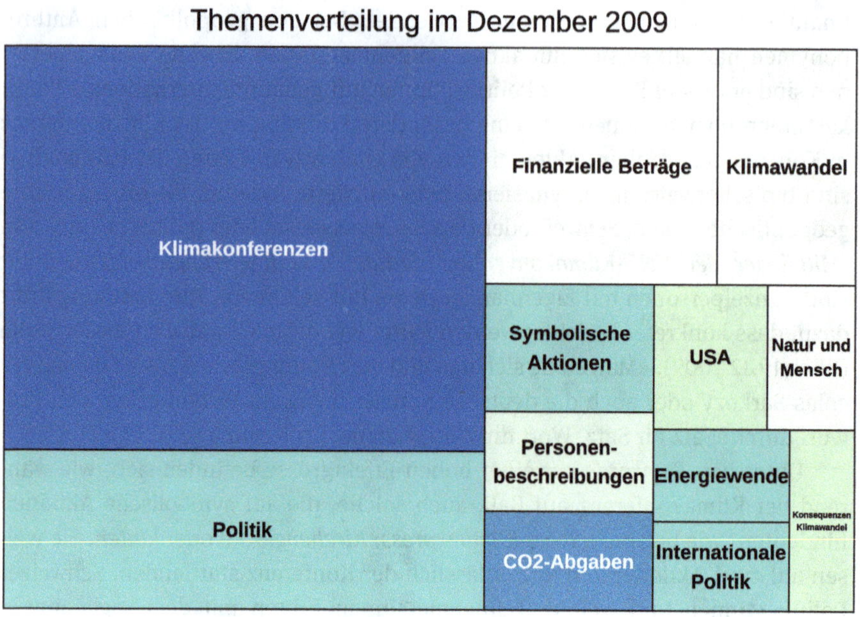

Abb. 19: Themenverteilung im Dezember 2009. Gleiche Bedingungen wie bei Abbildung 16

7.1.4 Viertes Diskursereignis: Erster Teil des fünften Sachstandsbericht des IPCC / Herbstsession

(4) Im September 2013 wurde der erste Teil des fünften Sachstandsberichts des IPCC veröffentlicht, welcher von der ersten Arbeitsgruppe (*The Physical Science Basis*) verfasst wurde (Stocker et al. 2013). Im Rahmen dieses Berichts wurden zum ersten Mal die sogenannten Repräsentativen Konzentrationspfade (Representative Concentration Pathways; RCP) verwendet, um die zukünftigen Emissionen abschätzen und in Modelle miteinbeziehen zu können. Es handelt sich um vier Szenarien (RCP 2.4, 4.5, 6.0 und 8.5), die Klimaschutzmassnahmen und daraus resultierende Auswirkungen auf das Klima bis 2100 prognostizieren. Das erste Szenario repräsentiert einen geringen Ausstoss von CO_2-Äquivalenten mit einem Maximum im Jahr 2020. Die stärksten Emissionen werden durch das Szenario RCP 8.5 repräsentiert; dieses Szenario träte ein, wenn keine Klimaschutzmassnahmen ergriffen und stattdessen lediglich die Energieeffizienz verbessert werden würde (s. Akademien der Wissenschaften Schweiz 2016: 38–39; Deutscher Wetterdienst o. J.). Für die Erderwärmung haben die entsprechenden Szenarien folgende Konsequenzen:

> Relative to 1850–1900, global surface temperature change for the end of the 21st century (2081–2100) is projected to *likely* exceed 1.5°C for RCP4.5, RCP6.0 and RCP8.5 (*high confidence*). Warming is *likely* to exceed 2°C for RCP6.0 and RCP8.5 (*high confidence*), *more likely than not* to exceed 2°C for RCP4.5 (*medium confidence*), but *unlikely* to exceed 2°C for RCP2.6 (*medium confidence*).
>
> (Core Writing Team, Pachauri & Meyer 2014: 60)

Um das vielzitierte *2-Grad-Ziel* zu erreichen, ist das RCP-Szenario 2.6 notwendig: Maximal 490 ppm CO_2-Äquivalente dürfen in die Atmosphäre gelangen. Zu Beginn des betrachteten Zeitraums befanden sich 416,55 ppm Treibhausgasäquivalente in der Atmosphäre, sieben Jahre später 441,35 ppm (s. European Environment Agency 2019).

In diesem Sachstandbericht wurde auch die statistische Wahrscheinlichkeit für den kausalen Zusammenhang zwischen dem Mensch und dem Klimawandel im Vergleich zum vierten Sachstandsbericht erhöht:

> It is *likely* that there has been significant anthropogenic warming over the past 50 years averaged over each continent (except Antarctica)
>
> (Solomon et al. 2007: 10)

> It is extremely likely that human influence has been the dominant cause of the observed warming since the mid-20th century (WGI 2014 [d. i. Arbeitsgruppe 1 des IPCC])
>
> (Stocker et al. 2013: 17)

Die Berichterstattung dieses Monats war nicht nur durch diese Klimakonferenz geprägt, sondern im selben Zeitraum fand auf nationaler Ebene auch die ordentliche Herbstsession statt, während der unter anderem Bestandteile der Energiewende diskutiert wurden. Folgendes wurde beschlossen: Die Bestimmungen für die Einzahlung in den Stilllegungs- und Entsorgungsfonds, der im Zuge des Ausstiegs aus der Atomkraft relevant ist, wurden für die Kraftwerksbetreiber gelockert. Gleichzeitig wurde die Steuererleichterung für Biotreibstoffe erschwert und es wurde über die kostendeckende Einspeisevergütung diskutiert (s. SDA o. J.a).

Keywords (s. Anhang 13.2.2.4) und Eigennamen (s. Anhang 13.2.3.4) sind heterogener als während den anderen Diskursereignissen. *Keywords* wie *Weltklimabericht*, *Stockholm*, *Knutti* sowie Eigennamen wie *Stocker*, *IPCC* oder *Stockholm* weisen zwar deutlich auf die Veröffentlichung des Sachstandsberichts hin, allerdings gibt es ebenfalls zahlreiche Ausdrücke, die sich nicht an die entsprechenden Diskursereignisse anknüpfen lassen. Gleiches gilt auch für die Herbstsession. Hier sind vor allem *Keywords* mit einer geringeren Effektgrösse wie *Energiestrategie*, *KEV* oder *Kleinwasserkraftwerke* sowie Eigennamen, welche die nationale Politik betreffen wie *FDP* oder *Leuthard*, zu nennen. Gleichzeitig sind aber auch Ausdrücke relevant, die auf deutsche Politik hinweisen. Dies könnte mit der gleichzeitig stattgefundenen Bundestagswahl in Deutschland zusammenhängen.

Die thematische Durchmischung spiegelt sich auch in der in Abbildung 20 dargestellten Themenverteilung wider. Zwar gehören «Klimawandel» und «Studien Klimawandel» zu den prominenteren Themen, aber eben auch «Energiewende», «Politik», «Parteien» und «Deutschland»:

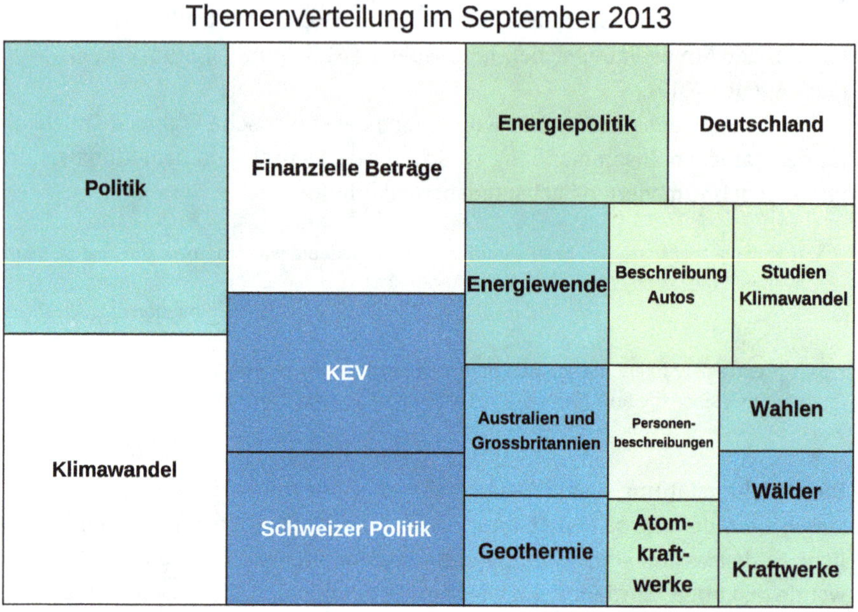

Abb. 20: Themenverteilung im September 2013. Gleiche Bedingungen wie bei Abbildung 16

7.1.5 Fünftes Diskursereignis: 20. UN-Klimakonferenz in Lima / Wintersession

(5) Im Dezember 2014 fand die zwanzigste UN-Klimakonferenz in Lima statt. Die ihr vorangegangenen Konferenzen beschäftigten sich mehrheitlich mit der Ausarbeitung der zweiten Verpflichtungsperiode des Kyoto-Protokolls, die schliesslich an der Klimakonferenz im Jahr 2012 konkretisiert wurde. Der Klimagipfel in Lima stand nun im Schatten der darauffolgenden Klimakonferenz in Paris, an der eine Nachfolgeregelung für das im Jahr 2020 auslaufende Kyoto-Protokoll verhandelt wurde. In Lima wurden deshalb als Vorbereitung auf die kommende Konferenz in Paris verschiedene Aspekte, die in das Abkommen einbezogen wer-

den sollten, besprochen. Zusätzlich wurde der *Green Climate Fund* gestärkt (s. BAFU 2014b).

Zeitgleich fand in der Schweiz die Wintersession 2014 des Parlaments statt. Während ihr stimmte der Ständerat der zweiten Verpflichtungsperiode des Kyoto-Protokolls zu:

> Nach dem Willen des Ständerats soll die Schweiz ihre Anstrengungen zur Reduktion von Treibhausgasen fortsetzen. Er hat eine Änderung des Kyoto-Protokolls mit 33 zu 6 Stimmen gutgeheissen.
> (SDA o. J.b)

Die Wintersession stand im Zeichen der «grossen Energiedebatte» (SDA o. J.b). Die allgemein Laufzeitbegrenzung von Atomkraftwerken wurde abgelehnt, stattdessen sollen Beznau I und II als älteste Kraftwerke nach sechzig Jahren stillgelegt werden. Ältere Kraftwerke sollten zusätzlich nach vierzig Jahren Betrieb ein Langzeitbetriebskonzept vorlegen. Im Zuge der Energiewende wurde ebenfalls beschlossen, 450 Millionen Franken aus den CO_2-Abgaben auf fossile Brennstoffe für Gebäudesanierungen zu verwenden, um deren Energieverbrauch zu senken. Gleichzeitig wurden die Emissionsvorgaben für Personenwagen wie in der Europäischen Union auf 130 Gramm pro Kilometer bis 2015 gesenkt. Zusätzlich wurde auch ein Bonus-Malus-System beschlossen, damit Netzbetreiber Stromeffizienz fördern (s. SDA o. J.b).

Diese Themenvielfalt zeigt sich auch in den häufigsten *Keyword-* (s. Anhang 13.2.2.5) und Eigennamen (s. Anhang 13.2.3.5). Ausdrücke wie *Lima*, *Weltklimavertrag* oder *UNO-Klimakonferenz* weisen deutlich auf den Klimagipfel hin, während Begriffe wie *Nationalrat*, *Bonus-Malus-System* oder *Energiestrategie* auf die nationalen Beschlüsse hinweisen. Dazwischen befinden sich allerdings auch viele Begriffe, die sich nicht eindeutig diesen Themenbereichen zuordnen lassen. Das Bild für die Eigennamen ist meines Erachtens klarer, denn bei ihnen ist die Verknüpfung mit den nationalen Vorstössen – beispielsweise *Schweiz*, *SVP*, *AKW*, *Bundesrätin* etc. – und dem Klimagipfel – metonymisierte und synekdochisierte Akteur*innen wie *China*, *USA*, *Europa* – deutlicher.

Dies zeigt sich auch an der Themenzusammenstellung, neben «Klimakonferenz» ist «Energiewende» ein zentrales Thema, aber auch «Politik», «Parteien» und Themen, die inhaltlich auf die Energiewende hinweisen, sind relevant. Abbildung 21 verdeutlicht dies.

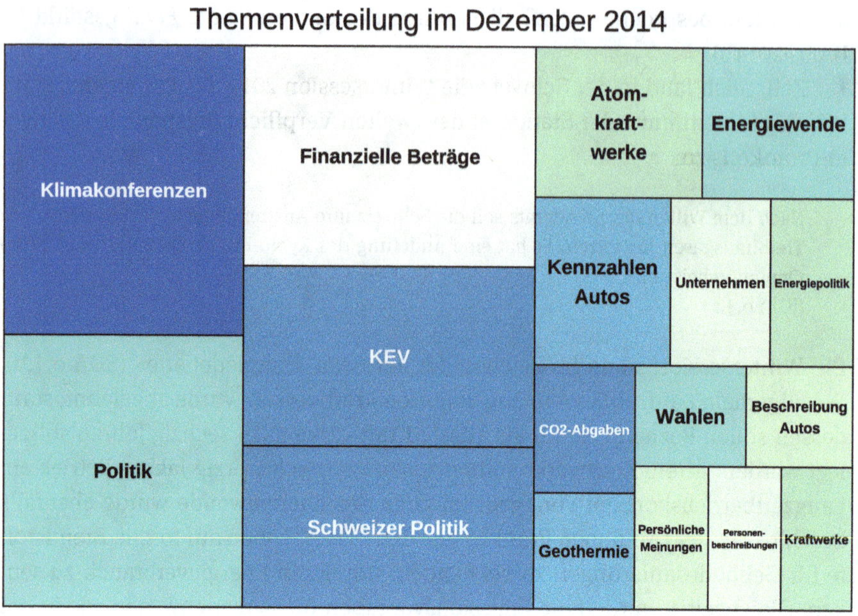

Abb. 21: Themenverteilung im Dezember 2014. Gleiche Bedingungen wie bei Abbildung 16

7.1.6 Sechstes Diskursereignis: Reaktorunglück in Fukushima

Bereits die letzten beiden Diskursereignisse verdeutlichen, dass die Energiewende und erneuerbare Energien gegen Ende des betrachteten Zeitraums zusehends wichtiger werden. Dies zeigt sich in aller Deutlichkeit auch beim sechsten und letzten Diskursereignis, dem Reaktorunglück in Fukushima. Um dieses sichtbar zu machen, muss allerdings der Verlauf der Suchwörter (s. Abbildung 22) näher betrachtet werden. Ab März 2011 steigen die Nennungen von *Energiewende* sprunghaft an. Ungefähr zeitgleich werden die Suchwörter *Klimaerwärmung*, *Klimaschutz* und *Klimawandel* seltener genannt, allerdings ist deren Abnahme ungleich schwächer als der sprunghafte Anstieg von *Energiewende*.

Auch die Implikationen von *Energiewende* ändern sich: Ist zuvor mit Energiewende die normative Prämisse, erneuerbare Energien zu fördern, verknüpft, wird darin nach 2011 ganz zentral die Forderung nach dem Ausstieg aus der Atomkraft verstanden. Erneuerbare Energien sind dann auch das Mittel für diesen Ausstieg. Diskurse über den Klimaschutz werden dadurch allmählich durch solche über die Energiewende und den Atomausstieg überlagert und gleichgesetzt: Klimaschutz bedeutet Energiewende bedeutet Atomausstieg.[5] Dies zeigt sich sowohl an den *Keywords* (s. Anhang 13.2.2.6) als auch an den Eigennamen (s. Anhang 13.2.3.6). Vor März 2011 lassen sich *Keywords* mit hoher Effektgrösse wie *Bali*, (CO)*2-Abgabe* oder *Bali-Roadmap*, aber auch Eigennamen wie Länder klimapolitischen Verhandlungen zuweisen. Im März 2011 und danach befinden sich unter den *Keywords* (s. Anhang 13.2.2.7) an prominenter Stelle auch solche, die auf die Energiewende hinweisen wie beispielsweise *Stromabkommen*, *AKW-Ausstieg*, *Energieministerin* usw. Unter den Eigennamen (s. Kapitel 13.2.3.7) befinden sich stets noch solche, die auf internationale Verhandlungen hindeuten, allerdings befinden sich hier nun auch Akronyme wie *AKW* oder *KEV*, Ortsbezeichnungen wie *Mühleberg* oder Energieunternehmen wie *BKW* und *CKW*.

Diese Diskursverschiebung zeigt sich auch in der Themenverteilung vor März 2011 (s. Abbildung 23) und danach (s. Abbildung 24). Die «Energiewende» ist zwar bereits zuvor ein frequentes Thema, allerdings eingebettet in klimawandelspezifische Themen wie «Klimakonferenzen», «CO_2-Abgaben» und andere. Nach dem Reaktorunglück ist die «Energiewende» noch frequenter und Themen aus dem Energiebereich wie «Atomkraftwerke», «KEV» oder «Kraftwerke» treten ebenfalls gehäuft auf.

5 Auf die Konsequenzen, die dies für die Argumentationen in der Berichterstattung hat, wird im nachfolgenden Analysekapitel eingegangen.

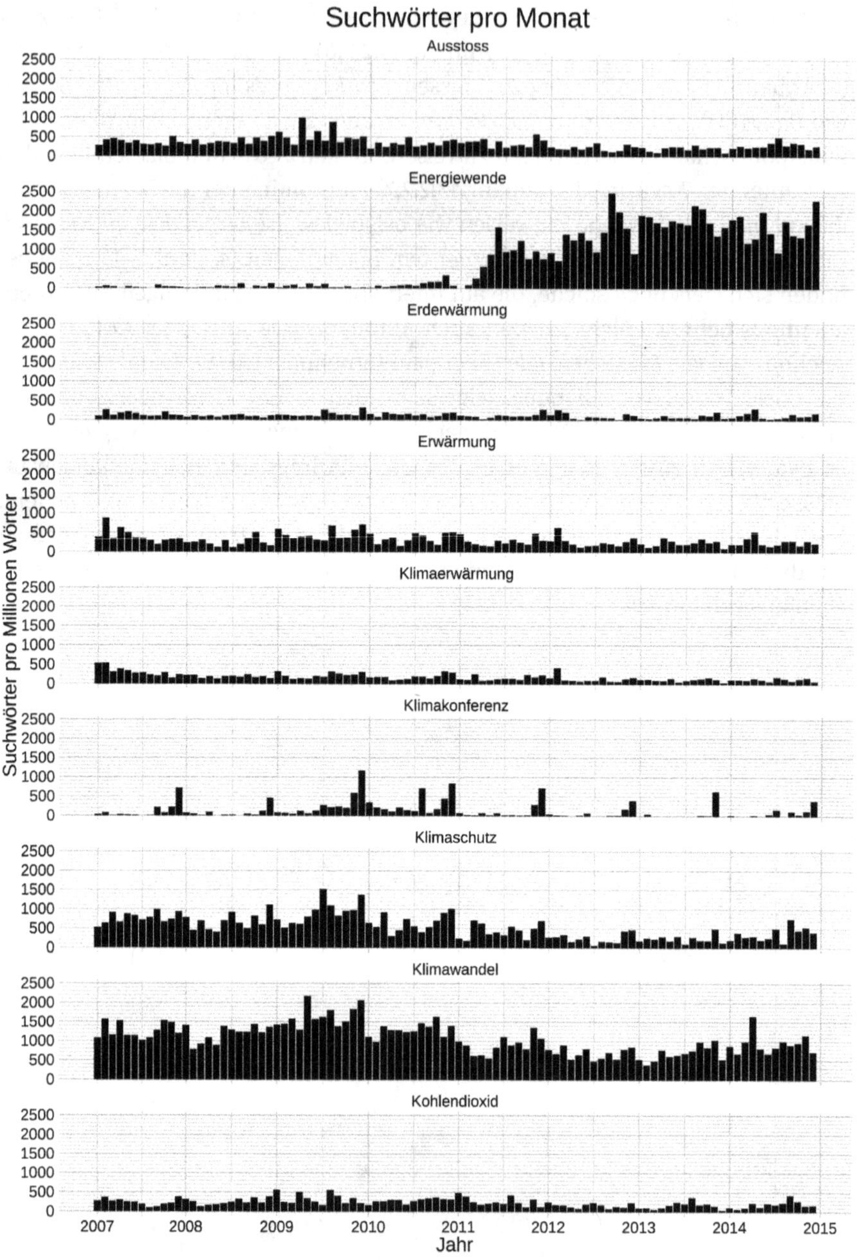

Abb. 22: Verlauf der Suchwörter pro Monat

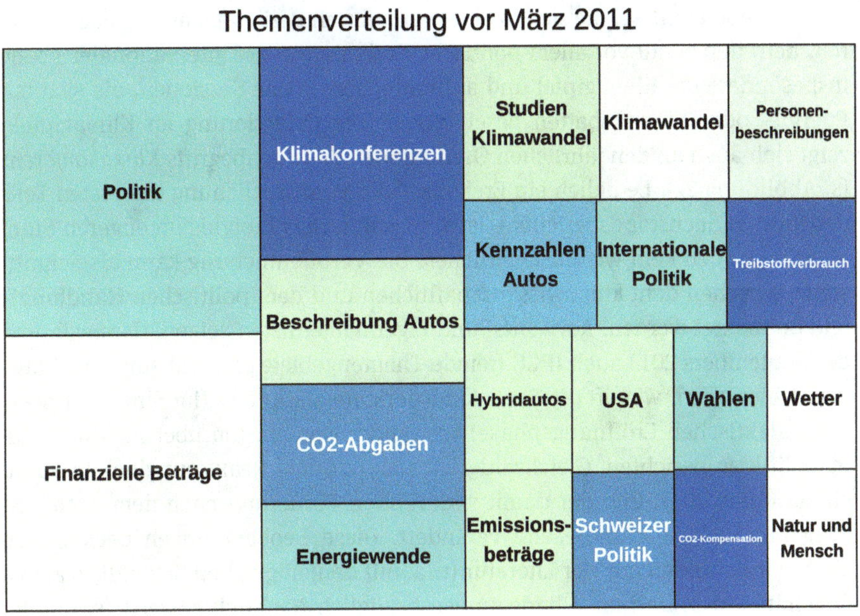

Abb. 23: Themenverteilung vor März 2011. Gleiche Bedingungen wie bei Abbildung 16

Abb. 24: Themenverteilung für März 2011 und danach. Gleiche Bedingungen wie bei Abbildung 16

Die Diskursereignisse, die sich in einer vermehrten Berichterstattung manifestieren, betreffen somit vor allem politische Ereignisse – auf internationaler Ebene insbesondere die Klimagipfel und auf nationaler Ebene Sessionen, die sich mit Energie- oder Klimadebatten beschäftigen. Die Orientierung an Klimagipfeln zeigt sich auch an den jährlichen Oszillationen des Suchbegriffs *Klimakonferenz* (s. Abbildung 22). Lediglich ein Ereignis – die Veröffentlichung des ersten Teils des fünften Sachstandsberichts – ist kein politisches Ereignis im engeren Sinn, allerdings auch kein wissenschaftliches. Die Veröffentlichung kann als Schnittstelle zwischen dem klimawissenschaftlichen und dem politischen Handlungsfeld betrachtet werden. *Keywords*- und Eigennamenlisten zeigen, dass während des Septembers 2013 auch IPCC-fremde Themengebiete relevant sind. Die Frage bleibt hier offen, wie oft die Sachstandsberichte als Anlass (im Sinne der pragma-dialektischen Eröffnungsphase) verwendet werden, um über nationale Klimapolitik zu berichten. Gleichzeitig hat sich mit dem Reaktorunglück in Fukushima (März 2011) und der damit verknüpften Forderung nach dem Atomausstieg der Diskurs grundlegend verändert. Diese Beobachtungen decken sich auch mit Befunden aus der Literatur (u. a. mit denjenigen von Schmidt, Ivanova & Schäfer 2013) und mit Überlegungen bezüglich Nachrichtenwerte (s. Cramer 2011: 70), welche dazu führen, dass insbesondere Klimagipfel und internationale Verhandlungen berichtenswert sind und Anlässe für kritische Diskussionen werden.

7.2 Indikatoren im Korpus

Bei näherer Betrachtung der Diskursereignisse zeigt sich, dass sich verschiedene Diskurse innerhalb des Diskurses über Klimawandel überlagern. Gewisse Texte oder Dokumente gehören entsprechend «mehr» oder «weniger» zum betrachteten Diskurs und viele Artikel beschäftigen sich nur peripher mit dem Klimawandel. Typischerweise wird er nur in einem Nebensatz erwähnt, wie anhand eines Artikels, der von Micheline Calmy-Rey verfasst wurde und der sich mit der schweizerischen Europapolitik beschäftigt, illustriert werden kann (Neue Zürcher Zeitung 24.03.2007): «Ich denke an einen politischen Dialog über gemeinsame Herausforderungen wie Klimawandel, Beschäftigung, Migration und Sicherheit.» Der Artikel umfasst insgesamt 1335 Wörter und der Klimawandel wird nur an dieser einen Stelle erwähnt. Solche diskursfernen Artikel sind keineswegs unüblich, so unterscheidet Girnth (2015: 89) auch diskursimmanente von -peripheren Texten: «*diskursimmanent* (Texte mit Bezug auf genau einen Diskurs), *diskurstranszendent* (Texte mit Bezug auf mindestens zwei Diskurse), *diskursperipher* (Texte, die diskurstranszendent sind, aber primär für einen anderen Diskurs produziert sind)». Aufgrund der Fragestellung sind insbesondere diskursimmanente und -transzendente Texte relevant.

Diese Unterscheidung lässt sich auch korpuslinguistisch aufgreifen. Dies ist möglich über die Themenzusammensetzung. Ein Text, der grösstenteils aus Themen wie «Literatur» oder «Musik» besteht, wird tendenziell diskurstranszendenter sein als ein Text, der sich aus Themen wie «Studien zum Klimawandel», «Kraftwerke» oder «CO_2-Reduktion» zusammensetzt. Dieser Zugang soll später noch einmal aufgegriffen werden. Ein einfacherer Zugang zu der Unterscheidung ist über das blosse Zählen von Suchwörtern (oder deren Synonyme[6]) in den Artikeln möglich, wie Abbildung 25 verdeutlicht.

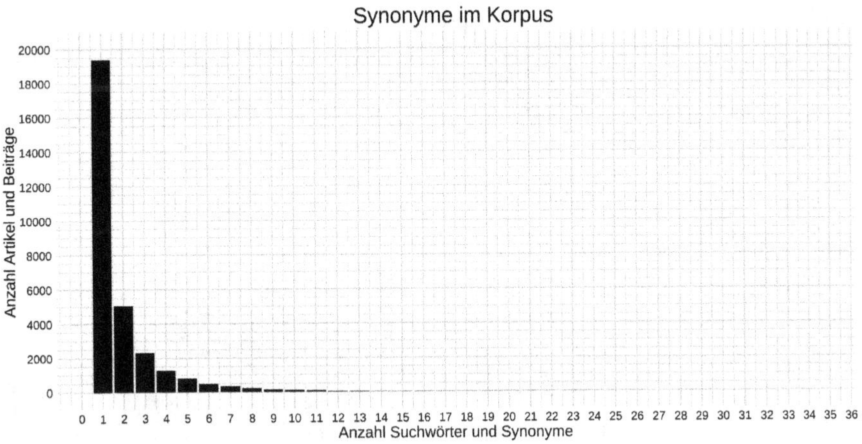

Abb. 25: Anzahl der Suchwörter sowie deren Synonyme in einzelnen Artikeln

Über die Hälfte der Artikel (19 384) enthalten nur ein Suchwort oder Synonym und dürften somit ähnlich peripher sein wie der zitierte Artikel aus der *Neuen Zürcher Zeitung*. Allerdings kann nicht ausgeschlossen werden, dass Artikel

6 Die Synonyme wurden mittels DWDS (o. J.a) und Duden Synonymwörterbuch (o. J.) erhoben und resultierten in folgende Suchanfrage, um entsprechende Suchwörter, Synonyme sowie Komposita zu erheben: [lemma=".*?Klimawandel.*?|.*?Klimaveränderung.*?|.*?Klimaänderung.*?|.*?Erderwärmung.*?|.*?Klimaerwärmung.*?|.*?Klimaschutz.*?|.*?Ausstoss.*?|.*?Ausstoß.*?|.*?Emission.*?|.*?Freisetzung.*?|.*?Energiewende.*?|.*?Kohlendioxid.*?|.*?CO2.*?|.*?Kohlenstoffdioxid.*?|.*?Erwärmung.*?|.*?Aufheizung.*?|.*?Klimakonferenz.*?|.*?Uno-Klimakonferenz.*?|.*?Weltklimakonferenz.*?"%c]|([lemma="Wandel"%c][word="des"%c][word="Klimas"%c])|([word="global"%c][word="Erwärmung"%c])|[lemma="Konferenz"%c][word="der"%c][word="Parteien"%c][word="der"%c][word="Klimakonvention"%c].

zwar nur wenige Suchwörter oder entsprechende Synonyme enthalten sind, trotzdem aber diskursimmanent oder -transzendent sind.

Die Frage danach, ob es sich um diskursimmanente Texte handelt oder nicht, ist mit Blick auf die Fragestellung der Arbeit insbesondere dann spannend, wenn argumentative Strukturen in diesen diskursimmanenten Texten aufgespürt werden. Hierfür ist es von Interesse, ob Indikatoren für Geltungsansprüche oder Argumentationen mit Blick auf Metadaten wie Zeitung oder Genre (meinungsbasiert oder beschreibend) systematisch variieren.

Mit Blick auf die Genres besteht ein Unterschied, der allerdings klein ist (s. Abbildung 26): In meinungsbasierten Texten kommen Indikatoren häufiger vor (49 578,93 pMW [pro Millionen Wörter]) als in berichtenden Texten (43 534,67 pMW). Eine Ausnahme bildet das Modalverb *wollen*, das in berichtenden Texten (1884,28 pMW) häufiger vorkommt als in meinungsbasierten Texten (1730,46 pMW). Ebenfalls ergibt sich mit Blick auf die einzelnen Zeitungen eine gewisse Varianz.

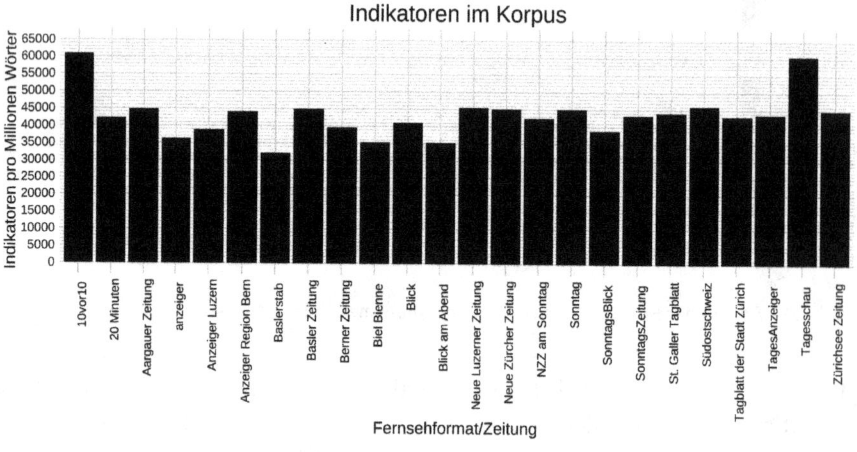

Abb. 26: Relative Häufigkeit von argumentativen Indikatoren, Modalwörtern und -verben in den unterschiedlichen Zeitungs- und Fernsehformaten

Es fällt als Erstes auf, dass die beiden Fernsehformate deutlich mehr Indikatoren (insbesondere Kausalitäts-, Thesen-, Struktur- und Gewissheitsindikatoren sowie die beiden Modalverben *wollen* und *müssen*) enthalten als die Zeitungsformate, was darauf schliessen lässt, dass es sich entweder um einen mediumsspezifischen oder aber um einen Unterschied zwischen mündlicher und schriftlicher Kommunikation handelt. Am anderen Ende befinden sich, möglicherweise aus rein technischen Gründen, kleinere Regionalzeitungen, aber interessanterweise auch Zeitungen mit einer höheren Auflagenstärke wie der *Blick am Abend*, der *SonntagsBlick* sowie die *Berner Zeitung*.

Zwischen einzelnen Indikatoren und Zeitungen gibt es nur schwache Zusammenhänge. So sind im *Anzeiger Region Bern* symptomatische Indikatoren, Bewertungsindikatoren sowie *mögen* verhältnismässig häufig, im *Tagblatt der Stadt Zürich* Emotiva, gemischte Indikatoren sowie *mögen*. Im *anzeiger* sind Zweifel- und Konklusionsindikatoren häufig, während in *Biel Bienne* Distanzindikatoren vorherrschen.

Insgesamt sind diese Unterschiede aber gering, und die Verwendung von Indikatoren variiert mit Blick auf unterschiedliche Metadaten nicht stark; so lässt sich auch keine Korrelation zwischen bestimmten Diskursereignissen oder Zeiträumen und einer vermehrten Verwendung von bestimmten Indikatoren finden. (Lediglich im Juli 2010 ergibt sich eine leichte Anhäufung von Gewissheitsindikatoren, und für Konklusions- und Hypothesenindikatoren lässt sich im betrachteten Zeitraum eine geringe Zunahme feststellen.) Wesentliche Unterschiede bestehen somit nur zwischen deskriptiven Texten und Meinungstexten sowie zwischen Fernsehberichten und Zeitungsartikeln.

Deutlichere Tendenzen finden sich bei den Modalverben. Ihre Verteilung scheint tendenziell medien- und diskursspezifisch zu sein, was in Tabelle 5 ersichtlich ist.

Tab. 5: Relative Häufigkeit der Modalverben im Schweizer und im deutschen Korpus sowie in zwei Referenzkorpora (DWDS o. J.b, o. J.c)

Modalverb	**Schweizer Korpus [pMW]**	**Deutsches Korpus [pMW]**	**DWDS Zeitungen [pMW][7]**	**Kernkorpus 21 [pMW]**
wollen	1870	1988	2277	2442
können	3924	4131	3941	4428
dürfen	672	595	672	486
müssen	2275	2530	1573	1981
sollen	2241	2450	2400	1679
mögen/möchten	309	286	365	?

Innerhalb der Zeitungskorpora fällt auf, dass die volitiven Modalverben *mögen/ möchten* sowie *wollen* in den Korpora über Klimawandel ein wenig seltener vorkommen als im Zeitungskorpus, hingegen ist das deontische *müssen* deutlich häufiger. Mit Blick auf das Kernkorpus zeigen sich ebenfalls Unterschiede. *Wol-*

7 Das Zeitungskorpus des DWDS umfasst die folgenden Zeitungen: *Berliner Zeitung*, *Bild*, *Die Zeit*, *Potsdamer Neueste Nachrichten*, *Süddeutsche Zeitung*, *Tagesspiegel*, *Welt*.

len und *können* kommen in diesem häufiger vor, während *dürfen, müssen* und *sollen* in den Klimawandel-Korpora häufiger vorkommen. Dies ist interessant, da diese drei Modalverben ein normatives (deontisches) Moment besitzen können, das sehr leicht mit pragmatischer Argumentation verknüpft werden kann.

Insgesamt scheint aber die Variation der Indikatoren mit Blick auf genrespezifische Unterschiede nicht besonders bemerkenswert zu sein. Lediglich diejenigen zwischen Mündlichkeit und Schriftlichkeit sowie zwischen Meinungstexten und beschreibenden Texten führt zu unterschiedlichen Verwendungen von Indikatoren. Der zeitliche Verlauf oder die einzelnen Zeitungen haben hingegen keinen grossen Einfluss. Im Gegensatz dazu scheinen die Modalverben bis zu einem gewissen Grad diskurs- oder handlungsfeldspezifisch zu sein, so kommen tendenziell deontisch verwendete Modalverben in den Korpora über den Klimawandel häufiger vor.

Mit Bezug auf das Kernkorpus 21 zeigen sich deutlichere Unterschiede. In diesem treten häufiger volitive Modalverben auf als in den drei Zeitungskorpora. Beachtenswert ist weiter, dass *dürfen, müssen* und *sollen* in den betrachteten Korpora deutlich häufiger vorkommen. Diese drei Modalverben – aber insbesondere *müssen* und *wollen* – haben ein normatives Moment, das sich sehr leicht mit pragmatischer Argumentation in Einklang bringen lässt. Gleiches gilt für *dürfen*, das mögliche Handlungsoptionen auszuloten vermag und negiert den Handlungsraum einschränkt.

Weitere mögliche Zusammenhänge im Korpus lassen sich aus den Themenannotationen etablieren. Betrachtet man, ob gewisse Themen signifikant häufiger miteinander vorkommen, so ergeben sich allerdings, mit Ausnahme von verschiedenen Themenbereichen bezüglich Autos, keine statistisch signifikanten Korrelationen.[8] Interessanter scheint, zu betrachten, welche Indikatoren besonders häufig mit Wörtern bestimmter Themen auftreten.[9] In den Tabellen 6 bis 11 auf den folgenden Seiten sind signifikante Kollokationen zwischen Indikatoren und Themen aufgelistet. Die Prozentzahl neben dem jeweiligen Thema besagt, wie viel häufiger das Thema in der Nähe (d. h. innerhalb von 25 Wörtern bei argumentativen Indikatoren und innerhalb von zehn Wörtern bei Geltungsansprüchen) des jeweiligen Indikators vorkommt, als bei einer zufälligen Verteilung im

8 Der entsprechende Code, eine graphische Darstellung und eine kurze Auswertung befinden sich im Anhang 13.3.2.

9 Mittels Kollokationen wurde geprüft, ob Wörter eines bestimmten Themas besonders oft mit den in Kapitel 5.4 thematisierten Indikatoren auftreten. Hierfür wurde für argumentative Indikatoren eine Kollokationsspanne von 25 gewählt, da diese oft satzübergreifende Strukturen bilden. Die Tabellen 6 bis 11 umfassen diejenigen Fälle, in denen p = 0,01 (LL) und %DIFF ≥ Mittelwert. Gleiches gilt für die Geltungsanspruchsindikatoren. Hier wurde allerdings eine geringere Kollokationsspanne von 10 gewählt. Der Code befindet sich im Anhang 13.3.3.

gesamten Korpus zu erwarten wäre. Die Zahlen sind, wie bereits ein erster Blick in die Tabellen erkennen lässt, in der Regel eher klein. So lässt sich beispielsweise aus Tabelle 6 herauslesen, dass innerhalb von 25 Wörtern um symptomatische Indikatoren herum 53 Prozent häufiger Wörter des Themenbereichs «Studien Klimawandel» vorkommen, als bei einer zufälligen Verteilung erwartet würde. Aus dieser Tabelle lassen sich somit einige spannende Hypothesen ableiten. So scheint beispielsweise *sollen* stark mit der Energiewende (oder allgemeiner mit dem Energiesektor) zu korrelieren, während Distanzindikatoren oft in Verbindung mit Ländern auftauchen.

Kausalität (Ø %DIFF ≈ 10,35)		Symptomatisch (Ø %DIFF ≈ 10,49)		Analogie (Ø %DIFF ≈ 5,18)		Gemischt (Ø %DIFF ≈ 32,01)	
CO_2-Abgaben	26.42	Studien Klimawandel	53.15	Hybridautos	15.01	*unklar*	64.34
KEV	24.83	Weltall	15.20	*Stoppwörter*	10.67	Schweizer Politik	50.96
Natur und Mensch	24.00	Gesundheitswesen	13.61	*Stoppwörter*	10.42	*Persönliche Meinungen*	41.17
Luftverschmutzung	20.28	Klimawandel	13.61	*Stoppwörter*	9.02	Energiepolitik	40.60
Treibhausgase	19.36	Wälder	13.42	*Stoppwörter*	8.19	Aussenpolitik	33.45
Wirtschafts- und Finanzkrise	18.01	Biodiversität	13.13	*Stoppwörter*	6.84		
Stoppwörter	16.97	Literatur	11.50	Gebäudesanierung	6.12		
Gesundheitswesen	15.78	Gesellschaft	11.45	Biotreibstoffe	5.63		
Konsequenzen Klimawandel	15.23	*Stoppwörter*	11.39	Stoppwörter	5.59		
Landwirtschaft	14.64	*Stoppwörter*	11.07	Elektroautos	5.58		
Energiewende	14.31			Treibhausgase	5.34		
Wälder	10.53			Treibstoffverbrauch	5.22		

These (Ø %DIFF ≈ 8,51)		Zweifel (Ø %DIFF ≈ 34,04)		Konklusion (Ø %DIFF ≈ 32,35)		Struktur (Ø %DIFF ≈ 4,45)	
Treibhausgase	22.46	Energiepolitik	70.06	*Zeit- und Ortsangaben*	271.85	*Stoppwörter*	10.94
Stoppwörter	16.90	*Persönliche Meinungen*	50.55	Städte	43.47	Treibhausgase	9.34
Persönliche Meinungen	14.35	KEV	50.39	Literatur	35.51	KEV	8.99
Natur und Mensch	13.17	Atomkraftwerke	43.59	Treibhausgase	35.17	Wirtschafts- und Finanzkrise	8.87
Luftverschmutzung	12.94	Aussenpolitik	38.10	Bern	34.05	*Stoppwörter*	8.66
Wälder	12.72					Gebäudesanierung	8.16
Gesundheitswesen	10.03					*Persönliche Meinungen*	6.21
Stoppwörter	9.38					Luftverschmutzung	5.88
(In)direkte Rede	8.75					Landwirtschaft	5.59
Studien Klimawandel	8.69					*Stoppwörter*	5.25
KEV	8.55					Wälder	5.21
						Stoppwörter	5.06
						Natur und Mensch	4.86
						Biotreibstoffe	4.77

Tab. 6/7: Kollokationen zwischen Indikatoren, Modalverben und Themenbereichen im Korpus mit einer überdurchschnittlichen Effektgrösse

Startpunkt (Ø %DIFF ≈ 11,33)		Wollen (Ø %DIFF ≈ 25,60)		Sollen (Ø %DIFF ≈ 31,53)		Dürfen (Ø %DIFF ≈ 19,72)	
Persönliche Meinungen	46.78	Energiepolitik	91.16	CO_2-Abgaben	94.81	Treibstoffverbrauch	64.27
Familie/Schule	20.57	Schweizer Politik	65.94	Klimakonferenzen	85.37	CO_2-Abgaben	42.91
Stoppwörter	18.18	Familie/Schule	53.88	Energiewende	80.10	Preisentwicklung	41.73
unklar	16.31	Atomkraftwerke	50.95	Treibstoffverbrauch	68.24	Treibhausgase	27.26
Natur und Mensch	15.36	CO_2-Abgaben	50.60	KEV	47.59	*Stoppwörter*	25.59
Stoppwörter	13.70	Wahlen	47.15	Gebäudesanierung	42.24	Schweizer Politik	24.59
Treibhausgase	12.59	CO_2-Kompensation	46.40	Kraftwerke	40.35	Atomkraftwerke	21.05
Politik	12.52	Europäische Union	45.73	Europäische Union	39.09		
(In)direkte Rede	12.48	Energiewende	41.34	Atomkraftwerke	36.53		
		Deutschland	39.54	Windenergie	33.01		
		Klimakonferenzen	33.98				
		USA	32.74				
		KEV	30.16				
		Symbolische Aktionen	30.09				
		Zürich	25.67				

Müssen (Ø %DIFF ≈ 21,13)		Mögen (Ø %DIFF ≈ 33,40)		Werden (Ø %DIFF ≈ 13,29)		Können (Ø %DIFF ≈19,13)	
Treibhausgase	55.90	*Persönliche Meinungen*	174.35	Kraftwerke	54.53	Treibhausgase	91.78
CO_2-Abgaben	51.25	Familie/Schule	62.82	Windenergie	43.76	Kraftwerke	41.16
Natur und Mensch	48.77	CO_2-Kompensation	58.06	Luftverschmutzung	37.08	CO_2-Kompensation	38.47
KEV	45.30			CO_2-Abgaben	27.85	Gesundheitswesen	31.92
Familie/Schule	30.66			KEV	25.50	*Stoppwörter*	31.43
Energiewende	28.87			*Stoppwörter*	22.86	Elektroautos	31.33
(In)direkte Rede	28.44			Energiewende	21.99	Familie/Schule	24.64
Stoppwörter	23.99			Gebäudesanierung	21.76	Natur und Mensch	23.30
Atomkraftwerke	23.44			Elektroautos	18.88	KEV	23.01
Wirtschafts- und Finanzkrise	22.72			Klimakonferenzen	15.25		
				Preisentwicklung	14.17		
				Biotreibstoffe	13.69		

Tab. 8/9: Kollokationen zwischen Indikatoren, Modalverben und Themenbereichen im Korpus mit einer überdurchschnittlichen Effektgrösse

Sein zu (Ø %DIFF ≈ 18,79)		**Brauchen zu (Ø %DIFF ≈ 84,40)**		**Haben zu (Ø %DIFF ≈ 53,88)**		**Negation (Ø %DIFF ≈ 14,60)**	
Stoppwörter	70.82	Treibhausgase	119.64	Natur und Mensch	288.16	*Persönliche Meinungen*	58.83
Literatur	53.89	*Persönliche Meinungen*	118.28	*Stoppwörter*	103.89	*Stoppwörter*	27.53
CO_2-Abgaben	19.23	Hybridautos	102.96	*Stoppwörter*	62.62	*unklar*	24.90
Politik	19.17	*Stoppwörter*	89.74	*Stoppwörter*	57.47	*(In)direkte Rede*	24.84
						Natur und Mensch	20.28
						Politik	19.24
						Stoppwörter	16.21

Distanzindikatoren (Ø %DIFF ≈ 45,85)		**Emotiva (Ø %DIFF ≈ 50,57)**		**Hypothesenindikatoren (Ø %DIFF ≈ 13,60)**		**Bewertungsindikatoren (Ø %DIFF ≈ 26,30)**	
Gesellschaft	92.95	*Persönliche Meinungen*	145.53	*Persönliche Meinungen*	33.04	Persönliche Meinungen	83.97
Australien und Grossbritannien	70.99	*unklar*	99.90	*Stoppwörter*	30.99	Familie/Schule	38.71
USA	62.42			*Stoppwörter*	15.35	*unklar*	36.73
Deutschland	57.99			*(In)direkte Rede*	14.14	Wein	35.73
Asien	49.96					Treibhausgase	34.34
Politik	48.20					*Stoppwörter*	30.64
Fossile Brennstoffe	46.25					Fleischkonsum	28.15
						(In)direkte Rede	27.96

Tab. 10/11: Kollokationen zwischen Indikatoren, Modalverben und Themenbereichen im Korpus mit einer überdurchschnittlichen Effektgrösse

7.3 Argumentative Stellen im Korpus

Die bisherigen Befunde waren allgemeine korpuslinguistische Tendenzen im Korpus, die zwar auf gewisse Themen hinweisen und aus denen sich allenfalls grobe argumentative Tendenzen ableiten lassen, allerdings konnte die eigentliche Frage nach rekurrenten Topoi im Diskurs noch keineswegs beantwortet werden. Wie bereits in Kapitel 5.4.2.1 festgestellt wurde, ist es zum jetzigen Zeitpunkt nicht möglich, Argumentation aus der hier gewählten Perspektive korpuslinguistisch erfassen, geschweige denn analysieren zu können; deshalb ja auch der vielfältige Werkzeugkasten, um eine Annäherung zu ermöglichen. Mittels Befunde auf der S_1-Ebene soll auf die S_2-Ebene rückgeschlossen und, wo möglich, über korpuslinguistische Annäherungen wieder generalisiert werden. Hierfür gilt es, ein Gleichgewicht zwischen Aufwand und möglichen Resultaten zu finden, denn aus aufwandsökonomischen Gründen ist es nicht möglich, 30 000 Artikel zu analysieren. Gleichzeitig muss bedacht werden, dass sich mittels Indikatoren keineswegs sämtliche Argumentationen auffinden lassen. Insbesondere bei bereits etablierteren Schemata ist durchaus erwartbar, dass diese stark (im extremsten Fall bis hin zu diskursspezifischen Indikatoren) kondensiert sind und allgemeine, argumentative Indikatoren nicht (mehr) verwendet werden. Genau durch diese Implizitheit zeichnet sich Alltagsargumentation ja aus. Ebenso gilt es zu beachten, dass Texte komplexe argumentative Gebilde sind. Erinnert man sich an das Beispiel der UNO-Klimakonferenz auf Bali in Kapitel 3.3, so wird deutlich, dass ein isolierter Satz nicht unbedingt das ganze Ausmass der Argumentation aufzeigt und der Einbezug eines grossen sprachlichen Kontextes notwendig ist. Aus diesen Gründen wurden drei verschiedene Zugänge zu den Argumentationen im Diskurs gewählt, um rekurrente, diskursspezifische und diskursimmanente Topoi herausarbeiten zu können. Zwei Zugänge betrachten vollständige Texte, um sich aus einer diskursimmanenten Perspektive auch impliziteren Topoi nähern zu können, während der dritte Zugang lediglich Belegstellen umfasst und somit aus argumentativer Sicht isolierender ist.

Die fünf Spitzen in der Berichterstattung fallen mit diskursiv relevanten Ereignissen zusammen. Deshalb wurden für jeden dieser Monate sowie für die Grundberichterstattung zufällig fünfzehn Artikel gewählt.[10] Selbstredend handelt es sich bei fünfzehn Texten um äusserst kleine Ausschnitte aus dem Diskurs (s. Tabelle 12).

10 Informationen zu den entsprechenden Artikeln befinden sich im Anhang 13.4.1.

Tab. 12: Prozentuale Anteile der gewählten Texte an den jeweiligen Subkorpora, die aus den Diskursereignissen resultieren

Teil	Anzahl Texte	Prozent	Pilotanalyse
März 2007	443	3,39	15
Dezember 2007	512	2,93	15
Dezember 2009	663	2,26	15
September 2013	411	3,65	15
Dezember 2014	401	3,74	15
2007 bis 2014	25 923	0,06	15

Diese 90 Texte bilden die Grundlage für die Pilotanalyse. Diese ermöglicht eine erste Betrachtung ganzer Texte und somit die Analyse komplexer Argumentationen. Durch diesen diskursanalytischen Zugang können ebenfalls Diskursindikatoren und Tropen analysiert werden; Befunde, die dann wiederum in weiterführende Überlegungen miteinbezogen werden können. Aus der Analyse resultieren ein erstes Grundgerüst der topologischen Diskursformation, argumentative Unterschiede zwischen den einzelnen Diskursereignissen und mögliche Zugangspunkte, die mit Hilfe der beiden weiteren Belegquellen verfeinert werden. Gleichzeitig bietet dieser erste Blick in Texte des Korpus die Möglichkeit, (korpuslinguistische) Zugänge anzupassen und zu verfeinern.[11]

Die zweite Belegquelle basiert auf den Tabellen 6 bis 11. Ich habe bei den Kollokationen mit inhaltlichen Themen (nicht kursiv in der Tabelle) diejenigen Belege betrachtet, bei denen innerhalb der Kollokationen oder in ihrer Umgebung (jeweils 25 Ausdrücke links und rechts) mindestens 10 Wörter des entsprechenden Themenbereichs vorkommen. Hierfür gibt es zwei Gründe: Erstens lässt sich dadurch die Menge an Belegen auf ein analysierbares Mass reduzieren und zweitens gewährleistet dieser Zugang, dass thematisch relevante Belege analysiert werden. Durch diese Annäherung lassen sich solche Belege finden, die diskursimmanent sind und bestimmte Indikatoren aufweisen. Allerdings handelt es sich im Vergleich zur Pilotanalyse um ein isolierendes Vorgehen, da mit einer erweiterten KWIC-Ansicht (jeweils 25 Ausdrücke links und rechts der Kollokation) gearbeitet wird, wodurch in der Regel nicht mehr als einfache Argumentationen berücksichtigt werden können. Um die Vielzahl an Belegen bewältigen zu können, werden zusätzlich nur diejenigen Stellen analysiert, in denen die Argumentationen unmittelbar mit dem Diskurs über Klimawandel verknüpft sind.

11 Beispielsweise wurde die Themenannotation als Reaktion auf diese Pilotanalyse vorgenommen.

Die dritte Belegquelle umfasst wiederum ganze Texte und dient gleichzeitig – inspiriert durch den Text von Brookes & McEnery (2019) – als Kontrolle für die Themenannotation. Für zehn diskursrelevante Themen[12] werden jeweils zwanzig Texte analysiert, in denen das entsprechende Thema am häufigsten vorkommt.[13] Durch diesen Ansatz können implizite und komplexere Argumentationen in diskursimmanenten Texten betrachtet und gleichzeitig die Themenannotationen auf ihre Konsistenz hin analysiert werden.

Mittels dieser drei Belegquellen wird nun die topologische Diskursformation im folgenden Kapitel etabliert und werden diskursspezifische Topoi vorgestellt und diskutiert. Falls notwendig, werden die Belege um korpuslinguistische Zugänge ergänzt.

---

12 Es handelt sich um die folgenden zehn Themen: «Biotreibstoffe» (V6), «Fossile Brennstoffe» (V9), «Konsequenzen Klimawandel» (V20), «Klimawandel» (V38), «CO_2-Kompensation» (V43), «CO_2-Abgaben» (V52), «Treibhausgase» (V56), «Klimakonferenzen» (V79), «Energiepolitik» (V81), «Studien Klimawandel» (V87).

13 Eine Auflistung der Texte befindet sich im Anhang 13.4.2.

8 Der Klimawandel in Schweizer Medien

8.1 Topologische Diskursformation

Diskurse über Klimawandel weisen auf einer stark abstrahierten Ebene eine argumentative Abfolge auf, die vereinfacht dargestellt daher rührt, dass (klima-) wissenschaftliches Wissen dazu verwendet wird, in politischen Handlungsfeldern Entscheidungen zu treffen oder zu rechtfertigen. Diese Abfolge umfasst mehrere Punkte, die sich gewissermassen auch in den Berichten des IPCC zeigen. Während sich die erste Arbeitsgruppe (Stockeret al. 2013) mit dem Klimawandel und seinen Ursachen beschäftigt, umfasst der Bericht der zweiten Arbeitsgruppe (Field et al. 2014) die Folgen des Klimawandels sowie Adaptationsmöglichkeiten. Die dritte Gruppe (Edenhofer et al. 2014) beschäftigt sich mit Mitigationsmassnahmen. Es muss also zuerst eine kausale Relation zwischen Ursachen und Folgen etabliert werden, um dann in einem zweiten Schritt mögliche Adaptations- oder Mitigationsmassnahmen zu diskutieren.

In diesem Zusammenhang ist der Begriff *Risiko* zentral,[1] denn die Umsetzung von Mitigations- und Adaptationsmassnahmen hängt wesentlich davon ab, wie hoch ein bestimmtes Risiko ist. Das in den Klimawissenschaften übliche Risikokonzept setzt sich aus den drei Bereichen Gefährdung (in Form von Wetter- und Klimaereignissen), Verwundbarkeit und Exposition zusammen (Field et al. 2012: 2). Während Gefährdung «[d]as mögliche Auftreten eines natürlichen oder klimabezogenen physischen Ereignisses oder Trends oder dessen physikalische Folge, die den Verlust von Leben, eine Verletzung oder eine Gefährdung der Gesundheit bewirken kann» (Akademien der Wissenschaften Schweiz 2016: 77), meint, umfasst die Exposition «[d]as Vorhandensein von Menschen, Lebensgrundlagen, Lebewesen oder Ökosystemen, Umweltleistungen und Ressourcen, aber auch von Infrastrukturen oder wirtschaftlichen, sozialen oder kulturellen Werten an Orten, die bedroht sein können» (Akademien der Wissenschaften Schweiz 2016: 77). Die Verwundbarkeit beschreibt schliesslich

> [d]ie Neigung oder Veranlagung, nachteilig betroffen zu sein. Die Verwundbarkeit umfasst auch die Empfänglichkeit für Schaden, Verlust und Leid und das Unvermögen, damit umzugehen oder sich anzupassen.
>
> (Akademien der Wissenschaften Schweiz 2016: 77)

1 Ein Indiz hierfür könnte auch sein, dass das Lemma *Risiko* im betrachteten Korpus häufiger (168,43 Ausdrücke pMW) vorkommt als im DWDS-Kernkorpus und Zeitungen (74,95 Ausdrücke pMW; https://www.dwds.de/api/frequency?q=Risiko).

https://doi.org/10.1515/9783110760804-008

Mittels Mitigation kann die Gefährdung selbst reduziert werden, während über Adaptation Verwundbarkeit und Exposition eingeschränkt werden können. Dieser Risikobegriff wird gemeinsam mit der Unsicherheit oft als Hauptschwierigkeit in der Überführung von klimawissenschaftlichen Spezialdiskursen in öffentliche Diskurse verstanden (s. beispielsweise Boykoff 2011: 62–67; Leiserowitz 2006), gleichzeitig handelt es sich aber auch um einen zentralen Frame in der Berichterstattung, wie beispielsweise die Studien von Painter (2013) oder Brüggemann & Engesser (2013) zeigen.

Auf einer übergeordneten Diskursebene spielt diese Konzeption von Risiko allerdings keine relevante eine Rolle. Diese spielt eine kausale Abfolge, die von den Ursachen des Klimawandels bis hin zu der Umsetzung von Adaptations- und Mitigationsmassnahmen reicht und – zumindest im ersten Teil – Ähnlichkeiten mit den Themen- und Verantwortungsgebieten der drei Arbeitsgruppen des IPCC aufweist: Bestimmte Ursachen führen zum Klimawandel, der wiederum Folgen nach sich zieht. Auf diese Folgen kann reagiert werden, indem Anpassungen stattfinden oder indem mittels Mitigationsmassnahmen die Ursachen reduziert werden. Es handelt sich hierbei primär um (klima-)wissenschaftliche Verhandlungen, allerdings werden insbesondere Wirkungen sowie Adaptations- und Mitigationsmassnahmen aber auch interdisziplinär verhandelt. Die Primärtexte (s. Girnth 2015: 89) entstammen dabei vorrangig wissenschaftlichen Spezialdiskursen. Die Umsetzung erfolgt dann klassischerweise mittels pragmatischer Argumentation: Im grossen Stil wird im Rahmen von politischen Verhandlungen über die Umsetzungsmöglichkeiten diskutiert, die wiederum (wirtschaftliche) Folgen nach sich ziehen. Es sind bis zu einem gewissen Grad selbstverständlich auch individuelle Umsetzungen möglich. Somit wird in der zugrundeliegenden topologischen Diskursformation Wissen, die in Abbildung 27 dargestellt wird, aus dem wissenschaftlichen Handlungsfeld in Entscheidungen und Umsetzungen in politischen, wirtschaftlichen und privaten Handlungsfeldern überführt, dabei werden gleichzeitig aus Sicht der Geltungsansprüche gewissermassen solche der Wahrheit in solche der Richtigkeit überführt.

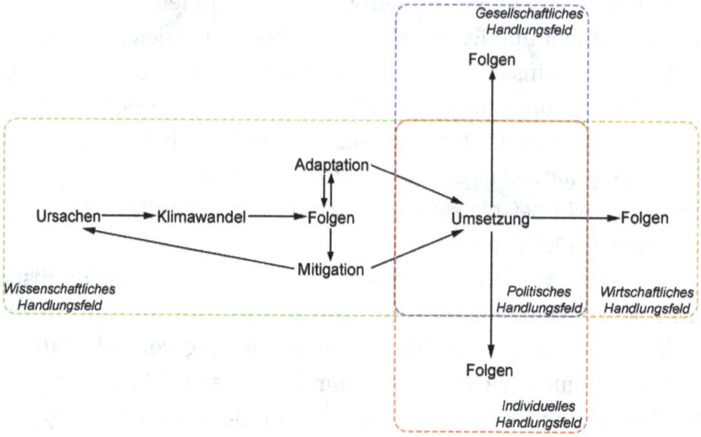

Abb. 27: Topologische Diskursformation im massenmedialen Interdiskurs über Klimawandel in der Schweiz

Im Rahmen der nachfolgenden Unterkapitel werde ich die einzelnen Punkte innerhalb dieser Kette mit Blick auf ihre argumentativen Eigenschaften beschreiben und analysieren. An gleicher Stelle muss aber auch betont werden, dass diese Darstellung Schwachstellen aufweist, denn Argumentationen können durchaus mehreren Teilbereichen angehören und spätestens, wenn komplexere Argumentation relevant ist, sind verschiedene Zuordnungen zu erwarten.

8.2 Ursachen des Klimawandels

Das Verhältnis zwischen den Ursachen und dem Klimawandel ist prototypisch ein kausales, in dem der Mensch sowie menschliche Aktivitäten die Ursachen für die seit Beginn der Industrialisierung angestiegenen Treibhausgasemissionen und den daraus resultierenden Klimawandel darstellen. Erstmalig wurde der Mensch als Ursache im *Rahmenübereinkommen der Vereinten Nationen über Klimaänderungen* (UNFCCC 1992: 2) auch politisch festgehalten: «menschliche Tätigkeiten [haben] zu einer wesentlichen Erhöhung der Konzentrationen von Treibhausgasen in der Atmosphäre geführt». Aus wissenschaftlicher Sicht wird ein solcher Zusammenhang bereits seit 1930 vermutet und hat sich in den 50er und 60er Jahren des 20. Jahrhunderts erhärtet (Rahmstorf & Schellnhuber 2012: 29–30). Aus argumentativer Sicht handelt sich um eine dreigliedrige Kausalkette, die von menschlichen Ursachen über erhöhte Treibhausgasemissionen zur Klimaerwärmung führt.

Einzelne Teile dieser Kette können (un)sichtbar gemacht werden: Werden beispielsweise die Auswirkungen von Treibhausgasen auf die Erderwärmung betrachtet, so wird der Mensch als Ursache in den Hintergrund gerückt. Das Wissen um diese dreigliedrige Kette ist in einem solchen Fall notwendig, um den Menschen wieder sichtbar zu machen. Dieser Vorgang hat weitreichende Konsequenzen, denn beim Klimawandel ist es zentral, ob der menschliche Einfluss in der Kausalkette sichtbar ist oder nicht:

> Bei entsprechend komplexen Phänomenbereichen kann auch strittig sein, ob kausale Zusammenhänge nach den Schemata (38)–(41) (= Ursache-Wirkung) oder (42)–(45) (= Grund-Handlung-Folge) zu beurteilen sind.
>
> (Kienpointner 1992: 348)

Diese beiden Möglichkeiten ziehen völlig unterschiedliche Argumentationsverläufe nach sich. In einer Grund-Handlung-Folge-Abfolge kann die Frage nach Verantwortung gestellt werden, die in einem Ursache-Wirkung-Komplex schlicht nicht auftaucht. Gleichzeitig resultiert aus einer Abfolge von Grund-Handlung-Folge die Möglichkeit, Handlungen anzupassen oder zu rechtfertigen. Handelt es sich hingegen um eine Ursache-Wirkung-Kette, so ist es nicht möglich, die Ursache selbst zu ändern. Dies wird von Klimawandelskeptiker*innen dazu verwendet, Mitigationsmassnahmen abzulehnen. Sie überführen die im Diskurs vorherrschende Grund-Handlung-Folge-Abfolge in eine Ursache-Wirkung-Abfolge, um den Mensch als Grund strittig zu machen:

> Im Bundeshaus wähnen sich die Klimaskeptiker im Aufwind. Ihr stärkstes Argument: Die Erwärmung der Erde stagniert derzeit. Klimaforscher sehen darin ein vorübergehendes Phänomen; für Politiker aus SVP und FDP hingegen belegt die sogenannte Klimapause, dass die Wissenschaft das Klimasystem im Detail noch nicht verstanden hat. Vorhersagen seien deshalb mit grösster Vorsicht zu geniessen, sagt Nationalrat Hans Killer (SVP), Mitglied der Energiekommission. «Wir haben uns immer kritisch zum angeblich menschengemachten Klimawandel geäussert.»
>
> (Tages-Anzeiger 28.09.2013a)

Anschliessend werden Mitigationsmassnahmen in einem Kausalschema als redundant etabliert:

(1) Topos des natürlichen Klimawandels (Kausalschema)

1 Mitigationsmassnahmen sind nicht sinnvoll.

1.1 Der Klimawandel wird durch natürliche Aktivitäten verursacht.

1.1' Wenn der Klimawandel natürlich ist, kann er nicht mittels Mitigationsmassnahmen eingeschränkt werden.

> In der Debatte über das Strassenbauprogramm entbrannte ein Streit zur Klimaerwärmung. Diverse SVP-Redner stellten in Abrede, dass diese durch Luftverschmutzung verursacht werde. Das sei reine Politik mit dem Ziel, mehr Umweltgebühren einzutreiben. Die Grünen warfen der SVP gefährliche Ignoranz vor. «Ich zahle der ganzen SVP-Fraktion ein Mittagessen, wenn sie mir belegen kann, dass es keinen menschengemachten Klimawandel gibt», sagte Martin Neukomm (Winterthur).
>
> (Tages-Anzeiger 25.11.2014)

Das Beispiel zeigt, wie durch einen solchen (1) Topos des natürlichen Klimawandels Klimaschutzmassnahmen umgewidmet werden. Da solche Massnahmen nicht dem Schutz des Klimas dienen, erfüllen sie einen anderen Zweck: das Eintreiben von Umweltgebühren. Der Schritt zum *Cui-Bono-Topos* (Tereick 2016: 161) ist nicht mehr weit: «*Wenn eine Institution finanziell von einer bestimmten Diskursposition profitiert, dann wird diese manipulativ verbreitet und ist daher falsch.*»

Die Ursache eines natürlichen Ursache-Wirkung-Schemas zu ändern, ist nicht möglich, wodurch auch Mitigationsmassnahmen hinfällig werden. Allenfalls könnten von einem solchen Standpunkt aus Adaptationsmassnahmen verhandelt werden. Eine solche Argumentation ist allerdings klar trugschlüssig und auch die Ausnahme im Korpus, da die zugrundeliegende Argumentation auf der nicht geteilten Prämisse eines natürlichen Klimawandels fusst. Denn dass der Mensch den Klimawandel verursacht, ist wissenschaftlicher Konsens und auch im öffentlichen Diskurs generell akzeptiert:

> The issues debated in public have moved in many instances beyond whether or not climate change is happening and caused by human activities [...]. Policy debates at all levels over climate change mitigation have become widespread and are surging in the lead-up to the December 2009 international negotiations in Copenhagen, where – with renewed US engagement – a successor treaty to the Kyoto Protocol will be negotiated.
>
> (Moser 2010: 32)

Der anthropogene Klimawandel wird daher auch in der Literatur als «dominante Position» (Tereick 2016: 330) oder «master frame» (Brüggemann & Engesser 2013: 9) beschrieben. In der Forschungsliteratur sind Topoi, die die Ursachen des Klimawandels thematisieren, entsprechend selten, da es sich im öffentlichen Diskurs (in der Regel) nicht um strittige Geltungsansprüche handelt.

Treibhausgase bilden das kausale Bindeglied zwischen dem Menschen und dem Klimawandel. Aus wissenschaftlicher Sicht sind vor allem Kohlenstoffdioxid, Methan, Distickstoffoxid und halogenierter Kohlenwasserstoff als Treibhausgase relevant (s. Rebetez 2006: 22–26).

Ein Grossteil der Emissionen in der Schweiz resultiert aus der Verbrennung fossiler Brennstoffe (Akademien der Wissenschaften Schweiz 2016: 161). Der Verkehr, Gebäude sowie die Industrie verursachen die meisten Treibhausgase, wobei der Anteil der Gebäudeemissionen sich im Laufe der Zeit verringert, derjenige des Verkehrs sich erhöht hat (s. BAFU 2019: 18). Im internationalen Vergleich (s. Edenhofer et al. 2014: 381) ist in der Schweiz der landwirtschaftliche Anteil an den Treibhausgasemissionen klein, während diejenigen aus Verkehr und Gebäuden wesentlich höher sind. Die Energiebereitstellung trägt in der Schweiz verhältnismässig wenig zu den Emissionen bei, da der Strom vermehrt aus Wasser- und Atomkraft produziert wird (s. Akademien der Wissenschaften Schweiz 2016: 168). Im Vergleich zu anderen Ländern ist auch der Gesamtausstoss in der Schweiz gering, da das Land klein ist und eine geringe Bevölkerungszahl aufweist. Auch pro Kopf ist der Emissionsanteil im Vergleich zu anderen europäischen Ländern gering (s. BAFU 2020b: 44). Werden allerdings Emissionen im Ausland miteinbezogen, die beispielsweise durch den Import verursacht werden, so ist dieser Wert weitaus höher: «Der Anteil an inländischen Emissionen aufgrund der Schweizer Endnachfrage beträgt 2008 40 % und sinkt bis 2015 auf 35%. Im Gegenzug vergrössert sich in dieser Zeitspanne der Anteil der im Ausland angefallenen Emissionen von 60 % auf 65 %.» (BFS 2018: 1)[2] Die tatsächlichen Emissionen sind somit um 65 % höher, als es auf den ersten Blick scheint.

8.2.1 Der Mensch als Verursacher

In den betrachteten Belegen wird äusserst selten ein expliziter argumentativer Bezug zwischen der Menschheit und dem Klimawandel hergestellt, denn dieser ist als wissenschaftlicher Konsens etabliert. Weitaus häufiger wird der anthropogene Ursprung schlicht impliziert oder aber attribuiert wie in dem folgenden Beispiel (Aargauer Zeitung 20.09.2012): «Der Rückgang des Eises könne nur durch den ‹menschengemachten Klimawandel erklärt werden›.» Der menschgemachte Klimawandel dient als Prämisse (z. B. im vorliegenden Beispiel), um kausal den Rückgang des Eises zu erklären. Eine subordinierende Argumentation, um den Menschen als Ursache zu stützen, kommt in der Regel nicht vor. Die anthropogenen Ursachen werden aber nicht nur impliziert oder attribuiert, sondern auch durch stark partikularisierende Synekdochen dargestellt, wie sich an den ersten hundert Kollokationen mit *Klimawandel* und ähnlichen Ausdrücken[3]

---

2 Dieser Umstand wird ebenfalls in den Artikeln thematisiert: «Weil die Schweiz mehr Rohstoffe und Güter importiert, als sie exportiert, verursacht die Bevölkerung in der Schweiz total mehr klimawirksame Gase, als die nationale Statistik ausweist.» (Basler Zeitung 13.08.2009).

3 Gesucht wurde nach den in Abbildung 28 dargestellten Ausdrücken. Als Kollokationen wurden Lemmata innerhalb einer Spannweite von 5L/5R betrachtet.

zeigt. Unter ihnen befinden sich stark partikularisierende Synekdochen wie *Mensch* und attributiv *menschlich* sowie *mensch(en)gemacht.* Hinzu kommt *Menschheit.*

Falls eine Beziehung zwischen Mensch und Klimawandel argumentativ hergestellt wird, dann in der Regel über ein Autoritätsschema, das die kausale Beziehung stützt.

(2) Topos des anthropogenen Klimawandels (Autoritätsschema)

1. Der Mensch verursacht den Klimawandel.

1.1 Akteur*in X sagt, dass der Mensch den Klimawandel verursacht.
1.1' Wenn Akteur*in X etwas zum kausalen Verhältnis zwischen Mensch und Klimawandel sagt, dann stimmt das.

> Das bedeutet laut den Forschern, dass der Einfluss des Menschen auf die Konzentration des Treibhausgases Kohlendioxid erst mit der industriellen Revolution so richtig begann. (NZZ am Sonntag 27.09.2007)

Dieser Topos, mit dem die anthropogene Ursache gestützt wird, ist selten. Weitaus häufiger werden über solche Topoi weitere Folgen oder Klimaschutzmassnahmen gestützt:

> Ohne deutlichen Abbau der Treibhausgasemissionen muss laut IPCC mit einem weiteren Temperaturanstieg und vermehrten Wetterextremen gerechnet werden. (St. Galler Tagblatt 03.11.2014a)

Autoritätsschemata wurden lange Zeit als trugschlüssige (oder zumindest schwache) Argumentationen wahrgenommen, was sich unter anderem auch daran zeigt, dass sie als *Argumentum ad verecundiam* bezeichnet wurden. Spätestens seit Walton (1997) werden Autoritätsschemata aber nicht mehr voreilig als trugschlüssig klassifiziert. Besonders dann, wenn es um Wissen aus Spezialdiskursen geht, ist die Bezugnahme auf Expert*innen(gruppen) unerlässlich: «If you think of it, in fact, nearly everything we believe is believable because it is based on the opinions of experts. In this age of specialization and professionalization, it is not possible to escape accepting things on the basis of authority.» (Walton 1997: 1) So würde beispielsweise kaum eine Laiin oder ein Laie klimawissenschaftliche Studien nachvollziehen können. Trotzdem sind Leser*innen dem Urteil von Expert*innen nicht einfach ausgeliefert, stattdessen bieten kritische Fragen (Walton 1997: 222–225) die Möglichkeit, solche Argumentationen zu überprüfen.

Prototypisch dient der IPCC als epistemische Autorität:[4]

---

4 Weitere Belegstellen wurden durch die Verknüpfung von *Mensch/anthropogen,* einem Indikator und *Verantwortung/verantwortlich/verantworten* respektive *Prozent* gesucht. Suchanfra-

> Nunmehr stehe zu 90 Prozent fest, dass der Mensch den natürlichen Treibhauseffekt durch das Verfeuern fossiler Brennstoffe verstärke, heisst es in dem gestern in Paris veröffentlichten 4. Bericht des zwischenstaatlichen Ausschusses zum Klimawandel (IPCC).
> (Zürichsee-Zeitung 03.02.2007a)

Dabei wird einerseits der Geltungsanspruch der Wahrheit mittels eines Ausdrucks wie *wahrscheinlich*, der sich unmittelbar an die Terminologie des Weltklimarates anlehnt, modalisiert. Andererseits wird die Verantwortlichkeit des Menschen eingeschränkt, indem er nur *für den grössten Teil* des Klimawandels verantwortlich gemacht wird:

> Die IPCC-Klimaberichte (Intergovernmental Panel on Climate Change, Weltklimarat) zeigen, dass der Mensch zum grössten Teil für die Klimaveränderungen verantwortlich ist.
> (Zürichsee-Zeitung 21.07.2009)

Im Rahmen der Belege lässt sich allerdings nicht klären, ob es einen Zusammenhang zwischen der modalisierenden – *wahrscheinlich* – und der anteilsmässigen – *zum Grossteil* – Einschränkung gibt. In den Belegen fällt aber auf, dass oft entweder *wahrscheinlich* oder *zum grössten* Teil verwendet wird. Möglicherweise hängt dies mit den in Kapitel 5.2.1 angeführten Überlegungen zusammen: *Wahrscheinlich* schwächt unter anderem im Sinne der ersten kritischen Frage (s. Walton, Reed & Macagno 2008: 328) die kausale Beziehung, während *zum grössten Teil* eine Antwort auf die dritte kritische Frage sein kann (s. Walton, Reed & Macagno 2008: 328), da dadurch auf weitere kausale Faktoren geschlossen werden kann. Insgesamt orientiert sich die Berichterstattung an der Bewertung und Benennung durch den IPCC, was sich unter anderem an der Verwendung von *(sehr) wahrscheinlich* zeigt. Im Korpus kann zumindest für den Teilbereich der Ursachen somit nicht festgestellt werden, dass die klimawissenschaftliche Unsicherheit medial in Sicherheit überführt wird, wie dies Weingart, Engels & Pansegrau (2008: 107–108) für den früheren Diskursverlauf feststellen. Zwar findet in der Regel keine argumentative Verhandlung des kausalen Verhältnisses zwischen dem Klimawandel und dem Mensch als Grund statt, die mit diesem Verhältnis verknüpfte epistemische Modalität wird aber durchaus thematisiert. An einigen Stellen wird deutlich, dass sich Journalist*innen und insbesondere wissenschaftliche Akteur*innen der Schwierigkeiten dieser modalisierenden Aus-

---

ge: ([lemma="Mensch|anthropogen" %c] []{0,5} [indikator!="O"] []{0,5} [lemma="verantwortlich|Verantwortung|verantworten" %c]) | ([lemma=".*verantwortlich|.*Verantwortung|.*verantworten" %c] []{0,5} [indikator!="O"] []{0,5} [lemma="Mensch|anthropogen" %c]) und ([lemma="Mensch|anthropogen" %c] []{0,8} [lemma="Prozent"]) ([lemma="Prozent"] []{0,8} [lemma="Mensch|anthropogen" %c]).

drucksweise bewusst sind und sie geben im Sinne der kritischen Fragen des ursprünglichen Kausalschemas Gründe für diese Unsicherheit an:

> Diese Unsicherheit ist durch zwei Komponenten verursacht. Einerseits wissen wir nicht, wie viel Energie wir in Zukunft brauchen und welche Energieträger wir verwenden. Die andere Komponente ist die Unsicherheit in den Klimamodellen.
>
> (SonntagsZeitung 02.12.2007)

Der Umgang mit dieser Unsicherheit und diesem Unwissen wird in der Forschungsliteratur[5] als Schwierigkeit in der Berichterstattung über Wissenschaft (und damit auch bei der Überführung der wissenschaftlichen Spezialdiskurses in den massenmedialen Interdiskurs) beschrieben:

> But uncertainty can be an obstacle to decision making. And scientific uncertainty is often misunderstood, particularly by the general public, and misinterpreted as ignorance. Many people fail to recognise the distinction between ‹school science›, which is a source of solid facts and reliable understanding, and ‹research science› where uncertainty is engrained and is often the impetus for further investigation.
>
> (Painter 2013: vii)

Das Konzept der wissenschaftlichen Wahrscheinlichkeit wird teilweise auch illustriert, indem eine Analogie zu Alltagssituationen hergestellt wird (SonntagsZeitung 11.02.2007): «Die Wahrscheinlichkeit, dass der Mensch das Klima verändert, liege bei 90 Prozent. Im Alltag würde das nach Ansicht Latifs als Sicherheit gelten.» Andres Levermann wird konkreter und vergleicht Vorgänge in der Westantarktis mit einem Flugzeugabsturz (SonntagsZeitung 03.07.2011): «Selbst bei einer Erwärmung um ‹nur› drei Grad gegenüber heute liege die Wahrscheinlichkeit für das Kippen der Westantarktis noch bei rund 25 Prozent. Levermann: ‹Niemand würde in ein Flugzeug steigen, das mit 25 Prozent Wahrscheinlichkeit abstürzt.›» An dieser Stelle kann dann auch das Risikokonzept aufgegriffen werden, denn wenn das Risiko gross ist, sollte etwas unternommen werden, auch wenn nicht sämtliche Unsicherheiten beseitigt werden (können):

> Wenn es um so schwerwiegende Konsequenzen geht, müssen Sie immer den schlimmsten Fall annehmen und dementsprechend handeln. Wenn Ihr Kind auf dem Schulweg einer gefährlichen Strasse entlang gehen muss, dann machen Sie sich Sorgen und treffen Mass-

---

5 Mit der Übertragung von (klima-)wissenschaftlichem Wissen in den öffentlichen Diskurs haben sich unter anderem Boykoff (2011), Hulme (2009a: 72–108) sowie Painter (2013) beschäftigt, während sich andere Autor*innen dem Thema aus der Sicht von Lai*innen (Butler & Pidgeon 2009; Taddicken, Reif & Hoppe 2018), Expert*innen aus den journalistischen, akademischen und politischen Handlungsfeldern (Smith 2005) oder Klimawissenschaftler*innen (Post 2015) annähern.

nahmen, selbst wenn die Statistik sagt, dass an dieser Stelle nie etwas passiert. Genau so sollte unsere Einstellung zum Klimawandel sein.

(SonntagsBlick 25.11.2007)

Dieser Zeitungsbeleg deckt sich mit dem, was Hulme (2009a: 123–124) unter dem Sprichwort *it's better to be save than sorry* subsumiert: Die Risiken des Unterlassens von Mitigationsmassnahmen sind so gross, dass sich dies in einem kritischen Sinn auf die Pflicht zur Verteidigung im Sinne der zweiten pragma-dialektischen Regel auswirken kann: Stehen sich die beiden Thesen *Mitigationsmassnahmen müssen (trotz wissenschaftlicher Unsicherheiten) ergriffen werden* und *Mitigationsmassnahmen sollten (wegen wissenschaftlicher Unsicherheiten) nicht ergriffen werden* gegenüber, so sollte die Pflicht zur Verteidigung für die zweite These höher sein auf der Grundlage eines Topos der negativen Konsequenzen. Somit handelt es sich hier um eine handlungsfeldspezifische Anpassung dieser pragma-dialektischen Regel, denn in einer gemischten Diskussion beginnt in der Regel diejenige Person mit der Verteidigung, deren These dem Status quo widerspricht (s. van Eemeren & Snoeck Henkemans 2017). Innerhalb des Handlungsfelds wird diese Reihenfolge durch den Topos der negativen Konsequenzen zusätzlich verstärkt. In der betrachteten Berichterstattung bildet dies aber die Ausnahme.

Möglicherweise aufgrund dieses beträchtlichen Risikos ist auch die Zurückweisung des menschlichen Einflusses auf den Klimawandel aufgrund der fünf- oder zehnprozentigen Unsicherheit, wie es beispielsweise Ekwurzel, Frumhoff & McCarthy (2011) für den amerikanischen Raum aufzeigen, im Korpus ausgesprochen selten. Lediglich an einer Stelle wird die These des anthropogenen Klimawandels mit Bezugnahme auf die 5 % Unsicherheit in Zweifel gezogen:

Die Klimaerwärmung seit der Industrialisierung ist Realität, das lässt sich eindeutig nachweisen. Alles andere nicht: Dass der Mensch für die Klimaerwärmung verantwortlich ist, kann die Wissenschaft nur mit einer Wahrscheinlichkeit von 95 Prozent sagen.

(St. Galler Tagblatt 03.11.2014b)

Das obige Beispiel zeigt die Zurückweisung des menschlichen Einflusses aufgrund der Unsicherheit, durch die der oben skizzierte Argumentationsverlauf auch im Korpus an wenigen seltenen Stellen sichtbar wird.

Solche Autoritätstopoi stehen allerdings selten isoliert. insbesondere im Anschluss an den fünften Sachstandsbericht des IPCC (Stocker et al. 2013) wird aus der hohen Wahrscheinlichkeit des kausalen Verhältnisses mittels pragmatischer Argumentation die Notwendigkeit zum Handeln abgeleitet:

(3) Topos des Menschen I (Pragmatische Argumentation)

1 Der Mensch muss handeln.
1.1 Der Mensch verursacht den Klimawandel.
1.1' Wenn der Mensch den Klimawandel verursacht, muss er handeln.
1.1.1a Hierfür gibt es eine Wahrscheinlichkeit von 90 %.
1.1.1b Eine Wahrscheinlichkeit von 90 % ist ausreichend.

Knutti: «Wir sind zu über 90 Prozent sicher, dass der Mensch den Klimawandel massgeblich verursacht. Mehr Sicherheit braucht es nicht, um endlich zu handeln.»
(St. Galler Tagblatt 03.09.2013)

Dass der anthropogene Klimawandel nicht mehr zwingend argumentativ gestützt werden muss, zeigt sich auch an den Stellen, wo er als materiale Prämisse dient (Zürichsee-Zeitung 03.02.2007b): «‹Angesichts dieser Offensichtlichkeit müssen wir nicht länger darüber reden, ob der Mensch für die Klimaerwärmung verantwortlich ist›, erklärte Achim Steiner, Direktor des Uno-Umweltprogramms Unep.»

Der bisher thematisierte *Mensch* als Grund für den Klimawandel ist eine stark partikularisierende Synekdoche, aus der sich zahlreiche Basishandlungen (s. von Wright 2000: 70) ableiten lassen. Der Ursprung solcher Basishandlungen ist aber nicht nur diese Synekdoche, sondern in Form von Anthroponymen oder Kollektiva auch Teile der Menschheit. So können die gesamte Menschheit, das Individuum (Boykoff 2011: 117), die globale Gemeinschaft (Krzyżanowski 2013), die Regierung (Boykoff 2011: 117), aber auch einzelne Länder oder menschliches Verhalten als Ursachen verhandelt werden. Metonymisiert können auch ganze Gesellschafts- oder Wirtschaftssysteme als Ursachen dienen. Der Mensch als handelndes, verursachendes und verantwortliches Wesen rückt dadurch in den Hintergrund.

Im Korpus wird als Ursache für den Klimawandel[6] am häufigsten der *Mensch* genannt (52). In seltenen Fällen wir er als Ursache auch verworfen (8)[7] oder angezweifelt (2). Deiktische Umschreibungen wie *wir* (3) sind selten. Hingegen wird der Begriff weiter abstrahiert, indem metonymisch vom *hausgemachten*

---

6 Weitere Belege wurden mittels der Suche nach Verben mit einer kausalen Komponente wie *verursachen* oder *bewirken* sowie einem Ausdruck für Klimawandel ermittelt. Suchanfrage: ([lemma="verursachen|bewirken|führen|lösen"] []{0,5} ([lemma="Klimawandel|Klimaerwärmung|Erderwärmung|Klimaänderung|Klimaveränderung|Klimakatastrophe"] | ([lemma="Wandel"] [word="des"] [word="Klimas"]) | ([lemma="global"] [lemma="Erwärmung"]))) | (([lemma="Klimawandel|Klimaerwärmung|Erderwärmung|Klimaänderung|Klimaveränderung|Klimakatastrophe"] | ([lemma="Wandel"] [word="des"] [word="Klimas"]) | ([lemma="global"] [lemma="Erwärmung"])) []{0,5} [lemma="verursachen|bewirken|führen|lösen"]).

7 Solche klimawandelskeptischen Standpunkte lassen sich hauptsächlich in Leserbriefen finden.

oder synekdochisiert vom *von Menschenhand* verursachten Klimawandel gesprochen wird. Der Mensch wird teilweise auch eingeschränkt auf bestimmte Bevölkerungsgruppen wie *(reiche) Industrienationen* (5), den *Westen* (1) oder *Menschen in urbanen Zentren* (1). In diesem Rahmen werden gewisse Gruppen als Verursacher auch explizit zurückgewiesen, so insbesondere *Afrika* (2), *Bergbewohner* (1), *Entwicklungsländer* (1) oder *ärmere Staaten* (1). Das Nicht-Verantwortlichsein von Entwicklungsländern wird dabei mehrfach kausal aus deren Armut abgeleitet:

(4) Topos der Entwicklungsländer (Kausal-/Definitionsschema)

1 Entwicklungsländer sind nicht für den Klimawandel verantwortlich.

1.1 Entwicklungsländer sind arm.

1.1' Wenn Entwicklungsländer arm sind, sind sie nicht für den Klimawandel verantwortlich.

Germanwatch wies darauf hin, dass die betroffenen Staaten zu den ärmeren Entwicklungsländern gehörten und somit am wenigsten verantwortlich seien für den Klimawandel.

(Berner Zeitung 03.12.2014)

Der Topos impliziert auch einen Gegensatz zwischen sogenannten Industrie- und Entwicklungsstaaten, der im Diskurs oft auch die Dichotomien arm–reich sowie verantwortlich–betroffen umfasst. Dies macht auch Argumentationen wie in dem folgenden Beispiel möglich (Zürichsee-Zeitung 07.12.2009): «Ihrer [d. i. Reinhold Messner] Meinung nach haben die Menschen in den urbanen Zentren den Klimawandel verursacht. Das gibt den Bergbewohnern das Recht, Geld für das Wasser zu verlangen.» Die Dichotomie besteht hier nicht zwischen Entwicklungs- und Industrieländern, sondern zwischen Berg- und Stadtbewohnern.

Nebst der *Schweiz* (5) werden auch die *USA* (4) oder aber *China, die USA, die EU sowie China* (3) auf Staatsebene als Verursacher*innen bezeichnet. Diejenigen mit einem besonders hohen Ausstoss an Treibhausgasen – prototypisch die USA und China – werden metaphorisch aus dem Bereich der Religion entlehnt, als (Klima-)*Sünder* bezeichnet. Eine solche metaphorische Verwendung von Ausdrücken aus dem (christlich-)religiösen Herkunftsbereich wird sich auch in den nachfolgenden Kapiteln noch finden lassen. Auch Tereick (2016: 160) stellt eine solche Verwendung für den deutschen Diskurs fest: «Besonders einschlägig für die Verbindung von Ökokorrektheit und Ideologie sind Ausdrücke aus dem Konzeptbereich ‹Religion›, die den anthropogenen Klimawandel als ‹Glaubenssache› konzeptualisieren, mit der zudem ‹Ablasshandel› betrieben werde.» Innerhalb der Belege ist dieser Herkunftsbereich nicht unbedingt an Ökokorrektheit oder Ideologie gekoppelt und impliziert deshalb auch nicht immer das klimawandelskeptische Moment. Gerade unter der Bezeichnung *Sünder* werden in der Regel einfach diejenigen Akteur*innen oder Handlungen konzeptualisiert, die verhältnismässig viele Treibhausgase verursachen.

Neben menschlichen Akteur*innen werden auch abstrakte Gesellschafts- und Wirtschaftssysteme als Ursache genannt: *Wirtschaftswachstum* (2), *wirtschafts-technische Zivilisation* (1) und der *Kapitalismus* (1). Dies wird an einigen Stellen im Korpus auch kausal verhandelt.

(5) Topos des Wirtschaftswachstums (Kausalschema)

1 Das Wirtschaftswachstum ist für den Klimawandel verantwortlich.

1.1 Das Wirtschaftswachstum führt zu einem vermehrten CO_2-Ausstoss.

1.1' Wenn das Wirtschaftswachstum zu einem vermehrten CO_2-Ausstoss führt, ist es für den Klimawandel verantwortlich.

> Die Schweiz verbrauchte im Jahr 2010 mehr Energie als je zuvor. Gleichzeitig erhöhte sie ihren CO_2-Ausstoss. Hauptgrund: Das Wachstum der Wirtschaft war stärker als die nationale Energie- und Klimapolitik.
>
> (St. Galler Tagblatt 03.06.2011)

Im betrachteten Beispiel wird die Energie- und Klimapolitik als schwächer bezeichnet als das Wirtschaftswachstum. Auch an anderen Stellen findet ein Vergleich zwischen Wirtschaft und Klimaschutz statt, wobei in der Regel zugunsten der Wirtschaft argumentiert wird:

> Im Konfliktfall hat das kurzfristige Wachstum der Wirtschaft stets Vorrang vor den langfristigen Anforderungen des Natur- und Klimaschutzes (siehe Interview unten). Die Reichen wollen von ihrem Wohlstand nichts preisgeben. Die Armen wollen auf energieintensiven Wohlstand nicht verzichten, den ihnen die Reichen vorleben. Deshalb hat der weltweite Ausstoss der Klimagase seit 1990 nicht ab-, sondern zugenommen, und diese Zunahme hat sich seit dem Jahr 2000 sogar beschleunigt.
>
> (Südostschweiz 13.11.2009)

Malone (2009: 47) thematisiert in diesem Zusammenhang den Klimawandel als Teil der Globalisierung: «Climate change globalizes the environment by specifying the connections among what happens in specific places and the whole climate system.» Im Korpus zeigt sich dieser Zusammenhang in der Regel als kausale Beziehung zwischen Wirtschaftswachstum und steigenden Treibhausgasemissionen, die Howard-Williams (2009: 36) auch für die Berichterstattung in Neuseeland und Australien feststellt.

Auf einer grundlegenden Ebene wird auch das transitive Verhältnis zwischen den Menschen und der Natur, respektive die Entfremdung des Menschen von der Natur, als Ursache thematisiert (s. auch Malone 2009: 80–81):

(6) Topos des Menschen II (Kausalschema)

1 Der Mensch verursacht den Klimawandel.

1.1 Der Mensch beutet die Natur aus.
1.1' Wenn der Mensch die Natur ausbeutet, verursacht er den Klimawandel.

Die Klimaerwärmung ist aber nicht das einzige Problem, das in den kommenden Jahren auf uns zukommen und das Leben kommender Generationen schwierig machen wird. Der Grund ist einfach, denn noch nie in der Geschichte der Menschheit wurden alle verfügbaren Ressourcen so übernutzt.

(Zürichsee-Zeitung 19.01.2008)

Im Zusammenhang mit solchen grundsätzlichen und abstrakten Ursachen wie dem Verhältnis von Mensch und Natur oder dem Wirtschaftswachstum wird der Klimawandel oft als ein Symptom oder Problem unter vielen konstruiert. Der kausale Zusammenhang wird in einem solchen Fall umgekehrt und zu einem Zeichenschema, wodurch der Klimawandel zu einem Problem unter vielen wird.

(7) Topos des Menschen III (Zeichenschema)

1 Der Mensch beutet die Natur aus.

1.1 Der Mensch verursacht den Klimawandel.
1.1' Wenn der Mensch den Klimawandel verursacht, dann beutet der Mensch die Natur aus. (Der Klimawandel ist ein Zeichen dafür, dass der Mensch die Natur ausbeutet.)

Heute aber hat dieser Fussabdruck die Nachhaltigkeitsschwelle um 30 Prozent überschritten. Der nahe Ölpeak und der Klimawandel seien «Symptome» dafür, so Meadows.

(Südostschweiz 31.08.2009)

Das Verhältnis zwischen Mensch und Natur und die daraus resultierende Ausbeutung der Natur bedingt gewissermassen eine Grenze zwischen Mensch und Natur. Viehöver (2008: 118) diskutiert diese Grenze und untermauert, dass Klimawissenschaftler*innen die Meinung vertreten, Treibhausgase würden sich diesbezüglich in einem Grenzraum befinden und die Grenze zwischen Natur und Gesellschaft auflösen. Topoi, die sich auf einer solch abstrakten Ebene mit Ursachen beschäftigen, bilden im Korpus allerdings die Ausnahme. Häufiger werden Staaten oder konkrete Handlungen als Ursache genannt.

Menschliche Aktivitäten werden selten als Ursache für den Klimawandel genannt, lediglich die *Zerstörung von Wäldern* (2) sowie (*grosser*) *Energiehunger* (2) treten auf. Letzterer impliziert tendenziell trugschlüssige Schlussregeln, da über die metaphorische Übertragung aus dem Bereich der Nahrungsaufnahme eine Lebensnotwendigkeit auf den Strom übertragen wird. Gerade mit Blick auf Emissionen ist dies problematisch, denn wenn man zwischen notwendigen Emissionen und Luxusemissionen (s. Hulme 2009a: 159) unterscheidet, so handelt es sich bei Grundnahrungsmitteln um notwendige Emissionen, während hier verwendete Geräte mit einem hohen Stromverbrauch mit ziemlicher Sicherheit als Luxusemissionen betrachtet werden müssen. Die Konzeptualisierung von Luxusemissionen als notwendige mit Hilfe der Metapher VERBRAUCH FOSSILER BRENNSTOFFE ALS NAHRUNGSMITTELAUFNAHME zeigt sich auch in mehreren Texten der Pilotanalyse (März 2007), in denen es um nationale und europäische Massnahmen zur Reduktion des Treibstoffverbrauchs von Personenwagen geht. In diesem Zusammenhang werden gefüllte Kofferräume und Dachträger als «Spritfresser» (SonntagsBlick 02.12.2007) sowie Autos als «durstig» (Berner Zeitung 20.12.2007) bezeichnet. Dies führt unter Umständen über die in der Metapher implizierten Schlussregeln zu einem Schema der negativen Konsequenzen, das sich unter Umständen auch in einem *slippery slope*-Trugschluss manifestieren könnte: Wird einem Lebewesen Nahrung oder Wasser verwehrt, so verendet es.

Die *Verbrennung fossiler Brennstoffe* (9) wird ebenfalls als Ursache angeführt, wodurch der Mensch in den Hintergrund rückt. Konkreter werden *Treibhausgase* (9), *CO_2* (8) sowie *Abgase* (1) genannt. Dass CO_2 als Ursache des Klimawandels nicht bewiesen sei, wird in drei Texten thematisiert.

Die blosse Nennung von Ursachen reicht in der Berichterstattung nicht. Eine Reihe von Schemata dient der Einordnung von Emissionen einzelner Länder oder Aktivitäten; denn, dass beispielsweise die Landwirtschaft 2014 6,73 Millionen Tonnen CO_2-Äquivalente emittierte (BAFU 2021a: 11) oder dass die Schweiz im selben Jahr insgesamt 39,35 Millionen Tonnen CO_2-Äquivalente ausstiess (BAFU 2021a: 8), lässt sich nur mittels einer solchen Einordnung erfassen. In der Regel erfolgt diese Einordnung über eines der drei nachfolgenden Schemata.[8]

Über ein Definitionsschema wird eine evaluative These mittels einer Prämisse gestützt, die auf die Menge an ausgestossenen Emissionen hinweist. Es handelt sich aufgrund der oben genannten, fehlenden Einordnungsmöglichkeit um einen eher schwachen Topos.

(8) Topos der Ursache I (Definitionsschema)

1 X steht gut (schlecht) da.

1.1 X stösst eine bestimmte Anzahl Treibhausgasemissionen aus.

1.1' Wenn X eine bestimmte Anzahl Treibhausgasemissionen ausstösst, steht X gut (schlecht) da.

8 In der Berichterstattung sind solche Thesen oft Bestandteil einer gemischten Diskussion. Das bedeutet, dass die Thesen sowohl pro und contra verwendet werden.

Die Schweiz steht dabei schlecht da: So misst der ökologische Fussabdruck der hiesigen Bevölkerung laut Bundesamt für Statistik derzeit 5 globale Hektaren pro Kopf, wobei der Verbrauch von fossilen Energieträgern mit Abstand am stärksten ins Gewicht fällt.

(Südostschweiz 15.09.2014)

Eine zweite Möglichkeit besteht darin, die Emissionsanteile im Vergleich zum (relativen) Ganzen in Beziehung zu setzen.

(9) Topos der Ursache II (Ganzes-Teil-Schema)

1 X steht gut (schlecht) da.

1.1 X emittiert einen kleinen (grossen) Teil der Treibhausgase.

1.1' Wenn X einen kleinen (grossen) Teil der Treibhausgase emittiert, steht X gut (schlecht) da.

Die Gebäude in der Schweiz sind Energieschleudern: Mehr als 50 Prozent des CO_2-Ausstosses geht auf ihr Konto.

(Tages-Anzeiger 03.09.2008)

Drittens können Emissionen unterschiedlicher Akteur*innen oder Handlungen über einen Vergleichstopos miteinander verglichen werden.

(10) Topos der Ursache III (Vergleichsschema)

1 X steht gut (schlecht) da.

1.1 X stösst weniger (mehr) Treibhausgase als Y aus.

1.1' Wenn X weniger (mehr) Treibhausgase emittiert als Y, steht X gut (schlecht) da.

Vom globalen Durchschnitt gibt es massive Abweichungen. So ist der ökologische Fussabdruck pro Kopf in den monetär reichen Industriestaaten (noch) viel grösser als in den Entwicklungsländern. Zudem schwankt die ökologische Kapazität je nach Besiedlungsdichte und Klima.

(Südostschweiz 15.05.2012)

Diese Topoi kommen grösstenteils in ihrer positiven Form vor. Negiert können sie aber sehr wohl auch dazu verwendet werden, Akteur*innen als nicht relevante Ursache zu identifizieren (Tages-Anzeiger 28.09.2013a): «Luginbühl bestreitet nicht, was SVP- und FDP-Politiker hervorstreichen: dass die Schweiz am globalen CO_2-Ausstoss nur einen Anteil im Promillebereich trage und deshalb zu klein sei, um das Weltklima entscheidend zu beeinflussen.»[9] Ein solchermassen negierter Topos wird teilweise auch verwendet, um die Nicht-Verantwortlichkeit von Entwicklungsländern zu unterstreichen.

9 Eine solche Argumentation hat nur so lange Bestand, wie absolute Emissionswerte und nicht Emissionen pro Einwohner*in betrachtet werden.

Aus diesen Topoi lassen sich nun, was in einigen der Zitate ja bereits geschieht, pragmatische Argumentationen ableiten, die Verpflichtungen zu Mitigationsmassnahmen thematisieren:

(11) Topos der Ursache IV (Pragmatische Argumentation)

1 X muss seine Emissionen stark (stärker) reduzieren.

1.1 X stösst besonders viele Treibhausgase aus.

1.1' Wenn X besonders viele Treibhausgase ausstösst, muss X seine Emissionen stark (stärker) reduzieren.

1.2 X stösst anteilmässig viele Treibhausgase aus.

1.2' Wenn X anteilmässig viele Treibhausgase ausstösst, muss X seine Emissionen stark (stärker) reduzieren.

1.3 X stösst mehr Treibhausgase als Y aus.

1.3' Wenn X mehr Treibhausgase als Y ausstösst, muss X seine Emissionen stark (stärker als Y) reduzieren.

8.2.2 Treibhausgase als Ursache

Noch seltener als menschliche Aktivitäten werden die Treibhausgase selbst argumentativ verhandelt. Allenfalls könnte es sein, dass die direktere kausale Verbindung zwischen Treibhausgasen und Klimawandel noch weniger strittig ist als diejenige zwischen dem Menschen, den Treibhausgasen und dem Klimawandel. Zudem ergibt sich aus dem kausalen Zusammenhang zwischen Treibhausgasen und Klimawandel keine explizite Verantwortung des Menschen (als Verursacher). Die Argumentation hat dadurch weniger Konsequenzen und ist möglicherweise deshalb auch weniger strittig.

Betrachtet man, wie oft einzelne Treibhausgase im Korpus genannt werden, so fällt auf, dass der Fokus eindeutig auf Kohlenstoffdioxid liegt.[10] Tabelle 13 illustriert dies.

---

10 Hierfür wurden entsprechende Treibhausgase und deren Synonyme im Korpus gesucht. Suchanfrage: [lemma="CO2|Kohlenstoffdioxid|Kohlenstoffdioxyd|Kohlendioxid|Kohlendioxyd" %c], [lemma="Methan|CH4" %c], [lemma="Distickstoffoxid|Distickstoffoxyd|N2O" %c], [lemma="FCKW|Fluorchlorkohlenwasserstoffe|Fluorchlorkohlenwasserstoff|FKW" %c], [lemma="Treibhausgas" %c], [lemma="Spurengas" %c].

Tab. 13: Ausdrücke für Treibhausgase im Korpus. Die Bezeichnungen umfassen auch die Synonyme

Bezeichnungen	**Anzahl im Korpus**
Kohlenstoffdioxid	9398
Methan	890
Distickstoffoxid	27
FCKW	145
Treibhausgas	4595
Spurengas	18

Dass *Kohlenstoffdioxid* beinahe doppelt so häufig vorkommt wie *Treibhausgas*, ist nicht unbedingt erstaunlich, denn Kohlenstoffdioxid trägt zu beinahe als 80 Prozent zum Treibhauseffekt bei (s. BAFU 2021b: 18). Zudem weisen einzelne Treibhausgase unterschiedliche Treibhausgaspotenziale auf, weshalb sie um der Vergleichbarkeit willen in CO_2-Äquivalente umgerechnet werden. Dementsprechend ist es durchaus denkbar, dass die zahlreichen Nennungen CO_2 als partikularisierende Synekdochen für alle Treibhausgase stehen, was auch Schultz (2001: 112) thematisiert.

Während argumentative Verhandlungen von Treibhausgasen weitaus seltener sind, werden für Treibhausgase wesentlich mehr Ursachen[11] (insbesondere in Form menschlicher Aktivitäten) genannt als für den Klimawandel selbst. Dies könnte damit zusammenhängen, dass der kausale Zusammenhang zwischen Treibhausgasen und dem Klimawandel direkter ist als derjenige zwischen Akteur*innen/Handlungen und dem Klimawandel. Dadurch sind solche Verknüpfungen potenziell unstrittiger. Neben dem *Menschen* (15) werden einzelne Länder (die *USA* (4), *China, USA, EU und Indien* (3), *Industriestaaten* (4)), das *Wirtschaftswachstum* (8) sowie die *Verdopplung des Bruttoinlandprodukts* (2) als Ursachen genannt. *Private Haushalte* (4) werden ebenso thematisiert wie *Gebäude* (2), *Heizungen* (2), *Liegenschaften* (1) und *Eigenheime* (1). Auch werden das *Internet* (3) sowie weitere Techniken als Ursachen von Treibhausgasen genannt. Im Rahmen von *Verkehr* (7) treten insbesondere das *Fliegen* (12) sowie *Reisen* (2) als Ursachen auf, *Autos* (5) sind hingegen nicht im erwarteten Rahmen relevant.

11 Um entsprechende Belege zu finden, wurden Stellen gesucht, an denen kausale Verben gemeinsam mit Begriffen für Treibhausgase auftreten. Suchanfrage: [lemma="verursachen |bewirken|führen|lösen"][]{0,5}[lemma="Treibhausgas|CO2|Kohlendioxid|Methan|Emission |Ausstoss|Lachgas|CO|Stickoxid|Ozon|Aerosol|Kohlenstoffdioxid|Schadstoff|Spurengas"]) |([lemma="Treibhausgas|CO2|Kohlendioxid|Methan|Emission|Ausstoss|Lachgas|CO|Stickoxid|Ozon|Aerosol|Kohlenstoffdioxid|Schadstoff|Spurengas"][]{0,5} [lemma="verursachen|bewirken|führen|lösen"]).

Strom für Elektroautos (3) sowie *Biodiesel* (2) werden ebenfalls genannt. Ein weiteres Gebiet, dass als Ursache genannt wird, ist *Landwirtschaft* (1). Hier sind insbesondere der Import von *nicht-einheimischen, nicht-saisonalen Nahrungsmitteln* (3), *Nutztierhaltung* (5) und *fleischhaltige Mahlzeiten* (8) relevant.

Oft und auch ambivalent wird der Sektor der Energiegewinnung als Ursache von Treibhausgasen thematisiert. *Kohlekraftwerke* (6) sowie *Kohle* (10) werden eindeutig als Ursache identifiziert, *Gaskraftwerke* ebenso wie (16) *Erdgas* und *Biogas* werden öfter als unproblematisch (7) denn als problematisch (1) dargestellt. Bei Kernenergie ist die Beurteilung weniger eindeutig: *Atomkraftwerke* werden eher als nicht problematisch dargestellt (7). Unter Umständen werden allerdings Teilprozesse in Atomkraftwerken als problematisch dargestellt, so beispielsweise die *Kernspaltung* (1), die *Anreicherung von Uran* (1) sowie die *Urangewinnung* (1). In diesem Zusammenhang lässt sich auch die metaphorische Verwendung von *dreckiger* und *sauberer* Energie finden.

Um die einzelnen Emissionen vergleichen zu können, kommen ebenfalls die im vorangegangen Unterkapitel besprochenen Topoi der Ursache (Topoi (8) bis (10)) zum Tragen. Sie werden mit Blick auf Treibhausgase verwendet, um entweder die Ursachen oder unterschiedliche Treibhausgase einzuordnen. Da es sich allerdings um die Ausnahme handelt, dass eine solche argumentative Verhandlung überhaupt stattfindet, sollen an dieser Stelle lediglich stellvertretend zwei Beispiele beschrieben werden, in denen nicht Aktivitäten oder Akteur*innen, sondern Treibhausgase selbst eingeordnet werden:

> Je mehr Methan im See zu CO_2 umgewandelt wird, desto besser ist das fürs Klima, denn Methan ist ein viel potenteres Treibhausgas als Kohlendioxid.
>
> (Neue Zürcher Zeitung 03.08.2011)

> Zwar entsteht im Verdauungstrakt der Wiederkäuer das Treibhausgas Methan und beim Abbau von Dünger Lachgas, doch der Anteil dieser Gase macht in der Schweiz 13 Prozent aus, jener des CO_2 hingegen satte 85 Prozent. Deshalb sei die Hebelwirkung beim CO_2 am grössten, argumentiert das OcCC.
>
> (Zürichsee-Zeitung 25.08.2007)

Schliesslich soll in diesem Kapitel auf einen interessanten Topos hingewiesen werden. An einigen Stellen wird mittels eines Zeichenschemas von den Folgen auf die Wirksamkeit von Treibhausgase geschlossen.

(12) Topos der Treibhausgase (Zeichenschema)

1 Die Treibhausgase sind wirksam.

1.1 Die Folgen treten ein.

1.1' Wenn die Treibhausgase Folgen haben, sind sie wirksam. (Die Folgen sind ein Zeichen dafür, dass die Treibhausgase wirksam sind.)

Der seit Beginn der Industrialisierung besonders rasche Meeresspiegelanstieg sei ein deutlicher Hinweis auf die Wirkung der Treibhausgase, mutmasst Rahmstorf.

(Neue Zürcher Zeitung 29.06.2011)

Ein solches Zeichenschema lässt sich in den Belegen für das kausale Verhältnis zwischen dem Mensch und dem Klimawandel nicht finden, was sich mitunter aus den Eigenschaften von Zeichenschemata erklären lässt (Walton 1996: 49): «[I]n many cases, argument from sign is a simple, one-step kind of inference where some empirical observation is made, and interpreted as a sign or symptom». Das kausale Verhältnis zwischen anthropogenen Ursachen und dem Klimawandel erfordert Treibhausgase als Zwischenschritt. Gleichzeitig kann durch die Verhinderung eines solchen Zeichenschemas eine zusätzliche Distanz zwischen den menschlichen Handlungen und dem Klimawandel als Folge hergestellt werden. Dies führt dann auch dazu, dass die kausale Beziehung zwischen dem Menschen und dem Klimawandel zwar selten, aber häufiger als diejenige zwischen den Treibhausgasen und dem Klimawandel argumentativ verhandelt werden, weil sie potenziell strittiger und eine grössere Verantwortung zur Folge haben. Gleichzeitig werden für die Treibhausgase mehr Ursachen ausgemacht als für den Klimawandel, weil einzelne Elemente der Kausalkette dadurch nicht übersprungen werden.

8.3 Etablierung des Klimawandels

[W]e find these quotes from a 2003 language advisory by Frank Luntz (p. 142) to the Bush administration, called *Winning the Global Warning Debate: An Overview:*
It's time for us to start talking about «climate change» instead of global warming... «Climate change» is less frightening than «global warming» [...]
Luntz' memo was the beginning of the use of «climate change». The idea was that «climate» had a nice connotation – more swaying palm trees and less flooded out coastal cities. «Change» left out any human cause of the change. Climate just changed. No one to blame.

(Lakoff 2010: 71)

Das Zitat Lakoffs (2010: 71) zeigt exemplarisch, wie stark der Klimawandel durch ein einzelnes Wort konzeptualisiert wird.[12] Insbesondere die Bedeutungsunterschiede zwischen *Klimawandel* zu *Globaler Erwärmung* werden regelmässig thematisiert, so beschreiben auch andere Autor*innen (beispielsweise Boykoff 2011: 6–9), dass *Klimawandel* im Vergleich zu *Globaler Erwärmung* den menschlichen Einfluss in den Hintergrund stelle. Die Frage nach der Bezeichnung des Phänomens taucht deshalb immer wieder auf und die Möglichkeiten sind vielfältig: von *Globaler Erwärmung*, über *Klimawandel* oder *Klimakatastrophe* bis hin zu *Treibhauseffekt* sind viele Bezeichnungen denkbar und auch gebräuchlich. Diese Ausdrücke implizieren unterschiedliche Aspekte und Wertvorstellungen desselben Phänomens: «These terms have the potential to become empty signifiers or dangerous diversions, filled with desired meanings by those actors with the power to produce and influence content.» (Boykoff 2011: 9–10) Die unterschiedlichen Bedeutungen zeigen sich auch an Stellen im Korpus, wo ein kausales Verhältnis zwischen dem Klimawandel oder der Klimaveränderung und der Erderwärmung etabliert wird (NZZ am Sonntag 07.07.2013): «Der Klimawandel führt zur Erderwärmung, bedroht aber auch Ozeane und Böden.»

Nicht nur die verschiedenen Ausdrücke implizieren unterschiedliche Aspekte, sondern auch ein und derselbe Ausdruck kann je nach Handlungsfeld und Kontext unterschiedliche Aspekte implizieren, so verwendet der IPCC im Vergleich zum UNFCCC einen weiteren Begriff von *Klimawandel*, der nicht zwingend anthropogene Ursachen miteinschliesst (Core Writing Team, Pachauri & Meyer 2014: 120):

> Climate change refers to a change in the state of the *climate* that can be identified (e. g., by using statistical tests) by changes in the mean and/or the variability of its properties and that persists for an extended period, typically decades or longer. Climate change may be due to natural internal processes or *external forcings* such as modulations of the solar cycles, volcanic eruptions and persistent anthropogenic changes in the composition of the atmosphere or in *land use*. Note that the Framework Convention on Climate Change (UNFCCC), in its Article 1, defines climate change as: ‹a change of *climate* which is attributed directly or indirectly to human activity that alters the composition of the global atmosphere and which is in addition to natural *climate variability* observed over comparable time periods›. The UNFCCC thus makes a distinction between climate change attributable to human activities altering the atmospheric composition and *climate variability* attributable to natural causes.

12 Bereits die Bezeichnung *Klima* kann verschiedentlich definiert werden, wie unter anderem Frigg, Thompson & Werndl (2015: 953–956) zeigen.

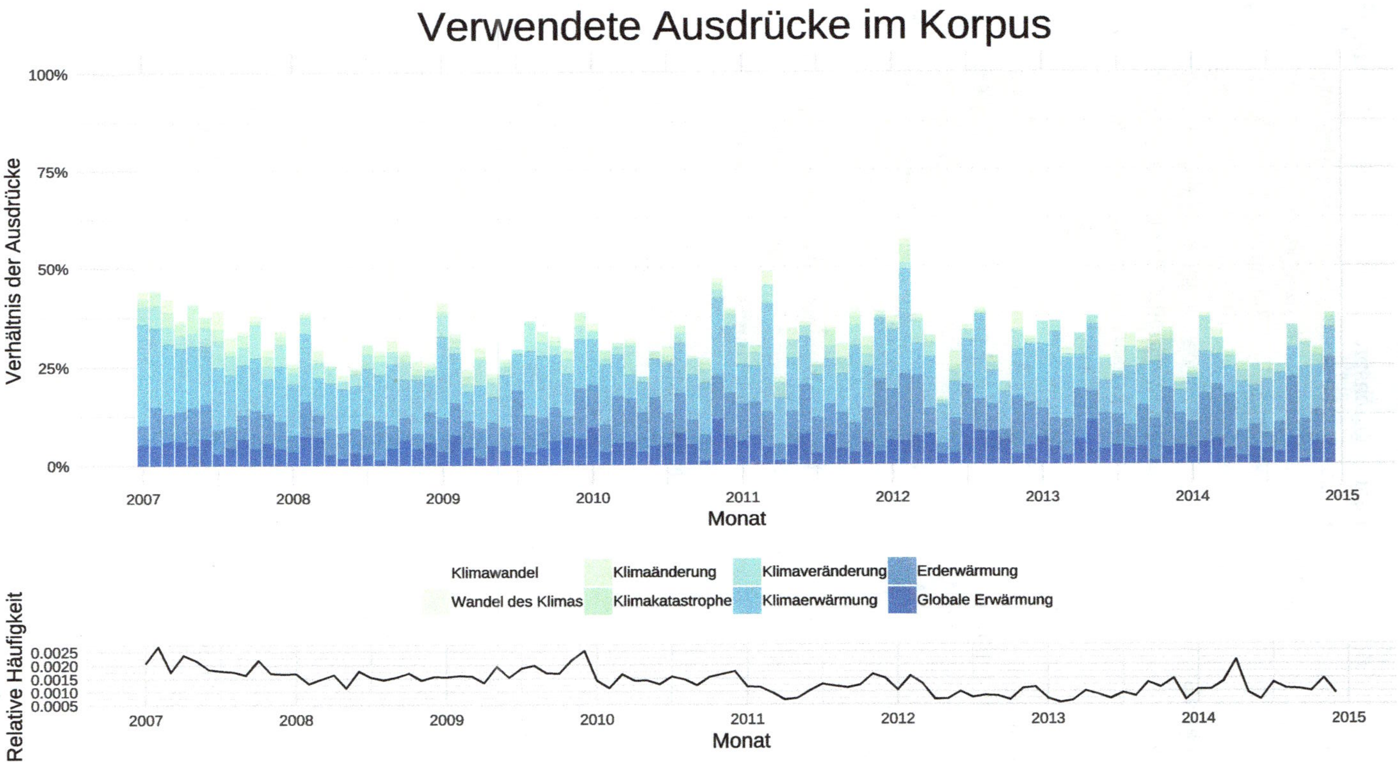

Abb. 28: Verwendete Ausdrücke für Klimawandel im Korpus. Die obere Darstellung zeigt die prozentuale Verteilung der einzelnen Begriffe pro Monate. Die untere Darstellung zeigt den zeitlichen Verlauf der relativen Häufigkeit.

Ob sich solche Befunde aus dem englischsprachigen Raum ohne Weiteres auf den deutschsprachigen Diskurs übertragen lassen, ist fraglich; die Verwendung der Ausdrücke scheint bis zu einem gewissen Grad sogar länderspezifisch zu sein, wie im Folgenden dargelegt werden soll. Abbildung 28 zeigt die im Schweizer Korpus verwendeten Ausdrücke. Der obere Teil stellt die Anteile der einzelnen Verhältnisse in den einzelnen Monaten dar, während die untere Abbildung die monatliche Häufigkeit aller Begriffe beschreibt. Beides unterliegt gewissen zeitlichen Schwankungen, die sich im Gegensatz zu der Anzahl an Artikeln nicht mit bestimmten Diskursereignissen in Einklang bringen lassen.

Klimawandel ist mit Abstand der häufigste Begriff, während die anderen Begriffe weitaus weniger gebräuchlich sind. An zweiter Stelle steht *Klimaerwärmung*, gefolgt von *Erderwärmung*, welche insbesondere im späteren Verlauf des Korpus wichtiger wird. Die Relevanz von *Klimakatastrophe* (s. Weingart, Engels & Pansegrau 2008: 99) kann an dieser Stelle aus quantitativer Sicht für die Schweiz nicht bestätigt werden.[13] Insgesamt nimmt die Anzahl der Nennungen im Verlauf ab.

Im deutschen Korpus (s. Abbildung 29) kommen insgesamt weniger Nennungen vor. *Klimawandel* tritt ebenfalls am häufigsten auf, gefolgt von *Erderwärmung*. *Klimaerwärmung* kommt im Vergleich zum Schweizer Korpus seltener vor.

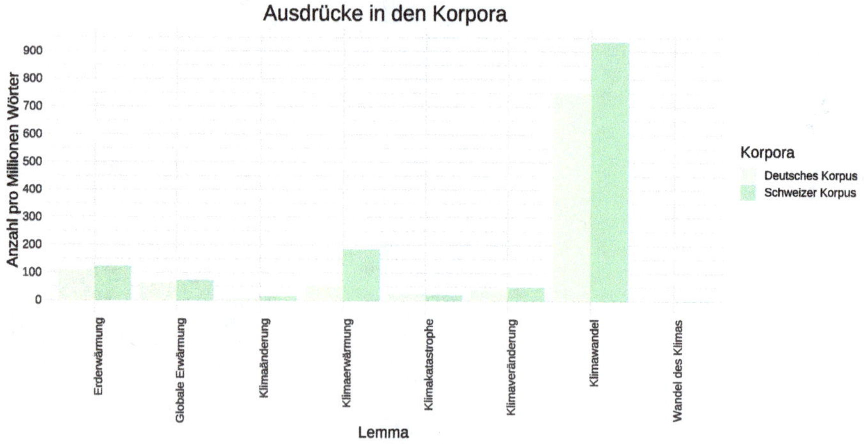

Abb. 29: Relative Häufigkeit der betrachteten Ausdrücke pro Millionen Wörter im schweizerischen und deutschen Korpus

13 Die mittlerweile sehr präsent gewordene *Klimakrise* kommt im betrachteten Korpus 95-mal vor.

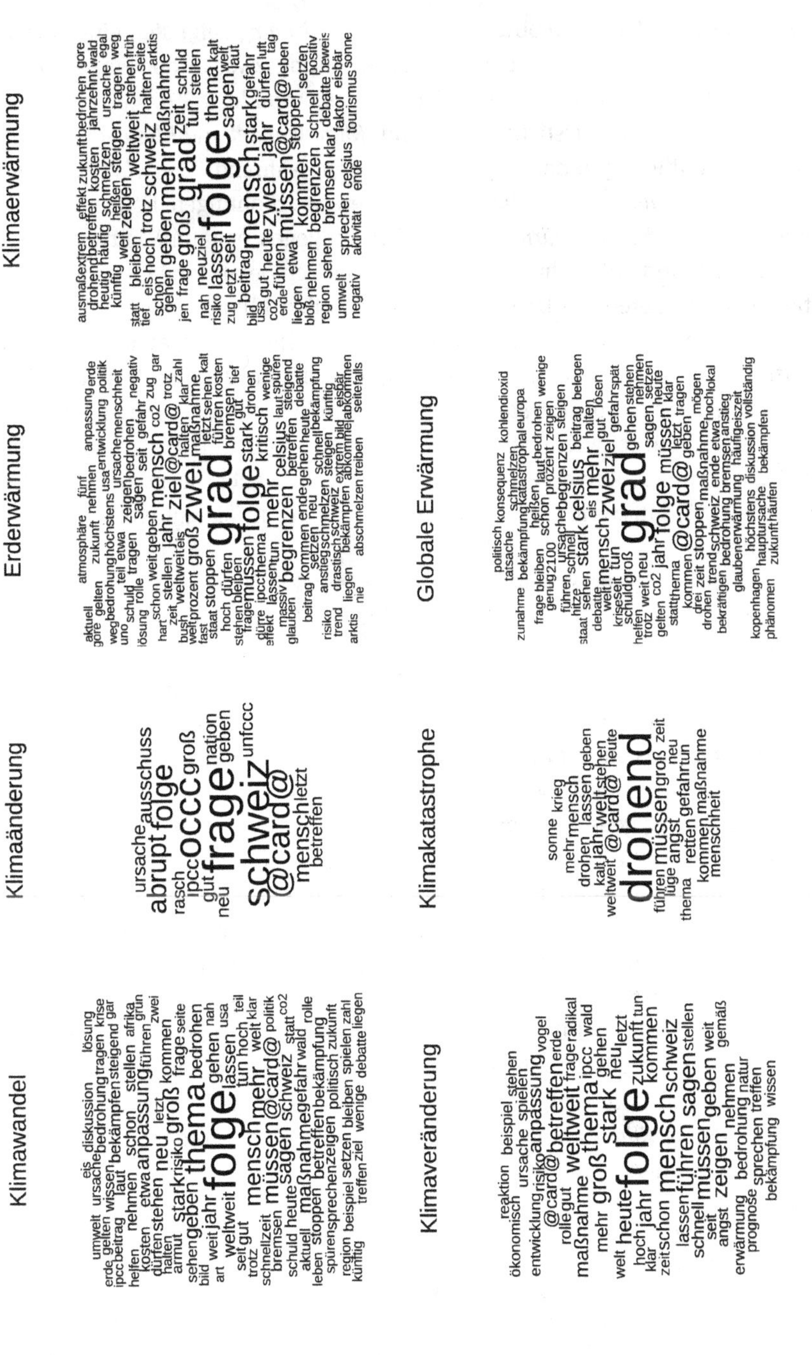

Abb. 30: Kollokationen von unterschiedlichen Begriffen für den Klimawandel (Lemmata, 10L/10R, Minimalfrequenz: 5). @card@ bezeichnet Ziffern.

Insbesondere an der Verwendung von *Klimaerwärmung* zeigt sich eine gewisse Länderspezifik. Die unterschiedlichen Verwendungszwecke der einzelnen Begriffe zeigen sich auch an ihren Kollokationen (s. Abbildung 30).[14]

Was als Erstes heraussticht ist, dass mit *Klimawandel* und *Klimaveränderung* besonders oft die *Folgen* hervorgehoben werden, während *Erderwärmung* sowie *Globale Erwärmung* mehrheitlich als Temperaturerhöhungen konzeptualisiert werden. Auf die *Klimaerwärmung* trifft dies hingegen erstaunlicherweise nicht zu, auch hier sind *Folgen* häufiger vertreten als Temperaturangaben. Die Kollokationen konnotieren die Umschreibungen für den Klimawandel mehrheitlich negativ, sowohl mit Blick auf Massnahmen, um ihm zu begegnen (wie etwa *bremsen*, *stoppen* oder *müssen*) als auch hinsichtlich der Beschreibung (beispielsweise *abrupt*, *drohend*, *stark*). Dieser Befund weicht für den hier betrachteten Diskurs damit teilweise von solchen anderer Autor*innen ab, die in gewissen Bezeichnungen einen möglichen Euphemismus sehen, wie dies etwa Wehling (2018: 185) tut, wenn sie die *Globale Erwärmung* als «kognitive Glückspille» bezeichnet.

Die *Klimaänderung* scheint relativ stark mit klimawissenschaftlichen und -politischen Institutionen verknüpft zu sein, was Kollokationen wie *IPCC*, *Ausschuss* oder *UNFCCC* zeigen. Ursachen bilden bei den Kollokationen die Ausnahme. Allenfalls werden die Synekdochen *Mensch* oder *CO_2* genannt, häufiger wird der Klimawandel etabliert, sei es als *Thema*, *Folge*, *Frage* oder auch durch Adjektive wie *gross* oder *stark*.

Die Darstellung als *Krise* – Krzyżanowski (2013: 118) spricht von einem *Topos of Crisis* – «[it] generally points to the critical nature of the current CC situation as well as to the necessity of undertaking further actions in order to avoid imminent and future related dangers» (Krzyżanowski 2013: 118) – oder *Katastrophe* (wie eben bei Weingart, Engels & Pansegrau 2008) ist im Korpus hingegen selten. Häufiger wird eine solche Dringlichkeit über Adjektive wie *stark*, *gross* oder *abrupt* hergestellt.

Im Korpus wird der Klimawandel mehrheitlich als *Thema* oder *Herausforderung* konstruiert. Auch das Bundesamt für Umwelt konzeptualisiert den Klimawandel als Herausforderung, so ist der Titel des Magazins *Umwelt* (BAFU 2008) *Herausforderung Klimawandel*. Der (13) Topos der Herausforderung I wird nur selten ausformuliert.

---

14 Die Abbildung zeigt Kollokationen der entsprechenden Begriffe im gesamten Korpus mit einer Mindestfrequenz von 5 und p=0,01, die eine überdurchschnittliche Effektgrösse aufweisen. Die Spannweite beträgt 10 Lemmata links und rechts, die Minimalfrequenz 5. Die Spannweite wurde gering gewählt, um die unmittelbare Umgebung der Begriffe zu betrachten. Synkategoremata und Interpunktionen wurden nicht in die Analyse miteinbezogen. Der vollständige Code befinde sich im Anhang 13.3.6.

(13) Topos der Herausforderung I (Kausalschema)

1 Der Klimawandel ist eine Herausforderung, Bedrohung etc.

1.1 Die Folgen des Klimawandels sind eine Herausforderung, Bedrohung etc.
1.1' Wenn die Folgen des Klimawandels eine Herausforderung, Bedrohung etc. sind, so ist der Klimawandel eine Herausforderung, Bedrohung etc.

Der Klimawandel ist nach Überzeugung von Experten die grösste globale Gesundheitsbedrohung dieses Jahrhunderts. Die Erderwärmung werde die Ausbreitung neuer Krankheiten begünstigen und zu Hungersnöten, Wasserknappheit und Unwetterkatastrophen führen, prognostiziert ein interdisziplinäres Forscherteam in der Medizinzeitschrift «The Lancet».

(Tages-Anzeiger 14.05.2009)

Natürlich lassen sich auch analog zum Krisentopos aus solchen Topoi normative Topoi ableiten. Innerhalb der Belege kommt dies allerdings selten vor und dann auf einer sehr allgemeinen Ebene wie in dem folgenden Beispiel.

(14) Topos des Klimawandels I (Normatives Definitionsschema)

1 Der Klimawandel muss bekämpft werden.

1.1 Der Klimawandel ist eine Herausforderung, Bedrohung etc.
1.1' Wenn der Klimawandel eine Herausforderung, Bedrohung etc. ist, muss er bekämpft werden.
Die grösste Herausforderung ist der Klimawandel. Wir müssen heute handeln und nicht erst morgen.

(Aargauer Zeitung 04.08.2008)

An einigen Stellen wird der Klimawandel mit anderen Herausforderungen verglichen; dies findet insbesondere dann statt, wenn die Ursachen für den Klimawandel abstrakt sind (beispielsweise als (5) Topos des Wirtschaftswachstums oder (6) Topos des Menschen II). Daraus lassen sich dann normative Vergleichsschemata ableiten.

(15) Topos der Herausforderung II (Normatives Vergleichsschema)

1 Man muss etwas gegen die Herausforderung X unternehmen.

1.1 X ist die grössere Herausforderung, Bedrohung etc. als Y.
1.1' Wenn X die grössere Herausforderung, Bedrohung etc. als Y ist, muss man (zuerst) etwas gegen X unternehmen.

Denn die Ernährung der wachsenden Menschheit zu garantieren, stellt die grösste Herausforderung dar, mit der wir in diesem Jahrhundert konfrontiert sind – sie ist dringender noch als die Notwendigkeit, den Klimawandel in den Griff zu bekommen.

(NZZ am Sonntag 16.10.2011)

> Als Herausforderungen für dieses Jahrhundert nannte er [d. i. Barack Obama] den Kampf gegen den Terrorismus, die Eindämmung des Klimawandels, die Kontrolle über die Atomwaffen und die Verteidigung der Menschenrechte in aller Welt.
>
> (Zürichsee-Zeitung 25.07.2008)

Aufzählungen wie im letzten Beispiel lassen sich an zahlreichen Stellen im Korpus finden. Unter Umständen konkurrieren die Herausforderungen miteinander (NZZ am Sonntag 27.11.2011): «Die Dringlichkeit der Klimaveränderung hat keineswegs abgenommen, sie ist in letzter Zeit bloss von anderen Problemen in den Hintergrund gedrängt worden.»

Zur Etablierung des Klimawandels ist aus tropischer Sicht die konzeptuelle Metapher Klimawandel als Bewegung relevant. Der Klimawandel wird personifiziert und bewegt sich in eine bestimmte Richtung: «Der Klimawandel schreitet voran, andere Umweltkatastrophen sind an der Tagesordnung.» (Zürichsee-Zeitung 12.11.2010) oder «Die Erderwärmung ist ein schleichender Prozess.» (Tages-Anzeiger 13.02.2008) Die Geschwindigkeit des Fortschreitens reicht hierbei von langsamen Bewegungen – wie in den beiden obigen Beispielen – bis hin zu einer Maximalgeschwindigkeit: «Klimawandel so schnell wie noch nie.» (Südostschweiz 01.02.2008) Es wird sogar eine Beschleunigung verwendet: «Der Klimawandel beschleunigt sich in erschreckender Weise.» (Tages-Anzeiger 13.12.2008) Eine solche Metapher ist eine Möglichkeit, um exponentielles Wachstum aufzunehmen: Je schneller sich der Klimawandel bewegt, desto notwendiger sind Gegenmassnahmen zu ergreifen. Diese Gegenmassnahmen bestehen darin, die Bewegung des Klimawandels (durch Klimaschutzmassnahmen) zu stoppen: «Der Klimawandel wäre wohl gestoppt, wenn die Staaten dieses Problem ebenso schnell wie die Bankenregulierung anpacken würden.» (St. Galler Tagblatt 03.04.2011b) An einigen Stellen wird das Anhalten aber auch über modale Infinitive oder deontische Modalität verunmöglicht: «Der Klimawandel ist nicht aufzuhalten.» (Tages-Anzeiger 15.03.2007)

Neben den Topoi (13) bis (15), die mehrheitlich in kondensierter Form vorkommen, sind zwei Topoi relevant.

(16) Topos des Klimawandels II (Zeichenschema)

1 Der Klimawandel existiert.

1.1 Der Klimawandel führt zu bestimmten Folgen.

1.1' Wenn der Klimawandel zu bestimmten Folgen führt, dann existiert er. (Die Folgen sind ein Zeichen für die Existenz des Klimawandels.)

> Die Erwärmung ist eindeutig, wie der Anstieg der Luft- und Ozeantemperaturen, der Rückgang der Gletscher und der Anstieg der Meeresspiegel zeigen.
>
> (Basler Zeitung 03.02.2007)

(17) Topos des Klimawandels III (Autoritätsschema)

1 Der Klimawandel existiert.

1.1 X sagt dies.
1.1' Wenn Akteur*in X etwas zur Existenz des Klimawandels sagt, dann stimmt das.

Während der erste Teil des IPCC-Berichts im letzten Herbst den Klimawandel beschrieb und zeigte, wie die Erdtemperatur bis zum Ende dieses Jahrhunderts um 3,5 bis 4 Grad Celsius ansteigen wird, beschäftigt sich das im japanischen Yokohama angenommene Konsenspapier mit den Konsequenzen.

(Südostschweiz 31.03.2014)

Bereits im letzten Unterkapitel wurde festgehalten, dass sowohl der Klimawandel als solcher als auch seine Folgen im massenmedialen Diskurs etabliert sind und entsprechend selten argumentativ verhandelt werden. Stattdessen wird an einigen Stellen die Bedeutung des Klimawandels für die Gesellschaft thematisiert. Dies geschieht oft, indem von gewissen Aktivitäten oder Verhaltensweisen auf die Relevanz des Themas geschlossen wird.

(18) Topos der Bevölkerung (Zeichenschema)

1 Der Klimawandel ist für die Bevölkerung relevant.

1.1 Die Bevölkerung unternimmt etwas gegen den Klimawandel.
1.1' Wenn die Bevölkerung etwas gegen den Klimawandel unternimmt, dann ist der Klimawandel für die Bevölkerung relevant. (Die Aktionen der Bevölkerung gegen den Klimawandel sind ein Zeichen dafür, dass der Klimawandel für die Bevölkerung relevant ist.)

Auch die Reisenden selbst lässt der Klimawandel nicht kalt. Laut einer Umfrage des Online-Reisebüros Travelchannel zeigte sich die Mehrheit der Befragten bereit, zum Schutz des Klimas in die eigene Tasche zu greifen.

(Basler Zeitung 13.03.2007)

Mit ihrem neuen Projekt Carbon Neutral Campus (CNC) wollen sie [d. i. Studierende] nichts weniger, als die Universität St. Gallen zur ersten klimaneutralen Hochschule der Schweiz zu machen. [...] Für diese aufwändige Arbeit haben sich sogar freiwillig Studenten gemeldet. «Das freut uns und es zeigt, dass den Leuten der Klimaschutz immer wichtiger wird», so Christina Braun vom Vorstand.

(20 Minuten 17.12.2009)

Um grössere Teile der Bevölkerung auf den Klimawandel aufmerksam zu machen, finden symbolische Aktionen statt. Die Relevanz solcher Aktionen zeigt sich daran, dass sie sich im *Topic Modelling* als eigenständiges Thema auskristallisierten und als solche auch während zwei Diskursereignissen (s. Abbildung 17 und Abbildung 19) relevant sind. Solche Aktionen werden nahezu ausschliesslich über pragmatische Argumentation gestützt.

(19) Topos der symbolischen Aktion (Pragmatische Argumentation)

1 Die symbolische Aktion ist sinnvoll, notwendig.

1.1 Sie macht auf den Klimawandel aufmerksam.

1.1' Wenn symbolische Aktionen auf den Klimawandel aufmerksam machen, sind sie sinnvoll.

Was soll die Kampagne «Licht aus!» für unser Klima bewirken? Die Aktion ist keine Energiespar-Aktion, sondern ein symbolischer Akt. Wir wollen auf den raschen Klimawandel aufmerksam machen und zum Klimaschutz anhalten.

(Blick 26.11.2007)

Der Nutzen solcher Aktionen wird in der Regel in einer gemischten Diskussion verhandelt, was exemplarisch an einer Aktion der Schweizer Kirchen gezeigt werden soll.

> Gina Schibler ist Pfarrerin der reformierten Kirche in Erlenbach und Präsidentin des Zürcher Pfarrvereins, der beschlossen hat, das Glockenläuten mit einem Klimagebet zu verbinden. «Der Klimawandel betrifft uns alle, er darf den Christen nicht egal sein», sagt Schibler. Sie wolle den Leuten ihre ökologische Verantwortung bewusst machen, wobei die Kirche als Vorbild vorangehen müsse.
>
> (Tages-Anzeiger 12.12.2009)

> Vereinzelt werden die Glocken nun tatsächlich stumm bleiben. Die Kirchgemeindeversammlung der reformierten Kirche in Waldenburg zum Beispiel hat sich gegen das Läuten entschieden. «Wir wollen die Glocken nicht zu politischen Zwecken nützen», sagt Pfarrer Hanspeter Schürch.
>
> (Basler Zeitung 10.12.2009)

> «Das zusätzliche Läuten der Glocken am Sonntag geht im allgemeinen Dauergeläut unter. Es verursacht nur Lärm und Mehrkosten», sagt Samuel Büechi, Vorstandsmitglied der IG Stiller. Falls die Kirche ein Zeichen gegen den Klimawandel setzen wolle, solle sie ihre Gebäude im Land endlich wärmetechnisch sanieren und auf das Beheizen der oft leerstehenden Kirchenräume verzichten, so Büechi.
>
> (Südostschweiz 09.12.2009)

Insbesondere die Kritik im dritten Beispiel lässt sich im Korpus mehrfach als Reaktion auf solche (19) Topoi der symbolischen Aktion finden. Es handelt sich dabei um einen Einwand im Sinne der dritten kritischen Frage der pragmatischen Argumentation – «Do actions of type *X* lead to results of type *Y*?» (van Eemeren 2016: 17) –, der potenziell trugschlüssig ist, denn in solchen Beispielen wird in der Regel ein Strohmann (*Die symbolische Aktion ist eine Aktion gegen den Klimawandel*) kritisiert. Allenfalls könnte noch eingewandt werden, dass ein Vergleichsschema (*Klimaschutzmassnahmen sind notwendiger/dringender als symbolische Aktionen*) gemeint ist. Diese Lesart wird in der Regel aber durch den

Kontext ausgeschlossen. Hier beispielsweise, indem der auf den Zeichencharakter der symbolischen Aktion hinweisende Ausdruck *ein Zeichen setzen* verwendet wird. Eine solche Kritik liegt allenfalls noch in dem folgenden Beispiel vor, die allerdings auch nur bedingt haltbar ist, da mit dem Sammeln von Schneeproben der Klimawandel ebenfalls nicht gestoppt werden kann:

> Für Liautaud selber ist klar, dass er allein mit seinem Marsch nicht viel dazu beigetragen hat, um den Klimawandel zu stoppen. «Viel wichtiger sind die wissenschaftlichen Untersuchungen, die wir auf der Expedition durchgeführt haben», erklärt er dem Publikum. So sammelten Liautaud und Stoud auf ihrem Weg zum Südpol Schneeproben, um darin den Anteil von Tritium zu messen. Dieses radioaktive Isotop hilft dabei, das Alter diese [sic!] Proben bis 150 Jahre zurückzudatieren und so etwas über den Wasserkreislauf zu erfahren.
>
> (Südostschweiz 24.01.2014)

8.3.1 Klimapause

Zwischen 1998 und 2012 stiegen die Erdoberflächentemperaturen nicht so stark an wie von den Klimamodellen prognostiziert. Dieses Phänomen wird in den Medien üblicherweise als *Klimapause* bezeichnet.[15,16] Zu Beginn waren die Gründe für die Verlangsamung noch unbekannt. Sie wurden dann aber im ersten Teil des fünften Sachstandsbericht des IPCC (Stocker et al. 2013: 772) folgendermassen wiedergegeben:

> In summary, the observed recent warming hiatus, defined as the reduction in GMST trend during 1998–2012 as compared to the trend during 1951–2012, is attributable in roughly equal measure to a cooling contribution from internal variability and a reduced trend in external forcing (expert judgment, *medium confidence*). The forcing trend reduction is primarily due to a negative forcing trend from both volcanic eruptions and the downward phase of the solar cycle. However, there is *low confidence* in quantifying the role of forcing trend in causing the hiatus, because of uncertainty in the magnitude of the volcanic forcing trend and *low confidence* in the aerosol forcing trend.

---

15 Die metaphorische Verwendung der *Pause* ist aus wissenschaftlicher Sicht mindestes problematisch, wenn nicht gar trugschlüssig, denn es handelt sich nicht um ein Pausieren, sondern um eine Verlangsamung.

16 Im schweizerischen Korpus ist die Klimapause nur bedingt relevant. So ergeben sich für [Klimapause] und [.*hiatus] lediglich 25 Treffer im Korpus. Davon sind lediglich zwei klar klimawandelskeptisch. In zwei weiteren wird stark modalisiert allenfalls eine Anpassung von Klimaschutzmassnahmen diskutiert.

Hinzu kam, dass diese Verlangsamung nicht von Klimamodellen prognostiziert wurde (Stocker et al. 2013: 772):

> Almost all CMIP5 historical simulations do not reproduce the observed recent warming hiatus. There is *medium confidence* that the GMST trend difference between models and observations during 1998–2012 is to a substantial degree caused by internal variability, with possible contributions from forcing error and some CMIP5 models overestimating the response to increasing GHG and other anthropogenic forcing.

Der zweite Teil des Zitats wird in klimawandelskeptischen Texten verwendet. Darauf aufbauend kann über ein Zeichenschema die These *Der Klimawandel existiert nicht/ist schwach* gestützt werden. Es handelt sich um einen (20) Topos der wirksamen Treibhausgase.

(20) Topos des wirksamen Treibhausgase (Zeichenschema)

1 Die Wirksamkeit von Treibhausgasen ist geringer als erwartet.

1.1 Die Wirksamkeit von Treibhausgasen führt zu der Klimapause.
1.1’ Wenn die Wirksamkeit von Treibhausgasen geringer ist als erwartet, so führt dies zu einer Klimapause. (Die Klimapause ist ein Zeichen für die geringere Wirksamkeit von Treibhausgasen.)

Die Forscher haben noch keine Antwort auf die Frage gefunden, warum die Durchschnittstemperaturen auf der Erde stagnieren. Viele machen natürliche Schwankungen dafür verantwortlich, etwa eine stärkere Wärmeaufnahme durch die Ozeane. Allerdings könnte auch eine geringere Wirksamkeit des Treibhausgases CO_2 eine Rolle spielen. Falls sich dies bewahrheiten sollte, würde die Sorge vor der Klimaerwärmung abgemildert. «Ich will das nicht ausschliessen», sagt der Klimaforscher Hans von Storch im Interview. Derzeit seien die Messungen zwar noch im Einklang mit den Computersimulationen. Doch wenn die Temperaturen noch weitere fünf Jahre stagnierten, wäre dies eine Entwicklung, die in den Modellszenarien nicht vorkomme.

(NZZ am Sonntag 22.09.2013)

[F]ür Politiker aus SVP und FDP hingegen belegt die sogenannte Klimapause, dass die Wissenschaft das Klimasystem im Detail noch nicht verstanden hat. Vorhersagen seien deshalb mit grösster Vorsicht zu geniessen, sagt Nationalrat Hans Killer (SVP), Mitglied der Energiekommission. «Wir haben uns immer kritisch zum angeblich menschengemachten Klimawandel geäussert.»

(Tages-Anzeiger 28.09.2013a)

Solche Argumentationen bilden allerdings die Ausnahme und treten mehrheitlich in Meinungstexten wie etwa Leserbriefen auf. Als Argumentationserwähnungen in beschreibenden Texten werden sie von bestimmten, prototypisch klimawandelskeptischen Akteur*innen wiedergegeben. Die Argumentation wird aber oft bereits vorher verhindert, indem mit Blick auf die dritte kritische Frage des Kausalschemas («Are there other causal factors that could interfere with the production of the effect in the given case?», Walton, Reed & Macagno 2008: 328) in den Artikeln Gründe für die Klimapause angeführt werden:

> Demnach hat der Ozean mehr Wärme geschluckt; zudem ist weniger Sonnenstrahlung an der Erdoberfläche angekommen, was an Vulkaneruptionen und vorübergehend geringerer Sonnenaktivität lag. Möglicherweise hat auch ein Teil der Computermodelle die zu erwartende Erwärmung überschätzt. Die Erklärung der Erwärmungspause sei noch unsicher, räumte der Vorsitzende der zuständigen IPCC-Arbeitsgruppe, Thomas Stocker von der Universität Bern, an der Pressekonferenz in Stockholm ein. Die Temperaturmessungen im tiefen Ozean etwa seien noch ungenau.
>
> (Neue Zürcher Zeitung 28.09.2013)

An einer weiteren Stelle wird die aktuelle Klimaerwärmung mit vorherigen verglichen, um auf die Normalität solcher Verlangsamungen zu schliessen:

> Seit 2004/2005 hat sich die Klimaerwärmung verlangsamt. Solche Abflachungen sind in längeren Erwärmungsphasen, die es ja schon früher gab, für uns Klimatologen nichts Aussergewöhnliches. Und auch kein Grund, die bisherigen Erkenntnisse zur aktuellen globalen Erwärmung anzuzweifeln.
>
> (Berner Zeitung 25.08.2012)

8.3.2 Klimawandelskeptizismus

> Seit über zehn Jahren erwärmt sich das Klima erwiesenermassen nicht mehr. Trotzdem wird ständig über Erderwärmung gefaselt. Warum? Linke und Grüne, aber auch profitgierige Kreise aus Wirtschaft und Politik wollen sich neue Posten und Pfründe schaffen. Wie lange lassen wir uns diese Manipulation noch gefallen? Und wann merken unsere Medien, dass sie falschen Propheten auf den Leim gekrochen sind? Statt das Volk vor durchsichtigen Manipulationen zu schützen? «Immer noch haben die die Welt zur Hölle gemacht, die vorgaben, sie zum Paradies zu machen.» So Friederich Hölderlin. Daran sollten wir uns erinnern.
>
> (Aargauer Zeitung 25.03.2013)

Es handelt sich hierbei um ein Beispiel, wie es auch Tereick (2016: 160) für den deutschen Diskurs beobachtet, in dem die klimawandelskeptische konzeptuelle Metapher KLIMAWANDEL ALS RELIGION verwendet wird. Der Blick auf solche klimawandelskeptischen Argumentationen ist wichtig, was sich nicht zuletzt auch an den Kommentaren in der anfänglichen Einleitung zeigt.[17] Nichtsdestotrotz bilden solche Argumentationen im Diskurs die Minderheit. Mit Blick auf den (2) To-

17 Einen Überblick über mögliche Argumentationen von Klimawandelskeptiker*innen bieten beispielsweise Volken (2010) und Maslin (2014: 61–65).

pos des anthropogenen Klimawandels kann somit – vorsichtig – von einer ungemischten Meinungsverschiedenheit gesprochen werden. Deshalb werden sie an dieser Stelle nur exemplarisch angeschnitten, denn es sind nicht ausreichend Belege vorhanden, um Topoi herauszukristallisieren.[18]

Starker Klimawandelskeptizismus ist im Korpus insgesamt selten. Dies zeigt sich auch daran, dass nur 8 der betrachteten 54 Meinungstexte im Dezember 2009 (ausschliesslich oder mehrheitlich) klimawandelskeptisch sind. Argumentiert wird insgesamt gegen den Klimawandel (Problem- oder Erwärmungsskepsis) oder aber gegen die anthropogenen Ursachen (Ursachenskepsis; zu den verschiedenen Arten von Klimawandelskeptizismus s. Junele 2016). An folgendem Beispiel lassen sich gängige Einwände besonders gut nachvollziehen:

> Betrachten wir doch einmal die Fakten: Die Luft hat einen CO_2-Anteil von 0,037 Prozent. Von diesen 0,037 Prozent sind nur 1,2 Prozent menschengemacht. Der Rest des CO_2-Anteils wird durch die Natur so oder so hergestellt. [...] Fakt ist, dass seit zehn Jahren die Durchschnittstemperatur nicht gestiegen ist. Fakt ist, dass es in der Vergangenheit schon immer Zyklen gegeben hat, in denen die Temperaturen gestiegen sind, und Zyklen, in denen sie wieder gesunken sind (man denke nur an die verschiedenen Eiszeiten). Fakt ist, dass zuerst die Temperatur steigt und erst danach mehr CO_2 in der Atmosphäre auftritt – der CO_2-Effekt ist also ein nachgelagerter Effekt und nicht die Ursache der Erwärmung. Fakt ist zudem, dass unsere Pflanzen besser wachsen können, wenn ihnen mehr CO_2 zu Verfügung steht. Fakt ist, dass die Schweiz und alle anderen Industrienationen mit der Einführung von immer mehr CO_2-Steuern und Klimaabgaben jämmerlich zugrunde gehen werden und unser erarbeiteter Wohlstand dadurch zunichte gemacht wird.
>
> (Zürichsee-Zeitung 14.12.2009a)

Die Leserbriefe weisen typischerweise eine Ursachenskepsis auf, die oft in eine Problem- oder Mitigationsskepsis mündet, die folgendermassen rekonstruiert werden kann:

Problemskepsis[19]

1 Der Klimawandel ist kein Problem.

1.1 Der Mensch ist nicht verantwortlich für den Klimawandel.

1.2 Andere Probleme sind schlimmer als die Erderwärmung.

---

18 Teilweise wird Klimawandelskeptizismus auch in anderen Unterkapiteln verhandelt, so beispielsweise als (1) Topos des natürlichen Klimawandels oder als (12) Topos der Treibhausgase im Kapitel 8.2.

19 Da die beiden Argumentationsschemata nicht in ausreichender Menge vorkommen, um Topoi auszudifferenzieren, wird auf eine entsprechende Operationalisierung verzichtet.

Mitigationsskepsis

1 Man sollte keine Massnahmen für den Klimaschutz ergreifen.
1.1 Der Mensch kann das Klima nicht beeinflussen.
1.2 Die Massnahmen sind zu teuer.

Texte, welche problem- oder ursachenskeptische Thesen aufweisen, beinhalten interessanterweise oft auch normative Thesen, die mehr Umweltschutz oder die Lösung anderer Probleme fordern:

> Die Umwelt kann uns nicht egal sein, und wir müssen sie unter allen Umständen schützen. Nur sichern wir unsere Umwelt sicherlich nicht mittels der sinnlosen Propaganda gegen CO_2-Emissonen.
>
> (Zürichsee-Zeitung 14.12.2009a)

> Der Umweltschutz geht uns alle an und muss sehr ernst genommen werden, ist aber nicht mit einem wissenschaftlich fragwürdigen und emotionalen Klimaschutz gleichzusetzen.
>
> (Zürichsee-Zeitung 16.12.2009)

> Anstatt mit dem Klimawandel sich [sic!] zu beschäftigen, sollten sich Politiker, Wissenschafter und Minister mehr mit der Frage beschäftigen, wie man verhindern kann, dass Menschen wegen Dursts und Hungers sterben – zurzeit täglich 30 000 Menschen.
>
> (Neue Zürcher Zeitung 11.12.2009)

Vier Leserbriefe sprechen sich explizit gegen Klimawandelskeptizismus aus. Sie weisen darauf hin, dass es sich bei Klimawandelskeptiker*innen in der Regelt nicht um Expert*innen handle und sie entsprechend auf die Befunde der Expert*innen vertrauen sollten, wie es beispielsweise in der Eröffnungsphase des folgenden Beitrages der Fall ist:

> Martin Bracher behauptet, dass «nicht der Klimagipfel dringend gestoppt werden müsste, sondern die Lügen, welche weltweit zu diesem Thema verbreitet werden». Ohne mit detaillierten Fakten zu entgegnen, weise ich einzig auf die Resultate der Eiskernmessungen aus der Antarktis von Professor Thomas Stocker, Uni Bern hin, die für die letzten 800 000 Jahre eine eindeutige Korrelation zwischen CO_2-Gehalt und Klimatemperatur zeigen.
>
> (Aargauer Zeitung 22.12.2009)

Teilweise findet innerhalb von deskriptiven Texten auch eine klimawandelskeptische Verortung durch Akteur*innen wie Parteien (hauptsächlich FDP und SVP) statt; diese werden aber in der Regel deutlich und distanzierend als Argumentationserwähnungen gekennzeichnet.

> Da steht doch auf einem Positionspapier der SVP vom Februar 2009 schwarz auf weiss, dass «keine Erwärmung» stattfindet! Deswegen seien sämtliche Massnahmen zu stoppen...
>
> (Südostschweiz 16.08.2009)

Es handelt sich bei solchen Texten aber klar um Ausnahmen. Kritik richtet sich im massenmedialen Diskurs nicht gegen den anthropogenen Klimawandel als solches, sondern gegen bestimmte Mitigationsmassnahmen. Es könnte somit über den Diskurs hinweg allenfalls von einer moderaten Mitigationsskepsis gesprochen werden, deren Beschaffenheit in den Kapiteln 8.6.1 und 8.7.1 thematisiert wird.

8.3.3 Klimamodelle und -berichte[20]

Mittels Klimadaten (beispielsweise aus Eisbohrkernen oder Baumringen) lässt sich durch Zeichenschemata auf vergangene klimatische Vorgänge schliessen (Brönnimann 2018: 246–259). Zukünftige Prognosen gehen den gegenteiligen Weg. Sie sollen aufzeigen, wie sich das Klima zum Zeitpunkt X verhalten wird. Hierfür wird auf der Grundlage von bekannten Faktoren und Zusammenhängen das Klima zum gewünschten Zeitpunkt modelliert. Dies ist notwendig, um Folgen abschätzen zu können sowie Adaptations- und Mitigationsmassnahmen in die Wege zu leiten. Dass solche Klimamodelle komplex sind und viele Variablen und Unsicherheiten miteinbeziehen müssen, liegt auf der Hand; was mit der Abschätzung und Prognose des zukünftigen Verbrauchs fossiler Brennstoffe beginnt, endet mit der Interaktion zwischen Meeresoberfläche und Atmosphäre (Brönnimann 2018: 259–263; Rahmstorf & Schellnhuber 2012: 46–50). Aufgrund dessen kommt es bei den Berechnungen und Prognosen zu den statistischen Unsicherheiten, welche bereits angesprochen wurden. Welche Konsequenzen dies haben kann, zeigt sich an folgendem Beispiel:

> Nach oben korrigieren sich die Forscher beim Ausblick auf die Höhe des Meeresspiegels: Zwischen 28 und 97 Zentimeter könnte er bis im Jahr 2100 steigen, zitiert die Zeitschrift «Nature» aus einem geheimen Entwurf des Dokuments. Zu dieser Steigerung um maximal fast 40 Zentimeter im Vergleich zum vorigen Bericht von 2007 kommt es allerdings nicht durch eine beschleunigte Eisschmelze oder thermische Ausdehnung des Meerwassers. Vielmehr erlauben es bessere Messungen und Simulationen, auch die Dynamik der grönländischen und antarktischen Gletscherströme zu berücksichtigen. Deren Einfluss hatte der IPCC bisher unter den Tisch fallen lassen.
>
> (NZZ am Sonntag 22.09.2013)

In diesem Beispiel wird der kausale Schluss auf einen stärker steigenden Meeresspiegel aufgrund stärkerer Folgen des Klimawandels verhindert, indem die

20 Insgesamt lassen sich unter den Belegen nur wenige finden, die die Klimamodelle oder die Sachstandsberichte argumentativ verorten. Deshalb wurde an dieser Stelle ebenfalls auf die Ausdifferenzierung von Topoi verzichtet und stattdessen mit Beispielen gearbeitet.

Anpassung von Klimamodellen explizit als Grund genannt wird. Allerdings impliziert die letztgenannte Redewendung *etwas unter den Tisch fallen lassen* eine Absicht. An anderen Stellen im Korpus wird dieser Schluss hingegen nicht explizit verhindert.

Eine zweite Gruppe von Argumentationen beschäftigt sich deshalb mit der Verbesserung von Modellen. Es handelt sich dabei mehrheitlich um pragmatische Argumentationen.

> Das Computermodell wurde mit Daten aus Versuchsanlagen gefüttert, die helfen, den Einfluss der Kohlendioxidaufnahme im Ozean unter realen Bedingungen zu studieren. Um die Modelle zu verbessern, braucht es jedoch mehr Beobachtungsdaten. So untersuchen derzeit Wissenschaftler vor der Küste Perus, im Atlantischen Ozean und vor der Küste Westafrikas sauerstoffarme Gebiete.
>
> (Tages-Anzeiger 20.11.2008)

Eine dritte Gruppe beschäftigt sich mit den Sachstandsberichten. Die Berichte werden teilweise durch Expert*innen evaluiert:

> Sie [d. i. Reto Knutti] waren Mitautor der Kurzfassung des Berichts an die Politik. Sind Sie zufrieden?
> Wir haben keine einzige Aussage weglassen müssen.
>
> (Tages-Anzeiger 28.09.2013b)

In einem besonderen Masse relevant sind Erklärungen der Vorgehensweise des IPCC sowie Reaktionen auf öffentliche Kritik.[21] In entsprechenden Beispielen wird jeweils Kritik relativiert, es werden Erklärungen abgeben sowie Verbesserungen vorgestellt:

> Klimaforscher räumen die Patzer mehr oder weniger ein, beklagen aber Fehlinformationen und Übertreibungen, vor allem durch britische Medien. So sei kaum darauf hingewiesen worden, dass die kritisierten Aussagen in keiner Weise den ersten, fundamentalen Teil des IPCC-Berichts in Frage stellten, in dem das Ausmass des Klimawandels dargestellt und Projektionen für die Zukunft präsentiert würden. Sicherlich wird die Relevanz der vereinzelten Fehler in dem mehr als 2700 Seiten dicken IPCC-Bericht von vielen Medien überschätzt.
>
> (Neue Zürcher Zeitung 03.03.2010)

> Ein Fehler war: Die Temperaturkurve kursierte an Vorträgen oft ohne die Fehlerbereiche. Der IPCC hat nun reagiert: Der neuste Bericht wird keine Grafiken ohne Unsicherheitsmarken mehr zeigen.
>
> (Tages-Anzeiger 01.02.2007)

21 Eine Erklärung des sogenannten *Climategates* bietet Maslin (2014: 26–28). Der Zwischenfall spielt mit 34 Treffern in 24 Texten aus quantitativer Sicht hingegen eine untergeordnete Rolle.

8.4 Folgen des Klimawandels

Folgen des Klimawandels sind vielfältig und können je nach Region beträchtlich variieren. Auf globaler Ebene sind unter anderem Änderungen der Niederschlagsmuster, das Schmelzen des Meereises, der Anstieg des Meeresspiegels sowie die Versauerung der Meere zentral (s. in Kürze Brönnimann 2018: 307–308; sowie ausführlicher Rahmstorf & Schellnhuber 2012: 54–81). Diese Folgen haben auch weitereichende Auswirkungen auf Ökosysteme und die Gesellschaft. Das Bundesamt für Umwelt (Köllner et al. 2017: 12–13) identifiziert für die Schweiz die folgenden Risiken und Chancen: «[g]rössere Hitzebelastung», «[z]unehmende Trockenheit», «[s]teigende Schneefallgrenze», «[s]teigendes Hochwasserrisiko», «[a]bnehmende Hangstabilität und häufigere Massenbewegungen», «Beeinträchtigung der Wasser-, Boden- Luftqualität», «Veränderung von Lebensräumen, Artenzusammensetzung und Landschaft», «Ausbreitung von Schadorganismen, Krankheiten und gebietsfremden Arten», «Veränderung der Sturm- und Hagelaktivität» und «Verbesserung der Standortbedingungen».

Im Korpus[22] wird vor allem ein Zusammenhang zwischen dem Klimawandel und den Folgen thematisiert. Die Verknüpfung von Treibhausgasen und Folgen des Klimawandels ist hingegen selten, was die These aus Kapitel 8.2 stützt, dass in der Kausalkette in der Regel keine Kettenglieder übersprungen werden. Die genannten Folgen beschreiben mehrheitlich solche, die sich im ersten Teil des Sachstandsberichts befinden: Der *steigende Meeresspiegel* wird sehr oft genannt (7), teilweise auch *Gletscherschmelze* (4). Am häufigsten wird aber über *Extremwetterereignisse* (12) berichtet, aber auch einzelne Phänomene wie *Wind-/Wirbelstürme* (9), *Überschwemmungen* (10), *Dürren* (11), *Waldbrände* (4) sind oft vertreten. Dies könnte daran liegen, dass es sich um solche Phänomene handelt, an die der Klimawandel, wenn auch fälschlicherweise, angeschlossen werden kann, wodurch er berichtenswerter wird (s. Kapitel 6.1). Ebenfalls thematisiert werden Einbussen in der *Nahrungsmittelproduktion* (12), teilweise auch in Verbindung mit der Biodieselproduktion und *Wasserknappheit* (4). In Einzelfällen wird auch auf die verminderte Verfügbarkeit von Genussmitteln wie *Bier* (1) oder *Kaffee* (2) verwiesen. Im landwirtschaftlichen Bereich befindet sich auch die einzige positiv thematisierte Folge des Klimawandels: der Weinanbau.

Gesellschaftliche Folgen werden eher abstrakt thematisiert. *Todesfälle* (2) sind kaum ein Thema, *Konflikte* (7) und *Schäden* (16) hingegen schon. Diese werden oft finanziell beziffert. An einigen Stellen wird auch *Flucht* (6) als mögliche Folgen genannt. Auswirkungen auf Flora und Fauna werden nicht im gleichen Masse thematisiert: *Auswirkungen auf Zugvögel* (3) sowie die *Korallenbleiche* (2),

22 Es wurden die gleichen Suchanfragen verwendet wie in den Fussnoten 6 und 11.

die *Schwächung der Wälder* (4) und *eine Änderung in der Zusammensetzung derselbigen* (1) werden genannt. Vor allem die südliche Hemisphäre und hier insbesondere *Zentralafrika* (3), *arme Länder* (3) sowie *Entwicklungsländer* (3) werden als Betroffene dargestellt. Für die nördliche Hemisphäre werden teilweise positive Folgen (wie eben der Weinanbau) konzeptualisiert. Es handelt sich dabei mehrheitlich um globale oder allgemeine Folgen, die bereits spürbar sind (70) oder zukünftig eintreten werden (34). Folgen für die Schweiz werden seltener thematisiert und das Verhältnis zwischen bereits stattfindenden (22) sowie zukünftigen Folgen (19) ist ausgewogener.

Als Folgen der Treibhausgase wird lediglich die *Versauerung der Meere* (13) genannt, die ja ganz direkt durch die CO_2-Aufnahme der Ozeane verursacht wird. Diese wird in allen Fällen als gegenwärtig verortet.

Die Folgen werden in den Belegen typischerweise über Autoritäts- und/oder Kausalschemata etabliert.

(21) Topos der Folgen I (Kausalschema)[23]

1 Bestimmte Folgen werden eintreten.

1.1 Der Klimawandel findet statt.
1.1' Wenn der Klimawandel stattfindet, führt er zu bestimmten Folgen.

(22) Topos der Folgen II (Autoritätsschema)

1 Bestimmte Folgen werden eintreten.

1.1 Expert*in(nengruppe) X sagt dies.
1.1' Wenn Expert*in(nengruppe) X sagt, dass bestimmte Folgen eintreten werden, dann stimmt das.

Der Fokus liegt klar auf den Folgen für die Natur. Folgen für die Gesellschaft, wie sie beispielsweise Köllner et al. (2017: 12–13) diskutieren, bilden die Minderheit in den Belegen. Prototypisch wird ein lokales oder ein globales Phänomen auf den Klimawandel zurückgeführt wie in den folgenden beiden Beispielen.

> «Wenn die klimatische Entwicklung so weiter geht, werden wir als Nächstes wirklich Eichenmischwälder haben», sagt Dobbertin und vermutet, Zeuge eines ersten «Biom-Wechsels» durch den Klimawandel zu sein, dem allmählichen Verlust einer angestammten Pflanzengesellschaft.
>
> (Sonntagszeitung 07.09.2008)

23 Aus Gründen der Konsistenz müsste dieser Topos als Topos des Klimawandels (Kausalschema) bezeichnet werden. Auf diese Benennung wird an dieser Stelle verzichtet, um die Verwandtschaft zum (22) Topos der Folgen kenntlich machen zu können.

Zahlreiche Tier- und Pflanzenarten reagieren auf den Klimawandel, indem sie ihren Lebensrhythmus an veränderte Jahreszeiten anpassen. Dadurch gerät die Balance der Arten aus dem Gleichgewicht – so blühen Pflanzen für viele Insekten zu früh. Deshalb ist eine Vielzahl von Arten durch die indirekten Folgen des Klimawandels vom Aussterben bedroht.

(Aargauer Zeitung 01.04.2014)

Lokalisierungstopen, die Tereick (2016: 174) mit der Schlussregel «*Der Klimawandel ist genau danzn* [sic!] *dramatisch und verlangt sofortige dramatische Konsequenzen, wenn er sich lokal auswirkt*» beschreibt, lässt sich in den Belegen kaum finden. Lokale Folgen spielen zwar eine Rolle:

Wie die Vogelwarte Sempach berichtet, tauchen mehr Vogelarten aus dem Mittelmeerraum bei uns auf. Dazu zählen Seidenreiher, Bienenfresser und Kurzzehenlerche. Unter den Insekten ist die Gottesanbeterin ein typisches Beispiel für eine Art, die vom Klimawandel profitiert. Ein Beispiel aus der Pflanzenwelt ist die Hanfpalme, deren Verbreitung durch die tiefste Wintertemperatur bestimmt wird.

(SonntagsZeitung 21.09.2008)

Der Klimawandel erhöht aber nicht nur die Gefahr von schweren Stürmen. Auch der Schnee wird knapp. Aufgrund der ungewöhnlich warmen Temperaturen und der langen Trockenheit liegt im Alpenraum derzeit extrem wenig Schnee. Das Skigebiet Jakobshorn in Davos hat den Saisonstart bereits um eine Woche auf den 25. November verschoben

(SonntagsZeitung 20.11.2011)

Die Argumentationen enden aber in aller Regel beim (21)/(22) Topos der Folgen I und II und somit beim Prämissenteil des Lokalisierungstopos. Der Schluss der pragmatischen Argumentation, um eine normative Handlungsaufforderung zu stützen, bleibt aus. Zwar werden teilweise Massnahmen beschrieben, die ergriffen wurden, wie die Verschiebung des Saisonstarts im zweiten Beispiel. Schlüsse auf zukünftige Massnahmen werden aber nicht gezogen, so dass gewissermassen mit Blick auf die Folgen lediglich eine Reaktion auf bereits Geschehenes stattfindet, wenn überhaupt.

Äusserst selten wird eine Kausalität zwischen dem Menschen und den Folgen der Klimaerwärmung etabliert.

Wir fahren zu viele Autos und reisen zu oft mit Billigfliegern. «Tatsächlich verursacht unser Tun derzeit mit an Sicherheit grenzender Wahrscheinlichkeit ein Massensterben gigantischen Ausmasses – das grösste seit jenem Ereignis, das vor 65 Millionen Jahren die Dinosaurier auslöschte.»

(Tages-Anzeiger 06.12.2013)

Grösstenteils lassen sich negative Folgen finden. Im Zusammenhang mit der Landwirtschaft werden teilweise positive und negative Folgen gegeneinander abgewogen:

> Hans Staub aus Wädenswil, Präsident des Zürcher Bauernverbandes, spricht in diesem Zusammenhang von einem «zweischneidigen Schwert». Einerseits würden höhere Temperaturen im Sommer für einzelne Bereiche der Landwirtschaft bessere Bedingungen schaffen. [...] Allerdings könnten diese Vorteile durch andere drohende Auswirkungen des Klimawandels wieder zunichte gemacht werden. Vorhergesagt wird nämlich auch eine Zunahme von Extremwetterlagen – vor allem Gewitterstürme mit Hagel und Starkregen.
>
> (Zürichsee-Zeitung 16.08.2007)

Ausschliesslich positiv konnotiert sind die Konsequenzen für den Weinanbau, womit dieser in der Analyse klar heraussticht, was möglicherweise auch die Ausdifferenzierung als eigenständiges Themengebiet im *Topic Modelling* erklärt.

> Deutscher Riesling ist – der Klimaerwärmung für einmal sei Dank! – in den letzten Jahren immer besser und raffinierter geworden. Die spät reifende Sorte profitiert von den wärmeren und sonnigeren Herbsten.
>
> (SonntagsZeitung 27.03.2011)

Folgen im Korpus sind entweder allgemein oder betreffen die Natur, wodurch sich im Korpus das Bild ergibt, die Folgen seien für den Mensch nicht relevant. Allenfalls findet eine Handlungsaufforderung im Sinne des Lokalisierungstopos dort statt, wo es um den schweizerischen Wald geht, wie sich im nachfolgenden Unterkapitel noch zeigen wird. Die Kausalkette stoppt somit dort, wo der Mensch noch nicht betroffen ist. Nur an wenigen Stellen werden Folgen für den Menschen thematisiert. Hierbei liegt der Fokus klar auf gesundheitlichen Folgen für die schweizerische Bevölkerung.

> Während es für FSME-Viren in der Schweiz kartierte Risikogebiete gibt, kommen Zecken mit Borreliose im ganzen Land vor. Jährlich erkranken deshalb etwa 10 000 Menschen an dieser Infektionskrankheit. Und diese Zahl könnte in Folge der Klimaerwärmung noch steigen.
>
> (St. Galler Tagblatt 03.04.2011a)

> Höhere Temperaturen durch den Klimawandel und Luftschadstoffe in Städten führen vermutlich dazu, dass aus den Baumpollen rascher Allergene freigesetzt werden [...]. Zudem beeinflussen Schadstoffe bestimmte Prozesse im Körper so, dass man eher allergisch reagiert.
>
> (NZZ am Sonntag 27.01.2013)

Seltener werden auch finanzielle Folgen gestützt.

Die Methodik sei zwar noch nicht restlos ausgereift, sagt Raible. Aber die Abschätzungen zeigen, dass der Klimawandel ins Geld gehen könnte: Bis Ende des Jahrhunderts können bei ungebremstem Klimawandel die Verkäufe von Arzneimitteln in Apotheken erwärmungsbedingt um drei Prozent zunehmen.

(Berner Zeitung 15.03.2014)

Die argumentative Verhandlung von gesellschaftlichen Folgen in anderen Teilen der Welt sind äusserst selten. Der Fokus liegt auf globalen und lokalen Folgen für die Natur. Das Vertextungsmuster befindet sich dabei oft in einem Übergangsbereich zwischen Explikation und Argumentation.

8.5 Sich dem Klimawandel anpassen: Adaptation

Auch wenn die Treibhausgasemissionen von heute auf morgen vollständig reduziert würden, würde sich die Erde trotzdem erwärmen. Dementsprechend reichen Mitigationsmassnahmen allein nicht aus und Adaptationsmassnahmen sind ebenfalls notwendig. Dies beginnt bei Menschen in küstennahen Wohngebieten, die umziehen müssen, und endet bei Skigebieten in der Schweiz. Auch das Bundesamt für Umwelt (BAFU 2012, 2014b) beschäftigt sich mit Anpassungsmöglichkeiten in der Schweiz. Innerhalb des Diskurses sind Adaptationsmassnahmen allerdings nahezu irrelevant. Dies zeigt sich bereits an den Themenzusammensetzungen; kaum eines ist unmittelbar mit Adaptationsmassnahmen verbunden.

Die Notwendigkeit von Adaptations- und Mitigationsmassnahmen wird in den Belegen argumentativ nicht verhandelt, stattdessen wird sogar an einer Stelle ein Gegensatz zwischen Adaptation und Mitigation etabliert: Adaptation steht erst zur Debatte, wenn Mitigationsmassnahmen nicht erfolgreich sind.

(23) Topos der Adaptation (Normatives Gegensatzschema)

1 Adaptationsmassnahmen müssen ergriffen werden.

1.1a Adaptations- oder Mitigationsmassnahmen müssen ergriffen werden.
1.1b Mitigationsmassnahmen reichen nicht aus.
1.1a-b' Wenn Adaptations- oder Mitigationsmassnahmen ergriffen werden können, Mitigationsmassnahmen aber nicht mehr ausreichen, müssen Adaptationsmassnahmen ergriffen werden.
1.1b.1 Die Daten sind alarmierend.

Angesichts der alarmierenden Daten kann es den Experten zufolge nur noch darum gehen, die Folgen des Klimawandels abzumildern – aufhalten lässt er sich nicht mehr. Selbst wenn die Konzentration der Treibhausgase im Jahr 2000 auf dem damaligen Stand eingefroren worden wäre, wäre auf einige Zeit ein Temperaturzuwachs von 0,1 Grad Celsius pro Jahrzehnt zu erwarten, hiess es in Paris.

(Basler Zeitung 03.02.2007)

Dieser Text bildet die Ausnahme im Korpus, wobei das Gegensatzschema implizit auch im restlichen Korpus relevant ist. Dabei wird aber exakt die gegenteilige These gestützt: Da mittels Mitigation noch versucht wird, den Klimawandel zu bremsen, werden Adaptationsmöglichkeiten noch nicht thematisiert. Aus wissenschaftlicher Sicht ist dies selbstverständlich nicht haltbar, da bereits bei einer geringen Erwärmung Adaptationsmassnahmen notwendig sind.

Systematisch werden Adaptationsmassnahmen nur im Zusammenhang mit schweizerischen Wäldern thematisiert.

(24) Topos der Wälder (Pragmatische Argumentation)

1 Die Waldzusammensetzung muss angepasst werden.

1.1 Der Klimawandel führt zu veränderten Bedingungen für Wälder.

1.1' Wenn der Klimawandel zu veränderten Bedingungen für Wälder führt, muss ihre Zusammensetzung angepasst werden.

Der Klimawandel dürfte auch die Nordwestschweizer Wälder verändern. Der Waldwirtschaftsverband beider Basel will deshalb neue geeignete Baumarten aus wärmeren Gefilden einführen. Ein Klima-Opfer in unseren Wäldern ist die Weisstanne. Hingegen kann sich die Eiche in höhere Lagen als bisher ausbreiten. Chancen hat auch die Edelkastanie.

(Aargauer Zeitung 14.10.2011)

8.6 Den Klimawandel bremsen: Mitigation

Die Wahl von Mitigationsmassnahmen hängt wesentlich von den Ursachen (Kapitel 8.2) sowie von der angestrebten Limitierung des Klimawandels ab; wenn eine starke Temperaturerhöhung in Kauf genommen wird, müssen weniger Mitigationsmassnahmen ergriffen werden als bei einer moderaten Temperaturerhöhung. Die Schweiz hat sich im Rahmen des Kyoto-Protokolls dazu verpflichtet, Massnahmen zu ergreifen, um die Erhöhung auf 2° Celsius zu begrenzen.[24] In Anbetracht dessen, dass ein Grossteil der Treibhausgasemissionen aus der Verbrennung fossiler Brenn- und Treibstoffe resultiert, sollte ein Grossteil der Mitigationsbemühungen die Vermeidung selbiger umfassen. Rebetez (2006: 127–134) erwähnt folgende Stellschrauben, um die Treibhausgasemssionen zu redu-

---

24 Im Anschluss an den betrachteten Zeitraum fand die Klimakonferenz in Paris statt, an der sich zahlreiche Nationen – auch die Schweiz – dazu verpflichteten, die Erderwärmung auf 1,5° Celsius zu begrenzen. Dadurch sind umfangreichere Mitigationsmassnahmen erforderlich.

zieren: Strassenverkehr, Mobilität sowie individuelle Verhaltensmuster, erneuerbare Energien, technologische Neuentwicklungen, Speicherung von Kohlendioxid, Verhinderung der Rodung von Tropenwäldern und schliesslich der Luftverkehr.

Mitigation besteht daraus, die Ursachen so weit zu reduzieren, dass die Erderwärmung und somit auch deren Folgen geringer ausfallen. Diskursspezifische Indikatoren wie *2-Grad-Ziel* oder *Klimaschutz* zielen beispielsweise auf Mitigation ab. Im Korpus wird Mitigation deutlich häufiger thematisiert als Adaptation. Mitigation und Adaptation können sich aber auch überschneiden. So ist es denkbar, dass das Pflanzen der Bäume an einem Hang dazu dient, die Erosionen, die durch vermehrte Unwetter entstehen, einzudämmen. Gleichzeitig dienen dieselben Pflanzen selbstverständlich auch als CO_2-Senke. Aus wissenschaftlicher Sicht kann nicht im Sinne eines Vergleichsschemas zwischen Mitigations- und Adaptationsmassnahmen entschieden werden wie beim (23) Topos der Adaptation, denn mittlerweile sind sowohl Mitigations- als auch Adaptationsmassnahmen unumgänglich; der Klimawandel muss so weit reduziert werden, dass die Schäden in einem möglichst geringen Ausmass bleiben und gefährliche Kipppunkte im System nicht überschritten werden. Gleichzeitig hat sich die Erde aber bereits erwärmt und wird sich auch zukünftig noch erwärmen. Deshalb sind auch Adaptationsmassnahmen unumgänglich.

Für die vorherigen Teilgebiete – Ursachen, Folgen, Etablierung des Klimawandels und Adaptation – war es schwierig, übergeordnete Tropen zu erarbeiten. Sie kommen oft nicht in ausreichender Menge vor. Dies ändert sich mit einem Blick auf diesen Teilbereich, denn die argumentativen Belege sind hier zahlreicher.

Tereick (2016: 219) beschreibt die beiden Positionen *Klimaschutz ist (nicht) notwendig* als zentral für den printmedialen Diskurs in Deutschland zwischen 1995 und 2010. Im hier betrachteten Diskurs kann, wenn man von den wenigen klimawandelskeptischen Texten absieht, nicht mehr von einer gemischten Diskussion gesprochen werden. Die These *Klimaschutz ist notwendig* ist etabliert. Die Diskussion hat sich hin zu einzelnen, konkreten Mitigationsmassnahmen verschoben. Für diese Beobachtung gibt es meines Erachtens zwei mögliche Erklärungen. Entweder handelt es sich um ein länder- oder diskursspezifisches Phänomen oder um eine diachrone Entwicklung; massenmediale Diskurse beschäftigten sich, wie bereits thematisiert wurde, bereits früh mit der Etablierung des Klimawandels und später, in den 2000er Jahren legte sich der Fokus auf das politische Handlungsfeld, da – so die These – der Klimawandel mittlerweile etabliert war. Mit Blick auf Klimaschutz könnte sich nun zwischen dem von Tereick (2016) betrachteten Zeitraum (1995–2010) und dem hier betrachteten Zeitraum (2007–2014) etwas Ähnliches ereignet haben. Die positive These *Klimaschutz ist notwendig* könnte sich als dominant etabliert haben, wodurch die gemischte Meinungsverschiedenheit nur noch eine untergeordnete Rolle spielte und die These an sich als materiale Prämisse im entsprechenden Handlungsfeld aufgenommen würde. Die Diskussion im Diskurs verschöbe sich dann von der These *Klimaschutz ist (nicht) notwendig* zu der These *Klimaschutzmassnahme X ist (nicht) notwendig/gut (schlecht)* und somit mit Blick auf die topologische Diskursformation nach rechts. Im Rahmen dieser Arbeit kann allerdings nicht geklärt werden, welche der beiden Erklärungen tatsächlich zutrifft.

Mitigationsmassnahmen als solches werden gestützt, indem über pragmatische Argumentation aufgezeigt wird, wie viel CO_2 noch verbraucht werden darf (oder reduziert werden muss), um das 2-Grad-Ziel zu erreichen.

(25) Topos der Emissionsreduktion I (Pragmatische Argumentation)

1 Die CO_2-Emssionen müssen bis zum Jahr X um Y Prozent reduziert werden.

1.1 Die Erderwärmung muss auf Z Grad beschränkt werden.
1.1' Wenn die Reduktion der CO_2-Emissionen bis zum Jahr X um Y Prozent die Erderwärmung auf Z Grad beschränkt, dann ist diese Emissionsreduktion notwendig.

Um das 2-Grad-Ziel noch zu erreichen, müssten die CO_2-Emissionen bis 2050 verglichen mit dem Stand von 2010 um 40 bis 70 Prozent verringert werden. Der Anteil nicht-fossiler Energieerzeugung solle bis dahin auf mehr als 80 Prozent steigen.
(Neue Luzerner Zeitung 14.04.2014)

Das 2-Grad-Ziel allein reicht allerdings nicht aus, um Mitigationsmassnahmen zu rechtfertigen. Oft werden diese zusätzlich über finanzielle Vorteile (oder zumindest über das Ausbleiben von Nachteilen) gestützt.

(26) Topos der Mitigationsmassnahmen I (Normatives Vergleichsschema)

1 Mitigationsmassnahmen müssen ergriffen werden.

1.1 Mitigationsmassnahmen sind günstiger als nicht zu handeln.
1.1' Wenn Mitigationsmassnahmen günstiger sind als Alternativen, müssen sie ergriffen werden.

Geht man von einem weltweiten Wirtschaftswachstum von jährlich 1,6 bis drei Prozent für das 21. Jahrhundert aus, so käme es nach den Ergebnissen des fünften Sachstandberichts zu einer Wirtschaftseinbusse von jährlich 0,06 Prozent bei Umstellung auf erneuerbare Energien. ‹Im Vergleich zu den bevorstehenden irreversiblen Auswirkungen des Klimawandels, sind diese Kosten zum Klimaschutz überschaubar›, sagte Sokona weiter.
(Südostschweiz 02.11.2014)

In beiden Fällen wird die Argumentation zusätzlich durch eine Expert*innengruppe gestützt. Im ersten Fall durch Ernst & Young und im zweiten durch den

Weltklimarat. Dass der Fokus auf den ökonomischen Auswirkungen von Massnahmen liegt, ist auch in anderen Ländern beobachtbar (Howard-Williams 2009; Krzyżanowski 2013; Malone 2009: 75–76; Ylä-Anttila & Kukkonen 2014). Ebenso werden die Mitigationsmassnahmen in den betrachteten Belegen oft nicht nur mit Blick auf ihr Reduktionspotenzial, sondern auch ökonomisch und finanziell evaluiert. Dies ist insofern problematisch, als dass ökonomische Aspekte in der Regel höher gewichtet werden (Zehr 2009: 85):

> As long as it didn't cost too much, environmentalism was acceptable, but it always had to be won *against* economics. This type of framing began to change in the late 1980s as some environmentalists, politicians, economists, and industrialists began to promote economic efficiency as means to resolve environmental problems.

Im Korpus kommen im Grundsatz beide Frames vor, allerdings ist der erste Frame nach wie vor äusserst präsent, wie sich auch an dem folgenden Beispiel zeigen lässt, in dem das Verhältnis zwischen Emissionsreduktionen und Wirtschaft als ein kontradiktorisches beschrieben wird, aus dem dann auch normative Thesen abgeleitet werden.

(27) Topos der Mitigationsmassnahmen II (Normatives Gegensatzschema)

1 Mitigationsmassnahmen sind abzulehnen.

1.1a Man kann entweder die Emissionen beschränken oder die Wirtschaft fördern.
1.1b Die Förderung der Wirtschaft ist wichtiger.
1.1a-1.1b' Wenn Mitigationsmassnahmen weniger wichtig als Wirtschaftswachstum sind, sollte man sie ablehnen.

> Diese neuen Forschungsergebnisse zeigen, dass mit Anpassung mehr zu erreichen wäre als mit einer Senkung der CO_2-Emissionen. Die Emissionen auf ein Niveau zu senken, das das Wirtschaftswachstum nicht erstickt, könnte einen Schaden von 3 Billionen Dollar abwenden, Anpassung hingegen einen Schaden von 8 Billionen Dollar.
>
> (Tages-Anzeiger 03.09.2009)

> Den Konflikt zwischen Wirtschaftswachstum und Klimaschutz spiegelt die Weltenergie-Statistik: Seit 1988, als die Klimaforscher erstmals eine Halbierung des CO_2-Ausstosses forderten, hat der globale Energieverbrauch nur einmal abgenommen. Das war im Krisenjahr 2009.
>
> (Südostschweiz 13.12.2010)

Mit dem (27) Topos der Mitigationsmassnahmen II wird ein Gegensatz zwischen Wirtschaftswachstum und Klimaschutz etabliert und hierbei das Wirtschaftswachstum (oder Wirtschaftlichkeit allgemein) in der Regel durch ein Vergleichsschema höher gewichtet. Die starke Verankerung dieses Topos zeigt sich auch in der Thematisierung von Entwicklung(shilfe); der kausale Zusammenhang zwischen Wirtschaftswachstum und vermehrten Emissionen wird als unstrittige Prämisse vorausgesetzt. Im folgenden Beispiel wird dieser Zusammenhang zusätzlich durch deontisches *müssen* verstärkt.

> Da die Emissionen der Entwicklungsländer eher niedriger sind als die der Industrieländer – und kurzfristig weiter steigen müssen, da die Entwicklungsländer mit Wirtschaftswachstum die Armut bekämpfen müssen –, wurde vorgeschlagen, dass die Industrieländer ihre Emissionen bis 2050 um mindestens 80 Prozent unter den Stand von 1990 senken.
>
> (Tages-Anzeiger 06.07.2009)

Die kritische Auseinandersetzung mit dem (27) Topos der Mitigationsmassnahmen II ist in den Beiträgen selten und führt in der Regel zu der Forderung nach Entkopplung von Wirtschaftswachstum und Emissionen:

> «Das Wirtschaftswachstum muss vom Ressourcenverbrauch entkoppelt werden», sagte Xaver Edelmann, Empa-Direktionsmitglied und Präsident des World Resources Forum. Nicht nur wegen des Klimawandels – viele Rohstoffe gehen langsam zur Neige.
>
> (St. Galler Tagblatt 03.03.2013)

Eine solche Entkopplung oder gar die Priorisierung von Klimaschutz gegenüber Wirtschaftlichkeit würde dazu führen, dass das wirtschaftliche Handlungsfeld nicht mehr in Frage käme, um Mitigationsmassnahmen zu verhandeln. Solche Argumentationen bilden im Korpus allerdings die Ausnahme, stattdessen werden Mitigationsmassnahmen ökonomische Werte zugewiesen wird, wodurch sie innerhalb des wirtschaftlichen Handlungsfelds diskutiert werden können, ohne dass der (5) Topos des Wirtschaftswachstums hinterfragt werden muss.

(28) Topos des Klimaschutzes I (Pragmatische Argumentation)

1 Klimaschutz muss im ökonomischen Handlungsfeld stattfinden.

1.1 Klimaschutz soll wirksam sein.

1.1' Wenn Klimaschutz wirksam sein soll, muss er im ökonomischen Handlungsfeld stattfinden.

> Um Umweltanliegen wie Biodiversität oder Klimaschutz zum Durchbruch zu verhelfen, wird ökonomisch argumentiert. Wir errechnen also, was eine Blaumeise ökonomisch «wert» ist, was das Bestäuben aller Blumen durch Menschen kosten würde, wenn die Bienen aussterben.
>
> (Tages-Anzeiger 30.12.2010)

Ein solcher Zugang ist aus ökologischer Sicht problematisch, denn zu berechnen, was eine einzelne Vogelart oder das Risiko des steigenden Meeresspiegels «kostet», scheint unmöglich zu sein (Hulme 2009a: 116):

For all these reasons – a global-scale phenomenon affecting the distant future and with uncertain consequences, many of which have no market value – the application of conventional cost-benefit analysis to climate change policy making becomes at best very difficult and at worst impossible.

Aus dem (27) Topos der Mitigationsmassnahmen II und dem (28) Topos des Klimaschutzes I wird dann ein weiterer Topos abgeleitet:

(29) Topos der Mitigationsmassnahmen III (Schema der negativen Konsequenzen)

1 Mitigationsmassnahmen müssen abgelehnt werden.

1.1 Mitigationsmassnahmen schaden der Wirtschaft.

1.1' Wenn Mitigationsmassnahmen dem Wirtschaftswachstum schaden, müssen sie abgelehnt werden.

Die normativen Thesen *Klimaschutz darf die Wirtschaft nicht beeinträchtigen* (oder gar die ungleich stärkere These *Klimaschutz muss wirtschaftliche Vorteile haben*) stellt somit trotz der angesprochenen Problematik eine materiale Prämisse im Handlungsfeld dar, die nur selten strittig gemacht wird.

Nicht nur aufgrund von Unwirtschaftlichkeit werden Mitigationsmassnahmen verworfen. Der (30) Topos des technischen Fortschritts, der auch in der Literatur verhandelt wird (s. Howard-Williams 2009: 37; Malone 2009: 72–77), dient ebenfalls dazu, Mitigationsmassnahmen als solches zu verwerfen.

(30) Topos des technischen Fortschritts (Vergleichsschema)

1 Es werden keine Mitigationsmassnahmen benötigt.

1.1 Mehr Technologien werden entwickelt.

1.1' Wenn mehr Technologien entwickelt werden, werden keine Mitigationsmassnahmen benötigt.

Im Korpus findet dies allerdings kaum statt, was unter Umständen damit zusammenhängen könnte, dass die These *Klimaschutz ist notwendig* bereits etabliert ist. Stattdessen wird der Topos in den Belegen argumentativ zurückgewiesen, indem die erste kritische Frage des pragmatischen Argumentationsschemas beantwortet wird: Technischer Fortschritt reicht nicht aus, um die Erderwärmung zu stoppen. An mehrere Stellen rückt anstelle des technischen Fortschritts der Konsumverzicht.

(31) Topos des Konsumverzichts (Normatives Vergleichsschema)

1 Wir müssen unseren Konsum reduzieren.

1.1 Technischer Fortschritt reicht nicht aus.

1.1' Wenn technischer Fortschritt nicht ausreicht, müssen wir unseren Konsum reduzieren.

Wenn der technische Fortschritt allein die Probleme nicht löst, welche Möglichkeiten gibt es ausserdem? Wir reichen Länder müssen simultan zum technischen Fortschritt unseren Verbrauch einschränken. Wir dürfen auf keinen Fall mehr Ressourcen verbrauchen und die Umwelt stärker verschmutzen, als wir es heute tun. Sonst kollabiert unser System innert kurzer Zeit.

(Tages-Anzeiger 06.03.2009)

Ich möchte Ihnen nur die Illusion nehmen, dass der technische Fortschritt unsere wachsenden Umweltprobleme lösen wird. Denn die Lösung heisst Konsumverzicht. Doch dazu sind wir Menschen nicht fähig.

(SonntagsZeitung 13.02.2011)

Die Mehrheit der Texte beschäftigt sich allerdings nicht auf dieser übergeordneten Ebene mit Mitigation, sondern mit konkreten Massnahmen. Diese lassen sich in drei Kategorien einordnen: Emissionen reduzieren, Emissionshandel, was einer indirekten Emissionsreduktion entspricht, und CO_2-Sequestierung.

Eher abstrakte Klimaschutzmassnahmen werden oft mittels Metaphern nähergebracht (Tereick 2016: 210): «Wird auf die Konsequenzen fokussiert, wird häufig das Metaphernkonzept ‹Anfang – Weg – Ende› relevant, da es sich bei der Durchsetzung von Klimaschutzmaßnahmen um einen Prozess handelt.» Das Ziel ist hierbei beispielsweise eine Begrenzung der Temperatur auf 2° Celsius. Im Falle des Klimaschutzes werden die CO_2-Emissionen und der Klimawandel als Fahrzeuge oder Maschinen konzeptualisiert, welche gestoppt werden müssen, womit die Metapher nahtlos an die konzeptuelle Metapher KLIMAWANDEL ALS BEWEGUNG (s. Kapitel 8.3) angeknüpft werden kann.

Reiche Länder müssen innert zehn Jahren die Emissionen gegenüber 1990 um 25 bis 40 Prozent senken, auch die Schwellenländer müssen ihre Emissionen drosseln, und es braucht massive zusätzliche Finanzmittel.

(Neue Zürcher Zeitung 08.12.2009)

Die Emissionen bremsen wird sie [d. i. chinesische Regierung] daher nur so weit, als dies Chinas Wirtschaftswachstum nicht gefährdet.

(Neue Zürcher Zeitung 19.12.2009)

Metonymisierte Akteure – in diesem Fall die Schwellenländer sowie China – müssen ihre Emissionen wie die Leistung oder Geschwindigkeit einer Maschine oder eines Fahrzeugs drosseln oder bremsen. Es ist denkbar, dass diese Metapher negativ konnotiert ist: Wer bremsen oder die Leistung drosseln will, muss unter Umständen auf eine schnelle Fortbewegung verzichten und kommt später ans Ziel. Im Zusammenhang mit dem zweiten Beleg ist es denkbar, dass Wirtschaftswachstum das Ziel darstellt, wodurch die Metapher direkt an den (29) Topos der Mitigationsmassnahmen III und ähnliche anknüpft.

8.6.1 Emissionen reduzieren

Der Fokus von Mitigationsbemühungen liegt klar auf Emissionsreduktionen, wobei insbesondere der motorisierte Individualverkehr und die Energiewende thematisiert werden. Der generelle Verzicht auf Autos wird kaum genannt, öfters wird über ein normatives Definitionsschema der Kauf eines bestimmten, umweltfreundlichen Autos etabliert.

(32) Topos des Automodells (Normatives Definitionsschema)

1 Man sollte das Automodell X kaufen.

1.1 Das Automodell X ist umweltfreundlich. / Das Automodell X stösst wenig CO_2 aus.
1.1' Wenn ein Automodell umweltfreundlich etc. ist, sollte man es kaufen.

Jetzt machen sie den A1 auch zum Spitzensparer. So soll der 1.0 TFSI ultra mit 95 PS, der erste Drei-Zylinder-Benziner in der Geschichte von Audi, im Schnitt nur 4,3 Liter verbrennen. Das entspricht laut Werk einem CO_2-Ausstoss von 99 Gramm pro Kilometer[.]
(Basler Zeitung 30.12.2014)

Die entsprechenden Modelle werden häufig als *umweltfreundlich*, *sauber* oder *umweltschonend* bezeichnet. Über ein Definitions- oder Vergleichsschema kann so eine implizite normative Kaufthese etabliert werden.

Innerhalb dieses Bereichs liegt der Fokus klar auf Hybrid- und Elektroautos, was sich beispielsweise auch im Rahmen eines Zeichentopos am Genfer Autosalon zeigt:

Wegen der Klimaschutz-Bestrebungen und der Angst vor einem hohen Ölpreis sind solche Fahrzeuge [d. i. Hybrid- und Elektroautos] zurzeit im Trend; das ist auch am Genfer Automobilsalon, der noch bis zum 18. März dauert, augenfällig.
(Neue Zürcher Zeitung 14.03.2007)

Aber auch hier ist der Klimaschutz nicht alleiniger Grund: Gestützt wird die Notwendigkeit von Elektro- und Hybridautos zusätzlich mit hohen Ölpreisen. Es handelt sich somit um eine mehrfache Argumentation.

Neben der Wahl des Fahrzeugs liegt der Fokus auf Biotreibstoffen, deren Evaluation im Korpus ambig ist: Im Vergleich zu Benzin und Diesel werden sie als umweltfreundliche Alternative diskutiert.

(33) Topos der Biotreibstoffe I (Normatives Vergleichsschema)

1. Man sollte Biotreibstoffe verwenden.

1.1 Biotreibstoffe emittieren weniger CO_2 als Benzin oder Diesel.
1.1' Wenn Biotreibstoffe weniger CO_2 emittieren als Benzin oder Diesel, sollten sie verwendet werden.

Der neue 2,5-Liter-Antrieb von Volvo kann sowohl mit Benzin als auch mit Bioethanol E85 oder einem Gemisch aus beidem betrieben werden. Diese Flexibilität garantiert das Fortkommen mit Benzin, wenn keine E85-Zapfsäule verfügbar ist. Unter dem Umweltaspekt ist allerdings die Fahrt mit Bioethanol sinnvoller, weil dabei weniger CO_2 abgegeben wird.
(Zürichsee-Zeitung 07.06.2008)

Allerdings wird die Herstellung kritisch thematisiert, da sie unmittelbar mit der Nahrungsmittelproduktion konkurrieren. Hierbei wird entweder der Zusammenhang zwischen Nahrungsmittelproduktion und Biotreibstoffen über ein Kausalschema gestützt oder aber die Argumentation geht einen Schritt weiter und auf der Grundlage der dritten kritischen Frage von Pragmatischer Argumentation – «Does action *X* not have any major negative (i. e., undesirable)/positive (i. e., desirable) side-effects?» (van Eemeren 2016: 17) – verworfen, was dann mittels eines Topos der negativen Konsequenzen zum Verwerfen von Biotreibstoffen als Mitigationsmassnahme führt.

(34) Topos der Biotreibstoffe II (Schema der negativen Konsequenzen)

1 Die Verwendung von Biotreibstoffen ist nicht gut.

1.1 Die Herstellung hat unerwünschte Nebenwirkungen.
1.1' Wenn die Herstellung von Biotreibstoffen unerwünschte Nebenwirkungen hat, ist die Verwendung von Biotreibstoffen nicht gut.
1.1.1 Die Herstellung von Biotreibstoffen konkurriert mit der Nahrungsmittelproduktion.

Wie eine OECD-Studie mittlerweile nachgewiesen hat, ist die Verwendung von Mais, Raps und Zucker für die Herstellung von Biosprit hauptverantwortlich für die hohen Lebensmittelpreise. Diese Konkurrenz zwischen Nahrungsmittel- und Biospritproduktion wird bestehen bleiben, auch wenn in Zukunft Biosprit aus Holz und Pflanzenabfällen destilliert werden kann.
(Basler Zeitung 02.08.2008)

In diesem Fall wird die Argumentation zusätzlich mittels eines Autoritätsschemas gestützt. Für in der Schweiz hergestellte Biotreibstoffe wird diese Kritik explizit zurückgewiesen, da die Nahrungsmittelproduktion nicht konkurriert wird.

Die Ökobilanz des fast CO_2-neutralen Bio-Treibstoffs ist in der Schweiz sehr gut, weil für dessen Herstellung Abfälle aus der Holzindustrie verwendet werden.

(Sonntag 01.06.2008)

An wenigen Stellen wird auch darauf hingewiesen, dass Biotreibstoffe aufgrund von Produktion und Transport keine besonders gute Klimabilanz aufweisen.

Dazu kommt, dass die meisten Agro-Treibstoffe, die als Mittel gegen die Klimaerwärmung gepriesen werden, wegen ihrer Produktion und den Transporten nur einen marginalen Beitrag zur CO_2-Reduktion leisten, wenn überhaupt.

(Aargauer Zeitung 11.04.2008)

Eine ganze Reihe von Belegen beschäftigt sich mit der Reduktion von Emissionen durch das Unterlassen oder Einschränken bestimmter Ursachen. Es handelt sich somit um basishandlungsspezifische Varianten des (11) Topos der Ursache IV. Im Wesentlichen werden hierfür normative Kausalschemata (insbesondere pragmatische Argumentationen sowie Topoi der negativen Konsequenzen) verwendet, um die Notwendigkeit von bestimmten Massnahmen argumentativ zu stützen.

Besondere Aufmerksamkeit wird hierbei dem Stromverbrauch geschenkt, was nicht erstaunt, denn der Energiesektor trägt einen wesentlichen Teil zu den Treibhausgasemissionen bei.

(35) Topos des Stromverbrauchs I (Schema der negativen Konsequenzen)

1 Der Stromverbrauch muss gesenkt werden.

1.1 Der Stromverbrauch emittiert Treibhausgase.

1.1' Wenn der Stromverbrauch Treibhausgase emittiert, muss er gesenkt werden.

Das Gesetz sieht vor, diesen Ausstoss bis zum Jahr 2020 um 17 Prozent zu drosseln, bis zur Mitte des Jahrhunderts um 80 Prozent zu reduzieren. Um diese Ziele zu erreichen, sollen Stromversorger und Industriebetriebe die Effizienz ihrer Energienutzung verstärken und den Anteil erneuerbarer Energien erhöhen.

(Zürichsee-Zeitung 04.07.2009)

(36) Topos der Schweiz I (Pragmatische Argumentation)

1 Die Schweiz muss den Stromverbrauch senken.

1.1 Die Schweiz will aus der Atomkraft aussteigen.

1.1' Wenn die Schweiz aus der Atomkraft aussteigen will, muss sie den Stromverbrauch senken.

(37) Topos des Stromverbrauchs II (Normatives Definitionsschema)

1 Der Stromverbrauch muss gesenkt werden.

1.1 Das Senken des Stromverbrauchs ist nicht teuer.
1.1' Wenn das Senken des Stromverbrauchs nicht teuer ist, muss es getan werden.

Die Prämisse *Der Stromverbrauch muss gesenkt werden* wird typischerweise über alle drei Topoi (35) bis (37) gestützt. Der (37) des Stromverbrauchs II nimmt klar Bezug auf den (28) Topos des Klimaschutzes I, während der (36) Topos der Schweiz erst durch das Reaktorunglück im Jahr 2011 plausibel wird.

Das Senken des Stromverbrauchs soll im Wesentlichen mittels der Steigerung der Energieeffizienz erreicht werden. Der Verzicht auf vermeidbaren Stromkonsum ist kaum relevant. Nur an einer Stelle wird durch einen *hasty generalization*-Trugschluss ein Verzicht durch die Reduktion des Stromverbrauchs thematisiert.

> Leben wie 1960: Der jährliche Energieverbrauch pro Person soll bis 2020 um 16 Prozent und bis 2035 um 43 sinken, im Vergleich zum Jahr 2000. Das Ziel entspricht laut Nationalrat Wasserfallen (FDP, Bern) dem Verbrauch von Ende der 1960er-Jahre.
> (Zürichsee-Zeitung 10.12.2014)

Der Verzicht wird an dieser Stelle negativ konzeptualisiert. Dies ist ausgesprochen typisch für den Diskurs und zeigt sich auch im Automobilbereich: Es geht nicht darum, die Anzahl der Autos zu reduzieren oder weniger Auto zu fahren, stattdessen soll eine Reduktion der Emissionen durch Treibstoffeinsparungen erreicht werden. Die Topoi (35) bis (37) sind ebenfalls symptomatisch hierfür. In diesem Zusammenhang wird auch die konzeptuelle Metapher VERBRAUCH FOSSILER BRENNSTOFFE ALS NAHRUNGSMITTEL aufgegriffen, konkret als EMISSIONEN ALS NAHRUNGSMITTEL. Insbesondere mit Blick auf den Automobilbereich wird die konzeptuelle Metapher erweitert (20 Minuten 03.08.2009): «Audi verordnet Diät. [...] Audi will in den nächsten drei Jahren den CO_2-Ausstoss aller Modelle auf unter 140 Gramm pro Kilometer senken.»

Während Einschränkungen von Individualverkehr oder Flügen kaum als Massnahmen, um Treibhausgase zu reduzieren, thematisiert werden, wird die Reduktion des Fleischkonsums häufiger genannt.

(38) Topos des Fleischkonsums I (Schema der negativen Konsequenzen)

1 Der Fleischkonsums muss begrenzt werden.

1.1 Der Fleischkonsum emittiert zu viele Treibhausgase.
1.1' Wenn der Fleischkonsum zu viele Treibhausgase emittiert, muss er begrenzt werden.

> Tierfabriken produzieren viel Treibhausgas. Global muss der Fleischkonsum gedrosselt werden.
> (Blick 24.02.2007)

In 1.1 findet eine Beurteilung des Treibhausgasausstosses statt. Dieser muss, wie sich im Kapitel 8.2 gezeigt hat, mittels eines (8)–(10) Topos der Ursache als gross, stark, relevant usw. etabliert werden. Im folgenden Beispiel geschieht dies über ein Vergleichsschema, aus dem eine Verhaltensempfehlung abgeleitet wird.

(39) Topos des Fleischkonsums II (Normatives Vergleichsschema)

1 Man sollte lieber Schweinefleisch essen.

1.1 Schweinefleisch ist klimafreundlicher als Rindfleisch.

1.1' Wenn Schweinefleisch klimafreundlicher als Rindfleisch ist, sollte man Schweinefleisch essen.

> Wer beim Fleischkauf aufs Klima achten will, liegt mit Schweinefleisch richtig, zumindest wenn man es mit Rindfleisch vergleicht. Weil die Schweine ihr Futter besser und schneller verwerten und dabei weniger schädliche Gase ausstossen, ist ihr Fleisch bis zu viermal klimafreundlicher.
>
> (Tages-Anzeiger 06.10.2009)

An einigen Stellen dient der religiöse Herkunftsbereich als metaphorischer Ausgangspunkt für die Bewertung von Basishandlungen als CO_2-Emittenten. An der folgenden Stelle wird die Nahrung als Klimasünder etabliert:

> Immenser Klimasünder [.] Jährlich werden der Untersuchung zufolge 17 000 Megatonnen Kohlenstoffdioxid durch die Herstellung von Lebensmitteln verursacht. Insgesamt gehen gemäss Studie somit ein Fünftel bis ein Drittel der von Menschen verursachten Treibhausgase auf die Produktion und den Vertrieb von Nahrungsmitteln zurück.
>
> (Südostschweiz 30.10.2012)

Deutlich häufiger als solche Mitigationsbemühungen in einzelnen Teilbereichen wird die Energiewende (oft gemeinsam mit der Steigerung der Energieeffizienz) als Mitigationsmassnahme genannt. Eine Stützung der Energiewende als solches findet selten statt, deutlich häufiger wird deren politische Umsetzung thematisiert, weshalb sie im nachfolgenden Unterkapitel deutlich relevanter sein wird. Wird die Energiewende als Mitigationsmassnahme gestützt, so ebenfalls über eine Prämisse, die auf dem (40) Topos der Energiewende beruht und somit auf der Prämisse, die für sämtliche Mitigationsmassnahmen verwendet wird.

(40) Topos der Energiewende (Pragmatische Argumentation)

1 Die Energiewende ist notwendig.

1.1 Die Energiewende führt zu einer Begrenzung der globalen Erwärmung.

1.1' Wenn die Energiewende zu einer Begrenzung der globalen Erwärmung führt, ist sie notwendig.

> Will die Menschheit die von Forschern prognostizierte globale Erwärmung begrenzen, muss sie ihren Energiehunger radikal anders stillen als bis anhin.
>
> (Neue Zürcher Zeitung 24.06.2014)

Bemerkenswert ist an dieser Stelle, dass die Reduktion ebenfalls mit der konzeptuellen Metapher ENERGIEVERBRAUCH ALS NAHRUNGSMITTEL beschrieben wird. Die Wahl fossiler Brennstoffe entspricht der Wahl des «falschen Lebensmittels».

Prämissen für oder gegen die Energiewende entstammen mehrheitlich dem ökonomischen Handlungsfeld. So wird sie dann mit Blick auf wirtschaftliche und finanzielle Aspekte oft kritisch thematisiert.

> Es wird nämlich in der Öffentlichkeit zunehmend zur Kenntnis genommen, dass die Energiewende nicht gratis zu haben sein wird. Die Umlage auf den Strompreis zur Förderung der erneuerbaren Energien wird im kommenden Jahr stark steigen.
>
> (Neue Zürcher Zeitung 29.08.2012)

Insbesondere bei der Umsetzung der Energiewende melden sich Akteur*innen aus dem Energiesektor zu Wort.

> Dass die «Energiewende» für die Energieversorger kein geradliniger Weg ist, lässt sich durch die Argumentation von Thoma erahnen: Einerseits beklagte sie fundamentale Marktstörungen, die sich zum Beispiel in Deutschland in einem niedrigen Strompreis an der Börse äusserten. Durch die Überförderung von erneuerbaren Energien gibt es ausserdem Zeiten mit einem starken Überangebot an Strom, das die «konventionellere» Stromproduktion verdrängt. Andererseits sprach sie sich dafür aus, die Ökostrom-Abgabe (KEV) nicht zu kürzen, wenn man Photovoltaikanlagen wolle, die rentierten.
>
> (Neue Zürcher Zeitung 12.09.2013)

Dies zeigt sich auch daran, dass Akteur*innen aus dem Energiesektor wie beispielsweise Suzanne Thoma (25. Stelle), Geschäftsführerin der *BKW*, Nick Beglinger (28. Stelle), damaliger Präsident von *Swisscleantech*, oder Energieunternehmen wie die *BKW* (11. Stelle), *ABB* (14. Stelle) und *CKW* (17. Stelle) oft im unmittelbaren Umfeld von *Energiewende* auftauchen.[25]

Nach dem März 2011 zeigt sich die Verflechtung des Atom- und des Klimaschutzdiskurses (Tereick 2016: 205–207) im Korpus am deutlichsten an der Energiewende. Die Energiewende erfüllt ab diesem Zeitpunkt nicht mehr nur das Ziel, das Klima zu schützen, sondern sie dient auch dem Atomausstieg. Es entsteht eine Konkurrenz zwischen der Energiewende, die dem Ausstieg aus der Atomkraft dient, und dem Klimaschutz. Dies gipfelt darin, dass die Energiewende sogar kontradiktorisch zum Klimaschutz aufgefasst wird.

---

25 Erhoben wurden Namen von Personen (I-PER) sowie Organisationen (I-LOC), die in der Umgebung (10L/10R) von [Energiewende] vorkommen.

(41) Topos der Klimaziele I (Gegensatzschema)

1 Die Klimaziele können nicht erreicht werden.

1.1a Die Klimaziele sind weniger wichtig als die Energiewende.
1.1b Die Energiewende muss geschafft werden.
1.1a-b' Wenn die Klimaziele weniger wichtig sind als die Energiewende und diese geschafft werden muss, dann können sie nicht erreicht werden.
1.1b.1 Der Atomausstieg muss erfolgen.

Und zudem wurden Gas- und Kohlekraftwerke wieder aktiviert, damit bei fehlendem Strom aus Wind und Sonne das Netz mit genügender Elektrizität versorgt werden kann. Dadurch können die angestrebten Ziele der CO_2 Reduktion natürlich nie erfüllt werden, und wir hinterlassen den nachfolgenden Generationen einen Planeten, der durch menschenbedingte Umweltzerstörungen immer unwirtlicher werden wird.
(Zürichsee-Zeitung 13.03.2014)

Neben diesen allgemeinen Beobachtungen werden analog zu den Biotreibstoffen auch spezifisch einzelne Stromarten evaluiert. Vor dem Reaktorunglück in Fukushima wird vermehrt der Bau von Atomkraftwerken etabliert. In den meisten Fällen wird dieser als notwendig für den Klimaschutz angesehen.

(42) Topos der Atomkraftwerke I (Pragmatische Argumentation)

1 Atomkraftwerke müssen gebaut werden.

1.1 Sie produzieren kein CO_2
1.1' Wenn Atomkraftwerke kein CO_2 produzieren, müssen sie gebaut werden.

(43) Topos der Atomkraftwerke II (Normatives Vergleichsschema)

1 Atomkraftwerke müssen gebaut werden.

1.1 Atomkraftwerke sind alternativlos.
1.1' Wenn Atomkraftwerke alternativlos sind, müssen sie gebaut werden.

Heinz Karrer: Was haben wir für Alternativen? Neue Staudämme können wir nicht bauen. Biomasse, Fotovoltaik und Windkraft tragen in den nächsten 30 Jahren unter Ausnutzung des Potenzials nur einen Teil zur Stromversorgung bei. Gaskombikraftwerke dienen uns wegen des CO_2-Ausstosses nur als Übergangslösung. KKW haben zwar Nachteile wie die Lagerung von radioaktivem Abfall, produzieren aber kein CO_2.
(SonntagsBlick 04.03.2007)

Diskussionen um Atomkraftwerke sind allerdings gemischt, so wird beispielsweise die These

1 «Es ist absolut unverantwortlich und unverständlich, dass neben Stromkonzernen und Marketingspezialisten nun auch noch der Bundesrat Atomkraftwerke fordert.»
(Berner Zeitung 02.03.2007a)

durch verschiedene Argumente gestützt. Die Stützung durch mehrere Argumente gleichzeitig ist insbesondere dann nötig, wenn die These stark ist wie beispielsweise hier durch das Adverb *absolut*.

> 1.1 «Zwischenfälle in den Atomkraftwerken Mühleberg (Bern), Fessenheim (Frankreich) und Forsmark (Schweden) haben in den letzten Wochen gezeigt, dass es auch in Europa keine absolut sicheren Atomkraftwerke gibt.»
>
> (Berner Zeitung 02.03.2007a)

> 1.2 «Menschen werden die Technik nie vollständig beherrschen.»
>
> (Berner Zeitung 02.03.2007a)

> 1.3 «Im Gegensatz zu einem Unfall auf der Strasse oder auf einer Baustelle hat ein AKW-Störfall über Jahrzehnte hinweg für Tausende von Menschen lebensbedrohliche Folgen – von den strahlenden Atomabfällen und ihren Missbrauchrisiken ganz zu schweigen.»
>
> (Berner Zeitung 02.03.2007a)

> 1.4 «Wenn die FDP bei der Atomkraft von ‹einheimischer Produktion› spricht, dann macht sie einen Denkfehler: Uran gibt es in Niger, Kasachstan, Namibia oder in den USA. Um die begrenzten Vorräte tobt heute bereits ein brutaler (Preis)kampf.»
>
> (Berner Zeitung 02.03.2007a)

> 1.5 «Atomenergie ist nicht nur die gefährlichste, sondern auch die teuerste aller Energieformen.»
>
> (Berner Zeitung 02.03.2007a)

Die positive Evaluation von Atomkraftwerken (wie in dem Zitat aus dem *SonntagsBlick* vom 04.03.2007 weiter oben) ist seltener und es werden oft in komplexer Argumentation auch Nachteile von Atomkraftwerken eingeräumt: Atomkraftwerke werden nicht gebaut, weil es sich um die beste Option handelt, sondern weil es keine Alternativen gibt. Zudem werden auch die Nachteile, wie beispielsweise die Lagerung von radioaktiven Abfällen, genannt. Selbst in diesem Leserbrief, in dem die Schädlichkeit radioaktiver Strahlung angezweifelt wird, werden Probleme mit der Entsorgung eingeräumt:

> Die ausgetretene Strahlung des Kernkraftwerks hingegen hat bis heute noch kein unmittelbares Opfer gefordert. Darum scheint mir die Hysterie um die Bedrohung durch Kernkraftwerke als Angstmache. Natürlich bleibt die Entsorgung der atomaren Abfälle ein Problem, aber deswegen die saubere Kernenergie insgesamt zu verteufeln, ist eine unbegreifliche Phobie.
>
> (Zürichsee-Zeitung 13.03.2014)

Nach Fukushima wird zwar teilweise noch die Notwendigkeit angesprochen, dann aber oft in einer zweiten Prämisse zusätzlich die Sicherheit von Atomkraftwerken gestützt. Insgesamt setzt sich im zweiten Teil der Berichterstattung die These *Der Ausstieg aus der Atomkraft ist notwendig* durch, was den (41) Topos der Klimaziele I (Gegensatzschema) erst möglich macht, denn fossile Brennstoffe (in Deutschland vor allem Braunkohle, in der Schweiz Gaskombikraftwerke) werden durch diese Argumentation als Alternative zu Atomkraft relevant.

> Im Jahr 2022 müssen in Deutschland alle Atomkraftwerke abgeschaltet sein und durch Wind, Wasser und Sonne ersetzt werden. Das dürfte allerdings nicht ausreichen und deshalb treibt Deutschland auch den Ausbau der CO_2-lastigen Braunkohle voran.
>
> (10vor10 02.12.2014)

> Erneuerbare Energien und mehr Energieeffizienz werden wohl nicht ausreichen, um ab etwa 2020 die Produktion von AKW im Inland zu ersetzen. Gas wird neu eine wichtige Rolle in der Stromversorgung spielen.
>
> (Neue Zürcher Zeitung 30.03.2012)

Die Wahl von Gaskombikraftwerken wird in der Regel über ein Vergleichsschema gestützt; es handelt sich hierbei um exakt dieselbe Argumentation wie beim (43) Topos der Atomkraftwerke II.

(44) Topos der Gaskombikraftwerke (Normatives Vergleichsschema)

1 Gaskombikraftwerke müssen gebaut werden.

1.1 Gaskombikraftwerke sind die beste Alternative, um Atomkraftwerke zu ersetzen.
1.1' Wenn Gaskombikraftwerke die beste Alternative für Atomkraftwerke sind, müssen sie gebaut werden.

> Erdgas emittiert bei der Verbrennung unter allen fossilen Energieträgern am wenigsten Kohlendioxid. Es hilft also dem Klima, wenn Kohlekraftwerke ab- und Gaskraftwerke angeschaltet werden.
>
> (Tages-Anzeiger 21.04.2012)

Gaskombikraftwerke werden so in einigen Texten als einzige Möglichkeit etabliert, um den Stromverbrauch nach der Energiewende decken zu können. Allerdings werden solche Gaskombikraftwerke mit Blick auf den Klimaschutz kritisch evaluiert:

> Im Wesentlichen machen die Forscher drei Gründe dafür aus, dass ein Gasboom nicht zum Klimaschutz beiträgt. Erstens: Zwar wird billiges Gas gemäss den Wirtschaftsmodellen die Kohle zum Teil ersetzen und somit die Treibhausgasemissionen senken. Zugleich aber wird Gas wegen seines tiefen Preises CO_2-arme Energien wie Fotovoltaik, Wind und die Kernenergie zurückdrängen. Daher fallen die CO_2-Reduktionen letztlich geringer aus als gedacht. Zweitens: Reichlich verfügbares und billiges Gas wird die Energiepreise generell senken, was zu einem höheren Energieverbrauch animiert. Zudem stimuliert billige Energie die Wirtschaft, was den Gesamtenergieverbrauch und somit auch die Emissionen ansteigen

lässt. Und drittens ist die Hauptkomponente von Erdgas, das Methan, ein sehr potentes Treibhausgas, dessen Klimawirkung diejenige von CO_2 um ein Vielfaches übersteigt.

(SonntagsZeitung 26.10.2014)

Jedes der drei bis sieben von der Schweizer Stromwirtschaft angedrohten Gaskraftwerke wird, je nach Betriebsart, die heutigen Emissionen um 1–2 Prozent erhöhen. Sie haben damit in unserer Klimapolitik keinen Platz.

(Neue Zürcher Zeitung 23.01.2007)

Die Förderung erneuerbarer Energien ist ein zentraler Bestandteil der Energiewende, so strebt die Schweiz im Rahmen der Energiestrategie die Förderung erneuerbarer Energien an. Die Energiewende wird in einem ersten Schritt über die Notwendigkeit, das CO_2-Budget einzuhalten, etabliert. In einem zweiten Schritt wird dann die (finanzielle und technische) Machbarkeit evaluiert.

(45) Topos der erneuerbaren Energien und Energieeffizienz (Pragmatische Argumentation)

1 Der Umstieg auf erneuerbare Energien und die Steigerung der Energieeffizienz ist notwendig.

1.1a Der Umstieg auf erneuerbare Energien und die Steigerung der Energieeffizienz hinterlässt zukünftigen Generationen eine saubere und gesicherte Energieversorgung.
1.1b Der Umstieg ist machbar.
1.1a-b' Wenn der Umstieg auf erneuerbare Energien und die Steigerung der Energieeffizienz zukünftigen Generationen eine saubere und gesicherte Energieversorgung hinterlässt und machbar ist, ist sie notwendig.

Um zukünftigen Generationen eine saubere und gesicherte Energieversorgung zu hinterlassen, müssen wir rasch auf erneuerbare, überirdische Energiequellen umsteigen und Energie mit höchster Effizienz nutzen. Die Menschheit kann mit erneuerbarer Energie langfristig gut leben. Die technischen Voraussetzungen sind vorhanden.

(Aargauer Zeitung 22.05.2007)

Die Einführung von erneuerbaren Energien wird oft nicht nur durch den Klimaschutz oder die Energiewende gerechtfertigt. Stattdessen werden über mehrfache Argumentation weitere Vorteile von erneuerbaren Energien in einer mehrfachen Argumentation als Stütze eingesetzt.

Erneuerbare Energien und Energieeffizienz schützen unsere Umwelt vor CO_2-Ausstoss, schaffen lokale Wertschöpfung und bringen sichere Arbeitsplätze.

(Berner Zeitung 15.02.2013)

Die erneuerbaren Energien sollen gefördert werden. Die Schweiz befindet sich international am Ende der Reihe, das Schlusslicht. Alle anderen Länder haben mehr Anteil erneuerbare Energien an ihrer Energieproduktion als die Schweiz (die Wasserkraft ausgeschlossen).

(Schweiz am Sonntag 07.12.2014)

Die Schweiz verfügt über verhältnismässig viele emissionsarme Energiequellen, da über 50 Prozent der Energieerzeugung aus Wasserkraft stammt. Weitere 36 Prozent stammen aus nicht erneuerbaren Quellen und lediglich 6,4 Prozent aus erneuerbaren Energien wie Wind- oder Sonnenenergie (s. Kaufmann 2018: 6). Dementsprechend nimmt auch in den Belegen die Wasserkraft viel Raum ein. Es geht um die negativen Aspekte – insbesondere auch mit Blick auf Pumpspeicherkraftwerke –, aber auch darum, dass die Standorte weitestgehend ausgeschöpft sind.

> Wenn wir die Stromerzeugung aus Wasserkraft nochmals steigern wollen, so bedeutet das den Tod für unsere Bäche und Flüsse.
>
> (Neue Luzerner Zeitung 14.10.2013)

> Wasserkraft als Klimasünder: Entweicht aus dem Rhein Methan? Aus dem Berner Wohlensee entweicht Methangas. Nun prüft die ETH, ob Wasserkraft klimaschädlich ist.
>
> (Tages-Anzeiger 06.06.2011)

Im Zuge der Verwendung von Wind-, aber hauptsächlich Solarenergie wird auch der Ausbau des Stromnetzes thematisiert.

> Sie müssen sich vorstellen, wenn der Anteil Solarstrom – wie wir das anstreben wollen – in der Stromproduktion massiv ansteigt, dann steht plötzlich bei Sonnenschein bis zu doppelt so viel Strom zur Verfügung als notwendig. Diese Energie müssen wir aus dem Netz bringen, um einen Kollaps zu verhindern. Deshalb muss der erste Gedanke sein: Wie stark muss ich das Übertragungs- und Verteilnetz ausbauen, wie viel Speicherkapazität ist zum Beispiel in Form von Pumpspeicherkraftwerken oder Batterien notwendig, und wie werden verschiedene Energiequellen – und nicht nur Elektrizität – am effizientesten und kostengünstigsten geregelt?
>
> (Tages-Anzeiger 25.04.2013)

> Schon heute spüren wir als Generalunternehmer im Solarbereich, dass es beispielsweise schwierig ist, Pensionskassen als Investoren zu finden. Wenn die Rendite sinken würde, hätten wir erst recht Probleme.
> Würden die BKW mit weniger Förderung künftig noch in neue Wind- und Solaranlagen in der Schweiz investieren?
> Wir müssten unsere Investitionen in diesem Bereich in der Schweiz überprüfen und allenfalls unsere Mittel noch stärker in Deutschland und Italien einsetzen.
>
> (SonntagsZeitung 29.09.2013)

8.6.2 Emissionen speichern

Emissionen zu speichern, spielt in der Berichterstattung nur eine untergeordnete Rolle. Dies könnte unter anderem daran liegen, dass solche Verfahren (*Car-*

bon Capture and Storage) noch in der Entwicklung sind. Dementsprechend werden sie im betrachteten Zeitraum auch (noch) nicht im politischen Handlungsfeld diskutiert. Nichtsdestotrotz werden sie in einigen Artikeln als notwendig etabliert, um die Erderwärmung zu begrenzen.

(46) Topos des CO_2-Speichers (Pragmatische Argumentation)

1 Das Speichern von CO_2 ist notwendig.

1.1 Das Speichern von CO_2 begrenzt die Erderwärmung auf 2° Celsius.

1.1' Wenn das Speichern von CO_2, die Erderwärmung auf 2° Celsius begrenzt, dann ist es notwendig.

Das Ziel, den Gesamtausstoss der Treibhausgase bis 2050 im Vergleich zum Jahr 1990 zu halbieren, rückt weiter in die Ferne. Ein möglicher Weg, diese Vorgabe dennoch zu erreichen: Das bei grossen Industrieanlagen und Kraftwerken anfallende Kohlenstoffdioxid einfangen und in unterirdischen Gesteinsschichten speichern, sodass es nicht mehr in die Atmosphäre entweichen kann. Carbon Capture and Storage (CCS) wird diese Technologie genannt. Marco Mazzotti vom ETH-Institut für Verfahrenstechnik ist überzeugt, dass wir CO_2-Speicherstätten brauchen, um die globale Erwärmung auf 2°C zu beschränken: «Erneuerbare Energien holen auf, jedoch werden auf der ganzen Welt weiterhin in grossem Stil Kohle- und Gaskraftwerke gebaut», stellt der Professor für Verfahrenstechnik fest.

(Der Sonntag 17.06.2012)

Die Verhandlung erfolgt mehrheitlich über Kausalschemata, in denen das Vorgehen thematisiert wird, oder über pragmatische Argumentationen, mit denen solche Emissionsspeicher über ihren Zweck gerechtfertigt werden.

Kommt das Schweizer Forschungsprojekt zustande, dürfte dies auch die Schweizer Stromwirtschaft interessieren. Kann CO_2 in der Schweiz abgeschieden und gespeichert werden, könnte dies helfen, Gaskraftwerke in der Schweiz attraktiv zu machen.

(NZZ am Sonntag 14.09.2008)

Der Übergang von argumentativen Kausalschemata zu explikativen Textstellen ist an diesen Stellen oft fliessend. Die Zusammenhänge werden oft zusätzlich über Autoritätsschemata (Studien oder Expert*innen) gestützt.

Rund um Bern liesse sich in grossem Stil CO_2 in der Erde verpressen, heisst es in einer neuen Studie der Uni Bern. Das Treibhausgas könnte Jahrtausende eingelagert und so von der Atmosphäre ferngehalten werden. Atommüll wird gelagert, chemische Abfälle ebenso. Warum also nicht auch das schädliche Treibhausgas CO_2?

(Berner Zeitung 07.10.2010)

Auch natürliche Senken wie der Wald, Algen oder Regenwürmer werden thematisiert. Hierbei geht es vor allem um die Erhöhung der Senkenleistungen durch menschlichen Einfluss.

Die Fotosynthese sei durch seinen Spray angeregt worden, so Sievering. Es wurde also mehr Sonnenlicht und Kohlendioxid zu Energie umgewandelt. Für den Forscher ein interessantes Signal und Grund zu weiteren Überlegungen: Ist es möglich, durch Stickstoffdüngung die Fotosynthese so anzukurbeln, dass die Wälder mehr CO_2 aus der Atmosphäre fixieren?

(Tages-Anzeiger 27.07.2007)

8.6.3 Emissionen kompensieren

Die (finanzielle) Kompensation von Emissionen beruht darauf, dass Emissionen, die an einem Ort A ausgestossen werden, an einem anderen Ort B eingespart werden. Es handelt sich hierbei um ein Instrument aus dem wirtschaftlichen Handlungsfeld; der Emittent A bezahlt Emittent B dafür, Treibhausgase im von ihm verursachten Umfang einzusparen. Dies bedingt, dass dem Treibhausgasausstoss ein finanzieller Wert zugeordnet wird.

Die Notwendigkeit solcher Kompensationsmassnahmen wird im Wesentlichen durch zwei Topoi argumentativ gestützt.

(47) Topos der Emissionszertifikate I (Normatives Definitionsschema)

1 Emissionszertifikate sind notwendig.

1.1a Eine globale Lösung ist notwendig.

1.1a.1 Der Klimawandel ist ein globales Problem.

1.1b Emissionszertifikate sind eine globale Lösung.

1.1a-b' Wenn der Klimawandel ein globales Problem ist und Emissionszertifikate eine globale Lösung sind, werden sie benötigt.

(48) Topos der Emissionszertifikate II (Normatives Vergleichsschema)

1 Emissionszertifikate sind notwendig.

1.1 Emissionen können in Entwicklungsländern günstiger gesenkt werden.

1.1' Wenn mit Emissionszertifikaten die Emissionen in Entwicklungsländern günstiger gesenkt werden können, dann sollte das getan werden.

Vor allem der Einführung von Emissionszertifikaten sollten wir oberste Priorität beimessen, denn bekanntlich ist der CO_2-Ausstoss ein globales Problem, das wir nur gemeinsam lösen können. Indem wir Umweltprojekte in Entwicklungsländern fördern, können wir mit denselben Mitteln den CO_2-Ausstoss wesentlich stärker reduzieren als in hoch entwickelten Ländern mit bereits strengen Umweltvorschriften.

(Zürichsee-Zeitung 24.12.2007)

Die Brückenprämisse 1.1a-b' im (47) Topos der Emissionszertifikate I wird durch einen Topos gestützt, der im Korpus an zahlreichen Stellen anzutreffen ist:

(49) Topos des Klimawandels IV (Normatives Kausalschema)

1 Der Klimawandel erfordert eine globale Lösung.

1.1 Der Klimawandel ist ein globales Problem.
1.1' Weil der Klimawandel ein globales Problem ist, benötigt er eine globale Lösung.

Emissionszertifikate werden in dem betrachteten Beispiel als globale Lösung konzeptualisiert. Im (48) Topos der Emissionszertifikate II wird die Prämisse 1.1 durch den (28) Topos des Klimaschutzes I gestützt.

In der Pilotanalyse (Aargauer Zeitung 08.12.2007; Zürichsee-Zeitung 24.12.2007) werden Emissionszertifikate in zwei Artikeln, gestützt auf die nachfolgenden drei Prämissen, als einzige Möglichkeit genannt, um den Klimawandel aufzuhalten.

1 Emissionszertifikate sind sinnvoll

1.1 Sie ermöglichen wirtschaftliches Wachstum in einer CO_2-beschränkten Welt.
1.2 Das Problem ist nur ökonomisiert lösbar.
1.3 Der CO_2-Ausstoss ist ein globales Problem.

Bei den Emissionszertifikaten handelt es sich um politisch institutionalisierte Kompensationsmöglichkeiten, die den Unternehmen und Nationen zur Verfügung stehen. Auf individueller Ebene ermöglichen Unternehmen wie *MyClimate* analoge Kompensationsmöglichkeiten.

(50) Topos der Emissionen (Normatives Vergleichsschema)

1 Emissionen müssen kompensiert werden.

1.1 Emissionen können nicht verhindert werden.
1.1' Wenn Emissionen nicht verhindert werden können, müssen sie kompensiert werden.

Wir alle versuchen, möglichst wenig CO_2 zu verursachen. Aber niemand will im Winter in einer kalten Wohnung sitzen. Mit myclimate können Sie unvermeidbare Emissionen mit Klimaschutzmassnahmen an einem anderen Ort ausgleichen.

(Anzeiger Luzern 28.08.2013)

Tatsächlich werden solche Kompensationsmassnahmen allerdings mehrheitlich für Luxusemissionen wie Flüge verwendet.

Flüge verursachen hohe CO_2-Ausstösse. Wen deshalb das schlechte Gewissen plagt, der kann ein Klimaticket lösen. Für einige eine gute Tat – für andere ein Ablasshandel.

(Tages-Anzeiger 03.08.2007)

Die konzeptuelle Metapher Emissionszertifikate als Ablasshandel kann innerhalb des Diskurses als konventionalisiert betrachtet werden. An einer Stelle im Korpus werden die Metapher und entsprechende Schlussregeln explizit ausformuliert.

> Das Geschäftsmodell von Myclimate ist einfach: Wer Kohlendioxid produziert, zahlt dafür einen Beitrag zur Finanzierung von Projekten, welche eine entsprechende Verminderung des CO_2-Ausstosses anderswo bewirken. Der Gedankensprung zum «Ablass» und «Ablasshandel» ist naheliegend, und weiter der Gedanke an Schuld und Sühne. «Vor dem Abflug noch CO_2-Abbitte leisten» lautete eine Artikelüberschrift auf NZZ Online über «Klimatickets» am Flughafen, eine andere empfahl plakativ: «Sich ein gutes Gewissen kaufen».
> (Neue Zürcher Zeitung 12.12.2009)

8.7 Wir müssen handeln: Politische Verantwortung

In den letzten Unterkapiteln ging es darum, wie der Klimawandel im Diskurs etabliert wird und welche Ursachen und Folgen argumentativ verhandelt werden. Darauf aufbauend wurden Mitigations- und Adaptationsmassnahmen thematisiert. Nun findet der Übergang zu der Umsetzung solcher Massnahmen statt: Es geht nicht mehr um die Frage, was möglich ist, sondern es geht nun darum, welche Möglichkeiten wie umgesetzt werden, und somit um Geltungsansprüche der Richtigkeit.

Adaptationsmassnahmen wird man aus den im Kapitel 8.4 genannten Gründen auch hier nur in Ausnahmefällen finden, stattdessen wird es vor allem um die Umsetzung von Mitigationsmassnahmen gehen. Die Basis-Handlungen dieser Ursachen (der Mensch oder Treibhausgase) können aus verschiedenen Handlungsfeldern stammen und entsprechend ist auch die Umsetzung von Mitigationsmassnahmen in unterschiedlichen privaten oder öffentlichen Handlungsfeldern möglich. Der Fokus liegt aber klar auf dem politischen Handlungsfeld, was Malone (2009: 72) unter dem Argument «Focus on the Political Process» subsummiert.

8.7.1 Schweizer Klimapolitik

Im Sinne von van Dijks Nachrichtenwert der Nähe (*proximity*) ist die Schweizer Klimapolitik äusserst präsent in der Berichterstattung. Entsprechend viele Belegstellen befinden sich im Korpus, obwohl die Schweizer Klimapolitik allein nicht zu diskursiven Ereignissen führt.

Ein erstes Schlüsselereignis in der Schweizer Klimapolitik war das Inkrafttreten der ersten Fassung des CO_2-Gesetzes am 1. Mai 2000 und somit sieben Jahre vor dem im Korpus betrachteten Zeitraum. Mit dem CO_2-Gesetz sollten die

Kohlenstoffemissionen (und nur diese) bis 2010 (im Vergleich zu 1990) um zehn Prozent, respektive um zwanzig Prozent bis 2020 verringert werden (s. SR 641.71 1999, 2011). Dieses Gesetz sollte die Einhaltung der Ziele der ersten Verpflichtungsperiode des Kyoto-Protokolls garantieren. Relativ früh wurde aber deutlich, dass das Ziel mit den gewählten Massnahmen nicht erreicht werden konnte (s. Brönnimann et al. 2014) und es wurde im Sinne von Artikel 3 (SR 641.71 1999) über die Einführung von CO_2-Abgaben auf Heizöl und Treibstoffe diskutiert:

> Between the first phase of voluntary measures (1995–2000) and the second phase where new instruments (e. g., tax and climate penny) were negotiated (2002–2008), political parties, industry and transport representatives changed positions and strategies. The voluntary agreements were no longer a sufficient solution; the actor had to decide between supporting the tax or the climate penny.
>
> (Brönnimann et al. 2014: 472)

Argumentativ werden zu diesem Zeitpunkt in der Berichterstattung CO_2-Abgaben mittels pragmatischer Argumentation als notwendig eingeführt.

(51) Topos der CO_2-Abgaben I (Pragmatische Argumentation)

1 CO_2-Abgaben auf Treibstoffe müssen eingeführt werden.

1.1 Die CO_2-Abgaben tragen dazu bei, das Ziel des CO_2-Gesetzes zu erreichen.
1.1' Wenn die CO_2-Abgaben dazu beitragen, das Ziel des CO_2-Gesetzes zu erreichen, müssen sie eingeführt werden.

> Bei den CO_2-Emissionen macht sich die Partei [d. i. SP] für die umgehende Einführung einer CO_2-Abgabe auf Benzin stark, damit das Reduktionsziel des CO_2-Gesetzes bis 2012 erreicht werde.
>
> (Tages-Anzeiger 24.09.2007)

Ein besonderes Augenmerk liegt auf den Inlandanteilen an den Emissionsreduktionen, die in Kürze noch relevant sein werden.

(52) Topos der CO_2-Abgaben II (Pragmatische Argumentation)

1 CO_2-Abgaben auf Treibstoffe müssen eingeführt werden.

1.1 Die CO_2-Abgaben tragen dazu bei, die Emissionen im Inland um 20 Prozent zu reduzieren
1.1' Wenn die CO_2-Abgaben dazu beitragen, die Emissionen im Inland um 20 Prozent zu reduzieren, müssen sie eingeführt werden.

> Die Schweiz muss ihre Treibhausgase im Inland um 20 Prozent vermindern. Das beschloss gestern der Ständerat. Der Bundesrat soll deshalb eine CO_2-Abgabe auf Treibstoffen erheben.
>
> (St. Galler Tagblatt 09.03.2011)

Die These wird an einigen Stellen negativ evaluiert, indem das CO_2-Gesetz als zu ambitiös definiert wird. Das Klimaziel wird so für die CO_2-Abgaben verantwortlich gemacht:

(53) Topos der Massnahmen I (Normatives Definitionsschema)

1 Die CO_2-Abgabe müssen erhöht werden.

1.1 Mit dem CO_2-Gesetz wurde ein ambitiöses Ziel verabschiedet.
1.1' Wenn das Ziel ambitiös ist, müssen die Massnahmen ambitiös sein.

2011 hat das Parlament mit dem neuen CO_2-Gesetz ein ambitiöses Ziel verabschiedet: Die Schweiz muss ihre inländischen Treibhausgasemissionen bis 2020 gegenüber 1990 um mindestens 20 Prozent vermindern, also auf gut 30 Millionen Tonnen. CO_2-Abgabe markant erhöhen?

(Tages-Anzeiger 12.11.2012)

Während die CO_2-Abgaben auf Heizöl[26] 2008 eingeführt wurden, wurden keine CO_2-Abgaben auf Treibstoffe erhoben. Die Abgabe auf Heizöl ist argumentativ weitaus weniger umstritten als diejenige auf Treibstoff. Dementsprechend taucht sie in den argumentativen Belegstellen nur selten auf.

(54) Topos der CO_2-Abgaben III (Kausalschema)

1 Die Eintrittspreise im Alpamare dürften weiter steigen.

1.1 Die CO_2-Abgabe auf Heizöl tritt am 1. Januar 2008 in Kraft.
1.1' Wenn CO_2-Abgaben eingeführt werden, führt dies zu Preiserhöhungen.

Bis zu 2500 Gäste, mehr als dreimal so viel wie im Durchschnitt, zählt das Alpamare derzeit täglich. Schon heute sind die Eintrittspreise happig. Und mit der ab 1. Januar in Kraft tretenden CO_2-Abgabe dürften sie weiter steigen.

(Sonntag 30.12.2007)

Es ist ein Einfaches, diese Argumentation so auszuarbeiten, dass die CO_2-Abgaben mit einem Schema der negativen Konsequenzen (*Wenn die CO_2-Abgabe zu höheren Eintrittspreisen führt, sollte sie nicht eingeführt werden*) abgelehnt wird. Diese Argumentation, in der negative Konsequenzen im wirtschaftlichen oder ökonomischen Handlungsfeld zum Verwerfen von Massnahmen führt und die unmittelbar an den (29) Topos der Mitigationsmassnahmen III anknüpft, wird dazu verwendet, CO_2-Abgaben auf Treibstoffe vollumfänglich zu verwerfen.

---

26 Ab 2010 werden ein Drittel dieser Abgaben zur Sanierung von Gebäuden verwendet (s. BAFU 2020).

(55) Topos der CO_2-Abgaben IV (Schema der negativen Konsequenzen)

1 CO_2-Abgaben auf Treibstoffe dürfen nicht eingeführt werden.

1.1 CO_2-Abgaben auf Treibstoffe würden die Volkswirtschaft jährlich mit 1,8 Milliarden Franken belasten.

1.1' Wenn CO_2-Abgaben die Volkswirtschaft finanziell belasten, dürfen sie nicht eingeführt werden.

1.1.1 Der Literpreis steigt bis zu 40 Rappen.

Im Gespräch sagt Gerold Bührer, Präsident von Economiesuisse, dass der Literpreis für Benzin um bis zu 40 Rappen steigen würde. Das würde die Volkswirtschaft jährlich um 1,8 Milliarden Franken belasten. «Das ist schlichtweg nicht akzeptabel, die Exportwirtschaft steht ohnehin mitten in einer ihrer grössten Herausforderungen der Nachkriegszeit.» Will heissen: Nebst dem starken Franken verträgt es keinen weiteren Stress.
(SonntagsZeitung 04.09.2011)

Die gesetzliche Treibstoffabgabe wird aufgrund dieses Topos im Zuge der Diskussion zugunsten von freiwilligen Massnahmen der *Stiftung Klimarappen* verworfen. Die Stiftung aus dem wirtschaftlichen Sektor war von 2005 bis 2013 tätig. Indem auf jeden Liter Benzin oder Diesel 1,5 Rappen (der sogenannte *Klimarappen*) erhoben wurde, konnten Projekte zur CO_2-Kompensation im In- (2 Millionen Tonnen) und Ausland (16 Millionen Tonnen) gefördert werden (s. Stiftung Klimarappen 2019). Die Schweiz erfüllte dadurch das Klimaziel, indem sie 4,5 Millionen Tonnen CO_2-Äquivalente im Inland und 3 Millionen Tonnen CO_2-Äquivalente durch den Klimarappen im Ausland einsparte. Hinzu kamen die Senkenleistung des Waldes (s. BAFU 2014c).

Der im Korpus betrachtete Zeitraum umfasst nun genau diejenigen Jahre, welche für die Evaluierung der Klimaziele im Sinne des Kyoto-Protokolls von zentraler Bedeutung sind (2008–2012). Belegstellen, die sich im nationalen Rahmen mit Klimapolitik beschäftigen, beschäftigen sich deshalb häufig mit dem nationalen Klimaziel und dem internationalen Ziel des Kyoto-Protokolls. Hierbei ist insbesondere der Zeitpunkt zentral, an dem klar wird, dass die Ziele nicht allein mit Inlandemissionen erreicht werden können, sondern Emissionshandelszertifikate aus dem Ausland erworben werden müssen.

In der Berichterstattung werden zuerst Gründe für das Nichterreichen der Ziele etabliert.

(56) Topos der Schweiz II (Kausalschema)

1 Die Schweiz erreicht die Ziele der ersten Verpflichtungsperiode des Kyoto-Protokolls nicht.

1.1 Die Schweiz hat ein starkes Wirtschaftswachstum.

1.2 Die Schweiz hat eine schwache Klimapolitik.

Das Kyoto-Protokoll verlangt deshalb, dass die einzelnen Staaten ihre Treibhausgase «im Wesentlichen» im Inland senken; dies vor allem mit Massnahmen zur Senkung des fossilen Energieverbrauchs. Diese Anforderung hat die Schweiz verfehlt, weil ihre Wirtschaft seit 2000 stark wuchs und ihre Klimapolitik bisher schwach blieb.

(Südostschweiz 17.04.2012)

1.3 Die Schweiz verbraucht zu viel Treibstoffe.
Demnach wird die Schweiz das Kyoto-Ziel um durchschnittlich 0,8 Millionen Tonnen CO_2-Einheiten pro Jahr oder um knapp zwei Prozent verpassen. Auch das CO_2-Gesetz, das eine Reduktion des Treibhausgases CO_2 allein um zehn Prozent verlangt, wird voraussichtlich nicht eingehalten, weil die Schweizer Autoflotte zu viel Benzin und Diesel verbraucht.

(St. Galler Tagblatt 03.11.2010)

1.4 Die Schweiz hat die CO_2-Abgabe auf Treibstoffe verhindert.
Doch die bürgerlichen Mehrheiten im Bundesrat und Parlament hatten die Einführung dieser Abgabe d. i. [CO_2-Abgabe auf Treibstoffe] stets verhindert. Das Resultat zeigt die Statistik: Statt um acht Prozent zu sinken, stieg der CO_2-Ausstoss im Verkehr von 1990 bis 2008 um 14 Prozent.

(Basler Zeitung 02.06.2010)

Insbesondere 1.1 und somit Prämissen aus dem ökonomischen Handlungsfeld sind häufig. Es handelt sich um eine gemischte Diskussion, wie sich deutlich an folgendem Zitat zeigt:

Nach Abzug der ausländischen Emissionsrechte blieb die Verpflichtung, die Treibhausgase im Inland von 2008 bis 2012 um 10,5 Millionen Tonnen zu senken. Schon längere Zeit zeichnet sich aber ab, dass die Schweiz dieses Inlandziel verfehlen wird, dies trotz Wirtschaftskrise, abnehmendem Treibstofftourismus und Rekordwärme im Jahr 2011.
(Berner Zeitung 18.01.2012)

Während das Wirtschaftswachstum im ersten Beispiel als Ursache für das Verfehlen der Ziele dient, wird in diesem Zitat die Wirtschaftskrise konzessiv eingeführt, wodurch implizit die gegenteilige Argumentation vorliegt.

Da die Klimaziele nicht mit den geplanten Massnahmen erreicht werden, ist eine Kompensation in Form von Emissionszertifikaten notwendig. Die argumentative Verortung solcher wurde bereits im Kapitel 8.6.3 dargestellt.

(57) Topos der Schweiz III (Pragmatische Argumentation)

1 Die Schweiz muss Emissionszertifikate kaufen.

1.1 Die Schweiz erreicht ihr Ziel nicht.
1.1' Wenn die Schweiz ihr Ziel nicht erreicht, muss sie Emissionszertifikate aus dem Ausland kaufen.

> Weil die Schweiz zwischen 2008 und 2012 voraussichtlich mehr als die erlaubten 48,3 Millionen Tonnen pro Jahr in die Atmosphäre puffen wird, muss sie zusätzliche Emissionsrechte im Ausland kaufen.
>
> (Südostschweiz 20.11.2007)

> Nach Abzug der ausländischen Emissionsrechte blieb die Verpflichtung, die Treibhausgase im Inland von 2008 bis 2012 um 10,5 Millionen Tonnen zu senken. Schon länger zeichnet sich aber ab, dass die Schweiz dieses Ziel verfehlen wird. Umweltministerin Leuthard unterzeichnete darum gestern einen weiteren Vertrag mit der Stiftung Klimarappen. Damit kann die Stiftung zusätzliche Zertifikate im Umfang von 5 Mio. Tonnen CO_2-Equivalent kaufen.
>
> (St. Galler Tagblatt 03.01.2012)

Im Zuge dessen wird die Frage nach dem Verhältnis von Inland- und Auslandreduktionen relevant, die in unterschiedlichen Handlungsfeldern verortet werden kann und die im CO_2-Gesetz nicht näher definiert wird (SR 641.71 1999: Artikel 2.7):

> Verminderungen der Emissionen, die im Ausland erzielt und von der Schweiz oder von in der Schweiz ansässigen Unternehmen finanziert wurden, kann der Bundesrat bei der Berechnung der Emissionen nach diesem Gesetz angemessen berücksichtigen. Er regelt die Anforderungen und berücksichtigt dabei international anerkannte Kriterien.

Gleiches gilt für das Kyoto-Protokoll (UN 1997: 7): «The acquisition of emission reduction units shall be supplemental to domestic actions for the purpose of meeting commitments.» Deshalb resultiert aus dem Nichterreichen der Klimaziele und der Notwendigkeit von Auslandzertifikaten eine kritische Diskussion darüber, wie viele Auslandszertifikate angemessen sind. Die entsprechenden Thesen werden dann mit Prämissen aus Kapitel 8.6.3 gestützt. Im vorliegenden Beispiel wird diese kritische Diskussion direkt angesprochen und mit einem Glaubenskrieg verglichen:

> Manchmal hat die Diskussion, ob die Schweiz das Treibhausgas Kohlendioxid vorzugsweise im Inland reduzieren oder im Ausland kompensieren soll, Züge eines Glaubensstreits angenommen. Während Vertreter der letzteren Option auf die Kosteneffizienz verweisen, betont die «Inland-Fraktion» die Vorbildfunktion, die die Schweiz in Sachen Klimaschutz übernehmen soll, und wirft den «Ausländern» vor, sich mit CO_2-Zertifikaten von inländischen Verpflichtungen freikaufen zu wollen.
>
> (Neue Zürcher Zeitung 06.09.2008)

Mittels Prämissen aus unterschiedlichen Handlungsfeldern werden an zahlreichen Stellen die beiden Thesen gestützt.

(58) Topos der Anteile von Auslandszertifikaten I (Normatives Definitionsschema)

1 Ausländische Emissionszertifikate dürfen einen grossen Teil (über 50 Prozent) zu den Klimazielen beitragen.

1.1 Ausländische Emissionszertifikate sind ökonomischer.
1.1' Wenn ein hoher Anteil an ausländischen Emissionszertifikaten ökonomischer ist, dann ist er angemessen.

Eine effiziente, ambitionierte Klimapolitik sieht die Möglichkeit von Auslandreduktionen vor. Ein ausschliesslicher Fokus auf Inlandreduktionen um jeden Preis ist ökonomisch nicht sinnvoll. Die Balance ist zu halten zwischen der Pflicht, den Pro-Kopf-Ausstoss der Schweiz zu senken, und der Aufgabe, die globalen Emissionen möglichst kosteneffizient zu reduzieren.

(Neue Zürcher Zeitung 04.06.2014)

(59) Topos der Anteile von Auslandszertifikaten II (Pragmatische Argumentation)

1 Ausländische Emissionszertifikate dürfen einen grossen Teil (über 50 Prozent) zu den Klimazielen beitragen.

1.1 Das Kyoto-Protokoll wird nicht verletzt.
1.1' Wenn ein hoher Anteil an ausländischen Emissionszertifikaten das Kyoto-Protokoll nicht verletzt, dann ist er angemessen.

(60) Topos der Klimaziele II (Normatives Definitionsschema)

1 Ausländische Emissionszertifikate dürfen nur einen kleinen Teil (weniger als 50 Prozent) zu den Klimazielen beitragen.

1.1 Die Klimaziele müssen im eigenen Land umgesetzt werden.
1.1' Wenn die Klimaziele im eigenen Land umgesetzt werden müssen, dürfen ausländische Emissionszertifikate nur einen kleinen Teil (weniger als 50 Prozent) zu den Klimazielen beitragen.

(61) Topos der Anteile von Auslandszertifikaten III (Schema der negativen Konsequenzen)

1 Ausländische Emissionszertifikate dürfen nur einen kleinen Teil (weniger als 50 Prozent) zu den Klimazielen beitragen.

1.1 Ausländische Emissionszertifikate fördern den Ablasshandel.
1.1' Wenn ausländische Emissionszertifikate den Ablasshandel fördern, dürfen sie nur einen kleinen Teil (weniger als 50 Prozent) zu den Klimazielen beitragen.

Zu Hause muss die Klimapolitik beginnen. Das sagten sich die Mitglieder der nationalrätlichen Umweltkommission (Urek). Darum verlangen sie im revidierten CO_2-Gesetz, dass die Schweiz ihre Treibhausgase bis zum Jahr 2020 allein im Inland um mindestens 20 Prozent vermindern muss. Der Bundesrat hingegen will die Hälfte dieser CO_2-Reduktion mittels Kauf von Emissionszertifikaten im Ausland zulassen – und fördert damit den Ablasshandel.

(Südostschweiz 22.04.2010)

Die Schlussregeln sind oft stark implizit und es sind mehrere Schritte notwendig, um von der explizit ausformulierten Prämisse auf die These schliessen zu können, die insbesondere Wissen um Topoi aus dem Kapitel 8.6.3 beinhaltet. Um beispielsweise im nachfolgenden Beispiel von 1.1 auf 1 schliessen zu können, muss die Schlussregel implizit mit Prämissen gestützt werden, die begründen, warum Inland- besser als Auslandreduktionen sind. Dies könnte beispielsweise folgendermassen aussehen.

1 Emissionsanteile dürfen nur einen geringen Teil (weniger als 50 Prozent) zu den Klimazielen beitragen.

1.1 Die Schweiz besitzt eine Vorbildfunktion.

1.1' Wer eine Vorbildfunktion besitzt, muss mehr Emissionen im In- als im Ausland reduzieren.

1.1'.1a Emissionen im Inland zu reduzieren, ist nachhaltiger, besser usw.

1.1'.1b Wer eine Vorbildfunktion besitzt, sollte sich für die nachhaltige, bessere usw. Variante entschieden.

Es handelt sich um eine verhältnismässig komplexe Argumentation, die auf einem Definitionsschema beruht und deren impliziten koordinativen Prämissen 1.1'.1a und 1.1'.1b bekannt sein müssen, damit die Prämisse die These plausibel stützen kann. Diese komplexen, impliziten Argumentationen zeigen sich immer wieder in den betrachteten Argumentationen aus dem politischen Handlungsfeld.

An folgendem Beispiel zeigt sich, dass sich insbesondere Nichtregierungsorganisationen gegen die hohen Anteile von Auslandszertifikaten stellen.

Nach Abzug der ausländischen Emissionsrechte blieb die Verpflichtung, die Die Umweltorganisation WWF hingegen interpretiert: «Die Schweiz verpasst nicht nur ihre bescheidenen Reduktionsziele, weil der Bund das geltende CO_2-Gesetz nicht umsetzt. Sie bricht auch das Kyoto-Protokoll.» Und die Schweizerische Energiestiftung wettert: «Die Schweizer Klimapolitik verkommt zum Ablasshandel.»

(St. Galler Tagblatt 03.01.2012)

Das Beispiel verdeutlicht aber auch, dass durch die unklaren Rahmenbedingungen bezüglich der Anteile an Auslandszertifikaten ein Kampf um Definitionen entbrennt.

2011 wurde das CO_2-Gesetz revidiert und trat am 1. Januar für den Zeitraum von 2013 bis 2020 in Kraft. Im Gegensatz zur vorherigen Fassung werden in dieser sämtliche Treibhausgasemissionen – wodurch das *CO_2* im *CO_2-Gesetz* gewissermassen zu einer partikularisierenden Synekdoche des Modus ∑ wird – sowie das 2°-Ziel erwähnt (SR 641.71 2011, Artikel 1):

> Mit diesem Gesetz sollen die Treibhausgasemissionen, insbesondere die CO_2-Emissionen, die auf die energetische Nutzung fossiler Energieträger (Brenn- und Treibstoffe) zurückzuführen sind, vermindert werden mit dem Ziel, einen Beitrag zu leisten, den globalen Temperaturanstieg auf weniger als 2 Grad Celsius zu beschränken.

Diese revidierte Fassung (SR 641.71 2011, Artikel 8) umfasst auch erstmalig Adaptationsmassnahmen. 2012 werden hierfür eine Adaptationsstrategie ausgearbeitet: «Key elements of the first part of the Swiss adaptation strategy are (1) general objectives and principles, (2) sectorial strategies for those sectors most affected by climate change in Switzerland and (3) a discussion of the most significant challenges Switzerland is facing in adapting to climate change.» (Brönnimann et al. 2014: 473)[27]

Die Notwendigkeit des revidierten CO_2-Gesetzes wird erneut über pragmatische Argumentation etabliert.

(62) Topos des CO_2-Gesetzes (Pragmatische Argumentation)

1 Das CO_2-Gesetz trägt dazu bei, den Temperaturanstieg auf maximal 2° Celsius zu begrenzen.

1.1 Das CO_2-Gesetz reduziert die Treibhausgasemissionen.
1.1' Wenn das CO_2-Gesetz die Treibhausgasemissionen reduziert, trägt es dazu bei, den Temperaturanstieg auf maximal 2° Celsius zu begrenzen.

> Mit dem am 1. Januar 2013 in Kraft getretenen neuen CO_2-Gesetz sollen die Treibhausgasemissionen, insbesondere die CO_2-Emissionen, vermindert werden – «mit dem Ziel, einen Beitrag zu leisten, den globalen Temperaturanstieg auf weniger als 2°C zu beschränken».
> (Schweiz am Sonntag 24.11.2013)

Diese revidierte Fassung des CO_2-Gesetzes wird in den Belegen deutlich weniger oft argumentativ verhandelt als die erste Fassung.

Nach den Ereignissen in Fukushima und dem daraus resultierenden Beschluss zum Atomausstieg entsteht allerdings eine direkte Diskrepanz zwischen dem CO_2-Gesetz und dem Atomausstieg:

> Das CO_2-Gesetz soll sistiert werden. «Es geht nicht an, über den Ausstieg aus der Kernenergie zu reden und gleichzeitig weiter Klimaschutz betreiben zu wollen, als wäre nichts gewesen», sagt Killer [d. i. Hans Killer, SVP-Energiespezialist].
> (Sonntag 03.04.2011)

---

27 Die Ergebnisse dieser Adaptationsstrategie sind in den beiden Publikationen BAFU (2012, 2014c) einsehbar.

Nebst den bereits thematisierten CO_2-Abgaben werden Massnahmen im Bereich des Individualverkehrs verhandelt, da dieser einen hohen Anteil an Treibhausgasen verursacht (s. Kapitel 8.2). Hierbei geht es um die bereits thematisiert CO_2-Abgabe, die im Rahmen des CO_2-Gesetzes verhandelt und verworfen wurde, und um eine Emissionsbegrenzung bei neu importierten Wagen, die im revidierten CO_2-Gesetz steht (BAFU 2018a: 10): «Personenwagen, die neu in Verkehr gesetzt werden, dürfen seit 2012 Vorgaben für den durchschnittlichen CO_2-Ausstoss nicht überschreiten. Abgestimmt auf das Vorgehen der EU werden die Emissionsvorschriften periodisch verschärft.» Von 2015 bis 2019 dürfen importierte Wagen maximal 130 Gramm CO_2 pro Kilometer ausstossen (s. Bundesamt für Energie (BFE) 2018). 2015 wurde dieses Ziel um 5 Gramm pro Kilometer verfehlt (s. Zünd 2016). Im Diskursverlauf ergeben sich somit zwei Punkte, an denen über diese Emissionswerte diskutiert wird. Erstens zur Einführung im Jahr 2012 und zweitens gegen Ende des betrachteten Diskursverlaufs, wo es um die Thematisierung des Ziels von 2015 geht.

(63) Topos des Klimaschutzes II (Normatives Vergleichsschema)

1 Neue Personenwagen dürfen bis Ende 2015 im Durschnitt maximal 130 Gramm CO_2/km ausstossen.

1.1 Der Klimaschutz soll analog zur EU verstärkt werden.
1.1' Wenn die EU den Klimaschutz verstärkt, sollte die Schweiz den Klimaschutz auch verstärken.

Die CO_2-Emissionen von neuen Personenwagen «sind bis Ende 2015 auf durchschnittlich 130 Gramm CO_2/km zu vermindern». So steht es als «Grundsatz» im revidierten CO_2-Gesetz, welches das Parlament beschlossen hat, um den Klimaschutz analog zur EU zu verstärken.

(Südostschweiz 09.08.2011)

1 In der Schweiz müssen die gleich hohen Strafsteuern wie in der EU gelten.

1.1 Neue Personenwagen sollen bis Ende 2015 im Durschnitt maximal 130 Gramm CO_2/km ausstossen.
1.1' Wenn in der EU neue Personenwagen bis Ende 2015 im Durchschnitt maximal 130 Gramm CO_2/km ausstossen sollen, müssen in der Schweiz die gleich hohen Strafsteuern wie in der EU gelten.

Ab 2015 soll der durchschnittliche CO_2-Ausstoss der Neuwagen noch 130 Gramm pro Kilometer betragen. Um dies zu erreichen, sollen die gleich hohen Strafsteuern wie in der EU gelten.

(Tages-Anzeiger 22.01.2010)

Interessanterweise werden Prämissen und Thesen in den beiden Beispielen vertauscht, so dass unklar ist, ob im Diskurs die Begrenzung das Mittel ist, um den Klimaschutz (analog zur EU) zur verstärken oder ob der gegenteilige Fall vorliegt. Als Grund für die Orientierung an den europäischen Richtlinien wird die europäische Autoindustrie genannt:

> Wir favorisieren den Weg, dass sich die Schweiz an die EU-Richtlinien anlehnt. Das macht Sinn: Wir bauen ja die Autos nicht selber, sondern die kommen aus der EU, beziehungsweise müssen alle den EU-Richtlinien entsprechen.
>
> (Südostschweiz 08.03.2009)

Dies mag in Hinblick auf die Emissionsbegrenzung von Automodellen sinnvoll sein, aber in Anbetracht der unterschiedlichen Preisniveaus nicht mit Blick auf die Höhe der Strafsteuern.

Die Emissionsbegrenzung von Neuwagen steht hier, wie bereits der Klimarappen, im direkten Gegensatz zur Abgabe auf Benzin und Diesel.

(64) Topos der CO_2-Begrenzung von Neuwagen I (Normatives Gegensatzschema)

1 Die Einführung der CO_2-Begrenzung von Neuwagen ist notwendig.

1.1a Entweder erfolgt eine CO_2-Begrenzung von Neuwagen oder eine CO_2-Abgabe auf Treibstoffe.
1.1b Die CO_2-Abgaben auf Treibstoffe sind unpopulär.
1.1a-b' Wenn entweder eine CO_2-Begrenzung von Neuwagen oder eine CO_2-Abgabe auf Treibstoffe erfolgen muss und die CO_2-Abgabe unpopulär ist, dann ist eine CO_2-Begrenzung von Neuwagen notwendig.

> «Die CO_2-Emissionsvorschriften für neue Personenwagen werden bis 2020 auf durchschnittlich 95 Gramm CO_2/km verschärft.» So steht es schwarz auf weiss in den Unterlagen zur Energiestrategie 2050. Der Bundesrat setzt bei den Autos auf verbindliche Vorschriften, um die Einführung einer unpopulären Lenkungsabgabe auf Benzin möglichst zu vermeiden.
>
> (Aargauer Zeitung 13.09.2013)

Das Ziel einer Emissionsbegrenzung auf 130 g/km wird mittels Vergleichsschemata als schwierig gestützt.

(65) Topos des CO_2-Ausstosses von Neuwagen (Vergleichsschema)

1 Die Vorgabe von 137 Gramm CO_2 pro Kilometer ist ehrgeizig.

1.1 Neue Wagen in der Schweiz emittieren durchschnittlich 183 Gramm CO_2 pro Kilometer.
1.1' Wenn neue Wagen in der Schweiz durchschnittlich 183 Gramm CO_2 pro Kilometer emittieren, dann ist die Vorgabe von 137 Gramm CO_2 pro Kilometer ehrgeizig.

Gegenwärtig stösst ein durchschnittlicher Neuwagen in der EU fast 160 Gramm CO_2 pro Kilometer aus. Spätestens 2015 muss dieser Wert auf 120 Gramm CO_2 sinken. Allerdings dürfen die Autohersteller einen Teil der CO_2-Reduktion mit Massnahmen erreichen, die im heutigen Testverfahren nicht gemessen werden. Hieb- und stichfest überprüfbar wird 2015 nur eine Vorgabe von 137 Gramm CO_2-Ausstoss im Durchschnitt sein. [...] Verglichen mit der Lage in der Schweiz ist aber auch dies ehrgeizig. 2007 stiessen Neuwagen in der Schweiz im Durchschnitt 183 Gramm CO_2 aus, der Verbrauch betrug 7,4 Liter.

(Berner Zeitung 18.12.2008)

Es handelt sich um eine schwache Stütze, denn die Frage, weshalb Autos in der Schweiz mehr CO_2 ausstossen, wird nicht thematisiert. In einem anderen Artikel wird die Notwendigkeit eines hohen Treibhausgasausstosses durch die topologischen Besonderheiten der Schweiz gestützt:

Ab 2015 dürfen neu zugelassene Autos durchschnittlich nur noch 130 Gramm Kohlendioxid pro Kilometer ausstossen. Im Nationalrat waren die Vorschriften zwar ebenfalls durchgekommen, aber heftig umstritten gewesen. Vertreter aus Randregionen wandten ein, dass in der gebirgigen Schweiz Sprit schluckende Offroader notwendiger seien als in anderen europäischen Ländern.

(Tages-Anzeiger 08.03.2011)

Im späteren Diskursverlauf wird deutlich, dass die Emissionsbegrenzungen von Neuwagen vermutlich nicht eingehalten werden können. Im Zuge dessen wird ein kausaler Zusammenhang zwischen dem zu hohen Verbrauch von Neuwagen und der (modalisierten) Möglichkeit der Preiserhöhung thematisiert; die dazwischen liegenden Strafsteuern bleiben implizit.

(66) Topos der Neuwagen (Kausalschema)

1 Neuwagen werden teurer.

1.1 Der Import von Neuwagen wird teurer.
1.1' Wenn der Import von Neuwagen teurer wird, werden Neuwagen teurer.
1.1.1 Neue Autos emittieren zu viel CO_2.
1.1.1' Wenn neue Autos zu viel CO_2 emittieren, müssen Importeur*innen Strafsteuern bezahlen.

Es droht ein happiger Aufschlag auf Neuwagen[.] Umweltschutz[.] Neue Autos stossen in der Schweiz zu viel CO_2 aus – und könnten deshalb ab 2015 spürbar teurer werden.

(Aargauer Zeitung 13.09.2013)

Schweizer fahren gerne grosse, schwere Autos, die viel zu viel CO_2 ausstossen. Nirgendwo sonst in Europa wird derart gesündigt wie hierzulande. Neuwagen könnten deshalb ab 2015 spürbar teurer werden.

(Südostschweiz 12.09.2013)

Es handelt sich hier um eines der wenigen Beispiele, in denen individuelle Akteur*innen die Folgen tragen, aber auch als Verursacher*innen dargestellt werden. Auch hier kommt wieder eine Metapher aus dem religiösen Herkunftsbereich vor. Die ökologischen Konsequenzen des Nichterreichens werden nicht thematisiert, stattdessen geht es um die finanziellen Konsequenzen für den Kauf von Neuwagen.

Im Zuge dessen wird auch diskutiert, ob die Schweiz analog zur Europäischen Union ab 2020 eine weitere Verschärfung der Grenzwerte einführen sollte. Diese Verschärfung wird im Diskurs allerdings weitaus kritischer diskutiert als die Einführung der CO_2-Grenzwerte als solche.

(67) Topos der CO_2-Begrenzung von Neuwagen II (Normatives Vergleichsschema)

1 Ob die Schweiz die Pläne der EU, die CO_2-Begrenzung von Neuwagen bis 2020 auf 95 Gramm CO_2/km zu begrenzen, ebenfalls umsetzt, ist umstritten.

1.1 Die hiesige Autobranche bekundet bereits Mühe, die vom Bund vorgeschriebene Reduktion bis Ende 2015 auf 130 Gramm zu realisieren.
1.1' Wenn die Autobranche bereits Mühe hat, die geringere Begrenzung einzuhalten, dann sollte keine stärkere Begrenzung eingeführt werden.

Die Pläne der EU sehen vor, dass Neuwagen in Europa ab 2020 durchschnittlich nur noch 95 Gramm CO_2/km ausstossen dürfen. Ob die Schweiz mitziehen soll, ist umstritten. Die hiesige Autobranche bekundet bereits Mühe, die vom Bund vorgeschriebene Reduktion bis Ende 2015 auf 130 Gramm zu realisieren.

(Tages-Anzeiger 15.06.2014)

An einigen Stellen wird der (67) Topos der CO_2-Begrenzung von Neuwagen II direkt an die Kausalschemata angeschlossen und eine Anpassung analog zur Europäischen Union mit Blick auf die finanziellen Konsequenzen für Autokäufer*innen kritisiert.

Vertreter der EU einigten sich gestern darauf, dass bis im Jahr 2020 die Autohersteller den CO_2-Ausstoss ihrer Flotte auf 95 Gramm pro Kilometer senken müssen. [...] Autokäufer zahlen für diesen Entscheid jedoch einen hohen Preis: Neuwagen werden spürbar teurer. [...]Dies werden auch Schweizer Kunden merken: «Das wird ein teurer Brocken für die Autokäufer», so Andreas Burgener von Auto-Schweiz, der Vereinigung der Schweizer Automobilimporteure. 70 Prozent der hierzulande angeschafften Autos kommen aus der EU – Hersteller wie VW oder Peugeot werden gemäss Roger Kunz vom Verband freier Autohandel Schweiz kaum Spezialmodelle für die Schweiz auf den Markt bringen.

(20 Minuten 26.06.2013)

Eine weitere Massnahme im Verkehrssektor, die in der nationalen Klimapolitik thematisiert wird, ist die Befreiung der Biotreibstoffe von der Mineralölsteuer, die in der Frühjahrssession 2007 diskutiert wurde und am 1. Juli 2008 in Kraft trat. Während eine CO_2-Begrenzung mit Strafsteuern klimaschädliches Verhalten im Sinne eines Schemas der negativen Konsequenzen bestraft, wird durch eine solche Befreiung klimafreundliches Verhalten im Sinne von Pragmatischer Argumentation belohnt.

(68) Topos der Biotreibstoffe III (Pragmatische Argumentation)

1 Biotreibstoffe sollen von der Mineralölsteuer befreit werden.

1.1 Biotreibstoffe dienen dem Schutz des Klimas.

1.1' Wenn Biotreibstoffe dem Schutz des Klimas dienen, sollten sie von der Mineralölsteuer befreit werden.

Mit der Steuerbefreiung von Treibstoffen aus Biomasse will das Parlament das Klima schützen.
(Berner Zeitung 23.04.2007)

1.1.1 Biotreibstoffe senken den CO_2-Ausstoss.

In einer Woche, am 1. Juli, werden Treibstoffe aus erneuerbaren Ressourcen steuerlich begünstigt. Biogas, Bioethanol und Biodiesel werden von der Mineralölsteuer befreit, bei Erd- und Flüssiggas erfolgt eine Steuersenkung. Dieser Anreiz soll dazu führen, dass der Kohlendioxid-Ausstoss des Strassenverkehrs reduziert wird. Die Schweiz befindet sich in diesem Bereich noch weit von den Zielen des CO_2-Gesetzes entfernt.
(Neue Zürcher Zeitung 25.06.2008)

Als Begründung für die Befreiung werden Eigenschaften genannt, die in der Schweiz hergestellte Biotreibstoffe auszeichnen.

(69) Topos der Biotreibstoffe IV (Normatives Definitionsschema)[29]

1 Biotreibstoffe müssen von der Mineralölsteuer befreit werden.

1.1 Sie weisen bestimmte Eigenschaften auf.

1.1' Wenn die Biotreibstoffe bestimmte Eigenschaften aufweisen, müssen sie von der Mineralölsteuer befreit werden.

1 Der Biotreibstoff ist ab dem 1. Juli von der Mineralölsteuer befreit.

1.1a Autofahren mit Bioethanol ist in der Schweiz ökologisch und ethisch unbedenklich.

1.1a.1 Biotreibstoff nimmt weder Mensch noch Tier die Nahrung weg.

1.1a.1.1 Bioethanol ist nur ein Nebenprodukt.

1.1a.1.1.1 In erster Linie stellt Borregaard aus dem Holz Spezialzellulose sowie Lignin her.

1.1b Damit wird die Schweiz wie so oft zum Sonderfall.

---

28 Es handelt sich hierbei um eine Stützung aufgrund von bestimmten Eigenschaften. Wie eine solche klassifiziert werden soll, ist nicht ganz klar. Ich habe mich für ein Definitionsschema entschieden mit der Überlegung, dass das Charakteristikum (*ökologisch und ethisch unbedenklich*) als Definiens für das Definiendum Y (*Biotreibstoffe*) dient. Eine solche Argumentation könnte aber auch als Ganzes-Teil-Schema analysiert werden, wenn das Verhältnis zwischen

> Autofahren mit Bioethanol ist in der Schweiz ökologisch und ethisch unbedenklich. Deshalb ist der Treibstoff ab dem 1. Juli von der Mineralölsteuer befreit [...]. Bioethanol ist allerdings nur ein Nebenprodukt. In erster Linie stellt Borregaard aus dem Holz Spezialzellulose sowie Lignin her [...]. Deshalb müssen Fahrer eines mit Ethanol betriebenen Autos in der Schweiz kein schlechtes Gewissen haben. Ihr Treibstoff nimmt weder Mensch noch Tier die Nahrung weg. Nahrungsmittel nicht konkurrenziert[.] Damit wird die Schweiz wie so oft zum Sonderfall.
>
> (Tages-Anzeiger 28.06.2008)

Eine solche explizite und ausführliche Verhandlung der Eigenschaften könnte aufgrund der unter 8.6.1 ausformulierten Kritik notwendig sein, denn Biotreibstoffe werden im Korpus tendenziell negativ evaluiert. Diese negative Evaluation führt dann auch dazu, dass die Eidgenössische Materialprüfungs- und Forschungsanstalt (Empa) mit dem gegenteiligen (69) Topos der Biotreibstoffe IV von der Befreiung abrät:

> Auch in der Schweiz rät die Empa in einer Studie im Auftrag des Bundes davon ab, etwa aus einheimischem Raps Biodiesel zu produzieren, denn zu schlecht sei die Ökobilanz.
>
> (Südostschweiz 29.10.2007)

Ein weiterer relevanter Bereich in der nationalen Klimapolitik ist der Energiebereich. Mit Blick auf die Förderung erneuerbarer Energien ist das Energiegesetz (SR 730.0 2009) relevant, welches zwei Massnahmen vorsieht: Erstens wird bei der Einspeisung erneuerbarer Energien ein bestimmter Preis als kostendeckende Einspeisevergütung (KEV) garantiert. Zweitens werden mit einem fixen Zuschlag pro Kilowattstunde erneuerbare Energien gefördert. Eine leichte Anpassung fand 2014 (SR 730.0 2014) statt: Für die KEV werden mehr Mittel zur Verfügung gestellt und anstelle der KEV ist unter bestimmten Umständen eine Einmalvergütung möglich (s. Zünd 2013).

Nach dem März 2011 überlagert im Korpus der Diskurs über Atomausstieg denjenigen über Klimawandel. Die Energiewende als Mittel zum Atomausstieg wird relevant. Streng genommen wird die Bezeichnung *Energiewende* in der schweizerischen Klimapolitik nicht verwendet, stattdessen wird der Atomausstieg sowie der Wechsel auf erneuerbare Energien unter der Bezeichnung *Energiestrategie 2050* verhandelt.[29] Diese spielt als Mitigationsmassnahme eine im-

---

ökologisch und ethisch unbedenklich und *Biotreibstoffe* als ein synekdochisches des Modus Π rekonstruiert wird.

29 Diese wurde in Form des revidierten Energiegesetzes am 21. Mai 2017 durch die Bevölkerung angenommen (s. Eidgenössisches Departement für Umwelt, Verkehr, Energie und Kommunitaktion (UVEK) o. J.).

plizite Rolle. In einer Medienmitteilung (Zünd & Baur 2012) werden folgende Ziele der Strategie erwähnt:

> Der Bundesrat hat ein erstes Massnahmenpaket für den schrittweisen Umbau der schweizerischen Energieversorgung in die Vernehmlassung geschickt. Damit will der Bundesrat den Energie- und Stromverbrauch pro Person senken, den Anteil fossiler Energie reduzieren und die nukleare Stromproduktion durch Effizienzgewinne und den Zubau erneuerbarer Energie ersetzen.

Klimawandel oder entsprechende Begriffe kommen in der Medienmitteilung nicht vor. Diese indirekte Rolle der Energiestrategie für den Klimaschutz zeigt sich auch daran, dass sie in Akademien der Wissenschaften Schweiz (2016) und in BAFU (2018a) nur als indirekte Massnahmen für den Klimaschutz thematisiert werden, beispielsweise als «Beiträge anderer Politikbereiche» (BAFU 2018a: 16): «Von besonderer Bedeutung ist die Energiestrategie 2050 des Bundes [...]. Sie will den Energieverbrauch senken, die Energieeffizienz erhöhen und die erneuerbaren Energien fördern. Damit trägt sie auch zur Reduktion der Treibhausgasemissionen bei.»

Die Energiewende wird zwar argumentativ verhandelt, allerdings lassen sich dabei kaum stringente Topoi herausarbeiten, was möglicherweise damit zusammenhängen könnte, dass das dazugehörige revidierte Energiegesetz erst drei Jahre nach dem betrachteten Zeitraum von der Bevölkerung angenommen wurde.

Besonders in der ersten Hälfte des betrachteten Zeitraums werden erneuerbare Energien sowie die Steigerung der Energieeffizienz als Mittel gesehen, um die Ziele des CO_2-Gesetzes zu erreichen.

(70) Topos der Massnahmen II (Pragmatische Argumentation)

1 Der Einsatz von erneuerbaren Energien und die Steigerung der Energieeffizienz ist notwendig.

1.1 Man muss die Energiewende erreichen.

1.1' Wenn bestimmte Massnahmen für die Energiewende benötigt werden, müssen sie umgesetzt werden.

> Um die Energiewende zu erreichen, braucht es einen sparsamen und effizienten Stromverbrauch. Die Produktion und die Einspeisung von Strom aus erneuerbaren Energieträgern muss zudem gefördert werden. Schliesslich braucht es auch Anstrengungen in der Forschung sowie in der Aus- und Weiterbildung.
>
> (Neue Luzerner Zeitung 05.09.2012)

Diese These wird an folgender Stelle zur Prämisse:

> Damit geschieht, was die Energiestrategie anstrebt, bewilligte der Bundesrat gestern ein erstes bis 2020 vollziehbares «Massnahmenpaket». Damit will er einerseits die Effizienz des Energieeinsatzes verbessern mit dem Ziel, trotz wachsender Wirtschaft den gesamten Energieverbrauch kontinuierlich zu senken.
>
> (Berner Zeitung 19.04.2012)

Im späteren Diskursverlauf passiert nun, was bereits im Kapitel 8.6.1 thematisiert wurde: Durch die zusätzliche Notwendigkeit der Energiewende aufgrund des Atomausstiegs lautet die These nicht mehr *Die Energiewende muss im Rahmen des Topos der Wirtschaftlichkeit erfolgen*, sondern *Die Energiewende muss trotz negativen Auswirkungen auf die Wirtschaft erfolgen*. Dies führt zu Konsequenzen für den Einzelnen. Die Verantwortung und Verpflichtung werden dabei auf die Stromverbraucher*innen übertragen.

> «Unsere Gesellschaft erreicht die Energiewende erst, wenn jeder Konsument bereit ist, Mehrkosten für sauberen Strom zu bezahlen», sagt Jordi [d. i. SP-Co-Präsident/Stadtrat]. «Die Produktion von erneuerbarem Strom ist zurzeit noch teuer.»
>
> (Berner Zeitung 13.03.2014)

Aus Sicht des Wirtschaftssektors führt dies zu Forderungen nach Subventionen, um den Ausbau zu ermöglichen.

> Damit die Erneuerbaren tatsächlich ausgebaut werden, will der Bundesrat die Subventionen aufstocken. Heute bezahlen Konsumenten 0,45 Rappen pro Kilowattstunde Strom in den Subventionstopf. Diese Abgabe soll sukzessive auf fast 2 Rappen anwachsen.
>
> (Tages-Anzeiger 25.01.2013)

Der Wechsel auf erneuerbare Energien wird auch an anderen Stellen eng an die Notwendigkeit von Subventionen gekoppelt:

(71) Topos der Subventionen (Pragmatische Argumentation)

1 Subventionen sind notwendig.

1.1 Sie ermöglichen eine richtige Energiewende.
1.1’ Wenn Subventionen eine richtige Energiewende ermöglichen, sind sie notwendig.

Hand aufs Herz: Glauben Sie nicht, dass die Energiewende auch mit einer tieferen Förderung zu schaffen ist? Kommt darauf an, was Sie unter der Wende verstehen. Mit grossen Mengen fossiler Energie und Import von Atomstrom lassen sich die Schweizer Kernkraftwerke natürlich ersetzen. Eine richtige Wende, also der Ersatz mit heimischer erneuerbarer Produktion, wird durch die Absenkung der Förderung kaum mehr möglich. Zudem werden viele gute Energieprojekte durch Einsprachen verhindert. Es sieht im Moment für die Energiestrategie 2050 nicht gut aus.

(SonntagsZeitung 29.09.2013)

Dies führt dann zu einer Handlungsaufforderung durch Akteur*innen des Energiesektors an Bund und Kantone.

Sowohl Jürg Burri von der Schweizerischen Energiestiftung, der sich mit Verve für eine radikalere Energiewende einsetzte, als auch Suzanne Thoma, CEO des Energieversorgers BKW, plädierten für klare Rahmenbedingungen, die langfristige Investitionen ermöglichten. Dass die «Energiewende» für die Energieversorger kein geradliniger Weg ist, lässt sich durch die Argumentation von Thoma erahnen: Einerseits beklagte sie fundamentale Marktstörungen, die sich zum Beispiel in Deutschland in einem niedrigen Strompreis an der Börse äusserten. Durch die Überförderung von erneuerbaren Energien gibt es ausserdem Zeiten mit einem starken Überangebot an Strom, das die «konventionellere» Stromproduktion verdrängt. Andererseits sprach sie sich dafür aus, die Ökostrom-Abgabe (KEV) nicht zu kürzen, wenn man Photovoltaikanlagen wolle, die rentierten.

(Neue Zürcher Zeitung 12.09.2013)

Allerdings hängt die Evaluation stark von den Akteur*innen ab.

AEE-Präsident Christoph Rutschmann nannte die Energiewende eine «Jahrhundertchance für unser Land». Hans Rupli von Holzbau Schweiz erwartet, dass die neue Klima- und Energiepolitik in der Schweiz einen Umsatz von etwa 22 Milliarden Franken generieren wird. Man rechne zudem mit der Schaffung von etwa 16 000 Arbeitsplätzen. Die Energiewende könne vor allem bei den Gebäudesanierungen einen Boom auslösen.

(Berner Zeitung 14.09.2013)

Die Ereignisse in Fukushima haben noch weitreichendere Konsequenzen: Was zuvor der Reduktion von Treibhausgasen und somit dem Klimaschutz diente, nutzt nun dem Ausstieg aus der Atomkraft.

(72) Topos der Schweiz IV (Pragmatische Argumentation)

1 Die Schweiz muss den Stromverbrauch drastisch reduzieren.

1.1 Die Schweiz will sich bis in 25 Jahren komplett vom Atomstrom gelöst haben.
1.1' Wenn sich die Schweiz bis in 25 Jahren komplett von Atomstrom gelöst haben will, muss sie den Stromverbrauch drastisch reduzieren.

Will sich die Schweiz bis in 25 Jahren komplett vom Atomstrom gelöst haben, muss sie den Stromverbrauch drastisch reduzieren. Mit der neuen Energiepolitik, die Umweltministerin Doris Leuthard am Mittwoch präsentiert hat, soll sich der Stromverbrauch pro Kopf bis 2050 annähernd halbieren.

(NZZ am Sonntag 29.05.2011)

Gleiches gilt für die kostendeckende Einspeisevergütung:

> Strom wird teurer – so viel ist klar. Nicht nur, aber auch weil die Schweiz aus der Atomenergie aussteigen will. Denn um diesen Ausstieg zu schaffen, muss die Schweiz die erneuerbaren Energien stärken, darum erhöhte das Parlament die Beiträge für die Kostendeckende Einspeisevergütung (KEV).
>
> (Südostschweiz 09.06.2011)

Auch erneuerbare Energien dienen nun nicht mehr nur in einer einfachen Argumentation dem Zweck, Treibhausgase aus fossilen Brennstoffen zu reduzieren, sondern es kommt zu einer mehrfachen Argumentation.

(73) Topos des Bundes (Pragmatische Argumentation)

1 Der Bund muss die Nutzung erneuerbarer Energien fördern.

1.1 Der Bund will fossile Brennstoffe ersetzen.
1.1' Wenn der Bund fossile Brennstoffe ersetzen will, muss er die Nutzung erneuerbarer Energien fördern.
1.2 Der Bund will Atomstrom ersetzen.
1.2' Wenn der Bund Atomstrom ersetzen will, muss er die Nutzung erneuerbarer Energien fördern.

> Gleichzeitig soll der Bund die Nutzung von erneuerbarer Energie fördern, um fossile Energie und Atomstrom zu ersetzen.
>
> (St. Galler Tagblatt 05.09.2013)

Eine weitere Auffälligkeit im Korpus, die aus dem Atomausstieg resultiert, ist die Diskussion des Baus von Gaskombikraftwerken.

(74) Topos der Gaskraftwerke I (Pragmatische Argumentation)

1 Gaskraftwerke sind als Übergangslösung notwendig.

1.1 Gaskraftwerke ermöglichen die Energiewende.
1.1' Wenn Gaskraftwerke die Energiewende ermöglichen, sind sie als Übergangslösung notwendig.

> Die Energiewende ist machbar, aber kein Spaziergang. Ohne Gaskraftwerke als Übergangslösung wird es nicht gehen.
>
> (NZZ am Sonntag 03.02.2013)

Gaskombikraftwerke werden als notwendiges Mittel konzeptualisiert, um aus der Atomkraft auszusteigen. Die Wahl wird dadurch gerechtfertigt, dass sie im Vergleich zu weiteren Alternativen mit Blick auf den CO_2-Ausstoss am besten abschneiden.

(75) Topos der Gaskraftwerke II (Normatives Vergleichsschema)

1 Gaskraftwerke sind als Übergangslösungen notwendig.

1.1 Gaskraftwerke emittieren von den bestehenden Alternativen am wenigsten CO_2.
1.1' Wenn Gaskraftwerke von den bestehenden Alternativen am wenigsten CO_2 emittieren, sind sie als Übergangslösung notwendig.

Erdgas emittiert bei der Verbrennung unter allen fossilen Energieträgern am wenigsten Kohlendioxid. Es hilft also dem Klima, wenn Kohlekraftwerke ab- und Gaskraftwerke angeschaltet werden.

(Tages-Anzeiger 21.04.2012)

Der (74)/(75) Topos der Gaskraftwerke I und II führt klar zu einer gemischten Diskussion. Während vor allem Akteur*innen aus dem Energiesektor den Bau von Gaskombikraftwerken fordern, um den Atomausstieg zu schaffen, bildet sich in der nationalen Politik eine *unheilige Koalition* gegen solche Kraftwerke:

Es [d. i. nationales Parlament] folgt damit einer unheiligen Koalition: Die Grünen bekämpfen Gaskraftwerke aus Klimaschutz-Gründen, die bürgerlichen Parteien, angeführt vom Freisinn, wollen mit ihrer Anti-Gaskraft-Politik den Druck zum Bau von neuen Atomkraftwerken verstärken.

(Südostschweiz 15.01.2008)

Innerhalb des politischen Handlungsfeldes wird der Bau von Gaskraftwerken an die Kompensation der entstehenden Treibhausgase gekoppelt. Diese Kopplung wird von der Industrie, gestützt auf den (29) Topos der Mitigationsmassnahmen III äusserst negativ wahrgenommen:

Kraftwerke würden kaum rentieren, sagen Stromfirmen nach dem CO_2-Entscheid in Bern «Die Wirtschaftlichkeit steht in Frage», heisst es bei der Axpo. «Gaskraftwerke zu bauen wird jetzt unglaublich schwierig», bei Atel.

(Basler Zeitung 22.03.2007)

Was der Ständerat gestern beschlossen hat, bedeutet wohl den Todesstoss für Gaskombikraftwerke: Diese sollen ihre CO_2-Emissionen vollumfänglich im Inland kompensieren. Damit dürfte das Projekt in Utzenstorf vom Tisch sein.

(Berner Zeitung 10.03.2010)

Die beiden kritischen Thesen *Gaskraftwerke sollten (nicht) gebaut werden* und *Gaskraftwerke sollten ihren Ausstoss (nicht, teilweise, vollumfänglich) im Inland kompensieren* werden kausal verknüpft: *Wenn die Bedingungen zu hoch angesetzt werden, verunmöglicht man aus Gründen der Wirtschaftlichkeit und Konkurrenzfähigkeit den Bau von Gaskraftwerken.* Das eigentliche Mittel-Zweck-Schema *Gaskraftwerke müssen ihren CO_2-Ausstoss vollständig kompensieren, um das Kli-*

ma zu schützen erfährt einen neuen Zweck: *Gaskraftwerke müssen ihren CO_2-Ausstoss vollständig kompensieren, um den Bau zu verhindern*:

> Um Gaskraftwerke im Inland zu verhindern, verlangte der Ständerat, diese müssten ihren CO_2-Ausstoss vollständig kompensieren – dies höchstens zu 30 Prozent im Ausland.
>
> (Berner Zeitung 16.03.2007)

Diese äusserst kritischen Diskussionen um den Bau von Gaskombikraftwerken ist möglicherweise auch der Grund, warum bis zum heutigen Zeitpunkt noch keines realisiert wurde.

Auf einer allgemeinen Ebene findet durch einen (49) Topos des Klimawandels IV das statt, was auch in der internationalen Klimapolitik thematisiert wird:

> Die grosse Partei des Volkes lehnt jede gesetzliche Regelung entschieden ab, solange die Klimapolitik nicht weltweit koordiniert wird – bis zum Rüebliherbst also.
>
> (Berner Zeitung 24.01.2009)

> Was kann der Kanton Glarus politisch unternehmen? Es macht keinen Sinn, wenn der kleine Kanton Glarus isoliert etwas unternimmt. Denn die Klimaproblematik macht vor Kantonsgrenzen nicht Halt. Wir sollten Massnahmen auf Bundesebene treffen, welche die Kantone dann umsetzen. Für Einzelaktionen sind wir eine Nummer zu klein.
>
> (Südostschweiz 19.12.2009)

Der Klimawandel wird durch einen (49) Topos des Klimawandels IV als ein Problem konstruiert, das je nach Perspektive entweder auf nationaler oder internationaler Ebene gelöst werden kann. Eine Wir-Gruppe kann sich dadurch auf die nächsthöhere Gruppe (im Sinne eines Ganzes-Teil-Schemas) berufen und von dieser Massnahmen fordern, wodurch die eigenen Handlungsmöglichkeiten (und damit auch die Verantwortung zu handeln) eingeschränkt werden.

8.7.2 Die Klimapolitik in anderen Ländern

Länder prägen als metonymisierte und personifizierte Akteur*innen die internationale Klimapolitik und somit auch die Berichterstattung. Dies zeigt sich an den lokalen Eigennamen. Unter den zehn häufigsten befinden sich sechs Staaten und ein Staatenverbund (s. Tabelle 14).

Tab. 14: Zehn häufigste lokale Eigennamen ([ner="I-LOC"]) im Korpus

Bezeichnung	Anzahl im Korpus
Schweiz	12523
China	6002
USA	5749
Bern	5480
Europa	5458
Deutschland	5343
Kopenhagen	2613
Basel	2370
Indien	2249
Russland	2047

Im Korpus befinden sich insbesondere argumentative Belegstellen, die sich mit den politischen Massnahmen in Deutschland, den USA und in der Europäischen Union beschäftigen. Falls konkrete Anlässe bestehen, werden unter Umständen auch andere Staaten thematisiert, so beispielsweise nach einem Regierungswechsel in Australien:

> Jahrelang nur halbherzig dabei in Sachen Klimaschutz, hat Australien unter seiner neuen Regierung einen markanten Kurswechsel vollzogen. Die Gefahren, die für den fünften Kontinent mit der Erderwärmung einhergehen, dringen allmählich ins Bewusstsein der Gesellschaft ein.
>
> (Neue Zürcher Zeitung 04.04.2008)

Eine solche Wende wurde auch ab 2009 beim Regierungswechsel in den USA konzeptualisiert:

> US-Präsident Barack Obama hat einen neuen Anlauf im Kampf gegen den Klimawandel gestartet. In einer Rede an der Georgetown Universität in Washington kündigte er gestern eine Reihe von Massnahmen zur Reduktion von Treibhausgasen an.
>
> (Neue Luzerner Zeitung 26.06.2013)

In den USA wird zusätzlich zu der durch den Regierungswechsel verursachten Wende eine Diskrepanz zwischen dem Kongress und dem Präsidenten thematisiert. Eine solche führt argumentativ dazu, dass Barack Obama gewünschte Klimaschutzmassnahmen nicht veranlassen kann.

> Um die Blockade von Klimawandel-Skeptikern im Kongress zu umgehen, will Obama seine Pläne mit Verordnungen, welche keine Zustimmung des Parlaments erfordern, durch-

> setzen. Denn ein ähnliches Unterfangen Obamas scheiterte in seiner ersten Amtszeit im amerikanischen Kongress. Dort stemmen sich vor allem die Republikaner gegen strengere Regeln, die in ihren Augen der amerikanischen Wirtschaft schaden.
>
> (Neue Luzerner Zeitung 26.06.2013)

Bezüglich Deutschlands liegt der Fokus auf den CO_2-Grenzwerten von Neuwagen. Dieser wird aus der Sicht der und mit Blick auf die Autoindustrie negativ evaluiert. Diese Evaluation fusst analog zur Evaluation in der Schweizer Klimapolitik (s. Kapitel 8.7.1) auf dem (29) Topos der Mitigationsmassnahmen III. In dem nachfolgenden Beleg findet dies im Rahmen eines Schemas der negativen Konsequenzen statt:

> Die Chefs der deutschen Autohersteller warnten am Wochenende in einem Brief an die EU-Kommission vor dem Verlust von Arbeitsplätzen, sollte Brüssel den Grenzwert für den CO_2-Ausstoss auf 120 Gramm pro Kilometer festsetzen. Die EU-Kommission greife «nachhaltig in die Zukunft der deutschen Automobilindustrie ein», zitiert «Bild am Sonntag» aus dem Brief, den Norbert Reithofer (BMW), Bernhard Mattes (Ford), Hans Demant (Opel), Martin Winterkorn (Volkswagen) und Dieter Zetsche (DaimlerChrysler) unterzeichnet haben.
>
> (Tages-Anzeiger 29.01.2007)

Diese mehrheitlich auf den (29) Topos der Mitigationsmassnahmen III gestützte negative Evaluierung der CO_2-Grenzwerte führt dann auch dazu, dass die Stützung mittels Prämissen, die den ökologischen Nutzen solcher Grenzwerte thematisieren, nicht ausreichen, um diese These zu stützen. Stattdessen wird in mehrfacher Argumentation ein zusätzlicher finanzieller Nutzen für Konsument*innen angeführt:

> Die neue Regelung diene sowohl der Umwelt als auch den Autofahrern, betonte EU-Umweltkommissar Stavros Dimas: «Sie wird massive Einsparungen beim Treibstoffverbrauch und damit einen beträchtlichen Nutzen für die Konsumenten bringen.» In der Tat ist der CO_2-Ausstoss direkt vom Verbrauch abhängig – klimafreundlichere Autos reduzieren die Fahrkosten.
>
> (Berner Zeitung 20.12.2007)

Solche Beispiele treten zwar hin und wieder auf, allerdings nicht in ausreichendem Masse, um daraus materiale Topoi abzuleiten. Belegstellen, die in ausreichender Zahl vorhanden sind, um Topoi abzuleiten, beschäftigen sich mit der argumentativen Einordnung von Klimaschutzmassnahmen anderer Länder, die oft prototypisch ist – die Europäische Union sowie Deutschland werden als *Vorreiter* etabliert, während die USA und teilweise auch China argumentativ als *Klimasünder* dargestellt werden. Auf einer nationalen Ebene wird im Zuge dessen mittels eines Ganzes-Teil-Schemas von einzelnen Massnahmen auf den Klimaschutz als solcher geschlossen.

(76) Topos des Klimaschutzes III (Ganzes-Teil-Schema)

1 Der Klimaschutz in Land X ist gut, ernst usw.

1.1 In Land X wird Y gemacht.
1.1' Wenn die Klimaschutzmassnahme Y gut, ernst etc. ist, dann ist der Klimaschutz im Land X gut, ernst etc.

Die Europäische Union hat diese Woche ernst gemacht mit dem Klimaschutz. Sie will den Ausstoss der Kohlendioxide bis 2020 gegenüber 1990 um 20 Prozent senken.
(Basler Zeitung 26.01.2008)

In dem konkreten Beispiel ist der Schluss allerdings insofern problematisch, als dass es sich nur um ein Vorhaben handelt. International wird Klimapolitik eingeordnet, indem der Kilmaschutz verschiedener Länder miteinander verglichen wird.[30]

(77) Topos des Klimaschutzes IV (Vergleichsschema)

1 Der Klimaschutz in Land X ist gut (schlecht).

---

1 1 Der Klimaschutz in Land X ist besser (schlechter) als in Land Y.
1.1' Wenn der Klimaschutz im Vergleich zu Land Y besser (schlechter) ist, ist der Klimaschutz gut (schlecht) usw.

Bei genauer Betrachtung sind die Reduktionsziele aber nicht wirklich ehrgeizig. So führt das Ziel der USA nach ersten Einschätzungen von Experten nur zu einem Minus von etwa 20 Prozent in 2030, verglichen mit dem Basisjahr 1990 – also etwa die Hälfte des Anspruchsniveaus, den sich die EU gerade mit ihrem 40-Prozent-Ziel bis zum gleichen Zeitpunkt gesetzt hat.
(Neue Luzerner Zeitung 17.11.2014)

An diesen (77) Topos des Klimaschutzes IV lässt sich auch eine normative Form anschliessen, die Painter (2013) auch für den australischen Raum beobachtet.

(78) Topos der Emissionsreduktion II (Vergleichsschema)

1 Land X reduziert seine Emissionen stärker (nicht).

---

1 1 Land Y reduziert seine Emissionen stärker (nicht).
1.1' Wenn Land Y seine Emissionen stärker (nicht) reduziert, macht dies Land X ebenfalls (nicht).

30 Der Topos ähnelt dem Topos der Ursache I bis IV ((8) bis (11)). Anstelle von Ursachen werden allerdings Akteur*innen evaluiert.

> Das Problem: Die USA haben das Kyoto-Protokoll nicht ratifiziert. Sie lehnen auch ab, es zu tun. Denn sie wollen nicht Verpflichtungen übernehmen, ihren CO_2-Ausstoss zu verringern, wenn ihr grosser Rivale China dies nicht tut.
>
> (Südostschweiz 15.12.2009a)

Im vorliegenden Fall handelt es sich um einen negativen (78) Topos der Emissionsreduktion II. Das Schema wird sowohl im Rahmen von internationalen Konferenzen als auch in der nationalen Klimapolitik verwendet:

> Die Schweiz ist bereit, ihren Treibhausgasausstoss bis 2020 um mindestens 20 Prozent zu senken und um 30 Prozent, sofern andere Industrieländer sich zu ähnlichen Zielen und Schwellenländer zu angemessenen Massnahmen verpflichten.
>
> (Berner Zeitung 27.11.2010)

Mittels Vergleichsschemata wird die gegenwärtige Klimapolitik auch in Bezug auf einen früheren Zeitpunkt evaluiert.

(79) Topos des Klimaschutzes V (Vergleichsschema)

1 Der Klimaschutz in Land X ist gut (schlecht).

---

1 1 Der Klimaschutz in Land X war früher schlechter (besser).

1.1' Wenn der Klimaschutz in Land X im Vergleich zu früher zugenommen (abgenommen) hat, ist er heute besser (schlechter).

> Die angestrebten Verbesserungen liegen deshalb de facto nur im einstelligen Prozentbereich. EU war früher ambitionierter[.] Als die EU 2007 die Ziele bis 2020 festlegte, war man noch deutlich ambitionierter.
>
> (Tages-Anzeiger 23.01.2014)

Die Evaluation von Klimaschutzmassnahmen einzelner Länder ist häufig ambig und distanziert; sie erfolgt in der Regel aus der Sicht der betroffenen Staaten. Die Europäische Union und Deutschland bezeichnen sich im Rahmen von Argumentationserwähnung selbst als *Vorreiterinnen* oder *Vorbilder* im Kampf gegen den Klimawandel. Dies wird im folgenden (80) Topos des Landes I kausal verwendet, um klimapolitische Vorstösse zu rechtfertigen.

(80) Topos des Landes I (Kausalschema)

1 Land X unternimmt einen klimapolitischen Vorstoss.

1.1 Land X ist ein Vorreiter.

1.1' Wenn Land X ein Vorreiter ist, unternimmt es einen klimapolitischen Vorstoss.

> Nun verstärkt Deutschland auch den Klimaschutz. Vorreiter bei grüner Energie – so sieht sich Deutschland gern selber.
>
> (Tages-Anzeiger 04.12.2014)

Auf der anderen Seite kann ein solcher Topos auch umgekehrt werden.

(81) Topos des Landes II (Zeichenschema)

1 Land X ist ein Vorreiter.

1.1 Land X unternimmt klimapolitische Vorstösse.

1.1' Wenn Land X klimapolitische Vorstösse unternimmt, ist es ein Vorreiter. (Die klimapolitischen Vorstösse sind ein Zeichen für die Vorreiterrolle.)

Mindestens in Bezug auf Deutschland wird eine solche Vorreiterrolle an anderer Stelle zurückgewiesen:

> Stein- und Braunkohle decken dreissig Prozent des globalen Energiebedarfs, und blickt man nach Deutschland, das sich gern als Klimaretter aufspielt, so gilt im vorgeblichen Musterland: Ausgerechnet die Braunkohle, deren Brennwert sehr zu wünschen übrig lässt, feiert eine regelrechte Auferstehung.
>
> (Neue Zürcher Zeitung 27.07.2012)

Eine weitere Zurückweisung findet dort statt, wo evaluiert wird, warum die Emissionen gesunken sind; erst eine schwierige Emissionsreduktion bringt jemanden in die Vorreiterrolle.

> Nun könnte man darauf verweisen, dass Deutschland es vergleichsweise einfach hatte. Dank der Wiedervereinigung sind die grössten Dreckschleudern in Ostdeutschland einfach abgeschaltet worden.
>
> (Zürichsee-Zeitung 05.12.2009)

Andere Länder werden kaum thematisiert und insbesondere vom Klimawandel betroffene Länder der südlichen Hemisphäre kommen nahezu ausschliesslich kollektiv als *Entwicklungsländer* zu Wort, oft auch indirekt in der Abgrenzung zu den Industrienationen.

(82) Topos der historischen Schuld (Normatives Kausalschema)[31]

1 Die Industrieländer müssen ihre Emissionen stark reduzieren.

1.1 Sie sind für den Klimawandel verantwortlich.

1.1' Wenn die Industrieländer für den Klimawandel verantwortlich sind, müssen sie ihre Emissionen stark reduzieren.

> Um das Ziel einer globalen Erderwärmung von zwei Grad nicht zu überschreiten, müssen die CO_2-Emmissionen weltweit bis ins Jahr 2050 um 50 bis 80 Prozent gesenkt werden,

---

31 Um der Konsistenz willen würde ich diesen Topos als Topos der Industrieländer bezeichnen. Da er aber als Topos der historischen Schuld in zahlreichen Handlungsfeldern etabliert ist, werde ich diese Bezeichnung beibehalten.

> Industrieländer – die heute noch für den Hauptteil der Emissionen verantwortlich sind – müssten um bis zu 95 Prozent reduzieren.
>
> (Basler Zeitung 14.12.2009)

Insbesondere zu Beginn des betrachteten Zeitraums ergeben sich durch die Forderung nach Emissionsreduktionen von Entwicklungsländern auch (und erst recht) Verpflichtungen von Industrieländern.

(83) Topos der Emissionsreduktion III (Normatives Vergleichsschema)

1 Industrienationen müssen höhere Emissionsreduktionen einhalten.

1.1 Entwicklungsländer müssen ihre Emissionen reduzieren.

1.1' Wenn Entwicklungsländer ihre Emissionen reduzieren sollen, sollten das Industrienationen erst recht tun.

> Die Entwicklungsländer haben signalisiert, dass sie ihren Beitrag leisten wollen, verlangen aber, dass die Industrieländer künftig mehr Treibhausgase reduzieren und die armen Staaten stärker finanziell und technologisch unterstützen.
>
> (Tages-Anzeiger 04.12.2007)

Dies führt zu einer passiven Darstellung als Opfer (Doulton & Brown 2009: 201): «[D]eveloping countries are portrayed as needing the help of the developed world if they are to deal with the impacts of climate change.» Im späteren Diskursverlauf ändert sich dies und Entwicklungsländer werden (hauptsächlich im Rahmen der Klimakonferenzen) als aktive Akteur*innen dargestellt, die die normative These des (82) Topos der historischen Schuld einfordern.

> Die Schwellen- und Entwicklungsländer sind längst keine Bittsteller mehr, sie stellen heute Bedingungen – im Wissen, dass der internationale Klimaschutz ohne ihre Anstrengungen nicht erfolgreich sein wird. Sie pochen darauf, dass die Industriestaaten ihrer «historischen Schuld» nachkommen und in den nächsten Jahren ihre Ambitionen erhöhen, Treibhausgase zu reduzieren.
>
> (Tages-Anzeiger 03.06.2014)

Aus dieser Forderung resultiert die These *Entwicklungsländer haben die besseren Verhandlungspositionen*, was dazu führt, dass auch klimapolitische Verhandlungen kausal gestützt deshalb scheitern. Aus kritischer Sicht ist ein solche Argumentation nicht haltbar, da Entwicklungsländer in der Regel mehr und konkretere Klimaschutzmassnahmen gefordert werden, was im Sinne aller sein sollte. In diesem Beispiel wird zusätzlich eine Distanz zum (82) Topos der historischen Schuld hergestellt, indem der Ausdruck *auf etwas pochen* verwendet wird und die *historische Schuld* durch doppelte Anführungszeichen eingeschränkt wird.

Dies widerspricht dem Prinzip der *Common But Differentiated Responsibilities*, das ein leitendes Prinzip der internationalen Klimapolitik darstellt.

Nicht nur die Klimaschutzmassnahmen ganzer Länder werden argumentativ verortet, sondern auch solche von Schlüsselakteur*innen im Diskurs. In der Regel wird mittels eines (nicht zwingend trugschlüssigen) Schemas des Inconsistent Commitments auf klimaschädliches Verhalten solcher Akteur*innen hingewiesen.

(84) Topos der Person (Definitionsschema / Schema des Inconsistent Commitments)

1 X ist unglaubwürdig.

1.1a X setzt sich für den Klimaschutz ein.
1.1b X schützt das Klima nicht.
1.1a-b' Wenn sich X für den Klimaschutz einsetzt, selbst aber viele (vermeidbare) Treibhausgase emittiert, dann ist X unglaubwürdig.

Ist er [d. i. Al Gore] ein Umweltsünder? [...] Sein eigener Energieverbrauch soll über dem Durchschnitt liegen.

(Berner Zeitung 02.03.2007b)

Dass eine solche Argumentation starke Konsequenzen haben kann, zeigt sich wenig später:

> Allerdings verfolgen die Republikaner die Schlagzeilen um Gore mit gemischten Gefühlen. Denn nicht nur viele Liberale und Umweltschützer wünschen sich Gore als demokratischen Präsidentschaftskandidaten für 2008, viele Konservative glauben, dass der Irak-Krieg-Gegner Gore ein leicht zu schlagender Gegenkandidat wäre.
>
> (Berner Zeitung 02.03.2007b)

Eine solche argumentative Verortung von klimaschädlichem Verhalten findet insbesondere auch im Rahmen von Klimakonferenzen statt, weshalb es auch im nächsten Kapitel anzutreffen sein wird.

8.7.3 Klimakonferenzen

Im Rahmen von Klimakonferenzen zeigt sich gewissermassen vieles, was in den vorangegangenen Kapiteln diskutiert wurde, und ihnen kommt, wie Kapitel 7.1 gezeigt hat, eine zentrale Rolle in der Berichterstattung zu. Auch viele der betrachteten Belegstellen beschäftigen sich mit den Klimagipfeln. Da es sich um ein recht grosses Themengebiet handelt, werde ich zusätzlich zu den Topoi exemplarisch die Pilotanalyse der fünfzehnten Klimakonferenz in Kopenhagen besprechen.[32]

32 Damit eine klare Abgrenzung dieser exemplarischen Pilotanalyse und den abgeleiteten Topoi besteht, werde ich die Pilotanalyse durch eine graue Hinterlegung kenntlich machen.

Die in den Artikeln verhandelten Thesen sind mehrheitlich evaluativ und resultieren teilweise in Handlungsaufforderungen. Die Konferenzen und mit ihr zusammenhängende Handlungen werden auf ihre Wünschenswertigkeit oder Konsequenzen hin evaluiert. Kausalschemata spielen nur eine untergeordnete Rolle. Gleiches gilt für den wissenschaftlichen Diskurs; dieser kommt in Texten über die Klimakonferenz kaum zum Tragen.

Der Klimakonferenz in Kopenhagen kommt eine besondere Bedeutung zu, was sich auch an der quantitativen Relevanz der Berichterstattung (s. Abbildung 15) zeigt und im entsprechenden Kapitel bereits diskutiert wurde. Ein weiteres Indiz ist die metonymische Verwendung von *Kopenhagen* (SonntagsBlick 27.12.2009): «Kopenhagen war kein Flop, sondern ein Desaster, und die Umweltschützer sind zu Recht enttäuscht.»

Artikel über die Kopenhagener Klimakonferenz evaluieren Sinn und Funktion von Klimakonferenzen im Allgemeinen sowie den Erfolg der Kopenhagener Konferenz im Besonderen. Vor und während der Konferenz werden vor allem die Erwartungen an dieselbige verteidigt:

1 Die Erwartungen an den UNO-Klimagipfel in Kopenhagen sind gross.

1.1 Die Welt muss jetzt handeln.
1.1' Wenn die Welt jetzt handeln muss, sind die Erwartungen an den UNO-Klimagipfel in Kopenhagen gross.
1.2 Es geht um das Überleben der Welt.
1.2' Wenn es um das Überleben der Welt geht, sind die Erwartungen an den UNO-Klimagipfel in Kopenhagen gross.

Die Welt muss jetzt handeln [.] Die Erwartungen an den UNO-Klimagipfel in Kopenhagen sind gross. Navichandra Ramgoolam, der Premier von Mauritius, sagt, dass es um das Überleben der Welt gehe.

(Aargauer Zeitung 18.12.2009a)

Die hohen Erwartungen werden während oder nach der Konferenz teilweise als Gründe für das (mögliche) Scheitern der Konferenz angeführt:

1 Der Klimagipfel droht unter der Last der grossen Erwartungen zusammenzubrechen.

1.1 Der Weltklimagipfel weckt zu hohe Erwartungen.
1.1' Wenn die Erwartungen zu hoch sind, dann wird der Klimagipfel zusammenbrechen.

Der Klimagipfel droht unter der Last der grossen Erwartungen zusammenzubrechen.

(Südostschweiz 15.12.2009b)

Die Argumentation wird im selben Artikel fortgesetzt, indem über ein Schema der negativen Konsequenzen die folgende These verteidigt wird:

> 1. Die Konferenzteilnehmer*innen müssen die Erwartungen auf ein erfüllbares Mass reduzieren.
>
> ---
>
> 1.1 Ansonsten scheitert «Kopenhagen».
>
> 1.1' Wenn die Konferenzteilnehmer*innen die Erwartungen nicht auf ein erfüllbares Mass reduzieren, scheitert die Klimakonferenz.

> Entweder schaffen es die Konferenzteilnehmer, diese [Erwartungen] auf ein erfüllbares Mass zu reduzieren. Das hiesse, dass «Kopenhagen» nur einen Einstieg in eine wirklich globale Klimapolitik bedeuten würde. Das würde auch bedeuten, dass die Industrieländer nur eine Anzahlung auf ein künftiges globales System der Finanzierung des Klimaschutzes leisten würden. Oder «Kopenhagen» scheitert.
>
> (Südostschweiz 15.12.2009b)

Die Erwartungen, die aus dem diskursiven Hintergrund (s. Kapitel 7.1.3) resultieren, werden somit teilweise als direkte Ursache für das Scheitern angeführt. Die These, deshalb die Erwartungen zu reduzieren, um die Konferenz nicht scheitern zu lassen, wird nur in diesem Artikel abgeleitet.

Die Meinungstexte thematisieren nicht nur die Klimakonferenz, sondern auch angrenzende Diskurse wie beispielsweise diejenigen über Klimaschutz oder Energie(effizienz). Die Klimakonferenz wird in diesen Fällen in der Konfrontationsphase als Anlass verwendet, um einen angrenzenden Diskurs einzuführen. Dies ist beispielsweise im folgenden Artikel der Fall:

> Hier [d. i. Kopenhagen] wird mit Zahlen gefeilscht wie auf dem Basar: Reduktionsziele > 40 Prozent, CO_2-Kosten 100 Milliarden Euro, CO_2-Preise, -Fonds, Emissionshandel, wieso? Was nichts kostet, ist nichts wert und wird automatisch von uns übernutzt.
>
> (Aargauer Zeitung 17.12.2009)

Die Klimakonferenz wird in diesem Artikel als Anlass genommen, um die folgende These einzuführen, die durch ein Analogieargument gestützt wird.

> 1 Ein guter Klimaschutz wird in der Schweiz selbstverständlich.
>
> ---
>
> 1.1 Eine gute Abfallbewirtschaftung ist heute selbstverständlich.
>
> 1.1' Wenn eine gute Abfallbewirtschaftung heute selbstverständlich ist, dann wird auch ein guter Klimaschutz in der Schweiz selbstverständlich sein.
>
> Eine gute Abfallbewirtschaftung ist heute selbstverständlich. Ein guter Klimaschutz wird das auch!
>
> (Aargauer Zeitung 17.12.2009)

In vielen der 54 betrachteten Meinungstexten ist die Klimakonferenz allerdings entweder Bestandteil der These oder der Argumente. Wird sie in den

Thesen thematisiert, so wird sie oft evaluiert (14) oder beschrieben (10). Normative These sind ein wenig seltener (8).

In der argumentativen Berichterstattung über die Klimagipfel ist die Evaluation solcher somit entscheidend und findet sowohl vor, während oder nach den Konferenzen statt.

Im Vorfeld werden Erwartungen an die Konferenzen oft durch Resultate von vorherigen Konferenzen gestützt.

(85) Topos der Klimakonferenz I (Analogieschema)

1 Die Klimakonferenz X wird nicht erfolgreich sein.

1.1 Die vorangegangene Konferenz Y war nicht erfolgreich.
1.1' Wenn die vorangegangene Konferenz Y nicht erfolgreich war, wird auch die Klimakonferenz X nicht erfolgreich sein.

Zu einem rechtsverbindlichen Nachfolgeabkommen für das 2012 auslaufende Kyoto-Protokoll wird es beim Weltklimagipfel in Kopenhagen im Dezember wohl nicht kommen. Diese Erkenntnis zeichnete sich nach der letzten Uno-Vorbereitungssitzung in Barcelona ab. Die Delegierten, die zu fünftägigen Beratungen zusammengekommen waren, rechnen inzwischen nur noch mit einer unverbindlichen Einigung auf künftige Emissionsziele.

(Neue Zürcher Zeitung 07.11.2009)

Mit einem solchen Vergleichstopos ist es auch möglich, in einem normativen Vergleichsschema die Erwartungen an die Resultate einer Konferenz herabzusetzen.

(86) Topos der Resultate (Normatives Vergleichsschema)

1 An der Klimakonferenz soll X erreicht werden.

1.1 An der Klimakonferenz kann Y nicht erreicht werden.
1.1' Wenn an der Klimakonferenz Y nicht erreicht werden kann, dann soll wenigstens X erreicht werden.

Da ein rechtlich bindender Vertrag zur CO_2-Reduzierung auf dem Spitzentreffen im Dezember nicht mehr möglich scheint, soll wenigstens der Weg dahin geebnet werden, sagte der dänische Ministerpräsident und Gipfelgastgeber Lars Lökke Rasmussen am Dienstag: «Je stärker das politische Abkommen, desto grösser der Fortschritt in Richtung eines rechtlich bindenden, globalen Klimaprotokolls.»

(Tages-Anzeiger 18.11.2009)

Die Konferenzen werden an vielen Stellen als letzte Chance bezeichnet, um den Klimawandel zu bremsen. Oft werden daher, wie im einleitenden Exkurs, hohe Erwartungen an die Konferenzen geschürt.

Die Verpflichtungen aus dem Kyoto-Protokoll von 1997 laufen aus. Damals haben sich die Industrieländer verpflichtet, ihre Treibhausgasemissionen zu senken. In Durban besteht also die allerletzte Chance, eine Klimapolitik mit Reduktionsverpflichtungen ohne Unterbruch am Leben zu erhalten.

(Aargauer Zeitung 25.11.2011)

Auf dieser Grundlage wird dann auch ein mögliches Scheitern aufgrund der negativen Konsequenzen ausgeschlossen.

In Südafrika hat gestern die UNO-Klimakonferenz begonnen. Die Aussichten auf einen Erfolg sind gering. Doch wenn sie scheitert, wird die Welt ab Ende nächsten Jahres ohne bindende Verpflichtungen zur Senkung des CO_2-Ausstosses dastehen.

(St. Galler Tagblatt 03.11.2011)

Blockaden werden in der Regel durch Differenzen zwischen Industrie- und Entwicklungsländern hergeleitet, die sich oft mit einer Variante des (82) Topos der historischen Schuld oder aus dem (83) Topos der Emissionsreduktion III erklären lassen.

Vertreter von 195 Staaten verständigten sich gestern zum Abschluss der zweiwöchigen Verhandlungen auf einen Rahmenentwurf für ein Abkommen, das 2015 in Paris vereinbart werden soll. Die Konferenz endete wegen verhärteter Fronten zwischen Industrie-, Schwellen- und Entwicklungsländern fast eineinhalb Tage später als geplant.

(Neue Luzerner Zeitung 15.12.2014)

An einigen Stellen werden allein die Entwicklungsländer verantwortlich gemacht.

Am Freitag ist die Uno-Klimakonferenz auf Bali ins Stocken geraten. Im Vordergrund standen Probleme mit Entwicklungsländern und Diskussionen um die Erwähnung konkreter Reduktionsziele im Fahrplan, der zu neuen Klimaverträgen führen soll.

(Neue Zürcher Zeitung 15.12.2007)

In diesem Beleg handelt es sich um mehrfache oder allenfalls koordinative Argumentation. Nicht nur *Probleme mit Entwicklungsländern*, sondern auch Diskussionen über die Verhandlungen als solche werden kausal als Gründe für die Verzögerung oder gar das Scheitern angeführt.

Insbesondere im späteren Diskursverlauf werden zusehends Schwellenländer (in Abgrenzung von Entwicklungsländern) als Verursacher von Blockaden konzeptualisiert.

An der UNO-Konferenz in Warschau geht das Ringen um das Weltklima weiter. Doch die Verhandlungen stocken. Insbesondere die Schwellenländer legen sich quer: Sie fordern, dass bei der Festlegung der Emissionsziele auch die Vergangenheit einbezogen wird: Länder, die in den letzten Jahrzehnten viel CO_2 ausstiessen, sollen sich nun stärker beschränken als Entwicklungsländer.

(St. Galler Tagblatt 03.11.2013)

Industrieländer werden allein kaum je als Verursacher thematisiert. Über alle Konferenzen hinweg werden in der Regel zwei Sachverhalte als Ursache für die Diskrepanz zwischen Industrie- und Entwicklungsländer angeführt.

Deutschland, Grossbritannien, Frankreich, die Niederlande, Schweden, Dänemark und die EU-Kommission kündigten an, in den kommenden zwei Jahren insgesamt 6,85 Milliarden Euro an die Entwicklungsländer zu bezahlen. Diese sahen die Zusage zwar als ein Zeichen guten Willens; das allein sei aber ungenügend. Die Industriestaaten hatten bereits vor der Klimakonferenz deutlich gemacht, dass sie nicht nach Dauha reisen würden, um über zukünftige Transferleistungen zu verhandeln. Trotzdem tauchte in den Entwürfen zu einem Abschlusspapier von Dauha die Finanzierungsfrage an den verschiedensten Stellen auf. Dies stiess den Industrieländern sauer auf. Ebenfalls als nicht befriedigend erachteten die Entwicklungs- und Schwellenländer die Emissionsreduktionsziele, die einige Industrieländer – darunter die EU-Staaten, die Schweiz, Norwegen und Australien – in einer neuen Verpflichtungsperiode unter dem Kyoto-Protokoll eingehen wollen.

(Neue Zürcher Zeitung 08.12.2012)

Es handelt sich hierbei um diejenigen Punkte, die auch in der Literatur als Gründe diskutiert werden. Daran kann ein (29) Topos der Mitigationsmassnahmen III angeschlossen werden. Zwar wird im Rahmen von Klimaverhandlungen nicht die Wirtschaftlichkeit der Massnahmen als solche, dafür aber die Angemessenheit der Höhe der Finanzierung für Entwicklungsländer diskutiert. Eine solche ist notwendig, da aus der Treibhausgasreduktion ein vermindertes Wirtschaftswachstum (im Sinne eines (5) Topos des Wirtschaftswachstums) resultiert und die Industrieländer im Sinne eines (82) Topos der historischen Schuld dazu verpflichtet sind, betroffene Länder zu entschädigen.

Am Ende ist es einmal mehr das Geld gewesen, das die Uno-Klimakonferenz in Lima beinahe zum Scheitern gebracht hätte. Den Industriestaaten wurde vorgeworfen, den Entwicklungsländern finanziell zu wenig beim Kampf gegen die Auswirkungen des Klimawandels unter die Arme zu greifen. [...] Doch die Industriestaaten sind nicht mehr bereit, diese Kritik einfach zu schlucken, da Länder wie China und Indien inzwischen zu den grössten Emittenten von Treibhausgasen gehören und durchaus über Mittel verfügen, diese zu drosseln. Zudem trifft es nicht zu, dass geknausert würde: Für den «Green Climate Fund» sind vonseiten der Industriestaaten inzwischen 10,2 Milliarden Dollar versprochen worden. Und gemäss Uno fliessen für Klimaschutzmassnahmen jährlich zwischen 40 und 175 Milliarden Dollar aus öffentlichen und privaten Quellen von den Industrie- in die Entwicklungsländer.

(Neue Zürcher Zeitung 16.12.2014)

An einer Stelle wird der (49) Topos des Klimawandels IV hinzugezogen, um das Scheitern zu etablieren.

> Ökopolitisch liesse sich nur etwas bewegen, wenn es eine Weltregierung gäbe, die neben China auch Indien, die USA und Brasilien zu Zugeständnissen zwingen kann. Da es aber keine Weltregierung gibt, wird es so schnell auch keine Lösung geben.
>
> (Zürichsee-Zeitung 07.12.2009)

Da internationale Klimapolitik nur gemeinsam erfolgreich sein kann, können einzelne Länder auch für das Scheitern von Konferenzen verantwortlich gemacht werden. Es handelt sich dabei insbesondere um diejenigen Länder, die in Kapitel 8.7.2 als *Klimasünder* thematisiert wurden.

> Klimaexperten warnen aber, dass es sich dabei nicht wirklich um einen Durchbruch handelt. Einerseits fehlen Angaben, wie die langfristigen Ziele in den nächsten Jahren und Jahrzehnten konkret erreicht werden sollen. Ausserdem wird es wohl nicht möglich sein, am heutigen zweiten Konferenztag die Schwellenländer China, Indien und Brasilien dazu zu bewegen, nur schon das Ziel festzuschreiben, bis 2050 die CO_2-Emissionen weltweit um 50 Prozent zu reduzieren.
>
> (Aargauer Zeitung 09.07.2009)

> Die USA wollten sich in Bali nicht auf konkrete Zielmarken für die Treibhausgas-Minderungen einlassen. Daher gab es auch kein quantifiziertes Ziel, sondern nur vage Formulierungen wie «national angemessenes» Handeln, das Reduzierungsabsichten zum Treibhausgasausstoss beinhalten soll.
>
> (Basler Zeitung 17.12.2007)

> Will man auf globaler Ebene Reduktionsziele erreichen, braucht es allerdings Kontrollen, ob die Emissionen in den einzelnen Ländern auch wirklich wie vereinbart sinken. Doch genau dies verweigert China.
>
> (Neue Zürcher Zeitung 16.12.2009)

Entsprechend werden Zugeständnisse dieser Parteien als mögliches Zeichen für eine erfolgreiche Konferenz gewertet.

> An den Klimaverhandlungen in Cancún wird Optimismus geübt. China zeigt sich zur Kontrolle seiner Emissionen bereit. Auch andere Länder zeigen Bereitschaft zu einer Einigung.
>
> (St. Galler Tagblatt 09.12.2010)

Dies zeigt sich in aller Deutlichkeit an der Anwesenheit von Barack Obama.

> Mit dem Wechsel von Präsident Bush zu Obama scheint auch in den USA die Klimaproblematik erkannt zu sein. Lässt das auf einen Erfolg des Klimagipfels von Kopenhagen hoffen? Die aktuellen Signale von Obama und den USA sind sicher sehr positiv. Die USA

müssen in ein internationales Klimaabkommen eingebunden sein, damit andere wichtige Staaten wie China oder Indien mitmachen und somit ein erfolgversprechendes Abkommen zustande kommt.

(Zürichsee-Zeitung 21.07.2009)

Nach der Konferenz in Kopenhagen wird in zahlreichen Artikeln der Pilotanalyse evaluiert, ob die Konferenz erfolgreich (4) oder erfolglos (6) war.

1 Der Klimagipfel in Kopenhagen war erfolglos.

1.1 «Was in Kopenhagen getrieben wurde, ist mehr als eine Weltkriegserklärung, es ist eine totale Untergangserklärung an die Erde und damit an die gesamte Menschheit.»

(Tages-Anzeiger 23.12.2009)

1.2 «Er [d. i. Klimagipfel] unterstützt weiterhin unseren Egoismus.»

(Tages-Anzeiger 22.12.2009)

1.3 «Industrie-, Schwellen- und nicht industrialisierte Länder schieben sich gegenseitig den schwarzen Peter zu.»

(Tages-Anzeiger 22.12.2009)

1.4 «Gescheitert ist Kopenhagen also nicht am mangelnden Willen der beteiligten Politiker, sondern an der ökonomischen Realität.»

(NZZ am Sonntag 20.12.2009)

Die ersten beiden Prämissen stützen die These mit einem Definitions-, die dritte mit einem Kausal- und die vierte mit einem Vergleichsschema. Definitorisch werden bestimmte Eigenschaften der Klimakonferenz dazu verwendet, den Misserfolg zu belegen. Kausal werden hingegen insbesondere auf der Ebene der Akteur*innen Ursachen für das Scheitern gesucht. Diesbezüglich weist der gegenteilige Standpunkt Unterschiede auf.

1 Der Klimagipfel in Kopenhagen war erfolgreich.

1.1 «Der Gipfel hat immerhin mit einem Ergebnis geendet, und das allein ist kaum zu überschätzen.»

(Südostschweiz 21.12.2009)

1.2 «Diese Klimakonferenz ist hart am Abgrund vorbeigeschlittert.»

(Südostschweiz 21.12.2009)

1.3 «Die Klimakonferenz der Uno in Kopenhagen ist ein voller Erfolg – was die Zahl der Interessierten vor Ort betrifft.»

(Neue Zürcher Zeitung 16.12.2009)

1.4 «Die wichtigsten Akteure sind an den Verhandlungstisch zurückgekehrt, und die seit dem Kyoto-Protokoll bestehende Blockade ist durchbrochen.»

(Tages-Anzeiger 23.12.2009)

Die positive Evaluierung findet auf einer allgemeinen, oft auch definitorischen Ebene statt: *Wenn eine Konferenz überhaupt mit einem Ergebnis endet, so ist sie erfolgreich.*

Hohe Ziele und die schwierige Ausgangslage werden somit als (implizite) Gründe angeführt, warum die Klimakonferenz trotz der geringen Ergebnisse nicht erfolglos war. In einigen Artikeln wird die Klimakonferenz insgesamt in Zweifel gezogen. Teilweise lässt sich dies auf klimawandelskeptische Argumentationen zurückführen (prototypisch im Sinne von *Wenn ein Problem nicht existiert, muss man es auch nicht an Konferenzen thematisieren*), teilweise aber auch auf die klare Unterscheidung zwischen der Welt und den Menschen, deren Existenzgrundlage sie bildet (im Sinne eines (6) Topos des Menschen II):

1 «Welch eine Anmassung, wenn davon geschrieben wird, in Kopenhagen gehe es darum ‹die Welt zu retten›.»

(Tages-Anzeiger 16.12.2009)

1.1 «Geld kann man weder essen, noch ist es irgendwie geeignet, das Überleben der menschlichen Art auf diesem Planeten zu sichern.»

(Tages-Anzeiger 16.12.2009)

1.2 «Die Welt wird es noch lange geben, wenn die Menschen sich ihrer Lebensgrundlagen längst beraubt haben.»

(Tages-Anzeiger 16.12.2009)

Negative Konsequenzen, die der Klimawandel unter anderem auf andere Arten hat, werden bei dieser Art von Argumentation nicht thematisiert. Die Sinnhaftigkeit von Klimakonferenzen wird auch dort in Frage gestellt, wo die These *Man sollte besser X tun, anstatt den Klimagipfel in Kopenhagen zu besuchen* geäussert wird:

[W]ir können uns jeden weiteren Klimagipfel ersparen, solange wir uns nicht endlich dazu durchringen, die alles entscheidende Grundfrage zur Diskussion zu stellen. Die Grundfrage nämlich, wie ein neues, an den Bedürfnissen von Mensch und Natur ausgerichtetes, nicht kapitalistisches Wirtschaftsmodell aussehen könnte, und auf welchem Wege es möglichst bald in die Praxis umzusetzen wäre.

(Tages-Anzeiger 22.12.2009)

Die Evaluation der Klimakonferenz von Kopenhagen ist somit mehrheitlich negativ:

Dass internationale Konferenzen ihre hässlichen Seiten haben können, hat sich in den letzten zwei Wochen bestätigt.

(Neue Zürcher Zeitung 19.12.2009)

Sie glauben also nicht, dass die Klimaverhandlungen, die jetzt in Kopenhagen anstehen, zu einem Ergebnis führen?

(Zürichsee-Zeitung 07.12.2009)

Es ist schade, wenn bei einem so gigantischen Aufwand am Ende nicht mehr herausschaut.

(Südostschweiz 19.12.2009)

Einer der Staatschefs nimmt kein Blatt vor den Mund: «So etwas habe ich noch nie erlebt», schimpft Brasiliens Präsident Luiz Inácio Lula da Silva.

(Blick 19.12.2009)

Wie die Belege rund um die Kopenhagener Klimakonferenz exemplarisch zeigen, hängt die nachträgliche Evaluation von Klimakonferenzen wesentlich von Definitionsschemas ab.

(87) Topos der Klimakonferenz II (Definitionsschema)[33]

1 Die Klimakonferenz war ein Durchbruch, erfolgreich usw.

1.1 An der Klimakonferenz wurde X beschlossen.
1.1' Wenn an der Klimakonferenz X beschlossen wird, dann ist die Klimakonferenz ein Durchbruch, erfolgreich usw.

Gestern nun der Durchbruch: Der UNO-Klimagipfel verständigte sich auf einen Fahrplan für ein globales Abkommen zur Begrenzung der Erderwärmung.

(Berner Zeitung 12.12.2011)

Nach langen, zähen und teils emotionalen Diskussionen blickte man gestern Nachmittag in Bali nach dreitägigen Schlussverhandlungen bei der Uno-Klimaschutzkonferenz in zufriedene Gesichter. Der Durchbruch war gelungen.

(Südostschweiz 16.12.2007)

Die Diskussion ist nicht nur in Bezug auf die Klimakonferenz in Kopenhagen gemischt.

Mit dem Scheitern des Uno-Weltklimagipfels in Durban sind neue verbindliche Ziele zur weiteren Senkung der Treibhausgase in weite Ferne gerückt. Die Klima-Delegierten konn-

33 Allenfalls könnte auch diskutiert werden, ob es sich um ein Ganzes-Teil-Schema handelt, dann entspräche der Durchbruch dem Ganzen und die konkrete Massnahme dem Teil.

ten sich bloss darauf einigen, ab 2015 mit der Diskussion über ein Reduktionsziel anzufangen.

(NZZ am Sonntag 18.12.2011)

Ein weiterer Topos zeigt sich Rahmen von Konferenzen, an denen es um die Regelung von Nachfolgeprotokollen geht. Hier sind die Klimakonferenz von Kopenhagen, an der es um die zweite Verpflichtungsperiode des Kyoto-Protokolls ging, sowie die Klimakonferenz in Lima, an der es um die Vorverhandlungen eines Nachfolgeprotokolls ging, zu nennen. In einem Vergleichsschema wird die Notwendigkeit etabliert, dass das Nachfolgeprotokoll höhere Klimaziele umfassen soll.

(88) Topos der Klimaziele III (Normatives Vergleichsschema)

1 Die neuen Klimaziele müssen höher angesetzt werden.

1.1 Die Klimaziele des Kyoto-Protokolls reichen nicht aus.

1.1' Wenn die Klimaziele des Kyoto-Protokolls nicht ausreichen, müssen die neuen Klimaziele höher angesetzt werden.

Weil die Vorgaben des Kyoto-Protokolls nie und nimmer ausreichen, um die globale Erwärmung in Schach zu halten, ist allen Beteiligten klar, dass die neuen Klimaziele viel höher angesetzt sein müssen.

(NZZ am Sonntag 06.12.2009)

Aus diesem Topos als Prämisse lassen sich dann notwendige Eigenschaften des Nachfolgeprotokolls ableiten.

Tomasz Chruszczow von der EU-Delegation bezeichnet einen Beschluss über eine Roadmap bis 2015 als «absolute Priorität» in Durban: «Das Kyoto-Protokoll genügt nicht mehr. Nun müssen die grossen Emittenten wie die USA, China und Indien in ein Klimaabkommen mit einbezogen werden», sagte er.

(Neue Zürcher Zeitung 05.12.2011)

Im Umfeld der Klimakonferenzen ist auch die Evaluation teilnehmender Akteur*innen zentral. In Meinungstexten sind mehrheitlich Einzelakteur*innen (*Barack Obama*, *Moritz Leuenberger*, *This Jenny* oder *Angela Merkel*) Gegenstand argumentativer Evaluation, wobei insbesondere Barack Obama positiv evaluiert wird:

Der Gewinner heisst Barack Obama [...] In dem von Präsident Obama ausgehandelten Minimalkonsens verpflichtet sich China nun immerhin, eine Kontrolle zuzulassen. Dieses Ergebnis könnte sich vielleicht noch als das wichtigste Resultat von Kopenhagen herausstellen.

(NZZ am Sonntag 20.12.2009)

Angela Merkel hingegen wird unter Vorbehalt evaluiert. Sie scheint ihrer Rolle nicht gerecht zu werden, wie sich an dieser distanzierenden Stelle zeigt:

> Die deutsche Kanzlerin möchte in Kopenhagen die Hauptrolle spielen: Deutschland versteht sich als Vorreiterin in der Klimapolitik.
>
> (Aargauer Zeitung 18.12.2009a)

Schweizer Politiker*innen werden insbesondere mit Blick auf ihre Glaubwürdigkeit negativ evaluiert. In einem satirischen Artikel wird der Konferenzalltag der Politiker This Jenny, Norbert Hochreutener und Sep Cathomas beschrieben, der sich laut dem Artikel zwischen Hotellobbys, Stadtführungen und Kartenspielen abspielt. Diese implizite These lässt sich folgendermassen aus dem Lead «Wie die Parlamentarier Jenny, Hochreutener und Cathomas dem Klima helfen» (Aargauer Zeitung 18.12.2009b) und dem Artikel rekonstruieren:

1 Die Parlamentarier Jenny, Hochreutener und Cathomas helfen dem Klima nicht.

1.1 Das zeigt ihr Verhalten an der Klimakonferenz in Kopenhagen.

Auch in anderen Artikeln werden insbesondere Schweizer Politiker*innen negativ evaluiert:

> Die Unfähigkeit der Politiker, sich auf verbindliche Ziele in Sachen CO_2-Reduktion zu einigen, hat weitherum Kopfschütten verursacht. Ganz anders kommt die Sache bei unserem «Standesvertreter» Maximilian Reimann an. [...] Bei solchen Politikern hilft wirklich nur noch Beten!
>
> (Aargauer Zeitung 24.12.2009)

Besonderes Augenmerk liegt auf der Widersprüchlichkeit von Worten und Taten der Akteur*innen. Der (84) Topos der Person wird insbesondere auf schweizerische Politiker*innen angewendet, die an der Klimakonferenz teilnehmen.

> (Vielfliegende) Wissenschafter und Vertreter von NGOs geben sich empört, sind aber spätestens beim nächsten Klimagipfel in Mexiko wieder zahlreich vor Ort, um ihren Forderungen nach wirksamen Massnahmen zur Emissionsverminderung Gehör zu verschaffen.
>
> (Neue Zürcher Zeitung 24.12.2009)

Dieser Topos erfüllt in den Meinungsartikeln drei Funktionen. Er ist erstens eine kausale (Mit-)Ursache für das Scheitern oder die Redundanz der Konferenz. Dies ist im oben angeführten Zitat der Fall. Zweitens wird es als Zeichenschema dafür verwendet, dass sich die Akteur*innen dem Ernst der Lage nicht bewusst sind. Dies zeigt ein Leserbrief zum «Klimaexpress» deutlich:

> Fleisch im Klimazug. Ich bin entsetzt! Da lese ich doch, dass den Klimaschützern im grünen Zug nach Kopenhagen zum Frühstück (!) auch Fleisch serviert wurde. Für mich ist das Beweis genug, dass die Verantwortlichen überhaupt noch nichts verstanden haben.
>
> (Tages-Anzeiger 19.12.2009)

Drittens kann damit die Glaubwürdigkeit der Akteur*innen und ihrer Argumentationen geschwächt werden. Dies ist beispielsweise bei Moritz Leuenberger der Fall:

> Auch unser Verkehrs- und Umweltminister scheint nun erkannt zu haben, dass die Fliegerei einen wesentlichen Anteil zum CO_2-Ausstoss beiträgt. Die Frage sei jedoch erlaubt: Warum offeriert Leuenberger dem Flughafen im Rahmen des SIL ein so grosszügiges Geschenk zur Optimierung der Kapazitäten, namens Südstarts, plus die üblichen Südanflüge?
>
> (Zürichsee-Zeitung 22.12.2009)

Diese dritte Funktion nimmt eine besondere Stellung ein. An mehreren Stellen in den Meinungsartikeln funktioniert sie als *Argumentum ad hominem* gegen das Äussern von evaluativen Standpunkten über den Klimagipfel und verletzt somit die Freiheitsregel:

> Statt nach Kopenhagen zu blicken, würde es jedem von uns guttun, in den eigenen Spiegel zu schauen. Dort beginnen wirksame Massnahmen gegen den Klimawandel.
>
> (Tages-Anzeiger 10.12.2009)

Mehrere Autor*innen argumentieren prototypisch mit *Wer sich nicht klimaneutral verhält, darf die Konferenz nicht evaluieren* oder *Wer sich nicht klimaneutral verhält, darf sich nicht an den Verhandlungen zum Klimaschutz beteiligen.*

Der politischen Domäne der 15. Klimakonferenz in Kopenhagen mit ihren anthropomorphen politischen Metonymien als Akteur*innen wird oft die aktive, handelnde Zivilbevölkerung, die Gesellschaft gegenübergestellt.

> «Während Politiker aus der ganzen Welt in Kopenhagen über den Klimaschutz diskutieren, handeln die HSG-Studenten vom Verein Oikos.»
>
> (20 Minuten 17.12.2009)

> «Wir [d. i. Politik hierzulande] tun bereits sehr viel.»
>
> (Südostschweiz 19.12.2009)

Die Wir-Gruppe, die entweder die Schweiz in Abgrenzung zu anderen Ländern oder aber die Zivilbevölkerung in Abgrenzung zur Politik darstellt, grenzt sich von der Out-Gruppe durch aktives Handeln ab. Diese Abgrenzung geht oft auch mit symbolischen Aktionen einher, welche die Fremdgruppe auf den Klimawandel aufmerksam machen soll. Dieses Vorgehen ist typisch für die Klimakonferenzen, steht aber in einem gewissen Widerspruch zu anderen Teilbereichen der topologischen Diskursformation, wie sich auch im nächsten Kapitel zeigen wird.

Auch auf der Ebene der Tropen weist die Berichterstattung über den Klimagipfel Besonderheiten auf. Die Verwendung von Reise- und Fortbewegungsmetaphern für politische Diskurse wird an vielen Stellen beschrieben (s. Klein 2009: 2118–2119). Der mediale Interdiskurs über Klimawandel in der Schweiz knüpft stark an das politische Handlungsfeld an, wie bereits an mehreren Stellen gezeigt wurde, und weist deshalb ebenfalls spezifische Eigenheiten des politischen Handlungsfeldes auf wie eben beispielsweise die Verwendung von Reise- und Fortbewegungsmetaphern. Einer Sonderform soll hier besondere Aufmerksamkeit geschenkt werden: VERHANDLUNGEN ALS ZUG und TEILNAHME AN VERHANDLUNGEN ALS ZUGFAHRT.

> Der globale Klima-Zug, der seit der Verabschiedung der Klimakonvention 1992 unterwegs ist, hat gerade in letzter Zeit viel an Fahrt gewonnen.
>
> (Neue Zürcher Zeitung 16.12.2009)

> Aber die Vereinigten Staaten haben stets gebremst – nicht erst unter dem früheren US-Präsidenten George W. Bush. Und die USA setzt sich erst mit Bummelzuggeschwindigkeit in Bewegung.
>
> (Südostschweiz 15.12.2009b)

Diese Metaphern sind aus zwei Gründen bemerkenswert. Erstens fuhren Schweizer Politiker*innen und weitere Teilnehmer*innen mit dem sogenannten «Klimaexpress» nach Kopenhagen. Zweitens gelten Züge als umweltfreundliche und klimaschonende Transportmittel. Diskursinhärentes Wissen wie die Umweltfreundlichkeit von Zügen wirkt sich somit möglicherweise auf die Wahl des Herkunftsbereichs aus.

Auch der *Fahrplan* weist auf eine ähnliche Funktion hin, da er sich in diese konzeptuelle Metapher einfügt. Dies liegt daran, dass die *Bali Roadmap* als *Fahrplan von Bali* übersetzt wird. Für die Zeitungen ist dies insofern problematisch, als dass in den meisten Fälle nicht ersichtlich wird, ob von diesem «offiziellen» Fahrplan gesprochen wird oder aber *Fahrplan* metaphorisch verwendet wird:

> Die Weltgemeinschaft muss sich über einen Fahrplan zum Klimaschutz einig werden.
>
> (Basler Zeitung 04.12.2007)

Klarer wird es an folgender Stelle:

> Im Vordergrund standen Probleme mit Entwicklungsländern und Diskussionen um die Erwähnung konkreter Reduktionsziele im Fahrplan, der zu neuen Klimaverträgen führen soll.
>
> (Neue Zürcher Zeitung 15.12.2007)

Ähnliches lässt sich auch für Temperaturmetaphern (spezifischer Wärmemetaphern) feststellen: Auf der Diskursebene sind sie bereits durch Nennungen wie *Erderwärmung* oder *2-Grad-Ziel* äusserst präsent und werden auch metaphorisch verwendet, um die Verhandlungen zu beschreiben. An der folgenden zitierten Stelle werden die beiden Verwendungsweisen direkt gegenübergestellt:

> 2 Grad plus, mehr darf sich das Klima nicht erwärmen. Sonst droht eine unkontrollierbare «Kettenreaktion». Was sich dagegen deutlich erwärmen müsste, ist das Verhandlungsklima. In den letzten Monaten wurde es zwischen den reichen und den armen Ländern immer frostiger.
>
> (Aargauer Zeitung 04.12.2009)

Es ist somit für die Verwendung von Metaphern im Kontext der Kopenhagener Klimakonferenz auffällig, dass diskursiv relevante Konzepte wie eben der «Klimaexpress» oder die Erwärmung als Herkunftsbereich für Metaphern dienen. Die metaphorische und nicht-metaphorische Verwendungsweise lässt sich nicht mehr trennscharf unterscheiden, was «Züge» und «Zugfahrt» als Herkunftsbereiche zusätzlich fördert.

Für die Beschreibung der Klimakonferenz werden gehäuft Sportmetaphern verwendet, die auf einen Wettkampf zwischen den Akteur*innen hinweisen (VERHANDLUNG ALS WETTKAMPF):

> Zähes Ringen an der Klimakonferenz auf Bali
>
> (Neue Zürcher Zeitung 15.12.2007)

> Verzögert wurde der Abschluss vor allem durch ein Seilziehen um den Text über die langfristige Zusammenarbeit im Rahmen der Klimakonvention, um gegen den Klimawandel anzugehen.
>
> (Neue Zürcher Zeitung 15.12.2007)

> Es ist zu hoffen, dass diese Entwicklung weitergeht und Politik, Umweltorganisationen und Unternehmen in Zukunft an einem Strang zu Gunsten unserer Umwelt ziehen.
>
> (Zürichsee-Zeitung 24.12.2007)

> Lieber kein grosser Wurf
>
> (Aargauer Zeitung 08.12.2007)

Werden die konzeptuellen Metaphern VERHANDLUNG ALS FAHRZEUG oder VERHANDLUNG ALS ZUG(FAHRT) verwendet, so resultieren daraus auch Konsequenzen für die Akteur*innen. Die Fahrer*innen und Lenker*innen sind typischerweise metonymische Anthroponyme:

> Ich [d.i. This Jenny] hätte mir konkrete Reduktionsziele erhofft. Doch da stehen Amerika und China auf der Bremse.
>
> (Südostschweiz 19.12.2009)

> Ihre Partei [d.i. SVP] gilt aber als Bremserin in Umweltfragen.
>
> (Südostschweiz 19.12.2009)

> Gewiss, es sind mehr oder weniger unverbindliche Zusagen und erst noch solche, die zusammengenommen weit unter dem liegen, was Klimawissenschafter für notwendig halten. Trotzdem handelt es sich um Weichenstellungen in die richtige Richtung.
>
> (Neue Zürcher Zeitung 19.12.2009)

Akteur*innen sollten die Vorwärtsbewegung der Verhandlung aktiv unterstützen, ansonsten werden sie eher negativ evaluiert:

> Schon jetzt fliegen Vorwürfe hin und her, dass sich manche Länder als Trittbrettfahrer aus der Verantwortung stehlen.
>
> (Neue Zürcher Zeitung 19.12.2009)

Die Vorwärtsbewegung ist eine Bewegung in die «richtige» Richtung, in Richtung Klimaschutz und 2-Grad-Ziel. Daraus resultieren auch ein richtiger und mehrere falsche Wege:

> Das Ziel muss sein, gemeinsam aus der Sackgasse auf die Überholspur zu finden.
>
> (Zürichsee-Zeitung 14.12.2009b)

Dies ist allerdings nur gemeinsam möglich:

> «Gemeinsam» – der einzig mögliche Weg auf internationaler Ebene – ist auch der einzige Weg auf zwischenmenschlicher Ebene, um Probleme anzugehen.
>
> (Zürichsee-Zeitung 14.12.2009b)

Der Klimawandel lässt sich nur eindämmen, wenn man gemeinsam in einem metaphorischen Fahrzeug den richtigen Weg in einem komplexen Wegnetz einschlägt. «Gemeinsam» bedeutet allerdings nicht, dass alle Akteur*innen gleichermassen das Fahrzeug lenken oder die Richtung beeinflussen können:

Dafür braucht es aber nicht nur den guten Willen und Tatendrang derer, die gemeinsam, fair und beherzt einen kleinen Beitrag dazu leisten können, sondern vielmehr auch das Ergreifen des Steuers derer, welche die Richtung tatsächlich ändern können.
(Zürichsee-Zeitung 14.12.2009b)

Diejenigen, die die Richtung ändern können, sind in der Regel politische Akteur*innen. Dadurch lässt sich auch der Bogen zum nächsten Kapitel spannen.

8.8 Wir müssen handeln: Individuelle Verantwortung

Die blosse Betrachtung der Belegstellen zeigt, dass individuelle Massnahmen im Vergleich zu politischen Massnahmen kaum relevant sind. Zwar werden sie als Mitigationsmassnahmen genannt, allerdings ist ihr Handlungspotenzial im Sinne von Geltungsansprüchen der Richtigkeit kaum relevant. Somit unterscheidet sich der betrachtete Diskurs von demjenigen Tereicks (2016: 222) für den ab 2007 die individuellen Handlungsmöglichkeiten als diskursdominant beschrieben werden. Dies schliesst auch an Überlegungen von Boykoff (2011: 117) sowie Hulme (2009a: 158) an:

This language of individual moral culpability for the emissions of carbon dioxide has become widely adopted in recent years by a variety of both secular and religious commentators on climate change. Individuals are held accountable for their actions and the services of carbon offsetting companies are held up to be, in a metaphorical sense, equivalent to the selling of indulgences for the remission of punishment for one's sins.

Über den (49) Topos des Klimawandels IV werden die Möglichkeiten des Einzelnen bereits indirekt eingeschränkt. Dies wird an einigen Stellen auch explizit ausformuliert:

Ich bin mir aber bewusst, dass ich die Erderwärmung nicht stoppen kann, wenn ich meinen ökologischen Fussabdruck klein halte. Das kann nur die Politik tun, indem sie einen Preis für den CO_2-Ausstoss festlegt, der dem Schaden entspricht, den er anrichtet.
(SonntagsBlick 14.12.2014)

Gleichzeitig wird auch hier über einen (28) Topos des Klimaschutzes I die Ökonomisierung des Problems als alleinige Lösung konzeptualisiert. Eine weitere Einschränkung ist über ein Ganzes-Teil-Schema möglich.

Weil ich glaubte, man müsse Disney World unbedingt gesehen haben, fuhr ich hin. Auf dem riesigen Parkplatz vor dem Haupteingang standen Dutzende Reisebusse, alle mit laufendem Motor. Sind die verrückt?, dachte ich und liess mich später aufklären, dass das wegen der Klimaanlagen vollkommen in Ordnung sei. Würden die Motoren nicht den gan-

> zen Tag laufen, wäre am Abend die Hitze im Bus für die Touristen nicht auszuhalten. Von da an sammelte ich keine Joghurt-Deckeli mehr. Mein Beitrag zum Umweltschutz schien mir angesichts des CO_2-Ausstosses vor Disney World lächerlich.
>
> (Basler Zeitung 21.01.2012)

Konkrete Massnahmen werden nur selten thematisiert und dann immer nur innerhalb der Grenzen des Möglichen. Aus inhaltlicher Sicht geht es hauptsächlich um die Reduktion des Fleischkonsums und des Fliegens.

> Darf man überhaupt noch fliegen? Grundsätzlich gilt wie bei allen umweltbelastenden Tätigkeiten, Flüge auf ein so geringes Mass wie möglich zu reduzieren und Alternativen wie etwa Bahnreisen oder Videokonferenzen vermehrt zu nutzen.
>
> (Sonntag 18.11.2007)

> Die Landwirtschaft verursacht 11,5 Prozent der Treibhausgase (THG), die in der Schweiz ausgestossen werden. Sollen diese reduziert werden, gibt es nur eines: Die Bauern müssen ihre Tierbestände reduzieren. Oder anders gesagt: Herr und Frau Schweizer dürfen nicht mehr so viel Fleisch essen.
>
> (Berner Zeitung 19.06.2009)

Es handelt sich in beiden Fällen um eine mögliche (im dispositionellen Sinn) Reduktion, wobei die Massnahme an sich durch deontisches *Dürfen* von aussen vorgegeben wird. Vollständiger Verzicht wird nicht thematisiert. In dem bereits thematisierten Meinungsartikel aus der *Basler Zeitung* (21.01.2012) wird eine strengere Einschränkung aufgrund der negativen Konsequenzen zurückgewiesen:

> Stellen wir uns vor, wir müssten bei einem Autokauf künftig nachweisen, dass wir auf das Fahrzeug angewiesen sind. Kein Nachweis, kein Auto. Der wirtschaftliche Schaden wäre unermesslich. Die Auswirkungen würden wir fast augenblicklich am eigenen Leib spüren. Die Klimaveränderungen aber nehmen wir, wenn überhaupt, als ungewisse Bedrohung wahr.
>
> (Basler Zeitung 21.01.2012)

8.9 Wir müssen handeln: Wirtschaftliche Verantwortung

Akteur*innen aus dem wirtschaftlichen Handlungsfeld sind vor allem dann argumentativ relevant, wenn es um wirtschaftliche Konsequenzen politischer Massnahmen geht. Dies konnte bereits in den Kapiteln 8.6.1 und 8.7.1 festgestellt werden. Ebenso zeigte sich, dass Argumentationserwähnung aus Sicht solcher Akteur*innen im Diskursverlauf zusehend wichtiger wird.

Aus thematischer Sicht sind insbesondere der Automobilbereich sowie der Energiesektor relevant. In beiden Fällen kommen Akteur*innen der entsprechenden Bereiche zu Wort und präsentieren ihre Argumentation. Da entsprechende Topoi bereits in anderen Kapiteln verortet wurden, werden hier lediglich noch einige ergänzende Bemerkungen vorgenommen.

Innerhalb des Automobilbereichs wird ein Paradigmenwechsel konstruiert; weg von den «Spritfressern», hin zu «klimafreundlichen» Autos:

> An der Internationalen Automobil-Ausstellung nimmt VW einen nächsten Anlauf: «Früher wurden PS und Zylinder gezählt, heute schaut man auf Verbrauch und CO_2-Ausstoss», begründet VW-Konzernchef Martin Winterkorn den zweiten Versuch.
>
> (Blick 17.09.2009)

Der Wunsch nach solchen Modellen geht dabei auf Kund*innen (im Beispiel durch *man* repräsentiert) zurück. An anderer Stelle wird betont, dass es trotzdem noch sportliche Modelle mit einem hohen CO_2-Ausstoss gibt.

> Natürlich liegen auch dieses Jahr sparsame Fahrzeuge mit Alternativantrieben im Trend. Viele Hersteller zeigen serienreife Elektrofahrzeuge. Aber keine Angst: Auch die Fans der ultrastarken und sündhaft teuren Sportboliden und Luxuslinern kommen voll auf ihre Kosten.
>
> (Blick am Abend 02.03.2011)

Dies zeigt sich auch in dem folgenden Beispiel, denn hier wird die Dichotomie zwischen umweltfreundlichen Klein- und Elektrowagen und den attraktiven und prestigereichen Topmodellen aufgelöst:

> Die Luxusliner der deutschen Hersteller rollen auf Diätkurs. Denn um zu beweisen, dass sparsame Motoren und saubere Abgase kein Privileg von Kleinwagen sind und sich auch Manager ein gutes Umweltgewissen leisten können, rücken Mercedes und BMW jetzt beinahe gleichzeitig die Hybridvarianten ihrer Topmodelle ins Rampenlicht.
>
> (Tages-Anzeiger 23.09.2008)

Hinzu kommen die zahlreichen Artikel über bestimmte Automodelle, die sich als normative Definitionstopoi mit der impliziten These *Kaufen Sie das Modell X* rekonstruieren lassen, welche durch den geringen CO_2-Verbrauchs eines Modells gestützt wird.

Im Strombereich werden hauptsächlich Preiserhöhungen gerechtfertigt und Subventionen gefordert, um die erneuerbaren Energien einzuführen, wie bereits im Kapitel 8.7.1 thematisiert wurde.

> Grund für die höheren Strompreise sind die Tarife der nationalen Netzgesellschaft Swissgrid – diese verlangt nun mehr für die Netznutzung. Ausserdem falle die Energiewende

> ins Gewicht: Strom aus erneuerbarer Energie sei teurer als Atomstrom, teilt der Berner Energieversorger EWB mit.
>
> (20 Minuten 30.08.2013)

Akteur*innen des wirtschaftlichen Sektors etablieren auch Möglichkeiten zur CO_2-Kompensation im Sinne eines Definitionsschemas als Kaufargument:

> Ab sofort können ihre Kunden den CO_2-Ausstoss, den ihr Postversand verursacht, kompensieren, indem sie auf die Porti ihrer Briefe und Pakete einen Zuschlag bezahlen.
>
> (Neue Zürcher Zeitung 11.02.2009)

Es handelt sich hier um ein ähnliches Vorgehen wie in der Automobilbranche. Klimaschutz wird als Prämisse in einem normativen Definitionsschema verwendet, um den Kauf zu stützen. Der Energiesektor beteiligt sich in einer anderen Weise am Diskurs: Er interagiert nahezu ausschliesslich im politischen Handlungsfeld, wie sich in den Kapiteln 8.6.1 und 8.7.1 gezeigt hat. Die Automobilbranche markiert gewissermassen einen Zwischenbereich: Sie bewegt sich sowohl im wirtschaftlichen als auch im politischen Handlungsfeld.

9 Abschliessende Diskussion

Nachdem im letzten Kapitel der massenmediale Diskurs über Klimawandel näher betrachtet und analysiert wurde, sollen an dieser Stelle mit Bezugnahme auf die in der Einleitung thematisierten Forschungsfragen die Ergebnisse diskutiert und verortet und mögliche Schwierigkeiten herausgearbeitet werden. Aufgrund der Konzeption der Fragestellung wird diese Diskussion in zwei Teilen, einem theoretischen und einem praktischen, erfolgen.

9.1 Theoretische Aspekte: Sektorale Argumentationstheorie

> Wie kann in einem Zusammenspiel von Theorie und Empirie die Methodologie für eine sektorale Argumentationstheorie erarbeitet werden, um feldspezifische, besondere Topoi eines Diskurses erfassen und beurteilen zu können?

Diese Frage schliesst unmittelbar an Überlegungen von Reisigl (2014a: 88) an: «Such a sectoral argumentation theory ought to turn special attention to the analysis of field-specific content-related argumentation schemes (topoi and fallacies).» Die Frage nach dem *Wie* lässt sich hier allerdings nur mit Blick auf diesen spezifischen Diskurs beantworten, handelt es sich doch um eine *sektorale* Argumentationstheorie. Nichtsdestotrotz kann die eine oder andere Überlegung möglicherweise auch für andere Diskurse fruchtbar gemacht werden.

Eine erste Schwierigkeit resultiert bereits aus der Bezeichnung *feldspezifische, besondere Topoi.* Während die Pragma-Dialektik ein ausgezeichnetes System anbietet, um komplexe Argumentationen zu beschreiben und trugschlüssige von vernünftiger Argumentation zu trennen (s. zum Beispiel van Eemeren & Snoeck Henkemans 2017), umfasst sie lediglich drei grundlegende Argumentationsschemata, die dann ausdifferenziert werden (s. Garssen 1997). Sie bietet somit nicht ausreichend Differenzierungsmöglichkeiten, um materiale Topoi analysieren zu können. Diese bietet hingegen Kienpointner (1992, 1996), allerdings resultieren aus seiner Darstellung Unsicherheiten, die insbesondere bei komplexer Argumentation zu Schwierigkeiten führen können. Im Rahmen der vorliegenden Arbeit wurde mittels Wagemans' (2016c) eine Brücke zwischen den beiden argumentationstheoretischen Zugängen geschlagen; Kienpointners (1992) Argumentationsschemata mittels der Unterscheidung zwischen Prädikat- und Subjektargumentation umzuformulieren, ermöglicht die Integration in die Pragma-Dialektik. Eine solche Integration ist aber gerade bei impliziteren und komplexeren Topoi des politischen Handlungsfeldes schwierig (so beispielsweise beim (64) Topos der CO_2-Begrenzung von Neuwagen I. Die Umformulierung zu

https://doi.org/10.1515/9783110760804-009

Prädikat- oder Subjektargumentation wird in diesen Fällen schnell umständlich und erfordert die Bezugnahme auf bereits etablierte Topoi der topologischen Diskursformation.

Die Verortung der aufgeführten Topoi auf der Skala zwischen allgemeinen und besonderen Topoi stellt eine weitere Schwierigkeit dar. Zwar sind sich Kuck & Römer (2012: 76) einig, dass sich solche Topoi auf «mittlerer Abstraktionsebene» befinden müssen, doch sind die Möglichkeiten zwischen «Wenn die klimatische Entwicklung so weiter geht, werden wir als Nächstes wirklich Eichenmischwälder haben» (SonntagsZeitung 07.09.2008) und «Wenn die Ursache [...] vorliegt, tritt die Wirkung auf» (Kienpointner 1992: 336) zahlreich. Gleichzeitig ergibt sich die Frage nach der Kongruenz von *Argumentationsschemata* und *Topoi*: Topoi in der Forschungsliteratur umfassen häufig unterschiedlichen Argumentationsschemata, was eine Beurteilung der Topoi mit Blick auf Trugschlüssigkeit oder Vernünftigkeit schwierig macht. So stellt beispielsweise Wengelers (2003: 302) «Ausbeutungs-Topos» ein Schema der negativen Konsequenzen dar, während in den beiden dazugehörigen Belegen (Wengeler 2003: 303) mittels Beispielschemata die Prämisse der Ausbeutung gestützt wird. Hier wurde diese Schwierigkeit gelöst, indem der Topos inhaltlich nach dem Subjekt (bei Prädikatargumentation) oder nach dem Prädikat (bei Subjektargumentation) benannt wurde. Diese Topoi wurden dann mittels der Argumentationsschemata von Kienpointer (1992) subdifferenziert, wodurch sich Strukturen wie der (40) Topos der Energiewende ergeben. Eine solche Bezeichnung macht sowohl die Handlungsfeldspezifik als auch die argumentative Struktur sichtbar; beides ist zentral für die Beurteilung von Argumentationen. Gleichzeitig löst ein solches Vorgehen auch das Bezeichnungsproblem (s. Reisigl 2014a: 95).

Mit diesen Überlegungen ist allerdings noch nicht die Frage beantwortet, wo man diese abstrakten Schemata und spezifischen Topoi im Diskurs verortet. Würde man Erstere beispielsweise auf der Diskursebene selbst ansetzen, so führte dies zu der Ausdifferenzierung von Kausalschemata im Bereich des Klimawandels, des Klimaschutzes etc. Dabei ginge allerdings die thematische Ordnung verloren. Eine zweite Möglichkeit, die hier gewählt wurde, besteht darin, den Diskurs zuerst in Teilschritte einzuordnen. Dadurch ergibt sich auf der obersten Diskursebene eine topologische Diskursformation. Anschliessend kann in den einzelnen Teilbereichen eine Feindifferenzierung vorgenommen werden. Somit findet zuerst eine thematische Einordnung statt und erst dann kommt eine argumentative Ordnung zum Tragen.

Nach diesen einleitenden Worten zu den besonderen Topoi soll nun ein Blick auf die sektorale Argumentationstheorie geworfen werden. Es hat sich als äusserst sinnvoll herausgestellt, die Analysen und Zugänge stark in der Theorie zu verorten (s. Kapitel 5). Gleichzeitig bedeutet eine solche Verortung aber eben auch, dass für verschiedene Diskurse unterschiedliche sektorale Argumentationstheorien ausgearbeitet werden müssen, was das Vorgehen flexibel, aber auch aufwändig macht.

Die Triangulation verschiedener Aspekte wie Geltungsansprüche, Tropen, Indikatoren, *Topic Modelling*, Eigennamenannotation und *Keywords* war überhaupt erst durch eine solche theoretische Einordnung möglich. Selbstverständlich gibt es aber auch Schwachstellen in dieser gewählten Triangulation, so können beispielsweise über Argumentationsindikatoren nicht alle Argumentationen aufgespürt werden, denn solche sind oft implizit und somit auf der sprachlichen Oberfläche nicht greifbar. Nichtsdestotrotz bietet eine Triangulation mit korpuslinguistischen Zugängen überhaupt erst die Möglichkeit, eine solche Menge an Artikeln bewältigen und mögliche Belege aufspüren zu können. Ein möglicher Ausweg aus dieser Problematik ist die Kombination verschiedener Belege (s. Kapitel 7.3). Die Analyse von vollständigen Texten und kurzen Belegen über das Korpus hinweg bot die Möglichkeit, sowohl abstrahierte Schemata als auch komplexere Argumentationen miteinander zu vergleichen.

Im Rahmen der sektoralen Argumentationstheorie war es ebenfalls oft schwierig, abzuschätzen, bei welchen Aspekten sich eine systematische Integration lohnte und bei welchen nicht, da sich dies oft erst in der konkreten Analyse zeigte. So war zwar die Verwendung von Eigennamenerkennung ausgesprochen hilfreich, dafür fand aber die aufwändige Konstruktion von *Co-Keyness* keinen Einzug in diese Dissertation. Die Betrachtung reiner *Keywords* stellte sich ebenfalls als problematisch heraus, da diese schlicht zu umfangreich und unsystematisch waren, um korpuslinguistisch fruchtbar gemacht zu werden. Ein systematischer Zugang zu diskursspezifischen Indikatoren war dadurch ebenfalls schwer möglich, denn erschwerend kommt hinzu, dass es nur wenig Forschungsliteratur gibt, an die diesbezüglich angeknüpft werden kann. Gleichzeitig ergeben sich solche Indikatoren oft erst durch die Analysen selbst, wodurch die Arbeit mit einer sektoralen Argumentationstheorie stark rekursiv wird.

Neben solchen analytischen Aspekten einer sektoralen Argumentationstheorie sind auch die betrachteten Handlungsfeldern relevant, denn das Handlungsfeld hat starke Auswirkungen auf die Argumentationen und deren Evaluation (s. Kapitel 3.4). Der Journalismus wirkt sich in zweierlei Weise auf die Argumentation aus: einerseits durch seine Werte und Normen (s. Kapitel 6.1), andererseits durch die daraus resultierenden Strukturen wie beispielsweise Argumentationserwähnungen sowie die Trennung von beschreibenden Artikeln und Meinungsartikeln (s. Kapitel 6.2). So ist die Beweislast (*burden of proof*) eines/r Journalist*in bei einer Argumentationserwähnung bestenfalls schwach. Die Beweislast liegt bei dem/r Urheber*in der Argumentation. Der/die Journalist*in muss sich im Gegenzug mittels eines *Arguments from position to know* dazu verpflichten, die Argumentation wahrheitsgemäss wiederzugeben. Dies wird über die Nachrichtenwerte (und über einen Geltungsanspruch der Wahrhaftigkeit) gesichert. Aus diesen Gründen wirkt sich das journalistische Handlungsfeld teilweise stark auf die pragma-dialektischen Regeln aus und führt beispielsweise zu einer vermehrten Verwendung von Autoritätsschemata.

Somit kann die theoretische Fragestellung nach dem *Wie* mit einer Kombination aus Handlungsfeldspezifika und Analysemethoden, die theoretisch verortet werden, beantwortet werden. Durch diese beiden Komponenten ist es möglich, typische Argumentationen zu erfassen und diese auch mit Blick auf Handlungsfeldspezifika beurteilen zu können.

Die Ergebnisse der sektoralen Argumentationstheorie wurden in einer topologischen Diskursformation verortet, denn, wie sich bereits zu einem frühen Zeitpunkt herausstellte, lassen sich die Topoi auf einer diskursübergreifenden Ebene miteinander in Beziehung setzen. Es entsteht dadurch ein Geflecht aus Topoi, mittels derer die im massenmedialen Interdiskurs vorherrschenden Geltungsansprüche thematisiert und miteinander in Beziehung gesetzt werden können. Dieses Geflecht soll im nachfolgenden Unterkapitel thematisiert werden.

9.2 Praktische Aspekte: Topologische Diskursformation

> Welche besonderen, diskursspezifischen Topoi werden in der medialen Berichterstattung über den Klimawandel in der Schweiz verwendet und welche wissens-, verständnis- und persuasionsbezogenen Probleme resultieren aus der spezifischen argumentativen Textur des massenmedialen Diskurses?

Die Berichterstattung nimmt im betrachteten Zeitraum ab und weist ein Maximum im Jahr 2007 auf, das bis zum Ende des Zeitraums nicht mehr erreicht wird. Dieser Höhepunkt im Jahr 2007 ist ausgesprochen typisch für massenmediale Diskurse über Klimawandel (s. Schmidt, Ivanova & Schäfer 2013). Die Berichterstattung orientiert sich an fünf Diskursereignissen, die in einer Zunahme der Anzahl der Beiträge gipfeln (s. Abbildung 15). Drei davon sind Klimagipfel, eines nimmt auf die Veröffentlichung des fünften Sachstandsberichts des IPCC Bezug und ein letztes umfasst mehrere europäische und nationale Vorstösse. Viele der *Keyword-* und Eigennamenlisten setzen sich aus einem internationalen und einem nationalen Teil zusammen. Teilweise wird das internationale Diskursereignis im Sinne eines Anlasses in der Eröffnungsphase dazu verwendet, nationale Beschlüsse zu thematisieren. Grund für diese Beobachtungen könnten Handlungsfeldspezifika wie Nachrichtenwerte sein. Ein letztes Diskursereignis, das Reaktorunglück in Fukushima, wirkt sich nicht quantitativ, sondern qualitativ auf die Berichterstattung aus: Ab diesem Zeitpunkt überlagern sich Diskurse über Klimawandel mit solchen über Atomausstieg. Im Diskursverlauf werden Themen wie *Energiewende* und *Energiepolitik* auf Kosten von Themen wie *Klimagipfel* oder *Klimawandel* zentral. Der Diskurs über Klimaschutz wird überlagert von demjenigen über Energiewende und Atomausstieg. Suchwörter wie *Klimaerwärmung*, *Klimaschutz* und *Klimawandel* verlieren an Relevanz, während *Energiewende* sprunghaft zunimmt. Erneuerbare Energien und die Energiewende sind nicht mehr längere Massnahmen für den Klimaschutz, sondern primär Massnahmen, um den Atomausstieg zu schaffen.

Auf einer übergeordneten Ebene folgt der Diskurs einer topologischen Diskursformation, die von Geltungsansprüchen der Wahrheit im wissenschaftlichen Handlungsfeld zu Geltungsansprüchen der Richtigkeit im pragmatischen Handlungsfeld reicht. In dieser übergeordneten Typologie zeigt sich eine Systematik: Während Weingart, Engels & Pansegrau (2008) mehrheitlich eine Etablierung des Klimawandels im Diskurs feststellen, spricht Tereick (2016) davon, dass die These *Mitigationsmassnahmen sind (nicht) notwendig* dominant ist. Im hier betrachteten Diskurs werden diese Thesen nur noch in Ausnahmefällen argumentativ verhandelt. Der Fokus liegt auf Geltungsansprüchen der Richtigkeit aus dem politischen Handlungsfeld. Es geht darum, welche Mitigationsmassnahmen umgesetzt werden. Die Frage, ob es sich hierbei um eine zeitliche Bewegung handelt oder aber um ein länderspezifisches Phänomen, kann leider nicht abschliessend geklärt werden.

Im Folgenden werde ich wichtige Resultate aus den einzelnen Teilbereichen der topologischen Diskursformation rekapitulieren und verorten. Die anschliessende Liste sämtlicher Topoi komplettiert die Beobachtungen.

Der Fokus der Ursachen kann entweder auf natürlichen Vorgängen (Treibhausgasen) oder auf dem Mensch liegen. Der Mensch als Ursache ist eine stark partikularisierende Synekdoche, die sich in viele Basishandlungen unterteilen lässt. Der (2) Topos des anthropogenen Klimawandel wird sehr selten argumentativ verhandelt, und wenn dann stark formelhaft in Anlehnung an den IPCC und mit Bezugnahme auf eine Autorität aus dem klimawissenschaftlichen Bereich. Ab dem fünften Sachstandsbericht wird daraus auch in einer pragmatischen Argumentation ((3) Topos des Menschen I) die Notwendigkeit zum Handeln abgeleitet. Die Treibhausgase werden weniger stark argumentativ verhandelt, dafür werden aber viele Ursachen für die Treibhausgase angeführt. Dies könnte daran liegen, dass der kausale Zusammenhang zwischen dem Klimawandel und den Treibhausgasen direkter ist als zwischen dem Menschen und dem Klimawandel. Gleichzeitig resultiert aus dem direkten Verhältnis zwischen Treibhausgasen und Klimawandel keine direkten Verpflichtungen des Menschen. Dadurch ist dieser Zusammenhang aus Sicht der Konsequenzen weniger strittig. Werden die Emissionen von Basis-Handlungen als Ursachen identifiziert, so gilt es, diese einzuordnen, denn es handelt sich in der Regel um abstrakte Grössen. Dies geschieht über Einordnungsschemata ((8) bis (11) Topos der Ursachen), welche dann in eine Pragmatische Argumentation überführt werden können.

Eine argumentative Etablierung des Klimawandels ist im Diskurs selten. Allenfalls dienen symbolische Aktionen (insbesondere anlässlich von Klimagipfeln) dazu, in Form des (19) Topos der symbolischen Aktion (Pragmatische Argumentation) auf den Klimawandel aufmerksam zu machen. Der Klimawandel wird mehrheitlich als Herausforderung oder als Thema konzeptualisiert, eine Konzeptualisierung als Katastrophe (s. Weingart, Engels & Pansegrau 2008: 99) oder Krise (s. Krzyżanowski 2013: 318) ist selten. Nichtsdestotrotz resultiert aus der Konzeptualisierung als Herausforderung oder als Thema die Notwendigkeit, zu handeln in Form eines (14) Topos des Klimawandels I. Die Konzeptualisierung des *Klimawandels* scheint insgesamt länderspezifisch zu sein, so ist beispielsweise der Begriff *Klimaerwärmung* (s. Abbildung 28) im betrachteten Diskurs häufig vertreten. Aus tropischer Sicht ist KLIMAWANDEL ALS BEWEGUNG zentral, wobei die Bewegung unterschiedlich schnell dargestellt wird. Dadurch lässt sich auch eine unterschiedliche Dringlichkeit zum Handeln ableiten.

Folgen werden kaum thematisiert. Sie werden allenfalls mit dem klassischen (21)/(22) Topos der Folgen I und II (mit Bezug auf wissenschaftliche Institutionen) gestützt. Es werden dabei mehrheitlich Folgen genannt, die bereits stattfinden, allgemein sind oder andere Teile der Welt betreffen. Dabei handelt es sich mehrheitlich um Folgen für Umwelt, Flora und Fauna. Die Folgen für die Menschheit werden selten konzeptualisiert. Gehäuft werden allenfalls finanzielle Einbussen (durch Umweltkatastrophen) oder vektorübertragene Krankheiten genannt. Mit Blick auf die Landwirtschaft werden positive und negative Folgen abgewogen, wobei sich für den Weinanbau, der sich auch als eigenständiges Thema herauskristallisierte, ausschliesslich positive Folgen ergeben. Aus solchen Topoi resultieren in der Regel keine Geltungsansprüche der Richtigkeit; während dies bei den Ursachen der Fall ist, wird hier nach der Etablierung der Folgen, die sich oft auch als Vertextungsmuster der Explikation verstehen lassen, gestoppt, wodurch eine Distanzierung stattfindet. Dies erklärt auch, warum Adaptationsmassnahmen kaum thematisiert werden.

Ein zentrales Thema in der Berichterstattung sind hingegen Mitigationsbemühungen. Während Tereick (2016) die These *Klimaschutz ist (nicht) notwendig* als diskursdominant bezeichnet, ist diese These kaum mehr relevant. Mitigationsmassnahmen werden zwar sehr wohl über ein Emissionsbudget pragmatisch gestützt ((25) Topos der Emissionsreduktion I), allerdings ist der gegenteilige Topos ausgesprochen selten und in der Regel klar klimawandelskeptischen Texten zuzuordnen.[1] Es kann im Rahmen des Diskurses allenfalls noch von einer moderaten Mitigationsskespis gesprochen werden, in dem Sinne als dass bestimmte Mitiigationsmassnahmen teilweise hinterfragt werden. Einzelne Mitigationsbemühungen werden über Definitionen oder Vergleiche etabliert. Dabei zeigen sich drei wesentliche Dichotomien: Klimaschutz – Wirtschaft, Klimaschutz – Atomausstieg und Klimaschutz – Umweltschutz. Mitigationsbemühungen lassen sich in drei verschiedene Kategorien einordnen: Emissionsreduktionen, Emissionskompensationen und die Speicherung von CO_2. Emissionsreduktionen werden nur in wenigen Themengebieten (so beispielsweise Wahl des Automodells, Wechsel zu Biotreibstoffen oder Verzicht auf Fleischkonsum) argumentativ verhandelt. Ein teilweiser oder gar vollständiger Verzicht auf emissionsverursachende Handlungen wird kaum thematisiert. Dies verdeutlicht der (37) Topos des Stromverbrauchs II: Die Reduktion des Stromverbrauchs soll nicht über Einschränkungen, sondern über eine erhöhte Effizienz erreicht werden. Das Speichern von Kohlenstoffdioxid wird nur an wenigen Punkten diskutiert. Seine Notwendigkeit wird durch den (46) Topos des CO_2-Speichers etabliert. Weitaus zentraler sind Emissionskompensationen. Die Evaluation solcher ist oft ambivalent: Emissionshandel wird in der Regel über den (49) Topos des Klimawandels IV und über den (28) Topos des Klimaschutzes I gerechtfertigt. Sie erfahren aber auch eine negative Evaluation. Auf individueller Ebene werden Emissionszertifikate dazu verwendet, unvermeidbare Emissionen zu kompensieren. Es handelt sich allerdings in den wenigsten Fällen um unvermeidbare Emissionen, sondern um Luxusemissionen wie beispielsweise Flugreisen. Insgesamt werden Mitigationsmassnahmen dann als möglich betrachtet, wenn sie nicht mit individuellen Einschränkungen einhergehen und wenn sie sich mit dem (29) Topos der Mitigationsmassnahmen III in Einklang bringen lassen. Die Verhandlung von Mitigationsmassnahmen findet somit mehrheitlich im wirtschaftlichen Handlungsfeld statt.

Die Schweizer Klimapolitik stellt das zentrale Moment der Berichterstattung dar, auch wenn sich dies interessanterweise nicht an den Diskursereignissen zeigt. Hier ist insbesondere das CO_2-Gesetz relevant, dessen Ziel gemeinsam mit dem Kyoto-Protokoll dazu verwendet wird, bestimmte Massnahmen zu rechtfertigen. Die Massnahmen werden aber ebenfalls nur dann eingeführt, wenn keine

---

1 Ich sehe den hier betrachteten Diskurs mit Blick auf die These *Der Mensch verursacht den Klimawandel* tendenziell als ungemischt an. Zwar gibt es klimawandelskeptische Texte und Argumentationen, die unbedingt betrachtet und thematisiert werden müssen, aber sie bilden nicht den Konsens ab, den die Medien als Interdiskurs repräsentieren. Dies zeigt sich daran, dass die Berichterstattung über Klimawandelskeptizismus oft distanziert ist. Zudem sind solche klimawandelskeptischen Stellen in den Artikeln selbst sehr selten. Häufiger kommen sie in Leserbriefen vor, aber auch dort nur bis zu einem gewissen Grad.

(zu starken) wirtschaftlichen Einbussen aus ihnen resultieren. Dies zeigt sich in aller Deutlichkeit in der argumentativen Verortung von CO_2-Abgabe auf Treibstoffe ((55) Topos der CO_2-Abgaben IV).

Die Klimaziele wurden im betrachteten Zeitraum nicht erreicht. Über einen (56) Topos der Schweiz II werden Gründe für das Verfehlen von Klimazielen angeführt. Aus diesem Topos resultieren dann Geltungsansprüche der Richtigkeit; mittels eines (58) Topos der Anteile von Auslandszertifikaten I und eines (64) Topos der CO_2-Begrenzung von Neuwagen I werden Mitigationsmassnahmen eingeführt, die wirtschaftlicher sind. In Bezug auf die (59)/(61) Topoi der Anteile von Auslandszertifikaten II und III sowie den (60) Topos der Klimaziele II entbrennt ein Kampf um den «angemessenen» Anteil, der durch Vergleichs- und Definitionsschemata ausgetragen wird und sich teilweise auf Topoi aus dem Mitigationsbereich stützt. Während die Einführung der CO_2-Abgaben auf Neuwagen beinahe unstrittig ist, wird eine Verschärfung im späteren Diskursverlauf ausgesprochen kritisch verhandelt. Über die (27)/(29) Topoi der Mitigationsmassnahmen und die Vergleichsschemata wird sie kritisch verworfen.

Nach 2011 erfüllen die Prämissen eine andere Funktion: Die Energiewende dient nicht mehr primär der Reduktion fossiler Brennstoffe, sondern dem Atomausstieg. Daraus resultieren zwei wesentliche Tendenzen. Erstens scheint der Atomausstieg im Vergleich zum Klimaschutz wichtiger zu sein, denn ab dem Zeitpunkt können solche Massnahmen trotz finanzieller Einbussen durchgesetzt werden, indem der (71) Topos der Subventionen verwendet wird. Gleichzeitig werden über (74) Topoi der Gaskraftwerke I Gaskombikraftwerke gerechtfertigt.

Wie relevant die internationale Klimapolitik ist, zeigt sich bereits an den Eigennamen (s. Tabelle 14). Insgesamt sind einige wenige Akteur*innen relevant. Über Ganzes-Teil- oder Vergleichsschemata wird der Klimaschutz in einem Land mit einem anderen verglichen. In normativer Form wird dieses Schema verwendet, um die eigenen Emissionsreduktionsbemühungen von denjenigen anderer Länder abhängig zu machen. Eine ähnliche Funktion erfüllt auch der (49) Topos des Klimawandels IV: Klimapolitik ist erst dann erfolgreich, wenn sich alle Personen einig sind.

Ein weiteres wichtiges Feld sind die Klimagipfel. Hier ist insbesondere die Kopenhagener Klimakonferenz zu nennen, die zu der höchsten monatlichen Berichterstattung führte und deshalb auch exemplarisch analysiert wurde. Die Berichterstattung evaluiert grösstenteils die Klimakonferenzen. Erwartungen werden aufgrund der zu erzielenden Resultate oder mit Blick auf vergangene Konferenzen ((86) Topos der Resultate) geschürt. Zusätzlich wird ein Scheitern im Vorfeld oft argumentativ verunmöglicht, indem die Konferenzen als letzte Chancen definiert werden. Die Konferenzen scheitern dann typischerweise an einer Differenz zwischen Entwicklungs- und Industrieländern, Uneinigkeiten bezüglich der Form, des (29) Topos der Mitigationsmassnahmen III oder wegen einzelner Akteur*innen. Es handelt sich dabei um diejenigen Akteur*innen, die prototypisch als Klimasünder konzeptualisiert werden. Im Nachhinein fällt die Evaluation in der Regel deshalb negativ aus. Falls sie positiv ist, werden über komplexe Argumentationen oft auch konzessiv negative Punkte der Verhandlungen eingeräumt. Wenn es um die Verhandlung von Nachfolgeprotokollen geht, wird in einem (88) Topos der Klimaziele III darauf hingewiesen, dass die neuen Ziele ehrgeiziger sein müssen. Aus tropischer Sicht sind die Klimakonferenzen ausgesprochen interessant, da teilweise diskursspezifische Bereiche als Herkunftsbereiche dienen, wie die konzeptuellen Metaphern wie VERHANDLUNG ALS ZUG, TEILNAHME AN VERHANDLUNGEN ALS ZUGFAHRT oder VERHANDLUNGEN ALS TEMPERATUREN zeigen. Eine weitere zentrale konzeptuelle Metapher ist VERHANDLUNGEN ALS WETTKAMPF.

In Anbetracht der Ausführungen zu Mitigationsmassnahmen ist es nicht erstaunlich, dass die individuelle Verantwortung nicht besonders relevant ist. Sie wird mit deontischem *dürfen* von aussen vorgegeben und gleichzeitig auf einen möglichen Verzicht beschränkt. Gleichzeitig werden die Möglichkeiten des Einzelnen, etwas gegen den Klimawandel zu unternehmen, über einen (49) Topos des Klimawandels IV eingeschränkt. Aus wirtschaftlicher Sicht sind hauptsächlich der Automobilsektor sowie der Energiesektor relevant, die auch im nationalen klimapolitischen Bereich zu Wort kommen und auf deren Prämissen dann auch teilweise Geltungsansprüche verworfen werden.

9.3 Liste der Topoi

(1) Topos des natürlichen Klimawandels (Kausalschema)
Wenn der Klimawandel natürlich ist, kann er nicht mittels Mitigationsmassnahmen eingeschränkt werden.

(2) Topos des anthropogenen Klimawandels (Autoritätsschema)
Wenn Akteur*in X etwas zum kausalen Verhältnis zwischen Mensch und Klimawandel sagt, dann stimmt das.

(3) Topos des Menschen I (Pragmatische Argumentation)
Wenn der Mensch den Klimawandel verursacht, muss er handeln.

(4) Topos der Entwicklungsländer (Kausal-/Definitionsschema)
Wenn Entwicklungsländer arm sind, sind sie nicht für den Klimawandel verantwortlich.

(5) Topos des Wirtschaftswachstums (Kausalschema)
Wenn das Wirtschaftswachstum zu einem vermehrten CO_2-Ausstoss führt, ist es für den Klimawandel verantwortlich.

(6) Topos des Menschen II (Kausalschema)
Wenn der Mensch die Natur ausbeutet, verursacht er den Klimawandel.

(7) Topos des Menschen III (Zeichenschema)
Wenn der Mensch den Klimawandel verursacht, dann beutet der Mensch die Natur aus. (Der Klimawandel ist ein Zeichen dafür, dass der Mensch die Natur ausbeutet.)

(8) Topos der Ursache I (Definitionsschema)
Wenn X eine bestimmte Anzahl Treibhausgase ausstösst, steht X gut (schlecht) da.

(9) Topos der Ursache II (Ganzes-Teil-Schema)
Wenn X einen kleinen (grossen) Teil der Treibhausgase emittiert, steht X gut (schlecht) da.

(10) Topos der Ursache III (Vergleichsschema)
Wenn X weniger (mehr) Treibhausgase emittiert als Y, steht X gut (schlecht) da.

(11) Topos der Ursache IV (Pragmatische Argumentation)
Wenn X besonders viele Treibhausgase ausstösst, muss X seine Emissionen stark (stärker) reduzieren. / Wenn X anteilmässig viele Treibhausgase ausstösst, muss X seine Emissionen stark (stärker) reduzieren. / Wenn X mehr Treibhausgase als Y ausstösst, muss X seine Emissionen stark (stärker als Y) reduzieren.

(12) Topos der Treibhausgase (Zeichenschema)
Wenn die Treibhausgase Folgen haben, sind sie wirksam. (Die Folgen sind ein Zeichen dafür, dass die Treibhausgase wirksam sind.)

(13) Topos der Herausforderung I (Kausalschema)
Wenn die Folgen des Klimawandels eine Herausforderung, Bedrohung etc. sind, so ist der Klimawandel eine Herausforderung, Bedrohung etc.

(14) Topos des Klimawandels I (Normatives Definitionsschema)
Wenn der Klimawandel eine Herausforderung, Bedrohung etc. ist, muss er bekämpft werden.

(15) Topos der Herausforderung II (Normatives Vergleichsschema)
Wenn X die grössere Herausforderung, Bedrohung etc. als Y ist, muss man (zuerst) etwas gegen X unternehmen.

(16) Topos des Klimawandels II (Zeichenschema)
Wenn der Klimawandel zu bestimmten Folgen führt, dann existiert er. (Die Folgen sind ein Zeichen für die Existenz des Klimawandels.)

(17) Topos des Klimawandels III (Autoritätsschema)
Wenn Akteur*in X etwas zur Existenz des Klimawandels sagt, dann stimmt das.

(18) Topos der Bevölkerung (Zeichenschema)
Wenn die Bevölkerung etwas gegen den Klimawandel unternimmt, dann ist der Klimawandel für die Bevölkerung relevant. (Die Aktionen der Bevölkerung gegen den Klimawandel sind ein Zeichen dafür, dass der Klimawandel für die Bevölkerung relevant ist.)

(19) Topos der symbolischen Aktion (Pragmatische Argumentation)
Wenn symbolische Aktionen auf den Klimawandel aufmerksam machen, sind sie sinnvoll.

(20) Topos der wirksamen Treibhausgase (Zeichenschema)
Wenn die Wirksamkeit von Treibhausgasen geringer ist als erwartet, so führt dies zu einer Klimapause. (Die Klimapause ist ein Zeichen für die geringere Wirksamkeit von Treibhausgasen.)

(21) Topos der Folgen I (Kausalschema)
Wenn der Klimawandel stattfindet, führt er zu bestimmten Folgen.

(22) Topos der Folgen II (Autoritätsschema)
Wenn Expert*in(nengruppe) X sagt, dass bestimmte Folgen eintreten werden, dann stimmt das.

(23) Topos der Adaptation (Normatives Gegensatzschema)
Wenn Adaptations- oder Mitigationsmassnahmen ergriffen werden können, Mitigationsmassnahmen aber nicht mehr ausreichen, müssen Adaptationsmassnahmen ergriffen werden.

(24) Topos der Wälder (Pragmatische Argumentation)
Wenn der Klimawandel zu veränderten Bedingungen für Wälder führt, muss ihre Zusammensetzung angepasst werden.

(25) Topos der Emissionsreduktion I (Pragmatische Argumentation)
Wenn die Reduktion der CO_2-Emissionen bis zum Jahr X um Y Prozent die Erderwärmung auf Z Grad beschränkt, dann ist diese Emissionsreduktion notwendig.

(26) Topos der Mitigationsmassnahmen I (Normatives Vergleichsschema)
Wenn Mitigationsmassnahmen günstiger sind als Alternativen, müssen sie ergriffen werden.

(27) Topos der Mitigationsmassnahmen II (Normatives Gegensatzschema)
Wenn Mitigationsmassnahmen weniger wichtig als Wirtschaftswachstum sind, sollte man sie ablehnen.

(28) Topos des Klimaschutzes I (Pragmatische Argumentation)
Wenn Klimaschutz wirksam sein soll, muss er im ökonomischen Handlungsfeld stattfinden.

(29) Topos der Mitigationsmassnahmen III (Schema der negativen Konsequenzen)

Wenn Mitigationsmassnahmen dem Wirtschaftswachstum schaden, müssen sie abgelehnt werden.

(30) Topos des technischen Fortschritts (Vergleichsschema)
Wenn mehr Technologien entwickelt werden, werden keine Mitigationsmassnahmen benötigt.

(31) Topos des Konsumverzichts (Normatives Vergleichsschema)
Wenn technischer Fortschritt nicht ausreicht, müssen wir unseren Konsum reduzieren.

(32) Topos des Automodells (Normatives Definitionsschema)
Wenn ein Auto umweltfreundlich etc. ist, sollte man es kaufen.

(33) Topos der Biotreibstoffe I (Normatives Vergleichsschema)
Wenn Biotreibstoffe weniger CO_2 emittieren als Benzin oder Diesel, sollten sie verwendet werden.

(34) Topos der Biotreibstoffe II (Schema der negativen Konsequenzen)
Wenn die Herstellung von Biotreibstoffen unerwünschte Nebenwirkungen hat, ist die Verwendung von Biotreibstoffen nicht gut.

(35) Topos des Stromverbrauchs I (Schema der negativen Konsequenzen)
Wenn der Stromverbrauch Treibhausgas emittiert, muss er gesenkt werden.

(36) Topos der Schweiz I (Pragmatische Argumentation)
Wenn die Schweiz aus der Atomkraft aussteigen will, muss sie den Stromverbrauch senken.

(37) Topos des Stromverbrauchs II (Normatives Definitionsschema)
Wenn das Senken des Stromverbrauchs nicht teuer ist, muss es getan werden.

(38) Topos des Fleischkonsums I (Schema der negativen Konsequenzen)
Wenn der Fleischkonsum zu viele Treibhausgase emittiert, muss er begrenzt werden.

(39) Topos des Fleischkonsums II (Normatives Vergleichsschema)
Wenn Schweinefleisch klimafreundlicher als Rindfleisch ist, sollte man Schweinefleisch essen.

(40) Topos der Energiewende (Pragmatische Argumentation)
Wenn die Energiewende zu einer Begrenzung der globalen Erwärmung führt, ist sie notwendig.

(41) Topos der Klimaziele I (Gegensatzschema)
Wenn die Klimaziele weniger wichtig sind als die Energiewende und diese geschafft werden muss, dann können sie nicht erreicht werden.

(42) Topos der Atomkraftwerke I (Pragmatische Argumentation)
Wenn Atomkraftwerke kein CO_2 produzieren, müssen sie gebaut werden.

(43) Topos der Atomkraftwerke II (Normatives Vergleichsschema)
Wenn Atomkraftwerke alternativlos sind, müssen sie gebaut werden.

(44) Topos der Gaskombikraftwerke (Normatives Vergleichsschema)
Wenn Gaskombikraftwerke die beste Alternative für Atomkraftwerke sind, müssen sie gebaut werden.

(45) Topos der erneuerbaren Energien und Energieeffizienz (Pragmatische Argumentation)
Wenn der Umstieg auf erneuerbare Energien und die Steigerung der Energieeffizienz zukünftigen Generationen eine saubere und gesicherte Energieversorgung hinterlässt und machbar ist, ist sie notwendig.

(46) Topos des CO_2-Speichers (Pragmatische Argumentation)
Wenn das Speichern von CO_2, die Erderwärmung auf 2° Celsius begrenzt, dann ist es notwendig.

(47) Topos der Emissionszertifikate I (Normatives Definitionsschema)
Wenn der Klimawandel ein globales Problem ist und Emissionszertifikate eine globale Lösung sind, werden sie benötigt.

(48) Topos der Emissionszertifikate II (Normatives Vergleichsschema)
Wenn mit Emissionszertifikaten die Emissionen in Entwicklungsländern günstiger gesenkt werden können, dann sollte das getan werden.

(49) Topos des Klimawandels IV (Normatives Kausalschema)
Weil der Klimawandel ein globales Problem ist, benötigt er eine globale Lösung.

(50) Topos der Emissionen (Normatives Vergleichsschema)
Wenn Emissionen nicht verhindert werden können, müssen sie kompensiert werden.

(51) Topos der CO_2-Abgaben I (Pragmatische Argumentation)
Wenn die CO_2-Abgaben dazu beitragen, das Ziel des CO_2-Gesetzes zu erreichen, müssen sie eingeführt werden.

(52) Topos der CO_2-Abgaben II (Pragmatische Argumentation)
Wenn die CO_2-Abgaben dazu beitragen, die Emissionen im Inland um 20 Prozent zu reduzieren, müssen sie eingeführt werden.

(53) Topos der Massnahmen I (Normatives Definitionsschema)
Wenn das Ziel ambitiös ist, müssen die Massnahmen ambitiös sein.

(54) Topos der CO_2-Abgaben III (Kausalschema)
Wenn CO_2-Abgaben eingeführt werden, führt dies zu Preiserhöhungen.

(55) Topos der CO_2-Abgaben IV (Schema der negativen Konsequenzen)
Wenn CO_2-Abgaben die Volkswirtschaft finanziell belasten, dürfen sie nicht eingeführt werden.

(56) Topos der Schweiz II (Kausalschema)
Wenn die Schweiz ein starkes Wirtschaftswachstum hat, erreicht sie die Klimaziele nicht. / Wenn die Schweiz eine schwache Klimapolitik hat, erreicht sie die Klimaziele nicht. / Wenn die Schweiz zu viel Treibstoffe verbraucht, erreicht sie die Klimaziele nicht. / Wenn die Schweiz die CO_2-Abgabe auf Treibstoffe verhindert hat, erreicht sie die Klimaziele nicht.

(57) Topos der Schweiz III (Pragmatische Argumentation)
Wenn die Schweiz ihr Ziel nicht erreicht, muss sie Emissionszertifikate aus dem Ausland kaufen.

(58) Topos der Anteile von Auslandszertifikaten I (Normatives Definitionsschema)
Wenn ein hoher Anteil an ausländischen Emissionszertifikaten ökonomischer ist, dann ist er angemessen.

(59) Topos der Anteile von Auslandszertifikaten II (Pragmatische Argumentation)
Wenn ein hoher Anteil an ausländischen Emissionszertifikaten das Kyoto-Protokoll nicht verletzt, dann ist er angemessen.

(60) Topos der Klimaziele II (Normatives Definitionsschema)
Wenn die Klimaziele im eigenen Land umgesetzt werden müssen, dürfen ausländische Emissionszertifikate nur einen kleinen Teil (weniger als 50 Prozent) zu den Klimazielen beitragen.

(61) Topos der Anteile von Auslandszertifikaten III (Schema der negativen Konsequenzen)
Wenn ausländische Emissionszertifikate den Ablasshandel fördern, dürfen sie nur einen kleinen Teil (weniger als 50 Prozent) zu den Klimazielen beitragen.

(62) Topos des CO_2-Gesetzes (Pragmatische Argumentation)
Wenn das CO_2-Gesetz die Treibhausgasemissionen reduziert, trägt es dazu bei, den Temperaturanstieg auf maximal 2° Celsius zu begrenzen.

(63) Topos des Klimaschutzes II (Normatives Vergleichsschema)
Wenn die EU den Klimaschutz verstärkt, sollte die Schweiz den Klimaschutz auch verstärken.

(64) Topos der CO_2-Begrenzung von Neuwagen I (Normatives Gegensatzschema)
Wenn entweder eine CO_2-Begrenzung von Neuwagen oder eine CO_2-Abgabe auf Treibstoffe erfolgen muss und die CO_2-Abgabe unpopulär ist, dann ist eine CO_2-Begrenzung von Neuwagen notwendig.

(65) Topos des CO_2-Ausstosses von Neuwagen (Vergleichsschema)
Wenn neue Wagen in der Schweiz durchschnittlich 183 Gramm CO_2 pro

Kilometer emittieren, dann ist die Vorgabe von 137 Gramm CO_2 pro Kilometer ehrgeizig.

(66) Topos der Neuwagen (Kausalschema)
Wenn der Import von Neuwagen teurer wird, werden Neuwagen teurer.

(67) Topos der CO_2-Begrenzung von Neuwagen II (Normatives Vergleichsschema)
Wenn die Autobranche bereits Mühe hat, die geringere Begrenzung einzuhalten, dann sollte keine stärkere Begrenzung eingeführt werden.

(68) Topos der Biotreibstoffe III (Pragmatische Argumentation)
Wenn Biotreibstoffe dem Schutz des Klimas dienen, sollten sie von der Mineralölsteuer befreit werden.

(69) Topos der Biotreibstoffe IV (Normatives Definitionsschema)
Wenn die Biotreibstoffe bestimmte Eigenschaften aufweisen, müssen sie von der Mineralölsteuer befreit werden.

(70) Topos der Massnahmen II (Pragmatische Argumentation)
Wenn bestimmte Massnahmen für die Energiewende benötigt werden, müssen sie umgesetzt werden.

(71) Topos der Subventionen (Pragmatische Argumentation)
Wenn Subventionen eine richtige Energiewende ermöglichen, sind sie notwendig.

(72) Topos der Schweiz IV (Pragmatische Argumentation)
Wenn sich die Schweiz bis in 25 Jahren komplett von Atomstrom gelöst haben will, muss sie den Stromverbrauch drastisch reduzieren.

(73) Topos des Bundes (Pragmatische Argumentation)
Wenn der Bund fossile Brennstoffe ersetzen will, muss er die Nutzung erneuerbarer Energien fördern. / Wenn der Bund Atomstrom ersetzen will, muss er die Nutzung erneuerbarer Energien fördern.

(74) Topos der Gaskraftwerke I (Pragmatische Argumentation)
Wenn Gaskraftwerke die Energiewende ermöglichen, sind sie als Übergangslösung notwendig.

(75) Topos der Gaskraftwerke II (Normatives Vergleichsschema)
Wenn Gaskraftwerke von den bestehenden Alternativen am wenigsten CO_2 emittieren, sind sie als Übergangslösung notwendig.

(76) Topos des Klimaschutzes III (Ganzes-Teil-Schema)
Wenn die Klimaschutzmassnahme Y gut, ernst etc. ist, dann ist der Klimaschutz im Land X gut, ernst etc.

(77) Topos des Klimaschutzes IV (Vergleichsschema)
Wenn der Klimaschutz im Vergleich zu Land Y besser (schlechter) ist, ist der Klimaschutz gut (schlecht) usw.

(78) Topos der Emissionsreduktion II (Vergleichsschema)
Wenn Land Y seine Emissionen stärker (nicht) reduziert, macht dies Land X ebenfalls (nicht).

(79) Topos des Klimaschutzes V (Vergleichsschema)
Wenn der Klimaschutz in Land X im Vergleich zu früher zugenommen (abgenommen) hat, ist er heute besser (schlechter).

(80) Topos des Landes I (Kausalschema)
Wenn Land X ein Vorreiter ist, unternimmt es einen klimapolitischen Vorstoss.

(81) Topos des Landes II (Zeichenschema)
Wenn Land X klimapolitische Vorstösse unternimmt, ist es ein Vorreiter. (Die klimapolitischen Vorstösse sind ein Zeichen für die Vorreiterrolle.)

(82) Topos der historischen Schuld (Normatives Kausalschema)[2]
Wenn die Industrieländer für den Klimawandel verantwortlich sind, müssen sie ihre Emissionen stark reduzieren.

(83) Topos der Emissionsreduktion III (Normatives Vergleichsschema)
Wenn Entwicklungsländer ihre Emissionen reduzieren sollen, dann sollten das Industrienationen erst recht tun.

(84) Topos der Person (Definitionsschema / Schema des Inconsistent Commitments)
Wenn sich X für den Klimaschutz einsetzt, selbst aber viele (vermeidbare) Treibhausgase emittiert, dann ist X unglaubwürdig.

(85) Topos der Klimakonferenz I (Analogieschema)
Wenn die vorangegangene Konferenz Y nicht erfolgreich war, wird auch die Klimakonferenz X nicht erfolgreich sein.

(86) Topos der Resultate (Normatives Vergleichsschema)
Wenn an der Klimakonferenz Y nicht erreicht werden kann, dann soll wenigstens X erreicht werden.

(87) Topos der Klimakonferenz II (Definitionsschema)
Wenn an der Klimakonferenz X beschlossen wird, dann ist die Klimakonferenz ein Durchbruch, erfolgreich usw.

(88) Topos der Klimaziele III (Normatives Vergleichsschema)
Wenn die Klimaziele des Kyoto-Protokolls nicht ausreichen, müssen die neuen Klimaziele höher angesetzt werden.

---

2 Um der Konsistenz willen würde ich diesen Topos als Topos der Industrieländer bezeichnen. Da er aber als Topos der historischen Schuld in zahlreichen Handlungsfeldern etabliert ist, werde ich diese Bezeichnung beibehalten.

10 Ein kurzes Fazit

Der Klimawandel ist ein komplexes Thema, dass sich seit Jahrzehnten über zahlreiche öffentliche Inter- und Spezialdiskurse, die wiederum in Handlungsfeldern situiert sind, erstreckt. Jedes dieser Felder weist eigene prozedurale und materiale Startpunkte auf, die sich auf Argumentationen und die Thematisierung des Klimawandels in den Diskursen auswirken. Betrachtet man, wie hier, eine massenmediale Berichterstattung, so legen sich über all diese Startpunkte der Spezialdiskurse zusätzlich die (prozeduralen) Startpunkte des journalistischen Interdiskurses, was zu einer starken Interaktion zwischen den Diskursen führt. Argumentationen finden somit eingebettet in ein komplexes Geflecht von Diskursen und Handlungsfeldern statt und beeindrucken dadurch mit einer unheimlichen Komplexität: Wissenschaftliche Thesen und Prämissen treffen auf wirtschaftliche, juristische auf ethische und politische auf religiöse. Gleichzeitig ergänzen sie sich, denn nicht selten dienen Prämissen unterschiedlicher Handlungsfelder dazu, eine bestimmte These zu stützen oder zu verwerfen. Diese Interaktion von Handlungsfeldern und Diskursen macht es anspruchsvoll, diese Argumentationen zu erfassen und zu analysieren. Sie bedingt ein elaboriertes Verständnis von Argumentation, wie es etwa die Pragma-Dialektik (van Eemeren & Grootendorst 2004) pflegt,[1] das die Analyse und Evaluation von komplexen Argumentation erlaubt. Diese Argumentationstheorie muss wiederum in einen Ansatz eingebettet werden, der Argumentationen in Diskursen und Handlungsfeldern verortet. Dies ermöglicht der Diskurshistorische Ansatz (Reisigl & Wodak 2016). Die Verschränkung dieser beider Ansätze ermöglicht ein diskurs- und handlungsfeldspezifisches Verständnis von Argumentation, das einem Diskurs gerecht wird. Dieses ist auch notwendig, um Fragen wie die folgenden zu beantworten: Welche Schemata werden angewandt und welche sind besonders oft trugschlüssig? Welche Trugschlüsse gibt es? In welchen Handlungsfeldern wird argumentiert und in welchen nicht?

Diese Fragen versuchte ich im Rahmen einer sektoralen Argumentationstheorie zu beantworten. Deren diskursanalytischen und argumentationstheoretischen Grundlagen wurden in den Kapiteln 2 und 3 gelegt und im Kapitel 5 zu der sektoralen Argumentationstheorie verschränkt. Wie diskursspezifisch diese Verschränkung erfolgt, verdeutlicht das dazwischenliegende Kapitel. Es beschäftigt sich mit dem untersuchten Korpus und bietet gemeinsam mit der Pilotanalyse wichtige Einblicke in die Argumentationen. Somit wurde bereits früh

1 Mittlerweile legt sie auch einen Teil ihres Fokus auf Umwelt- und Klimadiskurse, wovon beispielsweise das Sonderheft *Environmental Argumentation* des *Journal of Argumentation in Context* (Lewiński & Üzelgün 2019) zeugt.

https://doi.org/10.1515/9783110760804-010

auf das Korpus und insbesondere auf das Pilotkorpus zugegriffen. Dies führt zu einer engen und rekursiven Verknüpfung von theoretischem Ansatz und Analyse. Konsequenterweise heisst das, dass im Rahmen dieser Analyse eine sektorale Argumentationstheorie entwickelt wurde, um die Berichterstattung über den Klimawandel in der Schweiz zwischen 2007 und 2014 zu untersuchen. Es mag sein, dass sich genau dieser Ansatz auch auf andere Diskurse übertragen lässt, aber er ist eben genau auf diesen Diskurs zugeschnitten.

Aus dieser rekursiven Herangehensweise resultieren verschiedene Indikatoren, die auf Argumentationen oder Handlungsfelder hinweisen können. Das *Topic Modelling* führt zu der Ausdifferenzierung von bestimmten Themen und somit zu einer möglichen Feldspezifik. Diese Themenmodellierung ist klar auf das Korpus zugeschnitten, basiert sie doch auf dessen Dokumenten. Über diese Themen legt sich der journalistische Spezialdiskurs, der sich durch Handlungsfeldspezifika wie Werte und Normen (z. B. Nachrichtenwerte) sowie Argumentationserwähnungen (s. Kapitel 6) auszeichnet. Diese Handlungsfeldspezifik wird teilweise über die Codierung von beschreibenden und Meinungstexten (wie etwa Leserbriefe oder Kommentare) in den Analysen widergespiegelt. Gleichzeitig gibt es Hinweise auf bestimmte Argumentationen. Neben Indikatoren, die diskursunabhängig auf bestimmte Schemata oder Argumentationsphasen hinweisen können, umfassen diese auch Modalität, Eigennamen, Schlüsselwörter und Tropen. Letztere sind hochgradig diskursspezifisch und mitunter der Grund, warum eine solche Theorie nur verschränkt mit dem betrachteten Diskurs etabliert werden kann.

Diese Arbeit sollte nicht nur zeigen, dass die diskursive Verortung von Argumentationstheorie in Form einer sektoralen Argumentationstheorie nutzbringend für die Analyse ist, sondern auch, dass über die Verortung in der Theorie und durch den Einbezug der Digitalen Diskursanalyse (Müller 2012, 2017) korpuslinguistische Zugänge für die Analyse fruchtbar gemacht werden können, ohne dass die Analyse zu stark abstrahiert wird oder die Argumentationen zu vereinfacht dargestellt werden. Natürlich gibt es an dieser Stelle zahlreiche Schwierigkeiten, so beispielsweise die Verwendung von allgemeinen Argumentationsindikatoren, nichtsdestotrotz habe ich den Eindruck, als könnten solche korpuslinguistischen Zugänge mit Blick auf die Argumentation insbesondere dazu dienen, mögliche argumentative Fundorte im Korpus aufzuspüren (s. Kapitel 7.3) und Ergebnisse mittels korpuslinguistischen Verfahren einzuordnen und zu generalisieren. Somit scheint die Entwicklung einer solchen sektoralen Argumentationstheorie insbesondere dann sinnvoll und fruchtbar zu sein, wenn es darum geht, Argumentationen in einem Diskurs zu analysieren, dem es an Übersichtlichkeit mangelt, etwa weil er durch ein grosses Korpus repräsentiert wird oder weil er durch verschiedene Diskurse beeinflusst wird. Mithilfe dieses Zugangs konnten aus einem Korpus mit 30 000 Artikeln diejenigen Stellen analysiert werden, in denen bestimmte Themen in einer bestimmten Art und Weise argumentativ verhandelt werden. Ergänzt mit einer Pilotanalyse und themenspezifischen Texten ergibt sich daraus ein Ansatz, der weder nur isolierende Belege noch wenige Referenzbeispiele analysiert (s. Kapitel 7), sondern einen weiteren Blick auf diesen komplexen Diskurs ermöglicht, das im Folgenden noch einmal in Kürze wiedergegeben werden soll.

Der deutschsprachige Schweizer Diskurs zwischen 2007 und 2014 weist einige Ähnlichkeiten mit internationalen Diskursen auf, so beispielsweise das Maximum im Jahr 2007 sowie die starke Orientierung an internationalen, klimapolitischen Ereignissen (s. beispielsweise auch Schmidt, Ivanova & Schäfer 2013). Dies hängt unter Umständen mit den Nachrichtenwerten zusammen, die mitentscheiden, worüber berichtet wird. Fünf solche Ereignisse führen zu einer vermehrten Berichterstattung im betrachteten Zeitraum:

- März 2007: Klima- und Energiepaket 2020 sowie Frühjahrssession 2007
- Dezember 2007: UN-Klimakonferenz auf Bali
- Dezember 2009: UN-Klimakonferenz in Kopenhagen
- September 2013: Veröffentlichung des ersten Teils des fünften Sachstandsberichts des IPCC sowie Herbstsession 2013
- Dezember 2014: UN-Klimakonferenz in Lima und Wintersession 2014

Diese internationalen Diskursereignisse mischen sich dabei mehrfach mit nationalen Ereignissen, was sich unter anderem an den *Keywords* und den Eigennamen zeigt. Die Vermutung liegt nahe, dass die internationalen Ereignisse (im pragma-dialektischen Sinn) als Anlass verwendet werden, um über nationale Ereignisse zu sprechen. Das sechste Diskursereignis, das Reaktorunglück von Fukushima, wirkt sich nicht quantitativ, sondern qualitativ auf die Berichterstattung aus: Was zuvor dem Klimaschutz diente, dient nun (zusätzlich) dem Atomausstieg. Der Diskurs über Klimawandel und derjenige über dem Atomausstieg interagieren stärker als zuvor (s. Kapitel 7.1).

Die herausgearbeiteten Topoi befinden sich auf einer mittleren Abstraktionsebene – zwischen den abstrahierten, allgemeinen Schemata und den einzelnen Belegen. Ihre Schlussregeln und die entsprechenden Schemata sind im Kapitel 9.3 aufgelistet. Die blosse Darstellung als Liste wird der Charakteristik der Topoi allerdings nicht gerecht, denn diese sind nicht isoliert zu betrachten. Gemeinsam organisieren sie sich im Diskurs in einer topologischen Diskursformation (s. Kapitel 8.1), orientieren sich aneinander und stützen sich gegenseitig.

Nicht alle Teilbereiche und Handlungsfelder der Formation werden gleichermassen in der Berichterstattung diskutiert. Der Fokus liegt auf normativen Argumentationen im politischen Handlungsfeld, die mehrheitlich Mitigationsmassnahmen thematisieren. Der Umfang dieser beiden Kapitel verdeutlicht das. Die strittigen Geltungsansprüchen befinden sich im betrachteten Korpus nicht mehr in den Bereichen der Ursachen, Folgen und Etablierung des Klimawandels (s. Weingart, Engels & Pansegrau 2008) und beziehen sich auch nicht mehr auf die Frage nach der Notwendigkeit von Mitigationsmassnahmen (Tereick 2016). Es geht darum, welche Mitigationsmassnahmen umsetzbar sind und umgesetzt werden müssen. Die deontische Komponente wird in der Regel über Klimaziele und das CO_2-Budget hergestellt. Die dispositionelle Komponente der Umsetzbarkeit wird im ersten Teil der Berichterstattung mit Prämissen aus dem wirtschaftlichen Handlungsfeld gestützt. Nach dem Reaktorunglück in Fukushima wird zusätzlich die Vereinbarkeit mit der Energiewende im Sinne eines Atomausstiegs geprüft.

Dies bedeutet aber auch, dass Ursachen (s. Kapitel 8.2), der Klimawandel selbst (s. Kapitel 8.3) sowie die Folgen (s. Kapitel 8.4) im Vergleich selten argumentativ verhandelt werden. Sie müssen en gros als materiale Startpunkte im Diskurs betrachtet werden. Dies ist aber nicht immer der Fall, denn in diesen drei Handlungsfeldern treten keineswegs ausschliesslich ungemischte Diskussionen auf. Über Kausal- oder Autoritätsschemata ((1) bis (6)) wird der Zusammenhang zwischen verschiedenen Ursachen und dem Klimawandel etabliert. Zusätzlich wird die Relevanz dieser Ursache über verschiedene Einordnungsschemata ((8) bis (10)) gestützt und allenfalls in pragmatische Argumentationen (11) überführt. Der Klimawandel selbst wird über verschiedene Kausal- und Definitionsschemata etabliert, wobei symbolische Aktionen ((18) und (19)) eine erstaunlich wichtige Rolle einnehmen. Die Folgen werden mehrheitlich als bereits spürbar und negativ konzeptualisiert (s. Kapitel 8.4). Eine Argumentation in diesem Zusammenhang ist allerdings selten, weshalb sich keine Topoi ausdifferenzieren lassen. Aus diesen Folgen werden lediglich im Zusammenhang mit Wäldern (24) pragmatische Argumentationen abgeleitet; solange noch Mitigationsmassnahmen ergriffen werden können (23), sind noch keine Adaptationsmassnahmen notwendig. Dementsprechend relevant sind Mitigationsmassnahmen (s. Kapitel 8.6) aus den Bereichen der Emissionsreduktion und der Emissionskompensation, die insbesondere im politischen Handlungsfeld relevant sind.

Emissionsreduktionen werden mehrheitlich im individuellen Personenverkehr ((32) bis (34)) und im Energiebereich ((35) bis (37), (40) bis (45)) verhandelt. Die Treibhausgase werden durch eine Änderung der Technologie (beispielsweise durch Autos, die weniger Treibhausgase ausstossen) und nicht durch eine Verhaltensänderung reduziert. Die Wahl von Alternativen ist entscheidend. Dies führt zu Beginn des betrachteten Diskurses auch dazu, dass Atomkraftwerke als einzige Alternative präsentiert werden. Dies ändert sich mit den Ereignissen im

März 2011, ab dann werden Gaskombikraftwerke als alternativlose Möglichkeit zur Stromerzeugung verhandelt. Emissionszertifikate stellen eine weitere Mitigationsmassnahme dar. Sie werden über die globale Verantwortung (47) und Wirtschaftlichkeit (48) gestützt.

Dieser Fokus wird dann im klimapolitischen Handlungsfeld fortgeführt: In der nationalen Klimapolitik werden konkrete Massnahmen über die Orientierung an Klimazielen ((51) oder (62)) gestützt, über Definitionsschema (69) gerechtfertigt oder aufgrund der Topoi aus dem wirtschaftlichen Handlungsfeld verworfen. Dies zeigt sich aller Deutlichkeit an der CO_2-Begrenzung von Neuwagen I und II ((64) und (67)) und beim angemessenen Anteil von Emissionskompensationen zum Erreichen des Kyoto-Protokolls ((57) bis (61)). Diese Argumentationen verändern sich nach dem Reaktorunglück in Fukushima: Die Energiewende gewinnt im Vergleich zu Klimaschutz und Wirtschaftlichkeit an Relevanz und wird nicht selten zu einer stärkeren Prämisse. Dies ermöglicht Massnahmen, die zuvor nicht möglich waren (z. B. (74) oder (75)). Subventionen werden dadurch zu einer Notwendigkeit (71), damit die Massnahmen wirtschaftsverträglich sind. In der internationalen Klimapolitik spielen personifizierte Länder, die oft eine prototypische Rolle besetzen, sowie exponierte Politiker*innen eine wichtige Rolle (s. Kapitel 8.7.2). Ihr Klimaschutz wird über Einordnungs- und Vergleichsschemata ((76) bis (81)) evaluiert. Besondere Aufmerksamkeit gilt aber den Klimakonferenzen (s. Kapitel 8.7.3), was sich auch deutlich im *Topic Modelling* zeigt. Im Vorfeld werden Erwartungen argumentativ verhandelt ((85) und (86)), während und nach den Verhandlungen werden Gründe für das Scheitern gesucht. Diese reichen von Differenzen zwischen sogenannten Entwicklungs- und Industrieländern (insbesondere in Form des (82) Topos der historischen Schuld und des (83) Topos der Emissionsreduktion III) über finanzielle Aspekte ((28) Topos des Klimaschutzes I) bis hin zu Uneinigkeiten in Formulierungen. Individuen (s. Kapitel 8.8) spielen in diesem Handlungsfeld kaum eine Rolle, ihre Möglichkeiten werden durch den (49) Topos des Klimawandels IV ; die gemeinsame Verantwortung erfordert Lösungen auf der politischen Ebene. Gleiches gilt für wirtschaftliche Akteurinnen und Akteure (s. Kapitel 8.9).

Die Arbeit dient mit diesen Befunden zwei Zwecken. Erstens sollte sie zeigen, dass Argumentation über die Kombination von unterschiedlichen, in eine sektorale Argumentationstheorie eingebetteten Ansätzen die Analyse von Argumentationen in einem Diskurs, der von 30 000 Artikeln repräsentiert wird, ermöglicht. Zweitens – und meines Erachtens noch viel zentraler – diente diese Untersuchung einer Bestandsaufnahme der deutschsprachigen Berichterstattung über den Klimawandel in der Schweiz, um die Argumentationen besser zu verstehen und so möglicherweise einen Beitrag zu leisten, um Personen, die in diesem Bereich kommunizieren, zu unterstützen.

Seit der Publikation des ersten in dieser Analyse betrachteten Artikels sind mittlerweile über fünfzehn Jahre vergangen und im betrachteten Diskurs hat sich vieles getan. Nichtsdestotrotz lassen sich Verbindungen zu den hier elaborierten Topoi (s. Kapitel 9.3) finden. Die Mitigation findet weiterhin im wirtschaftlichen Handlungsfeld statt, wobei die kritische Diskussion um Emissionszertifikate (s. beispielsweise Topoi (47) bis (50)) deutlich ungemischter zu sein scheint als im betrachteten Zeitraum. Diese Vermutung legen Artikel nahe, die das Abkommen zwischen der Schweiz und Peru zur Kompensation von CO_2-Emissionen thematisieren (Der Bund 20.10.2020). Gleichzeitig sind individuelle Handlungsmöglichkeiten präsenter geworden, die mit dem Kapitel 8.8 im hier betrachteten Korpus erst eine untergeordnete Rolle einnehmen; die *Friday for Future*-Bewegung hat nicht nur die Handlungsmöglichkeiten jeder und jedes Einzelnen gestärkt, sondern mit der *Klimakrise* einen Begriff geprägt, der im Korpus kaum relevant war (95 Treffer). Im Zuge dieser Entwicklung kann davon ausgegangen werden, dass auch der eine oder andere Topos etabliert wurde, während andere verschwanden. Parallel dazu schrumpft das CO_2-Budget, um das 1,5-Grad-Ziel zu erreichen, weiter. Es wird somit sicherlich noch eine ganze Weile über den Klimawandel sowie seine Folgen diskutiert und die unterschiedlichen Handlungsfelder bestehen nach wie vor. Dementsprechend sind die Befunde des hier betrachteten Zeitraums noch relevant, auch wenn davon ausgegangen werden muss, dass sich die Häufigkeit der Topoi verändert hat und gewisse Topoi dazugekommen und andere weggefallen sind.

Anschlussmöglichkeiten gäbe es somit noch reichlich, denn es handelt sich um 30 000 Artikel eines Diskurses, der bis jetzt wenig betrachtet wurde. Hierbei finden sich Topoi und argumentative Abfolgen, die über den Diskurs hinweg rekurrent sind. Die argumentative Verhandlung von Mitigationsmassnahmen bildet dabei den Mittelpunkt. Oft wird in einem ersten Schritt die Notwendigkeit von Mitigationsmassnahmen über eine pragmatische Argumentation gestützt. Anschliessend wird dann auch die Wirksamkeit umgesetzter Massnahmen evaluiert. Ist die Massnahme erst etabliert, muss sie zusätzlich dem (28) Topos des Klimaschutzes I und dem (49) Topos des Klimawandels IV standhalten. Dies führt oft zu Vergleichsschema. Insgesamt zeigt sich, dass die Argumentation im politischen Handlungsfeld ausgesprochen implizit ist und oft die Bezugnahme auf Topoi notwendig macht, die in den vorangegangenen Kapiteln etabliert wurden. Dies führt zu ausgesprochen komplexen Argumentationen, deren Rekonstruktion oft nur mit solchen diskursspezifischen Topoi möglich ist. Es stellt sich nun die Frage, wie sich die topologische Diskursformation und die Topoi diachron entwickelt haben. Möglicherweise hatten und haben die *Friday for Future*-Bewegung oder andere Diskursereignisse ähnliche Auswirkungen auf die Argumentationen, wie sie im betrachteten Zeitraum das Reaktorunglück in Fukushima hatte. Gleichzeitig wäre es spannend zu wissen, wie es sich in anderen Ländern verhält, um die Frage zu klären, ob die etablierten Topoi zeit-, länder- oder sprachspezifisch sind.

Gleichzeitig gäbe es aber auch im betrachteten Diskurs selbst noch unheimlich viele spannende Stellen, die betrachtet werden könnten, indem etwa die Einbettung von korpuslinguistischen Methoden verfeinert würde. Insbesondere der zweite Schritt – die Generalisierung – kam in dieser Arbeit zu kurz. Eine weitere Leerstelle tut sich aus meiner Sicht auch bei den Tropen und *Keywords* auf. Es würde sich also lohnen, auch auf diese einen Blick zu werfen, denn im Rahmen dieser Arbeit konnte nur angeschnitten werden, wie stark Argumentationen und Tropen interagieren. Es gibt also noch viel Spannendes zu entdecken und solange der Diskurs noch so relevant ist und der Mensch sich stets noch wie der sprichwörtliche Frosch verhält, ermutige ich jede*n Leser*in, sich mit Diskursen über Klimawandel auseinanderzusetzen.

11 Literaturverzeichnis

11.1 Literatur

Akademien der Wissenschaften Schweiz (2016): *Brennpunkt Klima Schweiz. Grundlagen, Folgen und Perspektiven* (Swiss Academies Reports 11). Bern.

Andone, Corina (2016): Delimiting the Burden of Proof in Political Interviews. *Journal of Argumentation in Context* 5 (1), 74–87.

Andone, Corina (2015): Pragmatic Argumentation in European Practices of Political Accountability. *Argumentation* 29 (1), 1–18.

Andone, Corina (2013): *Argumentation in Political Interviews. Analyzing and Evaluating Responses to Accusations of Inconsistency* (Argumentation in Context 5). Amsterdam: John Benjamins.

Andone, Corina & Andrea Rocci (Hrsg.) (2016a): *Argumentation in Journalism. Professional Practices and the Public Sphere* (Sonderheft *Journal of Argumentation in Context* 5 (1)). Amsterdam: John Benjamins.

Andone, Corina & Andrea Rocci (2016b): Argumentation in Journalim. Professional Practices and the Public Sphere. *Journal of Argumentation in Context* 5 (1), 1–8.

Angermuller, Johannes, Martin Nonhoff, Eva Herschinger, Felicitas Macgilchrist, Martin Reisigl, Martin, Juliette Wedl, Daniel Wrana & Alexander Ziem (Hrsg.) (2014): *Diskursforschung. Ein interdisziplinäres Handbuch*. 2 Bände. Bielefeld: transcript.

Arrhenius, Svante (1907): *Das Werden der Welten. Mit Unterstützung des Verfassers aus dem Schwedischen übersetzt von L. Bamberger.* Leipzig: Akademische Verlagsgesellschaft. https://archive.org/details/daswerdenderwelt00arrhuoft (letzter Zugriff 05.02.2022).

Atayan, Vahram (2006): *Makrostrukturen der Argumentation im Deutschen, Französischen und Italienischen* (Sabest 13). Frankfurt a. M., New York: Lang.

Baker, Paul (2006): *Using Corpora in Discourse Analysis*. London, New York: Continuum.

Baker, Paul, Costas Gabrielatos, Majid KhosraviNik, Michał Krzyżanowski, Tony McEnery & Ruth Wodak (2008): A Useful Methodological Synergy? Combining Critical Discourse Analysis and Corpus Linguistics to Examine Discourses of Refugees and Asylum Seekers in the UK Press. *Discourse & Society* 19 (3), 273–306.

Barros, Vincente R., Christopher B. Field, David J. Dokken, Michael D. Mastrandrea, Katharine J. Mach, T. Eren Bilir, Monalisa Chatterjee, Kristie L. Ebi, Yuka O. Estrada, Robert C. Genova, Betelhem Girma, Eric S. Kissel, Andrea N. Levy, Sharon MacCracken, Patricia R. Mastrandrea & Leslie L. White (Hrsg.) (2014): *Climate Change 2014. Impacts, Adaptation, and Vulnerability. Part B: Regional Aspects. Contribution of Working Group II to the Fifth Assessment Report of the Intergovernmental Panel on Climate Change.* https://www.ipcc.ch/site/assets/uploads/2018/02/WGIIAR5-PartB_FINAL.pdf (letzter Zugriff am 05.02.2022).

Bell, Allan (1998): The Discourse Structure of News Stories. In Allan Bell & Peter Garrett (Hrsg.), *Approaches to Media Discourse*, 64–104. Oxford: Blackwell.

Bell, Allan (1991): *The Language of News Media* (Language in Society 16). Oxford, Cambridge: Blackwell Publishers.

https://doi.org/10.1515/9783110760804-011

Besio, Cristina & Andrea Pronzini (2010): Unruhe und Stabilität als Form der massenmedialen Kommunikation über Klimawandel. In Martin Voss (Hrsg.), *Der Klimawandel. Sozialwissenschaftliche Perspektive*, 283–299. Wiesbaden: VS Verlag für Sozialwissenschaften.

Biber, Douglas (1988): *Variation across Speech and Writing*. Cambridge: Cambridge University Press.

Bihari, Judit (2012a): Grundlagen der Pragma-Dialektik. Eine Übersicht. Teil 1. *Sprachtheorie und germanistische Linguistik* 22 (1), 55–65.

Bihari, Judit (2012b): Grundlagen der Pragma-Dialektik. Eine Übersicht. Teil 2. *Sprachtheorie und germanistische Linguistik* 22 (2), 123–135.

Blei, David M. (2012): Probabilistic Topic Models. *Communications of the ACM* 55 (4), 77–84.

Böke, Karin (1997): Die «Invasion» aus den «Armenhäusern Europas». Metaphern im Einwanderungsdiskurs. In Matthias Jung, Martin Wengeler & Karin Böke (Hrsg.), *Die Sprache des Migrationsdiskurses. Das Reden über «Ausländer» in Medien, Politik und Alltag*, 164–193. Opladen: Westdeutscher Verlag.

Böke, Karin (1996): Überlegungen zu einer Metaphernanalyse im Dienste einer ‹parzellierten› Sprachgeschichtsschreibung. In Karin Böcke, Matthias Jung & Martin Wengeler (Hrsg.), *Öffentlicher Sprachgebrauch. Praktische, theoretische und historische Perspektiven. Georg Stötzel zum 60. Geburtstag gewidmet*, 431–452. Opladen: Westdeutscher Verlag.

Bondi, Marina (2010): Perspectives on Keywords and Keyness. An Introduction. In Marina Bondi & Mike Scott (Hrsg.), *Keyness in Texts* (Studies in Corpus Linguistics 41), 1–18. Amsterdam: John Benjamins.

Bonfadelli, Heinz (2016): Climate Change Communication in Switzerland. In Matthew C. Nisbet, Shirley S. Ho, Ezra Markowitz, Saffron O'Neill, Mike S. Schäfer & Jagadish Thaker, *The Oxford Encyclopedia of Climate Change Communication*. http://oxfordre.com/climatescience/view/10.1093/acrefore/9780190228620.001.0001/acrefore-9780190228620-e-450 (letzter Zugriff 05.02.2022).

Bonfadelli, Heinz & Silje Kristiansen (2012): *Meinungsklima und Informationsverhalten im Kontext von Atomenergie und ENSI. Zwischenbericht zuhanden des Eidgenössischen Nuklearsicherheitsinspektorats*. Zürich: ENSI.

Bornscheuer, Lothar (1976): *Topik. Zur Struktur der gesellschaftlichen Einbildungskraft*. Frankfurt a. M.: Suhrkamp.

Boykoff, Maxwell T. (2011): *Who Speaks for the Climate? Making Sense of Media Reporting on Climate Change*. Cambridge, New York: Cambridge University Press.

Boykoff, Maxwell T. & Jules M. Boykoff (2007): Climate Change and Journalistic Norms. A Casestudy of US Mass-media Coverage. *Geoforum* 38 (6), 1190–1204.

Boykoff, Maxwell T., Marisa B. McNatt & Michael K. Goodman (2015): Communicating in the Anthropocene. The Cultural Politics of Climate Change News Coverage around the World. In Anders Hansen & Robert Cox (Hrsg.), *The Routledge Handbook of Environment and Communication* 221–231. Abingdon, New York: Routledge.

Brönnimann, Stefan (2018): *Klimatologie*. Bern: Haupt.

Brönnimann, Stefan, Christof Appenzeller, Mischa Croci-Maspoli, Jürg Fuhrer, Martin Grosjean, Roland Hohmann, Karin Ingold, Reto Knutti, Mark A. Liniger, Christoph C. Raible, Regine Röthlisberger, Christoph Schär, Simon C. Scherrer, Kuno Strassmann & Philipe Thalmann (2014): Climate Change in Switzerland. A Review of Physical, Institutional, and Political Aspects. *Wiley Interdisciplinary Reviews. Climate Change* 5 (4), 461–481.

Brookes, Gavin & Tony McEnery (2019): The Utility of Topic Modelling for Discourse Studies. A Critical Evaluation. *Discourse Studies* 21 (1), 3–21.

Brüggemann, Michael & Sven Engesser (2013): *Climate Journalists as Interpretive Community. Identifying Transnational Frames of Climate Change* (NNCR Working Paper 59). Zürich: Universität Zürich. http://bruegge.net/wp-content/uploads/2020/02/Brueggemann_Engesser_ClimateJournalists_WP_59.pdf (letzter Zugriff 05.02.2022).

Brünner, Gisela & Angelika Redder (1983): *Studien zur Verwendung der Modalverben* (Studien zur deutschen Grammatik 19). Tübingen: Gunter Narr.

Bubenhofer, Noah (2013): Quantitativ informierte qualitative Diskursanalyse. Korpuslinguistische Zugänge zu Einzeltexten und Serien. In Sven K. Roth, Sven K. & Carmen Spiegel (Hrsg.), *Angewandte Diskurslinguistik. Felder, Probleme, Perspektiven* (Diskursmuster – Discourse Patterns 2), 109–134. Berlin: Akademie Verlag.

Bundesamt für Energie (BFE) (2018): CO_2-Emissionsvorschriften für neue Personen- und Lieferwagen. https://www.bfe.admin.ch/bfe/de/home/effizienz/mobilitaet/co2-emissionsvorschriften-fuer-neue-personen-und-lieferwagen.html (letzter Zugriff 10.06.2019).

Bundesamt für Statistik (BFS) (2018): Mehr als 60% des Treibhausgas-Fussabdrucks entstehen im Ausland. https://www.bfs.admin.ch/bfsstatic/dam/assets/4322942/master (letzter Zugriff 05.02.2022).

Bundesamt für Umwelt (BAFU) (2021a): Kenngrössen zur Entwicklung der Treibhausgasemissionen in der Schweiz. 1990–2019. https://www.bafu.admin.ch/dam/bafu/de/dokumente/klima/fachinfo-daten/kenngroessen_thg_emissionen_schweiz.pdf.download.pdf/Kenngr%C3%B6ssen_2020_D.pdf (letzter Zugriff 05.02.2022).

Bundesamt für Umwelt (BAFU) (2021b): Emissionen von Treibhausgasen nach revidiertem CO_2-Gesetz und Kyoto-Protokoll, 2. Verpflichtungsperiode (2013–2020). https://www.bafu.admin.ch/dam/bafu/en/dokumente/klima/fachinfo-daten/CO2_Statistik.pdf.download.pdf/CO2_Publikation_de_2019-04.pdf (letzter Zugriff 03.04.2021).

Bundesamt für Umwelt (BAFU) (2020): Das Gebäudeprogramm von Bund und Kantonen. https://www.bafu.admin.ch/bafu/de/home/themen/klima/fachinformationen/verminderungsmassnahmen/gebaeude/gebaeudeprogramm.html (letzter Zugriff 05.02.2022).

Bundesamt für Umwelt (BAFU) (2018a): Klimapolitik der Schweiz. Umsetzung des Übereinkommens von Paris (Umwelt-Info 1803). Bern: Bundesamt für Umwelt.

Bundesamt für Umwelt (BAFU) (2018b): Internationale Klimapolitik. Kyoto-Protokoll. https://www.bafu.admin.ch/bafu/de/home/themen/klima/fachinformationen/klima–internationales/internationale-klimapolitik–kyoto-protokoll.html (letzter Zugriff 05.02.2022).

Bundesamt für Umwelt (BAFU) (2014a): Kyoto-Protokoll. Die Schweiz hat ihre Verpflichtungen 2008–2012 erfüllt. https://www.admin.ch/gov/de/start/dokumentation/medienmitteilungen.msg-id-52619.html (letzter Zugriff 05.02.2022).

Bundesamt für Umwelt (BAFU) (2014b): Fokus. 20. Klimakonferenz in Lima. https://www.bafu.admin.ch/bafu/de/home/themen/klima/dossiers/klimakonferenz-lima.html (letzter Zugriff 05.02.2022).

Bundesamt für Umwelt (BAFU) (2014c): Anpassung an den Klimawandel in der Schweiz. Aktionsplan 2014–2019. Zweiter Teil der Strategie des Bundesrates vom 9. April 2014. Bern. https://www.bafu.admin.ch/dam/bafu/de/dokumente/klima/ud-umwelt-diverses/anpassung_an_denklimawandelinderschweizaktionsplan20142019.pdf (letzter Zugriff 05.02.2022).

Bundesamt für Umwelt (BAFU) (2012): Anpassung an den Klimawandel in der Schweiz. Ziele, Herausforderungen und Handlungsfelder. Erster Teil der Strategie des Bundesrates vom 2. März 2012. Bern. https://www.bafu.admin.ch/dam/bafu/de/dokumente/klima/ud-um-

welt-diverses/anpassung_an_denklimawandelinderschweiz.pdf.download.pdf (letzter Zugriff 05.02.2022).
Bundesamt für Umwelt (BAFU) (2008): Herausforderung Klimawandel (Umwelt 3/2008). https://www.bafu.admin.ch/dam/bafu/de/dokumente/klima/magazin-umwelt/umwelt_-nr_3_2008herausforderungklimawandel.pdf (letzter Zugriff am 05.02.2022).
Butler, Catherine & Nick Pidgeon (2009): Media Communications and Public Understanding of Climate Change. Reporting Scientific Consensus on Anthropogenic Warming. In Tammy Boyce & Justin Lewis (Hrsg.), *Climate Change and the Media* (Global Crises and the Media 5), 43–58. New York u. a.: Peter Lang.
Centre for Corpus Approaches to Social Science (CASS) (o. J.): Changing Climates. http://cass.lancs.ac.uk/cass-projects/changing-climates/ (letzter Zugriff 05.02.2022).
Core Writing Team, Rajendra K. Pachauri & Leo Meyer (Hrsg.) (2014): *Climate Change 2014. Synthesis Report. Contribution of Working Groups I, II and III to the Fifth Assessment Report of the Intergovernmental Panel on Climate Change*. Genf: IPCC. https://www.ipcc.ch/site/assets/uploads/2018/05/SYR_AR5_FINAL_full_wcover.pdf (letzter Zugriff 05.02.2022).
Core Writing Team, Rajendra K. Pachauri & Andy Reisinger (Hrsg.) (2007): *Climate Change 2007. Synthesis Report. Contribution of Working Groups I, II and III to the Fourth Assessment Repot of the Intergovernmental Panel on Climate Change*. Genf: IPCC. https://www.ipcc.ch/site/assets/uploads/2018/02/ar4_syr.pdf (letzter Zugriff 05.02.2022).
Cramer, Peter A. (2011): *Controversy as News Discourse* (Argumentation Library 19). Dordrecht, New York: Springer.
Desagulier, Guillaume (2017): *Corpus Linguistics and Statistics with R. Introduction to Quantitative Methods in Linguistics*. New York: Springer.
Deutscher Wetterdienst (o. J.): RCP-Szenarien. Die neuen RCP-Szenarien für den 5. IPCC Sachstandsbericht. https://www.dwd.de/DE/klimaumwelt/klimawandel/klimaszenarien/rcp-szenarien.html (letzter Zugriff 05.02.2022).
Diewald, Gabriele (1999): *Die Modalverben im Deutschen. Grammatikalisierung und Polyfunktionalität* (Reihe germanistische Linguistik 208). Tübingen: Niemeyer.
Dijk, Teun A. van (1988a): *News as Discourse*. Hillsdale, NJ: Lawrence Erlbaum Associates.
Dijk, Teun A. van (1988b): *News Analysis. Case Studies of International and National News in the Press*. Hillsdale, NJ: Lawrence Erlbaum Associates.
Dijk, Teun A. van (1977): *Text and Context. Explorations in the Semantics and Pragmatics of Discourse*. London: Longman.
DiMaggio, Paul, Manish Nag & David Blei (2013): Exploiting Affinities between Topic Modeling and the Sociological Perspective on Culture: Application to Newspaper Coverage of U. S. Government Arts Funding. *Poetics* 41, 570–606.
Doulton, Hugh & Katarina Brown (2009): Ten Years to Prevent Catastrophe?. *Global Environmental Change* 19 (2), 191–202.
Dubois, Jacques, Francis Edeline, Jean-Marie Klinkenberg, Philippe Minguet, François Pire, François & Hadelin Trinon (1974), *Allgemeine Rhetorik. Übersetzt und herausgegeben von Armin Schütz* (Pragmatische Texttheorie 2). München: Fink.
Duden Synonymwörterbuch (o. J.): Duden Sprachwissen. https://www.munzinger.de/search/query?query.id=query-duden (letzter Zugriff 05.02.2022).
Dumm, Sebastian & Matthias Lemke (2013): *Argumentmarker. Definition, Generierung und Anwendung im Rahmen eines semi-automatischen Dokument-Retrieval-Verfahrens*. (Schrif-

tenreihe des Verbundprojekts «Postdemokratie und Neoliberalismus». Discussion Paper 3). Hamburg, Leipzig.

Dung, Phan Minh (1995): On the Acceptability of Arguments and Its Fundamental Role in Nonmonotonic Reasoning, Logic Programming and n-Person Games. *Artificial Intelligence* 77 (2), 321–357.

DWDS (o. J.): *Digitales Wörterbuch der deutschen Sprache. Das Wortauskunftssystem zur deutschen Sprache in Geschichte und Gegenwart*, hrsg. von der Brandenburgischen Akademie der Wissenschaften. https://www.dwds.de (letzter Zugriff 05.02.2022).

Edenhofer, Ottmar, Ramón Pichs-Madruga, Youba Sokona, Ellie Farahani, Susanne Kadner, Susanne, Kristin Seyboth, Anna Adler, Ina Baum, Steffen Brunner, Patrick Eickemeier, Benjamin Kriemann, Jussi Savolainen, Steffen Schlömer, Christoph von Stechow, Timm Zwickel & Jan Minx (Hrsg.) (2014): *Climate Change 2014, Mitigation of Climate Change. Contribution of Working Group III to the Fifth Assessment Report of the Intergovernmental Panel on Climate Change*. Cambridge, New York: Cambridge University Press. https://www.ipcc.ch/site/assets/uploads/2018/02/ipcc_wg3_ar5_full.pdf (letzter Zugriff 05.02.2022).

Eemeren, Frans H. van (2016): Identifying Argumentative Patterns. A Vital Step in the Development of Pragma-dialectics. *Argumentation* 30 (1), 1–23.

Eemeren, Frans H. van (2010): *Strategic Maneuvering in Argumentative Discourse. Extending the Pragma-dialectical Theory of Argumentation* (Argumentation in Context 2). Amsterdam, Philadelphia: John Benjamins.

Eemeren, Frans H. van, Bart Garssen, Erik C. Krabbe, A. Francisca Snoeck Henkemans, Bart Verheij & Jean H. M. Wagemans (2014): *Handbook of Argumentation Theory*. New York: Springer.

Eemeren, Frans H. van, Bart Garssen & Bert Meuffels (2009): *Fallacies and Judgments of Reasonableness. Empirical Research Concerning the Pragma-dialectical Discussion Rules*. Dordrecht: Springer.

Eemeren, Frans H. van & Rob Grootendorst (2004): *A Systematic Theory of Argumentation. The Pragma-dialectical Approach*. Cambridge: Cambridge University Press.

Eemeren, Frans H. van & Rob Grootendorst (1992): *Argumentation, Communication, and Fallacies. A Pragma-dialectical Perspective*. Hillsdale, NJ: Lawrence Erlbaum Associates.

Eemeren, Frans H. van, Rob Grootendorst, Sally Jackson & Scott Jacobs (1993): *Reconstructing Argumentative Discourse*. Tuscaloosa, London: University of Alabama Press.

Eemeren, Frans H. van, Peter Houtlosser & A. Francisca Snoeck Henkemans (2007): *Argumentative Indicators in Discourse. A Pragma-dialectical Study* (Argumentation Library 12). Dordrecht: Springer.

Eemeren, Frans H. van, Peter Houtlosser & A. Francisca Snoeck Henkemans (2005): *Argumentatieve indicatoren in het Nederlands. Een Pragma-dialectische Studie*. Amsterdam: Rozenberg.

Eemeren, Frans H. van & Francisca A. Snoeck Henkemans (2017): *Argumentation. Analysis and Evaluation*. 2. Auflage. New York, Abingdon: Routledge.

Ehlich, Konrad & Jochen Rehbein (1975): Einige Interrelationen von Modalverben. In Dieter Wunderlich (Hrsg.): *Linguistische Pragmatik* (Schwerpunkte Linguistik und Kommunikationswissenschaft 12), 318–340. 2. Auflage. Wiesbaden: Athenaion.

Ehrensperger, Anna (2009): *Klimawandel medial. Die Klimawandelberichterstattung in der Deutschschweizer Tagespresse vor dem Hintergrund des medialen Informationsbias*. Hamburg: Academic Transfer.

Eidgenössisches Departement für Umwelt, Verkehr, Energie und Kommunikation (UVEK) (o. J.): Energiestrategie 2050. https://www.uvek.admin.ch/uvek/de/home/energie/energiestrategie-2050.html (letzter Zugriff 05.02.2022).

Ekwurzel, Brenda, Peter C. Frumhoff & James J. McCarthy (2011): Climate Uncertainties and Their Discontents. Increasing the Impact of Assessments on Public Understanding of Climate Risks and Choices. *Climatic Change* 108 (4), 791–802.

Eubanks, Philip (2017): *The Troubled Rhetoric and Communication of Climate Change. The Argumentativ Situation*. London, New York: Routledge.

Europäische Kommission (o. J.): Klima- und Energiepaket 2020. https://ec.europa.eu/clima/policies/strategies/2020_de (letzter Zugriff 05.02.2022).

European Environment Agency (EEA) (2019): Atmospheric Greenhouse Gas Concentrations. https://www.eea.europa.eu/data-and-maps/indicators/atmospheric-greenhouse-gas-concentrations-6/assessment (letzter Zugriff 05.02.2022).

Fairclough, Norman (1995): *Critical Discourse Analysis. The Critical Study of Language*. London, New York: Longman.

Felder, Ekkehard, Marcus Müller & Friedemann Vogel (2012): Korpuspragmatik. Paradigma zwischen Handlung, Gesellschaft und Kognition. In Ekkehard Felder, Marcus Müller & Friedemannn Vogel (Hrsg.), *Korpuspragmatik. Thematische Korpora als Basis diskurslinguistischer Analysen* (Linguistik – Impulse & Tendenzen 44), 3–30. Berlin, Boston: De Gruyter.

Feteris, Eveline T. (2017): *Fundamentals of Legal Argumentation. A Survey of Theories on the Justification of Legal Decisions* (Argumentation Library 1). 2. Auflage. Dordrecht: Springer.

Field, Christopher B., Vincente R. Barros, David J. Dokken, Katharine J. Mach, Michael D. Mastrandrea, T. Eren Bilir, Monalisa Chatterjee, Kristie L. Ebi, Yuka O. Estrada, Robert C. Genova, Betelhem Girma, Eric S. Kissel, Andrew N. Levy & Sharon MacCracken (Hrsg.) (2014): *Climate Change 2014. Impacts, Adaptation, and Vulnerability. Part A: Global and Sectoral Aspects. Contribution of Working Group II to the Fifth Assessment Report of the Intergovernmental Panel on Climate Change*. Cambridge, New York: Cambridge University Press. https://www.ipcc.ch/site/assets/uploads/2018/02/WGIIAR5-FrontMatterA_FINAL.pdf (letzter Zugriff 05.02.2022).

Field, Christopher B., Vincente R. Barros, Thomas Stocker, Dahe Qin, David Jon Dokken, David Jon, Gian-Kasper Plattner, Kristie L. Ebi, Simon K. Allen, Michael D. Mastrandrea, Melinda Tignor, Katharine J. Mach & Pauline M. Midgley (2012): *Management des Risikos von Extremereignissen und Katastrophen zur Förderung der Anpassung an den Klimawandel. Sonderbericht des Zwischenstaatlichen Ausschusses für Klimaänderungen. Zusammenfassung für politische Entscheidungsträger. Deutsche Übersetzung durch die Deutsche IPCC-Koordinierungsstelle, Bonn, 2015*. Genf: Weltorganisation für Meteorologie. https://www.ipcc.ch/site/assets/uploads/2019/03/IPCC-SREX-SPM_vorlaeufige-Uebersetzung_Jan2016.pdf (letzter Zugriff 05.02.2022).

Forschungsbereich Öffentlichkeit und Gesellschaft der Universität Zürich (fög) (Hrsg.) (2014): *Qualität der Medien, Schweiz – Suisse – Svizzera. Jahrbuch 2014*. Basel: Schwabe.

Forchtner, Bernhard & Christoffer Kølvraa (2015): The Nature of Nationalism. Populist Radical Right Parties on Countryside and Climate. *Nature and Culture* 10 (2), 199–224.

Frigg, Roman, Erica Thompson & Charlotte Werndl (2015): Philosophy of Climate Science Part I. Observing Climate Change. *Philosophy Compass* 10 (12), 953–964.

Gabrielatos, Costas (2007): Selecting Query Terms to Build a Specialised Corpus from a Restricted-access Database. *ICAME Journal*, 5–43.

Gabrielatos, Costas & Anna Marchi (2012): *Keyness. Appropriate Metrics and Practical Issues.* Referat. Bologna.
Galtung, Johan & Mari H. Ruge (1965): The Structure of Foreign News. The Presentation of the Congo, Cuba and Cyprus Crises in Four Norwegian Newspapers. *Journal of Peace Research* 2 (1), 64–91.
Garssen, Bart (2016): Problem-Solving Argumentative Patterns in Plenary Debates of the European Parliament. *Argumentation* 30 (1), 25–43.
Garssen, Bart (2009): Comparing the Incomparable. Figurative Analogies in a Dialectical Testing Procedure. In Frans H. van Eemeren & Bart Garssen (Hrsg.), *Pondering on Problems of Argumentation. Twenty Essays on Theoretical Issues* (Argumentation Library 14), 133–140. Dordrecht: Springer.
Garssen, Bart (1997): *Argumentatieschema's in pragma-dialectisch Perspectief. Een theoretisch en empirisch Onderzoek* (Studies in Language and Language Use 32). Amsterdam: IFOTT.
Garzone, Giuliana & Francesca Santulli (2004): What Can Corpus Linguistics Do for Critical Discourse Analysis? In Alan Partington, John Morley & Louann Haarman (Hrsg.), *Corpora and Discourse* (Linguistic Insights 9), 351–368. Bern etc.: Peter Lang.
Girnth, Heiko (2015): *Sprache und Sprachverwendung in der Politik. Eine Einführung in die linguistische Analyse öffentlich-politischer Kommunikation* (Germanistische Arbeitshefte Band 39). 2., überarbeitete und erweiterte Auflage. Berlin: De Gruyter.
Girnth, Heiko (1996): Texte im politischen Diskurs. Ein Vorschlag zur diskursorientierten Beschreibung von Textsorten. *Muttersprache* 106, 66–80.
Goffman, Erving (1974): *Frame Analysis. An Essay on the Organization of Experience.* Cambridge: Harvard University Press.
Goodnight, Thomas G. (2012): The Personal, Technical, and Public Spheres of Argument. A Speculative Inquiry into the Art of Public Deliberation. *Argumentation and Advocacy* 48 (4), 198–210.
Govier, Trudy (1991): *A Practical Study of Argument.* 3. Auflage. Belmont, CA: Wadsworth.
Gray, Bethany & Douglas Biber (2011): Corpus Approaches to the Analysis of Discourse. In Ken Hyland & Brian Paltridge (Hrsg), *Companion to Discourse Analysis*, 138–152. London, New York: Continuum.
Grice, Herbert P. (2000): Logik und Konversation. In Ludger Hoffmann (Hrsg.), *Sprachwissenschaft. Ein Reader*, 163–182. 2., verbesserte Auflage. Berlin, New York: De Gruyter.
Grundmann, Reiner (2007): Climate Change and Knowledge Politics. *Environmental Politics* 16 (3), 416–434.
Grundmann, Reiner & Ramesh Krishnamurthy (2010): The Discourse of Climate Change. A Corpus-based Approach. *Critical Approaches to Discourse Analysis across Disciplines* 4 (2), 125–145.
Habermas, Jürgen (1995): V. Vorlesung. Wahrheit und Gesellschaft. Die diskursive Einlösung faktischer Geltungsansprüche. In Jürgen Habermas (Hrsg.), *Vorstudien und Ergänzungen zur Theorie des kommunikativen Handelns*, 104–126. Frankfurt a. M.: Suhrkamp.
Habermas, Jürgen (1981): *Theorie des kommunikativen Handelns. Band 1. Handlungsrationalität und gesellschaftliche Rationalisierung.* Frankfurt a. M.: Suhrkamp.
Habermas, Jürgen (1971): Vorbereitende Bemerkungen zu einer Theorie der kommunikativen Kompetenz. In Jürgen Habermas & Niklas Luhmann: *Theorie der Gesellschaft oder Sozialtechnologie*, 101–141. Frankfurt a. M.: Suhrkamp.

Halliday, Michael A. K. & Christian M. I. M. Matthiessen (2014): *Halliday's Introduction to Functional Grammar.* 4. Auflage. Milton Park etc.: Routledge.

Hamblin, Charles L. (1993): *Fallacies.* Newport News, VA: Vale Press.

Hannken-Illjes, Kati (2018): *Argumentation. Einführung in die Theorie und Analyse der Argumentation.* Tübingen: Narr Francke Attempto.

Hannken-Illjes, Kati (2006): Mit Geschichten begründen. Narration und Argumentation im Strafverfahren. *Zeitschrift für Rechtssoziologie* 27 (2), 211–223.

Hardt-Mautner, Gerlinde (1995): ‹Only Connect›. Critical Discourse Analysis and Corpus Linguistics. *UCREAL Technical Paper* 6, 1–31.

Helbig, Gerhard & Joachim Buscha (2013): *Deutsche Grammatik. Ein Handbuch für den Ausländerunterricht.* München: Klett-Langenscheidt.

Helbig, Gerhard & Agnes Helbig (1990): *Lexikon deutscher Modalwörter.* Leipzig: Enzyklopädie.

Hömberg, Walter (1993): Ökologie. Ein schwieriges Medienthema. In Heinz Bonfadelli & Werner A. Meier (Hrsg.), *Krieg, Aids, Katastrophen... Gegenwartsprobleme als Herausforderung für die Publizistikwissenschaft. Festschrift für Ulrich Saxer* (Schriftenreihe der Stiftervereinigung der Presse 33), 81–93. Konstanz: Universitätsverlag.

Hoffmann, Ludger (2016): *Deutsche Grammatik. Grundlagen für Lehrerausbildung, Schule, Deutsch als Zweitsprache und Deutsch als Fremdsprache.* 3., neu bearbeitete und erweiterte Auflage. Berlin: Erich Schmidt.

Howard-Williams, Rowan (2009): Ideological Construction of Climate Change in Australian and New Zealand Newspapers. In Tammy Boyce & Justin Lewis (Hrsg.), *Climate Change and the Media* (Global Crises and the Media 5), 28–40. New York: Peter Lang.

Hulme, Mike (2009a): *Why We Disagree about Climate Change. Understanding Controversy, Inaction and Opportunity.* Cambridge, New York: Cambridge University Press.

Hulme, Mike (2009b): Mediated Messages about Climate Change. In Tammy Boyce & Justin Lewis (Hrsg.), *Climate Change and the Media* (Global Crises and the Media 5), 117–1128. New York: Peter Lang.

Hundt, Markus (2003): Zum Verhältnis von epistemischer und nicht-epistemischer Modalität im Deutschen. Forschungspositionen und Vorschlag zur Neuorientierung. *Zeitschrift für Germanistische Linguistik* 31 (3), 343–381.

IPCC (2018): Summary for Policymakers. In Valérie Masson-Delmotte, Panmao Zhai, Hans-Otto Pörtner, Debra Roberts, Jim Skea, Priyadarshi R. Shukla, Anna Pirani, Wilfran Moufouma-Okia, Clotilde Péan, Roz Pidcock, Sarah Connors, J. B. Robin Matthes, Yang Chen, Xiao Zhou, Melissa Gomis, Elisabeth Lonnoy, Tom Maycock, Melinda Tignor & Tim Waterfield (Hrsg.), *Global Warming of 1.5° C. An IPCC Special Report on the Impacts of Global Warming of 1.5° C above Pre-Industrial Levels and Related Global Greenhouse Gas Emission Pathways, in the Context of Strengthening the Global Response to the Threat of Climate Change, Sustainable Development, and Efforts to Eradicate Poverty*, 3–26. Genf: WMO. https://www.ipcc.ch/site/assets/uploads/sites/2/2018/07/SR15_SPM_version_stand_alone_LR.pdf (letzter Zugriff 05.02.2022).

Junele, Selma (2016): *Das Klima in Leser*innenkommentaren. Was bewirken zwei Klimawissenschaftler, die sich in Kommentarforen von Onlinezeitungen einmischen?* Masterarbeit, Universität Bern.

Junge, Matthias (2010): Einleitung. In Matthias Junge (Hrsg.), *Metaphern in Wissenskulturen*, 7–11. Wiesbaden: VS Verlag für Sozialwissenschaften.

Kaufmann, Urs (2018): Schweizerische Statistik der erneuerbaren Energien. Ausgabe 2017. Bundesamt für Energie. https://www.bfe.admin.ch/bfe/de/home/news-und-medien/publikationen.exturl.html/aHR0cHM6Ly9wdWJkYi5iZmUuYWRtaW4uY2gvZGUvcHVibGljYX/Rpb24vZG93bmxvYWQvOTQ3NA==.html (letzter Zugriff 05.02.2022).

Kienpointner, Manfred (1996): *Vernünftig argumentieren. Regeln und Techniken der Diskussion* (rororo Sachbuch 60109). Reinbek: Rowohlt.

Kienpointner, Manfred (1992): *Alltagslogik. Struktur und Funktion von Argumentationsmustern* (Problemata 126). Stuttgart-Bad Cannstatt: Frommann-Holzboog.

Klein, Josef (2009): 127. Rhetorisch-stilistische Eigenschaften der Sprache der Politik. In Ulla Fix, Andreas Gardt & Joachim Knape (Hrsg.), *Rhetorik und Stilistik / Rhetoric and Stylistics* (Handbücher zur Sprach- und Kommunikationswissenschaft / Handbooks of Linguistics and Communication Science (HSK) 31/2), 2112–2131. Berlin: De Gruyter Mouton.

Klein, Josef (2001): 124. Erklären und Argumentieren als interaktive Gesprächsstrukturen. In Klaus Brinker, Gerd Antos, Wolfgang Heinemann & Sven F. Sager (Hrsg.), *Text- und Gesprächslinguistik / Linguistics of Text and Conversation* (Handbücher zur Sprach- und Kommunikationswissenschaft / Handbooks of Linguistics and Communication Science (HSK) 16), 1309–1329. Berlin, New York: De Gruyter Mouton.

Klein, Josef (2000): Komplexe topische Muster. Vom Einzeltopos zur diskurstyp-spezifischen Topos-Konfiguration. In Thomas Schirren & Gert Ueding (Hrsg.), *Topik und Rhetorik. Ein interdisziplinäres Symposium*, 623–649. Tübingen: Niemeyer.

Klein, Josef (1987): *Die konklusiven Sprechhandlungen. Studien zur Pragmatik, Semantik, Syntax und Lexik von Begründen, Erklären-warum, Folgern und Rechtfertigen* (Reihe Germanistische Linguistik 76). Tübingen: Niemeyer.

Köller, Wilhelm (1995): Modalität als sprachliches Grundphänomen. *Der Deutschunterricht* 47 (4), 37–50.

Köllner, Pamela, Carla Gross, Juliette Lerch & Markus Nauser (2017): *Klimabedingte Risiken und Chancen. Eine schweizweite Synthese.* Bern: Bundesamt für Umwelt.

Kopperschmidt, Josef (2005): *Argumentationstheorie zur Einführung.* 2., unveränderte Auflage. Hamburg: Junius.

Kopperschmidt, Josef (2000): *Argumentationstheorie zur Einführung.* Hamburg: Junius.

Kopperschmidt, Josef (1989): *Methodik der Argumentationsanalyse* (Problemata 119). Stuttgart-Bad Cannstatt: Frommann-Holzboog.

Kratzer, Angelika (2002): The Notional Category of Modality. In Paul Portner & Barbara H. Partee (Hrsg.), *Formal Semantics. The Essential Readings*, 289–323. Oxford: Blackwell Publishers.

Krzyżanowski, Michał (2015): International Leadership Re-/Constructed?. Ambivalence and Heterogeneity of Identity Discourses in European Union's Policy on Climate Change. *Journal of Language and Politics* 14, 110–133.

Krzyżanowski, Michał (2013): Policy, Policy Communication and Discursive Shifts. Analyzing EU Policy Discourses on Climate Change. In Piotr Cap & Urszula Okulska (Hrsg.), *Analyzing Genres in Political Communication* (Discourse Approaches to Politics, Society and Culture 50), 101–133. Amsterdam,Philadelphia: John Benjamins Publishing Company.

Lakoff, George (2010): Why It Matters How We Frame the Environment. *Environmental Communication* 4 (10), 70–81.

Lakoff, George & Mark Johnson (1980/2003): *Metaphors We Live By.* Chicago, IL: University of Chicago Press.

La Roche, Walther von (2006): *Einführung in den praktischen Journalismus. Mit genauer Beschreibung aller Ausbildungswege. Deutschland – Österreich – Schweiz.* 17., aktualisierte Auflage. Berlin: Ullstein.

Leiserowitz, Anthony (2006): Climate Change Risk Perception and Policy Preferences. The Role of Affect, Imagery, and Values. *Climate Change* 77 (1–2), 45–72.

Levinson, Stephen C. (1979): Activity Types and Language. *Linguistics* 17 (5–6), 356–400.

Lewiński, Marcin & Mehmet A. Üzelgün (2019) (Hrsg.): *Environmental Argumentation* (Sonderheft *Journal of Argumentation in Context* 8 (1)). Amsterdam: John Benjamins.

Liebert, Wolf-Andreas (1992): *Metaphernbereiche der deutschen Alltagssprache. Kognitive Linguistik und die Perspektiven einer kognitiven Lexikographie.* Frankfurt a. M., New York: Peter Lang.

Link, Jürgen (1988): Literaturanalyse als Interdiskursanalyse. Am Beispiel des Ursprungs literarischer Symbolik in der Kollektivsymbolik. In Jürgen Fohrmann & Harro Müller (Hrsg.), *Diskurstheorien und Literaturwissenschaft*, 284–307. Frankfurt a. M.: Suhrkamp.

Link, Jürgen (1987): *Die Struktur des Symbols in der Sprache des Journalismus. Zum Verhältnis literarischer und pragmatischer Symbole.* München: Fink.

Link, Jürgen & Ursula Link-Heer (1990): Diskurs/Interdiskurs und Literaturanalyse. *Zeitschrift für Literaturwissenschaft und Linguistik* 77, 88–99.

Lippi, Marco & Paolo Torroni (2016): Argumentation Mining. State of the Art and Emerging Trends. *IACM Transactions on Internet Technology* 16 (2), 1–25.

Locke, John (1690/1997): *An Essay Concerning Human Understanding.* London: Penguin.

Löhner, Michael (1996): Fallazien. In Gert Ueding (Hrsg.), *Historisches Wörterbuch der Rhetorik*, 206–208. Tübingen: Niemeyer.

Malone, Elizabeth L. (2009): *Debating Climate Change. Pathways through Argument to Agreement.* London, Sterling: Earthscan.

Mann, Michael E. & Tom Toles (2016): *The Madhouse Effect. How Climate Change Denial is Threatening Our Planet, Destroying Our Politics, and Driving Us Crazy.* New York: Columbia University Press.

Maslin, Mark (2014): *Climate Change. A Very Short Introduction* (Very Short Introductions 118). 3. Auflage. Oxford: Oxford University Press.

Mast, Claudia (Hrsg.) (2018): *ABC des Journalismus. Ein Handbuch.* 13., völlig überarbeitete Auflage. Köln: Herbert von Halem.

Mautner, Gerlinde (2016): Checks and Balances. How Corpus Linguistics Can Contribute to CDA. In Ruth Wodak & Michael Meyer (Hrsg.), *Methods of Critical Discourse Analysis*, 154–179. 3. Auflage. Los Angeles etc.: Sage.

Metaphor Lab (o. J.): Metaphor and Argumentation. http://metaphorlab.org/research/metaphor-and-argumentation/ (letzter Zugriff 05.02.2022).

Metz, Bert, Ogunlade R. Davidson, Peter Bosch, Rutu Dave & Leo A. Meyer (Hrsg.) (2007): *Climate Change 2007: Mitigation. Contribution of Working Group III to the Fourth Assessment Report of the Intergovernmental Panel on Climate Change.* Cambridge, New York: Cambridge University Press. https://www.ipcc.ch/site/assets/uploads/2018/03/ar4_wg3_full_report-1.pdf (letzter Zugriff 05.02.2022).

Moser, Susanne (2010): Communicating Climate Change. History, Challenges, Process and Future Directions. *WIREs Climate Change* 1, 31–53.

Moser, Susanne & Lisa Dilling (2011): Communicating Climate Change. Closing the Science-action Gap. In John S. Dryzek, Richard B. Norgaard & David Schlosberg (Hrsg.), *Climate Change and Society*, 161–174. New York: Oxford University Press.

Müller, Marcus (2017): Digitale Diskursanalyse. *LitLab Pamphlet #5.* https://www.digitalhumanitiescooperation.de/wp-content/uploads/2018/03/p05_mueller_de.pdf (letzter Zugriff 05.02.2022).

Müller, Marcus (2012): Vom Wort zur Gesellschaft. Kontexte in Korpora. Ein Beitrag zur Methodologie der Korpuspragmatik. In Ekkehard Felder, Marcus Müller & Friedemann Vogel (Hrsg.), *Korpuspragmatik. Thematische Korpora als Basis diskurslinguistischer Analysen* (Linguistik – Impulse & Tendenzen 44), 33–82. Berlin, Boston: De Gruyter.

naturschutz.ch (2007): Aktion «Licht aus! Für unser Klima». http://naturschutz.ch/news/aktion-licht-aus-fuer-unser-klima/3653 (letzter Zugriff 14.05.2019).

Nisbet, Matthew C., Shirley S. Ho, Ezra Markowitz, Saffron O'Neill, Mike S. Schäfer & Jagadish Thaker (Hrsg.) (2016): *The Oxford Encyclopedia of Climate Change Communication*. Oxford: Oxford University Press.

Nullis, Clare (2018): Greenhouse Gas Levels in Atmosphere Reach New Record. World Meteorological Organization. https://public.wmo.int/en/media/press-release/greenhouse-gas-levels-atmosphere-reach-new-record (letzter Zugriff 05.02.2022).

Öhlschläger, Günther (1984): Forschungsbericht. Modalität im Deutschen. *Zeitschrift für Germanistische Linguistik* 12 (2), 229–246.

Omar, Ahmed A. A. M. H. (2016): *Strategic Maneuvering in Supporting the Feasibility of Political Change. A Pragma-dialectical Analysis of Egyptian Anti-regime Columns*. Dissertation, Universität Amsterdam.

Ottmers, Clemens (2007): *Rhetorik* (Sammlung Metzler 283). 2., aktualisierte und erweiterte Auflage. Stuttgart, Weimar: J. B. Metzler.

Painter, James (2013): *Climate Change in the Media. Reporting Risk and Uncertainty*. London: I. B. Trauis & Co./Reuters Institute for the Study of Journalism.

Pansegrau, Petra (2000): *«Klimaszenarien, die einem apokalyptischen Bilderbogen gleichen» oder «Leck im Raumschiff Erde». Eine Untersuchung der kommunikativen und kognitiven Funktionen von Metaphorik im Wissenschaftsjournalismus anhand der Spiegelberichterstattung zum «Anthropogenen Klimawandel»*. Dissertation, Universität Bielefeld. https://pub.uni-bielefeld.de/publication/2302636 (letzter Zugriff 05.02.2022).

Parr, Rolf (2008): Interdiskurstheorie/Interdiskursanalyse. In Clemens Kammler, Rolf Parr & Ulrich J. Schneider (Hrsg.), *Foucault-Handbuch. Leben – Werk – Wirkung*, 202–206. Weimar: J. B. Metzler.

Parry, Martin L., Osvaldo Canziani, Jean P. Palutikof, Paul J. van der Linden & Clair E. Hanson (Hrsg.) (2007): *Climate Change 2007: Impacts, Adaption and Vulnerability. Contribution of Working Group II to the Fourth Assessment Report of the Intergovernmental Panel on Climate Change*. Cambridge, New York: Cambridge University Press. https://www.ipcc.ch/site/assets/uploads/2018/03/ar4_wg2_full_report.pdf (letzter Zugriff 05.02.2022).

Partington, Alan, Alison Duguid & Charlotte Taylor (2013): *Patterns and Meanings in Discourse. Theory and Practice in Corpus-assisted Discourse Studies (CADS)* (Studies in Corpus Linguistics 55). Amsterdam: John Benjamins.

Partington, Alan (2006): Metaphors, Motifs and Similes accross Discourse Types. Corpus-assisted Discourse Studies (CADS) at Work. In Anatol Stefanowitsch & Stefan Thomas Gries (Hrsg.), *Corpus-based Approaches to Metaphor and Metonymy* (Trends in Linguistics. Studies and Monographs 171), 267–304. Berlin, New York, De Gruyter Mouton.

Perelman, Chaïm & Lucie Olbrechts-Tyteca (1958): *La Nouvelle Rhétorique. Traité de l'Argumentation*. Paris: Presses universitaires de France.

Pielenz, Michael (1993): *Argumentation und Metapher* (Tübinger Beiträge zur Linguistik 381). Tübingen: Gunter Narr.

Plug, H. Jose (2012): Obscurities in the Formulation of Legal Argumentation. *International Journal of Law, Language & Discourse* 2 (1), 126–142.

Poppel, Lotte van (2014): The Strategic Function of Variants of Pragmatic Argumentation in Health Brochures. In Sara Rubinelli & A. Francisca Snoeck Henkemans (Hrsg.), *Argumentation and Health* (Benjamins Current Topics 64), 97–112. Amsterdam: John Benjamins.

Post, Senja (2015): Der Umgang mit wissenschaftlicher Ungewissheit in der Öffentlichkeit aus Sicht der Klimaforscher. Allgemeine Normvorstellungen und Überlegungen zu konkreten Forschungsbefunden. In Mike S. Schäfer, Silje Kristiansen & Heinz Bonfadelli (Hrsg.), *Wissenschaftskommunikation im Wandel*, 108–203. Köln: Herbert von Halem.

Rahmstorf, Stefan & Hans-Joachim Schellnhuber (2012): *Der Klimawandel. Diagnose, Prognose, Therapie*. 7., vollständig überarbeitete und aktualisierte Auflage. München: C. H. Beck.

Rebetez, Martine (2006): *Helvetien im Treibhaus. Der weltweite Klimawandel und seine Auswirkungen auf die Schweiz* (Le Savoir Suisse – CH Wissen Natur und Umwelt 2). Bern etc.: Haupt.

Reijnierse, W. Gudrun, Christian Burgers, Tina Krennmayr & Gerard J. Steen (2015): How Viruses and Beasts Affect Our Opinions (or Not). The Role of Extendedness in Metaphorical Framing. *Metaphor and the Social World* 5 (2), 245–263.

Reisigl, Martin (2018): The Discourse-Historical Approach. In John Flowerdew & John E. Richardson (Hrsg.), *The Routledge Handbook of Critical Discourse Studies*, 44–59. London, New York: Routledge, Taylor & Francis Group.

Reisigl, Martin (2016): Persuasive Tropen. Zur argumentativen Funktion semantischer Figuren. *Germanistik in der Schweiz. Zeitschrift der Schweizerischen Akademischen Gesellschaft für Germanistik* 13, 37–53.

Reisigl, Martin (2014a): Argumentation Analysis and the Discourse-Historical Approach. A Methodological Framework. In Christopher Hart & Piotr Cap (Hrsg.), *Contemporary Critical Discourse Studies*, 67–96. London: Bloomsbury.

Reisigl, Martin (2014b): Diskursanalyse, Kritische. In Daniel Wrana, Alexander Ziem, Martin Reisigl, Martin Nonhoff & Johannes Angermuller (Hrsg.), *DiskursNetz. Wörterbuch der interdisziplinären Diskursforschung*, 93–94. Berlin: Suhrkamp.

Reisigl, Martin (2014c): Modalität. In Daniel Wrana, Alexander Ziem, Martin Reisigl, Martin Nonhoff & Johannes Angermuller (Hrsg.), *DiskursNetz. Wörterbuch der interdisziplinären Diskursforschung*, 270–271. Berlin: Suhrkamp.

Reisigl, Martin (2011): Grundzüge der Wiener Kritischen Diskursanalyse. In Reiner Keller, Andreas Hirseland, Werner Schneider & Willy Viehöver (Hrsg.), *Handbuch Sozialwissenschaftliche Diskursanalyse. Theorien und Methoden*. Band 1: *Theorien und Methoden*, 459–497. 3. Auflage. Wiesbaden: VS Verlag für Sozialwissenschaften.

Reisigl, Martin (2006): Rhetorical Tropes in Political Discourse. In Keyth Brown (Hrsg.), *Encyclopedia of Language and Linguistics*, 597–604. Band 10. 2. Auflage. Oxford: Elsevier.

Reisigl, Martin (2002): Anmerkungen zu einer Tropologie des Historischen. In Oswald Panagl & Horst Stürmer (Hrsg.), *Politische Konzepte und verbale Strategien. Brisante Wörter – Begriffsfelder – Sprachbilder* (Sprache im Kontext 12), 185–220. Frankfurt a. M. etc.: Peter Lang.

Reisigl, Martin & Ruth Wodak (2016): The Discourse-Historical Approach (DHA). In Ruth Wodak, Ruth & Michael Meyer (Hrsg.), *Methods of Critical Discourse Analysis*, 23–61. 3. Auflage. Los Angeles etc.: Sage.

Reisigl, Martin & Ruth Wodak (2001): *Discourse and Discrimination. Rhetorics of Racism and Antisemitism*. London, New York: Routledge.

Reisigl, Martin & Alexander Ziem (2014): Diskursforschung in der Linguistik. In Johannes Angermuller, Martin Nonhoff, Eva Herschinger, Felicitas Macgilchrist, Martin Reisigl, Juliette

Wedl, Daniel Wrana & Alexander Ziem (Hrsg.), *Diskursforschung. Ein interdisziplinäres Handbuch. Theorien, Methodologien und Kontroversen*, 70–110. Bielefeld: transcript.
Rheindorf, Markus (2006): Modalität. In Helmut Gruber, Markus Rheindorf, Karin Wetschanow, Martin Reisigl, Peter Muntigl & Christine Czinglar (Hrsg.), *Genre, Habitus und wissenschaftliches Schreiben. Eine empirische Untersuchung studentischer Texte* (Wissenschaftlich Schreiben. Analyse und Methode 1), 205–233. Wien: LIT.
Rigotti, Eddo & Andreas Rocci (2005): From Argument Analysis to Cultural Keywords (and Back Again). In Frans H. van Eemeren & Peter Houtlosser (Hrsg.), *Argumentation in Practice* (Controversies 2), 125–142. Amsterdam: John Benjamins.
Ringier (2018): Gedruckte Ausgabe von Blick am Abend wird eingestellt. Medienmitteilung. https://www.ringier.ch/de/press-releases/corporate/publishing/gedruckte-ausgabe-von-blick-am-abend-wird-eingestellt (letzter Zugriff 05.02.2022).
Rocci, Andrea (2009): Modalities as Indicators in Argumentative Reconstruction. In Frans H. van Eemeren & Bart Garssen (Hrsg.), *Pondering on Problems of Argumentation*, 207–228. Dordrecht: Springer.
Rogelj, Joeri, Malte Meinshausen & Reto Knutti (2012): Global Warming under Old and New Scenarios Using IPCC Climate Sensitivity Range Estimates. *Nature Climate Change* 2 (4), 248–253.
Römer, David (2017): *Wirtschaftskrisen. Eine linguistische Diskursgeschichte* (Sprache und Wissen 26). Berlin, Boston: De Gruyter.
Römer, David (2012): ‹Politikversagen!› – Relationale Toposanalyse. Überlegungen zu einem Verfahren linguistischen Interpretierens und dessen sprachkritischer Anwendbarkeit am Beispiel eines Diskursausschnitts zu ‹Krisen›. *Aptum. Zeitschrift für Sprachkritik und Sprachkultur* 8 (3), 193–216.
Römer, David & Martin Wengeler (2013): ‹Wirtschaftskrisen› begründen/mit ‹Wirtschaftskrisen› legitimieren. Ein diskurshistorischer Vergleich. In Martin Wengeler & Alexander Ziem (Hrsg.), *Sprachliche Konstruktionen von Krisen. Interdisziplinäre Perspektiven auf ein fortwährend aktuelles Phänomen* (Sprache – Politik – Gesellschaft 12), 269–288. Bremen: Hempen.
Rubinelli, Sara (2009): *Ars Topica. The Classical Technique of Constructing Arguments from Aristotle to Cicero* (Argumentation Library 15). Dordrecht: Springer.
Schellens, Peter J. (1985): *Redelijke Argumenten. Een Onderzoek naar Normen voor kritische Lezers*. Dordrecht, Cinnaminson: Foris.
Schmidt, Andreas, Ana Ivanova & Mike S. Schäfer (2013): Media Attention for Climate Change around the World. A Comparative Analysis of Newspaper Coverage in 27 Countries. *Global Environmental Change* 23 (5), 1233–1248.
Schneider, Wolf & Paul-Josef Raue (2009): *Das neue Handbuch des Journalismus und des Online-Journalismus*. 5. Auflage. Reinbek: Rowohlt.
Schofer, Peter Donald Rice (1977): Metaphor, Metonymy, and Synecdoche Revis(it)ed. *Semiotica* 21 (1), 121–150.
Schultz, Beth (2001): Language and the Natural Environment. In Alwin Fill & Peter Mühlhäusler (Hrsg.), *The Ecolinguistics Reader. Language, Ecologoy and Environment*, 109–114. London, New York: Continuum.
Schweizerische Bundesbahn (SBB) (2009): «Klimaexpress» nach Kopenhagen. Medienmitteilung. https://www.sbb.ch/de/meta/display/news.html/2009/12/74755 (letzter Zugriff 05.02.2022).

Schweizerische Depeschenagentur (SDA) (o. J.a): Die Sitzungen in Kürze (SDA) Herbstsession 2013. https://www.parlament.ch/de/services/news/Seiten/sda-herbstsession-2013.aspx (letzter Zugriff 05.02.2022).
Schweizerische Depeschenagentur (SDA) (o. J.b): Die Sitzungen in Kürze (SDA). Wintersession 2014. https://www.parlament.ch/de/services/news/Seiten/sda-wintersession-2014.aspx (letzter Zugriff 05.02.2022).
Schweizerische Radio- und Fernsehgesellschaft (SRG) (2011): Geschäftsbericht 2011. https://gb.srgssr.ch/archiv/fileadmin/gb2011/Zahlen_Daten_Fakten_2011-2012.pdf (letzter Zugriff 05.02.2022).
Schweizerische Radio- und Fernsehgesellschaft (SRG) (o. J.a): Tagesschau. Sendungsporträt. https://www.srf.ch/sendungen/tagesschau/sendungsportraet (letzter Zugriff 05.02.2022).
Schweizerische Radio- und Fernsehgesellschaft (SRG) (o. J.b): 10vor10. Sendungsporträt. https://www.srf.ch/sendungen/10vor10/sendungsportraet (letzter Zugriff 05.02.2022).
Schweizerische Radio- und Fernsehgesellschaft (SRG) (o. J.c): Angebotscharta der SRG. https://www.srgssr.ch/de/was-wir-tun/qualitaet/angebotscharta (letzter Zugriff 05.02.2022).
Schweizer Presserat (2017a): Journalistenkodex (‹Erklärung der Pflichten und Rechte der Journalistinnen und Journalisten›). In Peter Studer & Martin Künzi, *So arbeiten Journalisten fair. Was Medienschaffende wissen müssen*, 178–181. 2. Auflage. Bern. https://presserat.ch/wp-content/uploads/2017/10/Ratgeber_D.pdf (letzter Zugriff 05.02.2022).
Schweizer Presserat (2017b): ‹Richtlinien› zur ‹Erklärung› (1999/2015). In Peter Studer & Martin Künzi, *So arbeiten Journalisten fair. Was Medienschaffende wissen müssen*, 182–193. 2. Auflage. Bern. https://presserat.ch/wp-content/uploads/2017/10/Ratgeber_D.pdf (letzter Zugriff 02.05.2021).
Schweizer Presserat (o. J.): Unser Angebot. https://presserat.ch/der-presserat/aufgaben (letzter Zugriff 05.02.2022).
Scott, Mike (2006): Word Frequency and Keyword Extraction. In Search of a Bad Reference Corpus. Lancaster: AHRC ICT Methods Network Expert Seminar on Linguistics.
Scott, Mike & Chris Tribble (2006): *Textual Patterns. Key Words and Corpus Analysis in Language Education* (Studies in Corpus Linguistics 22). Amsterdam: John Benjamins.
Sedlaczek, Andrea S. (2016a): Multimodal Argumentation in a Climate Protection Initiative on Austrian Television. In Dima Mohammed & Marcin Lewiński (Hrsg.), *Argumentation and Reasoned Action. Proceedings of the 1st European Conference on Argumentation, Lisbon 2015* (Studies in Logic 63), 933–946. Lissabon, London: College Publications.
Sedlaczek, Andrea S. (2016b): Representations of Climate Change in Documentary Television. Integrating an Ecolinguistic and Ecosemiotic Perspective into a Multimodal Discourse Analysis. *Language & Ecology*, 1–19.
Sedlaczek, Andrea S. (2014): Multimodale Repräsentation von Klimawandel und Klimaschutz. Eine theoretische und methodologische Annäherung am Beispiel des Österreichischen Rundfunks. *Wiener Linguistische Gazette* 78 (A), 14–33.
Sedlaczek, Andrea S. (2012): *Die visuelle Repräsentation des Klimawandels in Dokumentarfilmen. Eine multimodale kritische Diskursanalyse*. Unveröffentlichte Diplomarbeit, Universität Wien.
Smith, Joe (2005): Dangerous News. Media Decision Making about Climate Change Risk. *Risk Analysis* 25 (6), 1471–1482.

Snoeck Henkemans, A. Francisca (2017a): Argumentative Patterns with Symptomatic Argumentation in Over-the-Counter Medicine Advertisements. In Frans H. van Eemeren (Hrsg.), *Prototypical Argumentative Patterns. Exploring the Relationship between Argumentative Discourse and Institutional Context* (Argumentation in Context 11), 139–156. Amsterdam: John Benjamins.

Snoeck Henkemans, A. Francisca (2017b): The Role of Pragmatic Argumentation in Over-the-Counter Medicine Advertisements. In Frans H. van Eemeren (Hrsg.), *Prototypical Argumentative Patterns. Exploring the Relationship between Argumentative Discourse and Institutional Context. Argumentation in Context* (Argumentation in Context 11), 93–108. Amsterdam: John Benjamins.

Snoeck Henkemans, A. Francisca (1997): *Analysing Complex Argumentation. The Reconstruction of Multiple and Coordinatively Compound Argumentation in a Critical Discussion.* Amsterdam: SICSAT.

Solomon, Susan, Dahe Qin, Martin Manning, Zhenlin Chen, Merlinda Marquis, Kristen B. Averyt, Melinda M. B. Tignor, Henry L. Miller (Hrsg.) (2007): *Climate Change 2007: The Physical Science Basis. Contribution of Working Group I to the Fourth Assessment Report of the Intergovernmental Panel on Climate Change*. Cambridge, New York: Cambridge University Press. https://www.ipcc.ch/site/assets/uploads/2018/05/ar4_wg1_full_report-1.pdf (letzter Zugriff 05.02.2022).

Stamm, Keith R., Fiona Clark & Paula Reynolds Eblacas (2000): Mass Communication and Public Understanding of Environmental Problems. The Case of Global Warming. *Public Understanding of Science* 9 (3), 219–237.

Stefanowitsch, Anatol (2006): Corpus-based Approaches to Metaphor and Metonymy. In Anatol Stefanowitsch & Stefan T. Gries (Hrsg.), *Corpus-based Approaches to Metaphor and Metonymy* (Trends in Linguistics. Studies and Monographs 171), 1–16. Berlin, New York: De Gruyter Mouton.

Stefanowitsch, Anatol & Stefan Thomas Gries (Hrsg.) (2006): *Corpus-based Approaches to Metaphor and Metonymy* (Trends in Linguistics. Studies and Monographs 171). Berlin, New York: De Gruyter Mouton.

Stibbe, Arran (2018): 33 Critical Discourse Analysis and Ecology. In John Flowerdew & John E. Richardson (Hrsg.), *The Routledge Handbook of Critical Discourse Studies*, 497–509. London, New York: Routledge, Taylor & Francis Group.

Stibbe, Arran (2014): An Ecolinguistic Approach to Critical Discourse Studies. In *Critical Discourse Studies* 11 (1): 117–128.

Stiftung Klimarappen (2019): Portrait. https://www.klimarappen.ch/index.html?id=7 (letzter Zugriff 17.05.2021).

Stocker, Thomas F., Dahe Qin, Gian-Kasper Plattner, Melinda Tignor, Simon Allen, Judith Boschung, Alexander Nauels, Yu Xia, Vincent Bex & Pauline M. Midgley (Hrsg.) (2013): *Climate Change 2013: The Physical Science Basis. Contribution of Working Group I to the Fifth Assessment Report of the Intergovernmental Panel on Climate Change*. Cambridge, New York: Cambridge University Press. https://www.ipcc.ch/site/assets/uploads/2018/02/WG1AR5_all_final.pdf (letzter Zugriff 05.02.2022).

Studer, Peter & Martin Künzi (2017): So arbeiten Journalisten fair. Was Medienschaffende wissen müssen. Ein Ratgeber des Schweizer Presserats. 2. Auflage. Bern. https://presserat.ch/wp-content/uploads/2017/10/Ratgeber_D.pdf (letzter Zugriff 17.05.2021).

Studer, Samuel, Corinne Schweizer, Manuel Puppis & Matthias Künzler (2014): Darstellung der Schweizer Medienlandschaft. Bericht zuhanden des Bundesamtes für Kommunikation

(BAKOM) Freiburg. https://www.bakom.admin.ch/dam/bakom/de/dokumente/2014/12/bericht_darstellungschweizermedienlandschaftunifr.pdf.download.pdf/bericht_darstellungschweizermedienlandschaftunifr.pdf (letzer Zugriff 05.02.2022).

Subtirelu, Nicholas & Paul Baker (2018): Corpus-based Approaches. In John Flowerdew & John E. Richardson (Hrsg.), *The Routledge Handbook of Critical Discourse Studies*, 106–119. London, New York: Routledge, Taylor & Francis Group.

Sutton, Charles & Andrew McCallum (2007): An Introduction to Conditional Random Fields for Relational Learning. In Lise Getoor & Ben Taskar (Hrsg.), *Introduction to Statistical Relational Learning*, 93–128. Cambridge: MIT Press.

Taddicken, Monika, Anne Reif & Imke Hoppe (2018): Wissen, Nichtwissen, Unwissen, Unsicherheit. Zur Operationalisierung und Auswertung von Wissensitems am Beispiel des Klimawissens. In Nina Janich & Lina Rhein (Hrsg.), *Unsicherheit als Herausforderung in der Wissenschaft. Reflexionen aus Natur-, Sozial- und Geisteswissenschaften* (*Wissen – Kompetenz – Text* 13), 113–140. Berlin etc.: Peter Lang.

Tereick, Jana (2016): *Klimawandel im Diskurs. Multimodale Diskursanalyse crossmedialer Korpora* (Diskursmuster – Discourse Patterns 13). Berlin, Boston: De Gruyter.

Teubert, Wolfgang & Anne Čermáková (2007): *Corpus Linguistics. A Short Introduction*. London, New York: Continuum.

Thibodeau, Paul H. & Lera Boroditsky (2011): Metaphors We Think With. The Role of Metaphor in Reasoning. *PLoS ONE* 6 (2), 1–11.

Thorbietz, Petra (1987): Umwelt und Ökologie in den Medien. In Jörg Calließ & Reinhold E. Lob (Hrsg.), *Handbuch Praxis der Umwelt- und Friedenserziehung. Band 1: Grundlagen*, 300–310. Düsseldorf: Schwann.

Toulmin, Stephen E. (1958/2003): *The Uses of Argument*. Cambridge etc.: Cambridge University Press.

Toulmin, Stephen E. (1996): *Der Gebrauch von Argumenten*. Weinheim: Beltz Athenäum.

Underwood, Ted (2012): Topic Modeling Made Just Simple Enough [Web log post]. https://tedunderwood.com/2012/04/07/topic-modeling-made-just-simple-enough/ (letzter Zugriff 05.02.2022).

United Nations Development Programme (UNDP) Environment & Energy Group (2015): The Bali Road Map. Key Issues under Negotiation. New York. https://www.undp.org/publications/bali-road-map-key-issues-under-negotiation (letzter Zugriff 05.02.2022).

Viehöver, Willy (2008): CO_2-Moleküle und Treibhausgesellschaften. Der globale Klimawandel als Beispiel für die Entgrenzung von Natur und Gesellschaft in der reflexiven Moderne. *Berichte zur deutschen Landeskunde* 82 (2), 115–133.

Viehöver, Willy (2003): Die Klimakatastrophe als ein Mythos der reflexiven Moderne. In Lars Clausen, Elke M. Geenen & Elísio S. Macamo (Hrsg.), *Entsetzliche soziale Prozesse. Theorie und Empirie der Katastrophen*, 247–286. Münster: LIT Verlag.

Vischer, Heiner (2019): Das Basler Parlament verabschiedet Resolution zum Klimawandel. https://www.bs.ch/nm/2019-das-basler-parlament-verabschiedet-resolution-zum-klimawandel-gr.html (letzter Zugriff 19.05.2021).

Volken, Esther (2010): Die Argumente der Klimaskeptiker. ProClim. (Hintergründe der Klima- und Global Change-Forschung 29). https://scnat.ch/de/uuid/i/12dba1b8-4bc2-5152-a949-95c0ff6261be-Die_Argumente_der_Klimaskeptiker (letzter Zugriff 05.02.2022).

Wagemans, Jean H. M. (2019): Periodic Table of Arguments. The Atomic Building Blocks of Persuasive Discourse. https://periodic-table-of-arguments.org (letzter Zugriff 19.05.2021).

Wagemans, Jean H. M. (2016a): Criteria for Deciding what is the ‹Best› Scientific Explanation. In Dima Mohammed & Marcin Lewinski (Hrsg.), *Argumentation and Reasoned Action. Proceedings of the 1st European Conference on Argumentation, Lisbon 2015* (Studies in Logic 63), 43–54. Lissabon, London: College Publications.
Wagemans, Jean H. M. (2016b): Argumentative Patterns for Justifying Scientific Explanations. *Argumentation* 30 (1), 97–108.
Wagemans, Jean H. M. (2016c): Constructing a Periodic Table of Arguments. In Patrick Bondy & Laura Benacquista (Hrsg.), *Argumentation, Objectivity, and Bias. Proceedings of the 11th International Conference of the Ontario Society for the Study of Argumentation (OSSA), 18–21 May 2016*, 1–12. Windsor: OSSA.
Wagemans, Jean H. M. (2016d): Analyzing Metaphor in Argumentative Discourse. *Rivista Italiana di Filosofia del Linguaggio* 10 (2), 79–94.
Walton, Douglas N. (2008): *Informal Logic. A Pragmatic Approach.* 2. Auflage. Cambridge, New York: Cambridge University Press.
Walton, Douglas N. (2006): *Fundamentals of Critical Argumentation.* Cambridge etc.: Cambridge University Press.
Walton, Douglas N. (1997): *Appeal to Expert Opinion. Arguments from Authority.* University Park, PA: Pennsylvania State University Press.
Walton, Douglas N. (1996): *Argumentation Schemes for Presumptive Reasoning.* New York, London: Routledge.
Walton, Douglas N., Chris Reed & Fabrizio Macagno (2008): *Argumentation Schemes.* Cambridge, New York: Cambridge University Press.
Wehling, Elisabeth (2016): *Politisches Framing. Wie eine Nation sich ihr Denken einredet und daraus Politik macht* (Edition Medienpraxis 14). Köln: Herbert von Halem.
Weingart, Peter, Anita Engels & Petra Pansegrau (2008): *Von der Hypothese zur Katastrophe. Der anthropogene Klimawandel im Diskurs zwischen Wissenschaft, Politik und Massenmedien.* 2. Auflage. Opladen, Farmington Hills: Barbara Budrich.
WEMF (2014): *WEMF Auflagenbulletin 2014.* Zürich.
WEMF (2013): *WEMF Auflagenbulletin 2013.* Zürich.
WEMF (2012): *WEMF Auflagenbulletin 2012.* Zürich.
WEMF (2011): *WEMF Auflagenbulletin 2011.* Zürich.
WEMF (2010): *WEMF Auflagenbulletin 2010.* Zürich.
WEMF (2009): *WEMF Auflagenbulletin 2009.* Zürich.
WEMF (2008): *WEMF Auflagenbulletin 2008.* Zürich.
WEMF (2007): *WEMF Auflagenbulletin 2007.* Zürich.
Wengeler, Martin (2013): Historische Diskurssemantik. Das Beispiel Wirtschaftskrisen. In Sven K. Roth & Carmen Spiegel (Hrsg.), *Angewandte Diskurslinguistik. Felder, Probleme, Perspektiven* (Diskursmuster – Discourse Patterns 2), 43–60. Berlin: Akademie Verlag.
Wengeler, Martin (2003): *Topos und Diskurs. Begründung einer argumentationsanalytischen Methode und ihre Anwendung auf den Migrationsdiskurs (1960 – 1985)* (Reihe Germanistische Linguistik 244). Tübingen: Niemeyer.
Wengeler, Martin (2000): ‹Gastarbeiter sind auch Menschen›. Argumentationsanalyse als diskursgeschichtliche Methode. *Sprache und Literatur in Wissenschaft und Unterricht* 86, 54–69.
Wengeler, Martin (1997): Argumentation im Einwanderungsdiskurs. Ein Vergleich der Zeiträume 1970–1973 und 1980–1983. In Matthias Jung, Martin Wengeler & Karin Böcke

(Hrsg.), *Die Sprache des Migrationsdiskurses. Das Reden über ‹Ausländer› in Medien, Politik und Alltag*, 121–149. Opladen: Westdeutscher Verlag.

Wengeler, Martin & Alexander Ziem (2014): Wie über Krisen geredet wird. Einige Ergebnisse eines diskursgeschichtlichen Forschungsprojekts. *Zeitschrift für Literaturwissenschaft und Linguistik* 44 (1), 52–74.

Williams, Raymond (1983): *Keywords. A Vocabulary of Culture and Society*. 2. Auflage. London: Flamingo.

Wodak, Ruth, Rudolf de Cillia, Martin Reisigl, Karin Liebhart, Klaus Hofstätter & Maria Kargl (1998): *Zur diskursiven Konstruktion nationaler Identität* (Suhrkamp Taschenbuch Wissenschaft 1349). Frankfurt a. M.: Suhrkamp.

Wrana, Daniel, Alexander Ziem, Martin Reisigl, Martin Nonhoff & Johannes Angermuller (Hrsg.) (2014): *DiskursNetz. Wörterbuch der interdisziplinären Diskursforschung* (Suhrkamp Taschenbuch Wissenschaft 2097). Berlin: Suhrkamp.

Wright, Georg H. von (2000): *Erklären und Verstehen. Aus dem Englischen von Günther Grewendorf und Georg Meggle*. 4. Auflage. Berlin: Philo.

Ylä-Anttila, Tuomas & Anna Kukkonen (2014): How Arguments Are Justified in the Media Debate on Climate Change in the USA and France. *International Journal of Innovation and Sustainable Development* 8 (4), 394–408.

Zampa, Marta (2017): *Argumentation in the Newsroom* (Argumentation in Context 13). Amsterdam, Philadelphia: John Benjamins.

Zampa, Marta & Daniel Perrin (2016): Arguing with Oneself. The Writing Process as an Argumentative Soliloquy. *Journal of Argumentation in Context* 5 (1), 9–28.

Zehr, Stephen (2009): An Environmentalist/Economic Hybrid Frame in US Press Coverage of Climate Change, 2000–2008. In Tammy Boyce & Justin Lewis (Hrsg.), *Climate Change and the Media* (Global Crises and the Media 5), 80–91. New York etc.: Peter Lang.

Zifonun, Gisela, Ludger Hoffmann & Bruno Strecker (1997): *Grammatik der deutschen Sprache* (Schriften des Instituts für Deutsche Sprache 7). Berlin, New York: De Gruyter.

Zinsmeister, Heike (2015): Chancen und Grenzen von automatischer Annotation. *Zeitschrift für germanistische Linguistik* 43 (1), 84–111.

Zünd, Marianne (2016): CO_2-Emissionen von Neuwagen 2015 – Importeure verfehlen Zielvorgabe nur knapp. https://www.uvek.admin.ch/uvek/de/home/uvek/medien/medienmitteilungen.msg-id-62211.html (letzter Zugriff 05.02.2022).

Zünd, Marianne (2013): Änderung Energiegesetz per 1. Januar 2014. https://www.bfe.admin.ch/bfe/de/home/news-und-medien/medienmitteilungen/mm-test.msg-id-51068.html (letzter Zugriff 05.02.2022).

Zünd, Marianne & Martin Baur (2012): Energiestrategie 2050 und ökologische Steuerreform – Bundesrat eröffnet Vernehmlassung zur Energiestrategie 2050. https://www.uvek.admin.ch/uvek/de/home/uvek/medien/medienmitteilungen.msg-id-46133.html (letzter Zugriff 05.02.2022).

Zeitungsartikel

Baumann, Silvan (15.03.2019): «Grosser Aufmarsch für das Klima». In *Berner Zeitung*. https://www.bernerzeitung.ch/region/bern/grosser-aufmarsch-fuer-das-klima/story/23988600 (letzter Zugriff 07.06.2019).

SDA/mac (15.03.2019): «35’000 Menschen demonstrieren – allein in der Schweiz». In *Tages-Anzeiger*. https://www.tagesanzeiger.ch/schweiz/standard/jugendliche-gehen-fuer-klimaschutz-auf-die-strasse/story/19699424 (letzter Zugriff 7.06.2019).

SDA (20.10.2020): «Schweiz schliesst mit Peru weltweit erstes Klimaschutzabkommen». In *Der Bund* 20.10.2020.

Gesetzestexte

Bundesbeschluss über die Kompensation der CO_2-Emissionen von Gaskombikraftwerken. https://www.admin.ch/opc/de/federal-gazette/2007/2367.pdf (letzter Zugriff 05.02.2022). [BB 2007-0788]

Bundesgesetz über die Stromversorgung. Vom 23. März 2007 (Stand am 1. Juni 2019). https://www.fedlex.admin.ch/filestore/fedlex.data.admin.ch/eli/cc/2007/418/20190601/de/pdf-a/fedlex-data-admin-ch-eli-cc-2007-418-20190601-de-pdf-a.pdf (letzter Zugriff 05.02.2022). [SR 734.7 2007]

Bundesgesetz über die Reduktion der CO_2-Emissionen. (CO_2-Gesetz). Vom 23. Dezember 2011 (Stand am 1. Januar 2022). https://www.fedlex.admin.ch/filestore/fedlex.data.admin.ch/eli/cc/2012/855/20220101/de/pdf-a/fedlex-data-admin-ch-eli-cc-2012-855-20220101-de-pdf-a-1.pdf (letzter Zugriff 05.02.2022). [SR 641.71 2011]

Bundesgesetz über die Reduktion der CO_2-Emissionen. (CO_2-Gesetz). Vom 8. Oktober 1999 (Stand am 1. Mai 2012). https://www.fedlex.admin.ch/filestore/fedlex.data.admin.ch/eli/cc/2000/148/20120501/de/pdf-a/fedlex-data-admin-ch-eli-cc-2000-148-20120501-de-pdf-a.pdf (letzter Zugriff 05.02.2022). [SR 641.71 1999]

Bundesverfassung der schweizerischen Eidgenossenschaft. Vom 18. April 1999 (Stand am 7. März 2021). https://www.fedlex.admin.ch/filestore/fedlex.data.admin.ch/eli/cc/1999/404/20210307/de/pdf-a/fedlex-data-admin-ch-eli-cc-1999-404-20210307-de-pdf-a-3.pdf (letzter Zugriff 05.02.2022). [BV]

Energiegesetz. Vom 26. Juni 1998 (Stand am 1. Januar 2014). https://www.admin.ch/opc/de/classified-compilation/19983485/201401010000/730.0.pdf (letzter Zugriff 05.02.2022). [SR 730.0 2014]

Energiegesetz. Vom 26. Juni 1998 (Stand am 1. Januar 2009). https://www.admin.ch/opc/de/classified-compilation/19983485/200901010000/730.0.pdf (letzter Zugriff 05.02.2022). [SR 730.0 2009]

Mineralölsteuergesetz. Änderung vom 23. März 2007. https://www.fedlex.admin.ch/filestore/fedlex.data.admin.ch/eli/fga/2007/362/de/pdf-a/fedlex-data-admin-ch-eli-fga-2007-362-de-pdf-a.pdf (letzter Zugriff 05.02.2022). [BB 2005-2429]

Strategie zum Klimawandel. Maßnahmen zur Bekämpfung des Klimawandels bis 2020 und darüber hinaus. https://eur-lex.europa.eu/legal-content/DE/TXT/?uri=LEGISSUM:l28188 (letzter Zugriff 05.02.2022). [EUR-Lex – l28188]

United Nations (UN) (2015a): Paris Agreement. https://unfccc.int/sites/default/files/english_-paris_agreement.pdf (letzter Zugriff 05.02.2022).

United Nations (UN) (2015b): 7. d Paris Agreement. https://treaties.un.org/Pages/ViewDetails.aspx?src=TREATY&mtdsg_no=XXVII-7-d&chapter=27&clang=_en (letzter Zugriff 05.02.2022).

United Nations (UN) (2009): Copenhagen Accord. https://unfccc.int/resource/docs/2009/cop15/eng/l07.pdf (letzter Zugriff 05.02.2022).
United Nations (UN) (1997): Kyoto Protocol to the United Nations Framework Convention on Climate Change. https://unfccc.int/resource/docs/convkp/kpeng.pdf (letzter Zugriff 05.02.2022).
United Nations (UN) (1948): Universal Declaration of Human Rights. 10. Dezember 1948. https://www.un.org/en/universal-declaration-human-rights/ (letzter Zugriff 05.02.2022).
United Nations Framework Convention on Climate Change (UNFCCC) (1992): Rahmenübereinkommen der Vereinten Nationen über Klimaänderungen. https://unfccc.int/resource/docs/convkp/convger.pdf (letzter Zugriff 05.02.2022).

11.2 Korpusquellen

DWDS (o. J.b): Kernkorpus. https://www.dwds.de/r?corpus=kern (letzter Zugriff 05.02.2022).
DWDS (o. J.c): Zeitungskorpus. http://dwds.de/ressourcen/korpora/ (letzter Zugriff am 05.02.2022).
Factiva (o. J.): Factiva. https://global.factiva.com/ (letzter Zugriff 05.02.2022).
LexisNexis (o. J.): LexisNexis Academic. http://www.lexisnexis.com/hottopics/lnacademic/ (letzter Zugriff 05.04.2019).
Müller, Marcus (o. J.): Klimawandelkorpus. Projektkorpus TU Darmstadt. https://www.discourselab.de/cqpweb/ (letzter Zugriff 05.02.2022).
Schweizerische Radio- und Fernsehgesellschaft (SRG) (o. J.e): PlaySRF. https://www.srf.ch/play/tv (letzter Zugriff 05.02.2022).
Swissdox (o. J.): Swissdox. http://www.swissdox.ch/Swissdox2/ (letzter Zugriff 05.02.2022).

11.3 Verwendete Zeitungsartikel

Zeitung	Datum	Autor*in	Titel	ID
10vor10	16.12.2009	keine Angabe	Mit dem Zug nach Kopenhagen/Eklat an der Klimakonferenz	14
10vor10	07.03.2011	keine Angabe	Autos: Parlament will CO_2-Ausstoss begrenzen	2
10vor10	08.03.2011	keine Angabe	Gas geben beim Klimaschutz	18
10vor10	02.12.2014	keine Angabe	Energiewende – zu welchem Preis?	15
20 Minuten	03.08.2009	keine Angabe	20 Sekunden	248
20 Minuten	17.12.2009	keine Angabe	Studenten-Mission: HSG soll klimaneutral werden	188

Zeitung	Datum	Autor*in	Titel	ID
20 Minuten	26.06.2013	keine Angabe	Neue CO_2-Limite der EU verteuert Autos in der Schweiz	522
20 Minuten	30.08.2013	keine Angabe	Berner zahlen mehr für Strom	798
Aargauer Zeitung	22.05.2007	keine Angabe	Energiedebatte am Thema vorbei	1933
Aargauer Zeitung	08.12.2007	Christoph Bopp	Lieber kein grosser Wurf	2112
Aargauer Zeitung	11.04.2008	Hans-Peter Wäfler/Martin Reichlin	«Jetzt braucht es einen Halt bei Agro-Treibstoff»	2254
Aargauer Zeitung	04.08.2008	Sabine Sturzenegger	Büro-Sharing in Sissach	2401
Aargauer Zeitung	09.07.2009	Christian Nünlist	Fortschritt beim Klimaschutz	2658
Aargauer Zeitung	04.12.2009	Rosmarie Bär	Vor dem Klima sind nicht alle gleich	2832
Aargauer Zeitung	17.12.2009	Réne Estermann	Feilschen um Preis für CO_2	2893
Aargauer Zeitung	18.12.2009a	Steffen Klatt	Die Welt muss jetzt handeln	2883
Aargauer Zeitung	18.12.2009b	Gieri Cavelty	Im Kampf gegen den Klimawandel	2882
Aargauer Zeitung	22.12.2009	keine Angabe	Erhöhte Temperaturen und die Folgen davon dürfen nicht negiert werden	2775
Aargauer Zeitung	24.12.2009	keine Angabe	Da hilft nur Beten	2766
Aargauer Zeitung	14.10.2011	keine Angabe	Baumarten in unserem Wald	3461
Aargauer Zeitung	25.11.2011	Daniel Fuchs/ Christoph Bopp	«Ich wünsche mir eine glaubwürdigere Schweiz»	3414
Aargauer Zeitung	23.08.2012	Sven Millischer	Industrie geht Energiewende zu langsam	1171
Aargauer Zeitung	20.09.2012	keine Angabe	Eisschmelze in Rekordtempo	1132
Aargauer Zeitung	25.03.2013	keine Angabe	Briefe an die az	1212

Zeitung	Datum	Autor*in	Titel	ID
Aargauer Zeitung	13.09.2013	Stefan Schmid	Es droht ein happiger Aufschlag auf Neuwagen	1707
Aargauer Zeitung	01.04.2014	Raffael Schuppisser/ Matthias Niklowitz	Die Nahrung wird knapper – Bürgerkriege drohen	1778
Anzeiger Luzern	28.08.2013	keine Angabe	myClimate – The Climate Protection Partnership	3591
Basler Zeitung	03.02.2007	keine Angabe	Weltklimarat läutet die Alarmglocken – Der Klimawandel unter der Lupe	7032
Basler Zeitung	13.03.2007	Daniel Brunner	Trommeln für Indien	6933
Basler Zeitung	22.03.2007	Michael Rockenbach	Gaskraftwerken wird Hahn zugedreht	6908
Basler Zeitung	13.11.2007	Susanna Petrin	Besser ÖV- statt Benzin-Privileg	6506
Basler Zeitung	04.12.2007	Willi Germund	Bali soll den Durchbruch bringen	6455
Basler Zeitung	17.12.2007	keine Angabe	Aktionsplan fürs Klima	6410
Basler Zeitung	31.12.2007	Valentin Gröbner	Der schlechte Geschmack der Vergangenheit	6388
Basler Zeitung	26.01.2008	keine Angabe	50 Rappen	6329
Basler Zeitung	21.06.2008	Heiner Hiltermann	Der Süden fordert sein Recht	6112
Basler Zeitung	02.08.2008	Christian Mihatsch	Das Scheitern der Verhandlungen der Welthandelsorganisation (WTO) ist tragisch	6061
Basler Zeitung	13.08.2009	Hanspeter Guggenbühl	Konsum trübt Schweizer Klimabilanz	5591
Basler Zeitung	10.12.2009	Ramona Tarelli	Glocken läuten für das Klima	5380
Basler Zeitung	14.12.2009	Stefan Stöcklin	Ein Berner Forscher heizt ein	5358
Basler Zeitung	02.06.2010	Hanspeter Guggenbühl	Nationalrat schont Automobilisten	5185

Zeitung	Datum	Autor*in	Titel	ID
Basler Zeitung	20.08.2010	Helmut Hubacher	Wortmeldung	5111
Basler Zeitung	21.01.2012	Ruedi Arnold	Widerrede	4661
Basler Zeitung	30.12.2014	Peter Hegetschweiler	Das Einsteigermodell aus Ingolstadt	3650
Berner Zeitung	02.03.2007a	keine Angabe	Technologie «von vorgestern»	9432
Berner Zeitung	02.03.2007b	Marina Bolzli	Ist er ein Umweltsünder? Nicht widersprochen	9434
Berner Zeitung	16.03.2007	keine Angabe	Den Weg für die CO_2-Abgabe frei gemacht	9379
Berner Zeitung	23.04.2007	Hanspeter Guggenbühl	Der Klimabeitrag ist fraglich	9343
Berner Zeitung	20.12.2007	Simon Thönen	Klimaschutz verteuert Autos	9237
Berner Zeitung	18.12.2008	Brüssel Simon	Die Schweiz will EU-Vorgaben nachziehen	8705
Berner Zeitung	24.01.2009	keine Angabe	Unser Raumschiff	8685
Berner Zeitung	19.06.2009	Susanne Graf	Braucht es eine Treibhausgas-Abgabe?	8971
Berner Zeitung	10.03.2010	Philippe Müller	Gaskraftwerke vor dem Aus	8783
Berner Zeitung	07.10.2010	Pascal Schwendener	CO_2 in den Boden statt in die Luft	8463
Berner Zeitung	27.11.2010	keine Angabe	Klimaerwärmung	8314
Berner Zeitung	12.12.2011	keine Angabe	Zeitplan ist beschlossen	8336
Berner Zeitung	18.01.2012	keine Angabe	Leuthards Kuhhandel mit CO_2-Zertifikaten	7904
Berner Zeitung	19.04.2012	keine Angabe	Energiebedarf soll um 30 Prozent sinken	7852
Berner Zeitung	25.08.2012	keine Angabe	«Wir wissen noch immer...»	8051
Berner Zeitung	15.02.2013	keine Angabe	Diverse Ausgaben	7668
Berner Zeitung	14.09.2013	keine Angabe	Änderung der Einspeisevergütung verunsichert Baubranche	7553

Zeitung	Datum	Autor*in	Titel	ID
Berner Zeitung	13.03.2014	keine Angabe	Linke fordern die Energiewende und sparen beim Öko-Strom	7387
Berner Zeitung	15.03.2014	keine Angabe	Trockenstress für den Föderalismus	7386
Berner Zeitung	03.12.2014	keine Angabe	Es trifft die Ärmsten	7184
Blick	24.02.2007	Reto Kohler	Klimastudie zeigt – Nur noch 13 Jahre, um die Welt zu retten	10499
Blick	26.11.2007	keine Angabe	Licht aus! Die Umweltaktion des Jahres	10351
Blick	17.09.2009	Jürg A. Stettler	VW bringt das 1-Liter-Auto	10191
Blick	19.12.2009	Matej Mikusik	Noch steht die Welt mit leeren Händen da	10155
Blick am Abend	02.03.2011	keine Angabe	Sparen, aber edel	10836
Der Sonntag	17.06.2012	Raffael Schuppisser	Sammelstellen für CO_2	18087
Neue Luzerner Zeitung	05.09.2012	keine Angabe	Strominitiative und die Umwelt	11772
Neue Luzerner Zeitung	26.06.2013	keine Angabe	Obama kämpft gegen die Klimaerwärmung	11469
Neue Luzerner Zeitung	14.10.2013	keine Angabe	«Subventionen machen dumm»	11267
Neue Luzerner Zeitung	14.04.2014	keine Angabe	Klima retten ist nicht so teuer	11239
Neue Luzerner Zeitung	17.11.2014	keine Angabe	China und USA geben sich einen grünen Anstrich	11103
Neue Luzerner Zeitung	15.12.2014	keine Angabe	Treten an Ort beim Klimagipfel	11072
Neue Zürcher Zeitung	23.01.2007	keine Angabe	Stromeffizienz erübrigt Bau von Grosskraftwerken	16769
Neue Zürcher Zeitung	14.03.2007	keine Angabe	Moderne Akkus für die Autoindustrie	16613
Neue Zürcher Zeitung	24.03.2007	Micheline Calmy-Rey	Es gibt ein Europa einen Platz für die Schweiz	16486

Zeitung	Datum	Autor*in	Titel	ID
Neue Zürcher Zeitung	15.12.2007	keine Angabe	Zähes Ringen an der Klimakonferenz auf Bali	15552
Neue Zürcher Zeitung	04.04.2008	keine Angabe	Grünes Erwachen in Australien	15722
Neue Zürcher Zeitung	25.06.2008	keine Angabe	Schweizer Biotreibstoff-Gesetze als Vorbild	16047
Neue Zürcher Zeitung	06.09.2008	keine Angabe	Klimaschutz – nicht alles auf eine Karte setzen	15910
Neue Zürcher Zeitung	11.02.2009	keine Angabe	Gelb soll auch grün sein	16317
Neue Zürcher Zeitung	07.11.2009	keine Angabe	Klimakonferenz ohne Ergebnis	14174
Neue Zürcher Zeitung	08.12.2009	keine Angabe	In Kopenhagen müssen wir uns vor uns selber retten	14792
Neue Zürcher Zeitung	11.12.2009	Heinz-Georg Kuttner	Briefe an die NZZ	14780
Neue Zürcher Zeitung	12.12.2009	Andres Wysling	Klimapolitik selbstgemacht	14773
Neue Zürcher Zeitung	16.12.2009	keine Angabe	Ein weiterer Schub für die Klimapolitik	14764
Neue Zürcher Zeitung	19.12.2009	keine Angabe	Die Welt im Spiegel von Kopenhagen	14747
Neue Zürcher Zeitung	24.12.2009	Gian-Reto Walther	Wie weiter	14727
Neue Zürcher Zeitung	03.03.2010	Sven Titz	Kleine Fehler, grosse Wirkung	14308
Neue Zürcher Zeitung	29.06.2011	Sven Titz	Ein ungewöhnlich starker Anstieg des Meeresspiegels	14572
Neue Zürcher Zeitung	03.08.2011	Hanna Wick	Stauseen – die kleinen Klimasünder	14522
Neue Zürcher Zeitung	05.12.2011	Markus Hofmann	Blockade an der Klimakonferenz	14505
Neue Zürcher Zeitung	30.03.2012	Davide Scruzzi	Neue Förderung von Kraftwerken im Keller	13238
Neue Zürcher Zeitung	27.07.2012	Joachim Güntner	Eine Totgesagte auf Wachstumskurs	12655

Zeitung	Datum	Autor*in	Titel	ID
Neue Zürcher Zeitung	29.08.2012	keine Angabe	Die Energiewende ist auch billiger zu haben	12622
Neue Zürcher Zeitung	08.12.2012	Markus Hofmann	Bescheidener Klima-Fahrplan für die kommenden Jahre	12038
Neue Zürcher Zeitung	12.09.2013	keine Angabe	Unsichere Energiewelt	12269
Neue Zürcher Zeitung	28.09.2013	Sven Titz	Voraussagen zum Klimawandel bekräftigt	12244
Neue Zürcher Zeitung	04.06.2014	keine Angabe	Klimapolitik zwischen Fakten und Schönfärberei	12577
Neue Zürcher Zeitung	24.06.2014	Michael Schäfer	Droht Anlegern der CO_2-Kollaps?	12564
Neue Zürcher Zeitung	16.12.2014	Markus Hofmann	Die Klima-Trümpfe bleiben im Ärmel	12919
NZZ am Sonntag	14.09.2008	keine Angabe	Aus der Luft in den Boden verfrachten	17619
NZZ am Sonntag	27.09.2009	keine Angabe	Die ersten Bauern waren noch keine Klimasünder	17518
NZZ am Sonntag	06.12.2009	keine Angabe	Was in Kopenhagen passieren wird	17492
NZZ am Sonntag	20.12.2009	keine Angabe	Der Gewinner heisst Barack Obama	17479
NZZ am Sonntag	29.05.2011	Katharina Bracher	Der Masterplan für die Energiezukunft	17337
NZZ am Sonntag	16.10.2011	keine Angabe	Um den wachsenden Hunger zu stillen, sind alle Mittel recht	17298
NZZ am Sonntag	27.11.2011	keine Angabe	Das Klima verdüstert sich	17285
NZZ am Sonntag	18.12.2011	keine Angabe	Kein Anreiz	17275
NZZ am Sonntag	27.01.2013	keine Angabe	Vorsicht vor Erlen	17146
NZZ am Sonntag	03.02.2013	Gabriela Weiss	Energiewende spaltet die Wirtschaft	17139
NZZ am Sonntag	07.07.2013	keine Angabe	Inflation der Klimaziele	17089
NZZ am Sonntag	22.09.2013	Andreas Hirstein/ Patrick Imhasly	Der Klimawandel steht still	17071

Zeitung	Datum	Autor*in	Titel	ID
Schweiz am Sonntag	24.11.2013	Ueli Wild	Pfade im Emissions-handels-Dschungel	18260
Schweiz am Sonntag	07.12.2014	Aline Trede	Energiegeladen durch die Energiestrategie	18163
Sonntag	18.11.2007	Gregor Waser	CO_2-neutrale Flugti-ckets boomen	17955
Sonntag	30.12.2007	Matthias Scharrer	Badespass in CO_2-Schleuder	17933
Sonntag	01.06.2008	keine Angabe	Der Treibstoff, der den Kreislauf schliesst	18531
Sonntag	03.04.2011	Christof Moser/ Florence Vuichard	SVP: Weniger Auslän-der sollen den Bau neuer AKW unnötig machen	18401
SonntagsBlick	04.03.2007	keine Angabe	Axpo-Chef Heinz Kar-rer warnt	19048
SonntagsBlick	25.11.2007	Christian Dorer	«Wir büssen für die Unvernunft»	18955
SonntagsBlick	02.12.2007	Urs Bärtschi/ Raoul Schwinnen	Ist Hybrid umwelt-freundlicher als Die-sel?	18946
SonntagsBlick	27.12.2009	keine Angabe	Hoffnung auf den Kipp-Effekt	18767
SonntagsBlick	21.11.2010	Marcel Maerz	Warme Füsse	18696
SonntagsBlick	14.12.2014	Jonas Dreyfus	«Manchmal muss man seinen Körper einset-zen»	18533
SonntagsZeitung	11.02.2007	keine Angabe	Leben mit der Unsi-cherheit	19200
SonntagsZeitung	02.12.2007	Joachim Laukenmann	«Viel Zeit zum Disku-tieren haben wir nicht mehr»	19079
SonntagsZeitung	07.09.2008	Volker Mrasek	Misteln saugen Föhren aus	19493
SonntagsZeitung	21.09.2008	Joachim Laukenmann	Tessin ist überall	19085
SonntagsZeitung	13.02.2011	Michael Soukup	Der Airbag wird die Welt nicht retten	19189
SonntagsZeitung	27.03.2011	Martin Kilchmann	Deutsche Rieslinge – frische Frucht, knacki-ge Säure	20081

Zeitung	Datum	Autor*in	Titel	ID
SonntagsZeitung	03.07.2011	Joachim Laukenmann	Auf der Kippe	19127
SonntagsZeitung	04.09.2011	Victor Weber	Verbände wollen CO_2-Gesetz bodigen	19429
SonntagsZeitung	20.11.2011	Martina Wacker	Orkan Lothar war erst der Anfang	19299
SonntagsZeitung	29.09.2013	Pascal Tischhauser	«Für die Energiestrategie 2050 sieht es im Moment nicht gut aus»	19830
SonntagsZeitung	15.12.2013	keine Angabe	Meldungen	19137
SonntagsZeitung	26.10.2014	Joachim Laukenmann	Mit Gas auf dem Holzweg	19134
St. Galler Tagblatt	03.11.2010	Hanspeter Guggenbühl	Die Schweiz wird das Ziel beim Klimaschutz verfehlen	20241
St. Galler Tagblatt	09.12.2010	keine Angabe	Ergebnisse statt Perfektion	20502
St. Galler Tagblatt	09.03.2011	Hanspeter Guggenbühl	Klimapolitik wird verstärkt	20417
St. Galler Tagblatt	03.04.2011a	Bruno Knellwolf	Befallene Zecken lieben es heiss	20334
St. Galler Tagblatt	03.04.2011b	Tobias Gafafer	Bundesrat trotzt UBS und CS	20619
St. Galler Tagblatt	03.06.2011	Hanspeter Guggenbühl	Rekord beim Energieverbrauch	20252
St. Galler Tagblatt	03.11.2011	Kristin Palitza	Wenig Hoffnung auf Kyoto-Nachfolge	20353
St. Galler Tagblatt	03.01.2012	Hanspeter Guggenbühl	Bundesrat bricht Klimaversprechen	20826
St. Galler Tagblatt	03.03.2013	Kaspar Enz	Mit Sonne und Wind nach Indien	20807
St. Galler Tagblatt	03.09.2013	keine Angabe	Wissenschafter sind in der «Klimafalle»	20818
St. Galler Tagblatt	05.09.2013	Hanspeter Guggenbühl	Energiestrategie wird griffiger	21135
St. Galler Tagblatt	03.11.2013	keine Angabe	Wenig Hoffnung auf Durchbruch in Warschau	21141
St. Galler Tagblatt	03.11.2014a	Thorsten Fischer	Klimarat zeichnet düsteres Bild der Erderwärmung	21231

Zeitung	Datum	Autor*in	Titel	ID
St. Galler Tagblatt	03.11.2014b	Philipp Landmark	Eine für alle lebenswerte Welt	21316
Südostschweiz	29.10.2007	Pirmin Schilliger	Eine Lobby für die ins Kreuzfeuer geratenen Biotreibstoffe	23459
Südostschweiz	20.11.2007	Hanspeter Guggenbühl	Die Schweiz startet die Klima-Buchhaltung	23431
Südostschweiz	16.12.2007	Martin Arnold	Uno-Klimakonferenz stellt Weichen für neuen Vertrag	23366
Südostschweiz	15.01.2008	Hanspeter Guggenbühl	Atomkraft wird zum Klumpenrisiko	23346
Südostschweiz	01.02.2008	keine Angabe	Klimawandel so schnell wie noch nie	23316
Südostschweiz	08.03.2009	Max Nötzli/Urs Zurlinden	«Öko und Auto gehen gut zusammen»	22939
Südostschweiz	16.08.2009	Urs Zurlinden/ Thomas Stocker	«Nur Zertifikate kaufen genügt nicht»	22786
Südostschweiz	31.08.2009	Hanspeter Guggenbühl	«Leitstern Wachstum» ein wenig entzaubert	22774
Südostschweiz	13.11.2009	Hanspeter Guggenbühl	Beim Klima ist der Mensch ein Frosch	22705
Südostschweiz	09.12.2009	Roland Lieberherr	Kritik am «Klima-Weckruf»	22665
Südostschweiz	15.12.2009a	Steffen Klatt	Heisse Phase in Kopenhagen beginnt mit Stillstand	22644
Südostschweiz	15.12.2009b	Steffen Klatt	Weltklimagipfel weckte zu hohe Erwartungen	22641
Südostschweiz	19.12.2009	Silvan Stricker	«Wir sind nur ein kleines Rädchen»	22632
Südostschweiz	21.12.2009	Steffen Klatt	Der Einstieg in die Zukunft ist vollzogen	22624
Südostschweiz	22.04.2010	Hanspeter Guggenbühl	Klimapolitik mit Angst vor eigenem Mut	22532
Südostschweiz	13.12.2010	Hanspeter Guggenbühl	Energieverbrauch und Klimaziel klaffen auseinander	22362

Zeitung	Datum	Autor*in	Titel	ID
Südostschweiz	09.06.2011	Benno Tuchschmid	Bundesrat will energieintensive Industrien künftig schonen	22281
Südostschweiz	09.08.2011	Hanspeter Guggenbühl	Offroader sollen dreckiger sein dürfen	22233
Südostschweiz	17.04.2012	Hanspeter Guggenbühl	Die Schweiz hinkt weiter ihrem Klimaziel hinterher	22158
Südostschweiz	15.05.2012	Hanspeter Guggenbühl	Naturschulden sind zehnmal grösser als Staatsschulden	22143
Südostschweiz	30.10.2012	keine Angabe	Anderes Klima, anderes Essen	21932
Südostschweiz	12.09.2013	Stefan Schmid	Happiger Aufschlag auf Neuwagen droht	21746
Südostschweiz	24.01.2014	René Mehrmann	Zum Südpol im Dienste der Forschung	21674
Südostschweiz	31.03.2014	Thomas J. Spang	Trotz Risikostufe Dunkelrot kaum Hoffnung auf Besserung	21646
Südostschweiz	15.09.2014	Antonio Fumagalli	Schlagwort Fussabdruck – ökologisch und umstritten	21588
Südostschweiz	02.11.2014	Elke Bunge	Die Politiker erhalten ihre Klima-Hausaufgaben	21554
Tages-Anzeiger	29.01.2007	keine Angabe	Autokonzerne widersetzen sich dem Klimaschutz	23954
Tages-Anzeiger	01.02.2007	Martin Läubli	Mit klaren Signalen gegen Klimaskeptiker	23586
Tages-Anzeiger	15.03.2007	Martin Läubli	Langfristig denken	23815
Tages-Anzeiger	27.07.2007	Simone Schmid	Stickstoff im Nebel: Ein Stressfaktor für Bäume?	25266
Tages-Anzeiger	03.08.2007	Nina Santner	Der Flug in die Ferien und das schlechte Gewissen	23676
Tages-Anzeiger	24.09.2007	keine Angabe	SP will neues AKW mit Referendum bekämpfen	23943

Zeitung	Datum	Autor*in	Titel	ID
Tages-Anzeiger	04.12.2007	Liliane Minor/ Martin Läubli	Zürcher Regierung reduziert CO_2-Ziele und will ein neues AKW	23710
Tages-Anzeiger	13.02.2008	Martin Läubli	Ökosysteme können plötzlich kippen	23786
Tages-Anzeiger	28.06.2008	Romeo Regenass	Sonderfall Schweiz – auch beim Bioethanol	25288
Tages-Anzeiger	03.09.2008	Michael Kaufmann/ Raphael Hegglin	«Es findet ein Umdenken statt»	25111
Tages-Anzeiger	23.09.2008	Thomas Geiger	Mercedes macht die S-Klasse zur Sparklasse	25116
Tages-Anzeiger	20.11.2008	keine Angabe	Mehr sauerstoffarme Zonen im Ozean	24830
Tages-Anzeiger	13.12.2008	Martin Läubli/ Andreas Fischlin	«Der Klimawandel beschleunigt sich erschreckend»	23566
Tages-Anzeiger	06.03.2009	Franz J. Radermacher/ Viviane Bühr	«Sonst kollabiert unser System»	26544
Tages-Anzeiger	14.05.2009	keine Angabe	Klimawandel bedroht Gesundheit	26200
Tages-Anzeiger	06.07.2009	Tony Blair	Klimavertrag: Der Wille machts aus	25626
Tages-Anzeiger	03.09.2009	Bjørn Lomborg	Der Klimawandel kommt – passen wir uns an!	26171
Tages-Anzeiger	06.10.2009	Christian von Burg	Im Winter sind spanische Tomaten ökologischer als hiesige	26356
Tages-Anzeiger	18.11.2009	keine Angabe	kein Titel	26014
Tages-Anzeiger	10.12.2009	keine Angabe	kein Titel	26211
Tages-Anzeiger	12.12.2009	Patrick Knabenhans	kein Titel	26176
Tages-Anzeiger	16.12.2009	keine Angabe	kein Titel	26021
Tages-Anzeiger	19.12.2009	keine Angabe	kein Titel	26622
Tages-Anzeiger	22.12.2009	keine Angabe	kein Titel	26413
Tages-Anzeiger	23.12.2009	keine Angabe	kein Titel	26472

Zeitung	Datum	Autor*in	Titel	ID
Tages-Anzeiger	22.01.2010	Daniel Friedli/ Markus Brotschi	kein Titel	26358
Tages-Anzeiger	30.12.2010	keine Angabe	Jeder Politiker ist ein Narziss	26061
Tages-Anzeiger	08.03.2011	Markus Brotschi	Strengere Klimaschutz-Vorschriften für neue Autos	26693
Tages-Anzeiger	06.06.2011	Stefan Häne	Wasserkraft als Klimasünder: Entweicht aus dem Rhein Methan?	27232
Tages-Anzeiger	21.04.2012	Nikolaus Piper	Die USA sind «der neue Nahe Osten» der Energiepolitik	27152
Tages-Anzeiger	12.11.2012	Stefan Häne	Leuthard will fossile Stromerzeugung mit Millionen subventionieren	26720
Tages-Anzeiger	25.01.2013	Patrick Feuz/ Christian Brönnimann	Atomausstieg: Stromkonzerne dürfen mit Zugeständnissen rechnen	27494
Tages-Anzeiger	25.04.2013	Martin Läubli	«Die Energiedebatte wird zu oft nur auf die Elektrizität fokussiert»	27706
Tages-Anzeiger	28.09.2013a	Stefan Häne	Bürgerliche orten Klimahysterie	27537
Tages-Anzeiger	28.09.2013b	Martin Läubli	«Das CO_2-Budget ist schon fast weg»	27763
Tages-Anzeiger	09.11.2013	Martin Läubli	Kohle- und Autoindustrie sponsern UNO-Klimakonferenz	27496
Tages-Anzeiger	06.12.2013	Steffen Trumpf	«Ich glaube, wir sind nicht mehr zu retten»	27658
Tages-Anzeiger	23.01.2014	Stephan Israel	Bremsspuren in der Klimapolitik	27691
Tages-Anzeiger	03.06.2014	Martin Läubli	Obamas Klimaplan ist ein starkes Zeichen, mehr nicht	27673
Tages-Anzeiger	15.06.2014	Stefan Häne	CO_2-Abgabe steigt 2016 wohl erneut	28086

Zeitung	Datum	Autor*in	Titel	ID
Tages-Anzeiger	25.10.2014	Martin Läubli	Verwässerte Klimaziele könnten Wirkung zeigen	27678
Tages-Anzeiger	25.11.2014	Anderegg Susanne/ Schneebeli Daniel	Gestern im Kantonsrat	27668
Tages-Anzeiger	04.12.2014	David Nauer Berlin	Deutschland spart CO_2	27833
Zürichsee-Zeitung	03.02.2007a	keine Angabe	Uno-Klimabericht Wissenschaftler zeichnen düsteres Bild	28565
Zürichsee-Zeitung	03.02.2007b	Stefan Brändle	UNO-Klimabericht Expertengruppe prophezeit der Erde mehr Regenfälle und Hitzewellen	28566
Zürichsee-Zeitung	16.08.2007	Martin Steinegger	«All inclusive» am Zürichsee	28908
Zürichsee-Zeitung	25.08.2007	This Wachter	Kuhgas-Debatte unerwünscht	28891
Zürichsee-Zeitung	24.12.2007	Irma Schaub	CO_2-Ausstoss global reduzieren	29016
Zürichsee-Zeitung	19.01.2008	Ronald Wild	Die wirklich unbequeme Wahrheit	28989
Zürichsee-Zeitung	07.06.2008	keine Angabe	V70 und S80 umweltfreundlich und dynamisch unterwegs	29157
Zürichsee-Zeitung	25.07.2008	keine Angabe	Für transatlantischen Neuanfang	29113
Zürichsee-Zeitung	04.07.2009	Stefan Schneiter	Klima profitiert von Obama-Wahl	29401
Zürichsee-Zeitung	21.07.2009	Stefan Schneiter	Schweiz könnte als Vorbild dienen	29392
Zürichsee-Zeitung	05.12.2009	Steffen Klatt	Schwellenländer erhöhen Druck	29602
Zürichsee-Zeitung	07.12.2009	Martin Arnold	«Die Bergkultur regelt sich selber»	29600
Zürichsee-Zeitung	14.12.2009a	keine Angabe	Klimakatastrophe ist eine Lüge	29587

Zeitung	Datum	Autor*in	Titel	ID
Zürichsee-Zeitung	14.12.2009b	Sonja Astfalck	Gemeinsam aus der Sackgasse finden	29586
Zürichsee-Zeitung	16.12.2009	keine Angabe	Längst fällige Diskussion entfacht	29582
Zürichsee-Zeitung	22.12.2009	keine Angabe	Leuenberger ist nicht glaubwürdig	29566
Zürichsee-Zeitung	12.11.2010	keine Angabe	Das bestehende Gesetz genügt	29881
Zürichsee-Zeitung	13.03.2014	keine Angabe	Drei Jahre nach Fukushima	30392
Zürichsee-Zeitung	10.12.2014	Matthias Niklowitz	Das bringt die Wende dem Volk, der Umwelt und der Stromwirtschaft	30290

11.4 Verwendete Programme und Anwendungen

Blätte, Andreas (2019): *polmineR*. https://cran.r-project.org/web/packages/polmineR/index.html. [0.7.11]

Evert, Stefan & Andrew Hardie (o. J.): *The IMS Open Corpus Workbench*. http://cwb.sourceforge.net/. [CQPweblnABox 3.2.31]

Evert, Stefan/CWB Development Team (2016): *The IMS Open Corpus Workbench (CWB) Corpus Encoding Tutorial. CWB Version 3.4*. http://cwb.sourceforge.net/files/CWB_Encoding_Tutorial.pdf (letzter Zugriff 05.02.2022).

Faruqui, Manaal & Sebastian Padó (2010): Training and Evaluating a German Named Entity Recognizer with Semantic Generalization. In Manfred Pinkal, Ines Rehbein, Sabine Schulte im Walde & Angelika Storrer (Hrsg.), *Semantic Approaches in Natural Language Processing: Proceedings of the 10th Conference on Natural Language Processing, KONVENS 2010, September 6–8, 2010, Saarland University, Saarbrücken, Germany*, 129–133. Saarbrücken: universaar.

Fellows, Ian (2018): Wordcloud. https://cran.r-project.org/web/packages/wordcloud/index.html. [2.6]

Finkel, Jenny Rose, Trond Grenager & Christopher Manning (2005): *Stanford Named Entity Recognizer (NER)*. https://nlp.stanford.edu/software/CRF-NER.html.

Harrell, Frank E./Dupont, Charles et al. (2019): *Hmisc*. https://cran.r-project.org/web/packages/Hmisc/index.html. [4.2.0]

Mimno, David (2013): *mallet. A Wrapper around the Java Machine Learning Tool MALLET*. https://cran.r-project.org/web/packages/mallet/index.html. [1.0]

McCallum, Andrew K. (2002): *Mallet. A Machine Learning for Language Toolkit*. http://mallet.cs.umass.edu.

Schmid, Helmut (o. J.): *TreeTagger. A Part-of-Speech Tagger for Many Languages*. http://www.cis.uni-muenchen.de/~schmid/tools/TreeTagger/.

Schiller, Anne, Simone Teufel, Christine Stöckert & Christine Thielen (1999): *Guidelines für das Tagging deutscher Textcorpora mit STTS (Kleines und* großes *Tagset)*. http://www.sfs.uni-tuebingen.de/resources/stts-1999.pdf (letzter Zugriff 05.02.2022).

Wei, Taiyun, Viliam Simko, Michael Levy, Yihui Xie, Yan Jin & Jeff Zemla (2017): *corrplot*. https://cran.r-project.org/web/packages/corrplot/index.html. [0.84]

12 Tabellen- und Abbildungsverzeichnis

12.1 Abbildungsverzeichnis

https://doi.org/10.1515/9783110760804-012

12.2 Tabellenverzeichnis

13 Anhang

13.1 Annotationen im Korpus

13.1.1 Meinungsbasierte Ressorts

@ E-MAIL AUS ÜBERSEE	Leserseite
Essay von Gerhard Schröder	Meinungen
Aarau Lenzburg WS Forum	Meinungen und Debatten
Aargauer Zeitung Leserbriefe	OPED Kommentare
Ansicht	Sonntagskommentar
Baden Brugg Zurzach Forum	TRIBÜNE
BlickLeser	TRIBÜNE ZUM WELTKREBSTAG AM 4. FEBRUAR
BRIEF IN DEN LEUTSCHENBACH	Tribüne/Inland
Briefe an die NZZ	Tribüne/Region
BRIEFE AUS USTER	Tribüne/Wirtschaft
COMMUNITY	TRIBÜNE: DIE SCHWEIZ UND DIE INTELLEKTUELLEN
editorial	TRIBÜNE: KONTRA DORFKERN KÜSNACHT
Forum	Wahl-Tribüne
Forum Leserbriefe	WAS LESER MEINEN
Fricktal Forum	WAS LESERINNEN MEINEN
ihre seite	WAS LESERINNEN UND LESER MEINEN
KOLUMNE	ZSR,ZSO Leserbrief
Kommentar	Zürich, Basel, Bern, Luzern, St.Gallen Community
KONTRA	Zürichsee-Zeitung Bezirk Horgen Leserbriefe
kontrovers	Zürichsee-Zeitung Bezirk Meilen Leserbriefe
Leserbriefe	Zürichsee-Zeitung March Höfe Leserbriefe
Leserbriefe Aarau	Zürichsee-Zeitung Obersee Leserbriefe
LESERFORUM	Zürichsee-Zeitungen Leserbriefe

https://doi.org/10.1515/9783110760804-013

13.2 Korpuslinguistische Auswertungen

13.2.1 Die zwanzig häufigsten Ausdrücke pro Thema

Thema	Thema	Wörter
V1	Bergtourismus	gletscher / klimawandel / tourismus / schnee / alpen / schweiz / meter / schweizer / winter / sommer / eis / metern / bergen / grindelwald / bergbahnen / oberland / gäste / tal / berge / wallis
V2	Gesundheitswesen	menschen / patienten / blut / körper / krankheit / zecken / haut / ärzte / gesundheit / risiko / krankheiten / usa / sterben / medizin / gegen / gehirn / arzt / mensch / oft / ?
V3	Stoppwörter	. / die / der / und / in / den / , / von / zu / im / mit / sich / für / war / als / auf / dem / des / eine / an
V4	Heizen	holz / feuer / q / bei / ei / weihnachten / ofen / o / kaminfeger / cheminées / rauch / baum / kochen / pellets / feuerwerk / wärme / öfen / holzfeuerungen / flammen / cheminée
V5	Stoppwörter	. / die / der / und / in / den / für / von / das / zu / im / auf / werden / mit / des / eine / dem / ein / wird / an
V6	Biotreibstoffe	aus / erdgas / benzin / treibstoff / biogas / ethanol / liter / schweiz / bioethanol / produktion / biotreibstoffe / treibstoffe / diesel / biomasse / mais / biodiesel / biotreibstoffen / gas / biotreibstoff / zuckerrohr
V7	Flugzeuge	swiss / flughafen / fliegen / flugzeuge / flüge / flugzeug / zürich / luftfahrt / airlines / fluggesellschaften / luftverkehr / flugverkehr / piccard / airbus / passagiere / air / flug / kerosin / flughäfen / lärm
V8	Wirtschafts- und Finanzkrise	wirtschaft / krise / banken / geld / finanzkrise / wachstum / steuern / wirtschaftlichen / rezession / wirtschaftskrise / investitionen / unternehmen / wirtschaftliche / risiken / bank / länder / arbeitslosigkeit / ökonomen / arbeitsplätze / euro
V9	Fossile Brennstoffe	erdgas / öl / gas / kohle / russland / usa / erdöl / russischen / shell / golf / bp / europa / land / fracking / förderung / mexiko / gazprom / öl- / reserven / dollar
V10	Aussenpolitik	schweiz / schweizer / bundesrat / – / maurer / armee / eu / land / bern / blocher / schmid / parlament / calmy-rey / volk / ausland / ueli / demokratie / bilateralen / personenfreizügigkeit / sicherheit
V11	Luftverschmutzung	luft / umwelt / (/) / feinstaub / ausstoss / schweiz / emissionen / schadstoffe / abfall / empa / grenzwerte / ozon / luftverschmutzung / reduziert / bafu / kva / belastung / bericht / gesundheit

Thema	Thema	Wörter
V12	Asien	china / usa / japan / peking / chinas / chinesische / regierung / chinesischen / indien / land / chinesen / will / hatte / welt / tokio / japanischen / asien / seiner / westen / japans
V13	Wissenschaftliche Institutionen	eth / zürich / forschung / universität / professor / wissenschaft / schweiz / schweizer / bern / institut / hochschule / technik / uni / studenten / forscher / wissen / wissenschaften / erkenntnisse / wissenschafter / wissenschaftlichen
V14	Wälder	wald / bäume / wälder / holz / pflanzen / klimawandel / wsl / schweiz / boden / schweizer / waldes / landschaft / baum / wäldern / forschungsanstalt / natur / schutz / bäumen / wachsen / pilze
V15	Zürich	gemeinde / gemeinderat / gemeinden / energiestadt / küsnacht / horgen / - / meilen / bezirk / thalwil / label / bevölkerung / wädenswil / klimaschutz / stäfa / gemeindeversammlung / region / massnahmen / uetikon / männedorf
V16	Natur und Mensch	wir / menschen / umwelt / klimawandel / welt / uns / natur / leben / ressourcen / erde / unsere / wirtschaft / wachstum / klima / menschheit / ökologischen / bevölkerung / ökologische / umweltschutz / grüne
V17	Literatur	buch / « / » / ausstellung / kunst / geschichte / autor / roman / klimawandel / werk / künstler / fr. / schreiben / seiten / leser / autoren / verlag / titel / bilder / lesen
V18	Stoppwörter	. / die / der / und / in / den / mit / von / auf / zu / sich / im / dem / sie / eine / an / aus / des / am / sind
V19	Gesellschaft	des / welt / menschen / leben / ; / gesellschaft / eines / » / zukunft / « / geschichte / gott / buch / mensch / uns / angst / freiheit / demokratie / jahrhundert / kultur
V20	Konsequenzen Klimawandel	des / wasser / klimawandel / menschen / schäden / überschwemmungen / meter / hochwasser / leben / seen / flüsse / meer / see / erdbeben / land / betroffen / eines / kilometer / schutz / behörden
V21	Städte	stadt / städte / new / städten / bauen / city / york / wohnen / architektur / gebäude / architekten / bürgermeister / leben / schweizer / wohnungen / projekt / haus / raum / einwohner / museum
V22	Wein	wein / weine / winzer / trauben / ; / schweizer / sorten / alkohol / früher / ernte / qualität / reben / geschmack / schweiz / früchte / merlot / weinbau / pinot / de / flaschen
V23	Stoppwörter	. / , / ist / das / ? / wir / es / nicht / sie / : / mit / ein / auch / dass / eine / sind / aber / wie / haben / man

Thema	Thema	Wörter
V24	Gipfeltreffen	davos / ban / wef / forum / klimawandel / welt / uno / new / york / uno-generalsekretär / genf / moon / ki / schwab / internationalen / treffen / annan / economic / klaus / globalen
V25	Finanzielle Beträge	prozent / des / jahr / rund / franken / millionen / wurde / pro / laut / 000 / 20 / jahren / kosten / milliarden / 50 / 30 / bis / 10 / seit / 100
V26	Kostendeckende Einspeisevergütung	strom / energiewende / schweiz / – / energie / energien / wasserkraft / erneuerbaren / schweizer / deutschland / ausbau / subventionen / erneuerbare / netz / markt / rappen / stromproduktion / anlagen / kraftwerke / kev
V27	Emissionsbeträge	% / (/) / mio. / mrd. / – / ; / fr. / war / € / 2007 / vergangenen / vorjahr / ausstoss / ersten / gegenüber / 2008 / quartal / wachstum / 2009
V28	Atomkraftwerke	akw / schweiz / neue / ausstieg / bau / gaskraftwerke / axpo / fukushima / kernenergie / bkw / atomausstieg / atomkraftwerke / atomenergie / mühleberg / neuen / atomkraft / schweizer / eines / kernkraftwerke / atomstrom
V29	Treibstoffverbrauch	autos / gramm / auto / schweiz / fahrzeuge / kilometer / co2-ausstoss / pro / neuwagen / co2 / liter / schweizer / 130 / verbrauch / neu / autoindustrie / personenwagen / hersteller / benzin / offroader
V30	Australien und Grossbritannien	regierung / australien / brown / london / britischen / britische / rudd / premierminister / blair / grossbritannien / tony / hatte / konservativen / abbott / klimawandel / australischen / premier / land / partei / howard
V31	Schweizer Politik	initiative / nationalrat / svp / fdp / grünen / sp / parlament / gegenvorschlag / ständerat / vorlage / will / grüne / cvp / stimmen / bern / ja / volk / mehrheit / bundesrat / kommission
V32	Preisentwicklung	; / nachfrage / dollar / preise / $ / preis / fass / wieder / ausstoss / opec / produktion / je / markt / gold / angebot / dürfte / ölpreis / letzten / erdöl / mio.
V33	Stoppwörter	. / , / der / die / und / in / uhr / am / den / im / für / mit / von / werden / das / auf / zu / des / ist / dem
V34	Hybridautos	toyota / vw / soll / bmw / audi / auto / ps / hybrid / autos / volvo / genf / kilometer / neuen / 100 / will / mercedes / modelle / hersteller / co2-ausstoss / peugeot
V35	Kennzahlen Autos	: / , / " / ; / liter / km / h / kw / | / m / l / g / km / fr. / kg / ab / km / (/) / verbrauch / mm / fuer
V36	Sport	spiele / schweizer / sport / spieler / rennen / 1 / spiel / fc / spielen / olympischen / saison / fussball / stadion / ziel / team / formel / roger / sieg / euro / olympia

Thema	Thema	Wörter
V37	Persönliche Meinungen	ich / mich / mir / habe / bin / meine / ! / mein / leben / meiner / meinen / du / frau / meinem / menschen / tag / möchte / finde / werde / sagte
V38	Klimawandel	des / klimawandel / ipcc / grad / erwärmung / bericht / klima / folgen / klimawandels / klimaerwärmung / erderwärmung / globalen / menschen / globale / klimaforscher / letzten / stocker / weltweit / erde / wissenschaftler
V39	Symbolische Aktionen	licht / aktion / wwf / uhr / kirche / klimaschutz / ! / earth / beleuchtung / lichter / schweiz / klima / greenpeace / hour / stunde / zeichen / minuten / kirchen / schweizer / klimawandel
V40	Wetter	winter / grad / bis / schweiz / sommer / temperaturen / war / wetter / schnee / erwärmung / frühling / warm / regen / wärmer / tage / kalt / januar / klimaerwärmung / kälte / meteo
V41	Berichterstattung	gestern / gegen / sda / - / worden / polizei / sagte / wurden / menschen / wegen / hat / ap / bei / hatten / verletzt / montag / personen / sind / sonntag / demonstranten
V42	Landwirtschaft	landwirtschaft / bauern / schweizer / schweiz / produktion / boden / mais / pflanzen / reis / weltweit / preise / getreide / weizen / bauer / böden / produkte / landwirte / anbau / landwirtschaftlichen / klimawandel
V43	CO_2-Kompensation	klimaschutz / sie / projekte / myclimate / unternehmen / co2 / kunden / geld / will / co2-ausstoss / schweizer / schweiz / wer / stiftung / umwelt / migros / reisen / produkte / preis / projekt
V44	Stoppwörter	, / . / die / der / und / in / von / den / zu / ist / für / das / sich / mit / auf / im / nicht / werden / als / eine
V45	Bier	bier / brauerei / schweiz / schweizer / brauereien / ausstoss / liter / wehntal / niederweningen / feldschlösschen / hektoliter / mammutmuseum / mineralwasser / wasser / region / rauchen / kleinen / gebraut / trüffel / zemp
V46	Kohlekraftwerke	graubünden / bündner / chur / - / kanton / repower / projekt / energie / regierung / kohlekraftwerk / brunsbüttel / kohlekraftwerke / regierungsrat / churer / gemeinden / kohle / engler / italien / rätia / cavigelli
V47	Stoppwörter	. / die / , / der / und / in / den / zu / von / das / für / im / sich / auf / mit / ist / als / eine / werden / nicht
V48	Fleischkonsum	fleisch / essen / coop / schweiz / schweizer / produkte / gemüse / ernährung / kilogramm / lebensmittel / migros / zürich / milch / tiere / kilo / gramm / tag / konsumenten / kuh / kühe

Thema	Thema	Wörter
V49	Südamerika	brasilien / de / spanien / land / regierung / brasiliens / peru / la / region / brasilianischen / chavez / bolivien / präsident / chile / brasilianische / regenwald / spanischen / mexiko / ecuador / star
V50	Zeit- und Ortsangaben	, / . / : / - / und / uhr / bis / der / von / mit / ; / – / im / in / « / 20.00 / » / tel. / bern / sa
V51	USA	obama / usa / präsident / bush / barack / washington / amerikanischen / obamas / clinton / amerika / republikaner / haus / demokraten / new / george / kongress / will / mccain / amerikanische / dollar
V52	CO_2-Abgaben	schweiz / prozent / bundesrat / co2 / co2-abgabe / massnahmen / klimapolitik / ausland / co2-ausstoss / 2020 / inland / schweizer / emissionen / reduktion / leuenberger / wirtschaft / 2012 / 1990 / abgabe / ausstoss
V53	Stoppwörter	, / . / die / der / und / in / den / zu / für / von / sich / das / mit / auf / im / nicht / dass / « / » / sei
V54	Weltall	erde / sonne / planeten / mars / wasser / leben / atmosphäre / wolken / kilometer / all / nasa / satelliten / strahlung / planet / oberfläche / sonnenaktivität / vulkan / mond / venus / kometen
V55	Veranstaltungen	musik / « / » / bühne / publikum / klimawandel / zürich / theater / schweizer / d / stück / singen / album / musiker / ihrem / s / fasnacht / lieder / spielt / band
V56	Treibhausgase	co2 / kohlendioxid / man / wasser / luft / methan / eines / gas / forscher / mengen / sauerstoff / verfahren / algen / entsteht / treibhausgas / wieder / wäre / wasserstoff / atmosphäre / energie
V57	Kraftwerke	ag / anlage / energie / strom / wärme / betrieb / projekt / anlagen / wasser / bau / dach / produzieren / solaranlage / produziert / soll / werden / genutzt / abwärme / meter / holz
V58	Europäische Union	eu / europa / europäischen / brüssel / eu-kommission / europäische / euro / klimaschutz / union / deutschland / kommission / barroso / will / polen / eu-staaten / mitgliedstaaten / europas / frankreich / regierungschefs / deutsche
V59	Familie/Schule	sie / kinder / frauen / ihre / schüler / schule / eltern / junge / ihr / männer / jungen / kindern / jugendlichen / familie / leben / frau / arbeit / schulen / lehrer / jugendliche
V60	Wahlen	grünen / svp / partei / sp / fdp / cvp / parteien / wahlen / will / grüne / bdp / ihre / nationalrat / grünliberalen / wahlkampf / zwei / mitte / wahl / themen / gewählt

Thema	Thema	Wörter
V61	Bern	bern / ; / berner / – / kanton / thun / solothurn / region / ag / oberland / egger / stadt / gemeinden / langenthal / kantons / burgdorf / peter / interlaken / barbara / olten
V62	Gebäudesanierung	energie / gebäude / haus / sanierung / bauen / neubauten / kanton / sanierungen / gebäuden / bund / kantone / häuser / energetische / hausbesitzer / fenster / bauten / mieter / minergie / geld / heizung
V63	Geothermie	st. / kanton / gallen / luzern / energiewende / schwyz / geothermie / galler / ckw / projekt / kantone / luzerner / uri / zug / gemeinden / kantons / ? / kantonsrat / regierungsrat / kantonen
V64	Windenergie	man / soll / windenergie / wind / projekt / will / anlagen / windräder / bau / meter / sollen / abu / hier / windparks / ; / kwo / dhabi / windpark / produzieren / gebaut
V65	(Nachhaltige) Investitionen	fonds / anleger / investoren / bank / anlagen / aktien / nachhaltige / investieren / ubs / nachhaltigkeit / klimawandel / nachhaltigen / risiken / grössten / suisse / pensionskassen / rendite / produkte / investiert / sarasin
V66	Unternehmen	unternehmen / firmen / schweizer / firma / will / markt / kunden / umsatz / euro / geschäft / konzern / branche / weltweit / mitarbeiter / ceo / abb / investitionen / produkte / produktion / dollar
V67	Elektroautos	strom / elektroautos / batterie / batterien / eines / energie / smart / reichweite / technik / wasserstoff / kilometer / technologie / fahren / elektrisch / einsatz / computer / elektroauto / elektrische / tesla / google
V68	Stoppwörter	, / das / ist / nicht / es / ein / auch / man / dass / wie / hat / ? / so / – / aber / noch / nur / oder / wenn / einen
V69	Al Gore	« / » / gore / the / al / film / of / new / welt / york / live / earth / gores / wahrheit / usa / kino / preis / to / klimawandel / a
V70	Biodiversität	tiere / arten / klimawandel / vögel / schweiz / pflanzen / insekten / art / biodiversität / fische / natur / tieren / menschen / leben / lebensraum / bedroht / aussterben / tier / schutz / artenvielfalt
V71	Berichterstattung	(/) / : / 2 / 3 / siehe / seite / 1 / 4 / platz / 7 / 1. / a / 2. / 3. / 9 / b / 27 / b. / ta
V72	Aargau	aargau / aarau / aargauer / müller / baden / az / ag / kanton / › / peter / energiewende / beyeler / gemeinden / brugg / präsident / region / regierungsrat / rheinfelden / wohlen / co

Thema	Thema	Wörter
V73	Entwicklungsländer	menschen / afrika / wasser / länder / ländern / klimawandel / welt / land / armut / indien / hilfe / entwicklung / dollar / armen / entwicklungshilfe / weltweit / hunger / bevölkerung / staaten / folgen
V74	Politik	zur / sie / gegen / - / ihr / ihrer / politik / sollte / ihre / deren / gegenüber / ihrem / eigenen / politischen / politische / fragen / politiker / dessen / recht / hinter
V75	Zürich	zürich / stadt / zürcher / - / kanton / stadtrat / 2000-watt-gesellschaft / kantonsrat / winterthur / regierungsrat / gemeinderat / ewz / uster / kägi / kantons / bevölkerung / markus / gestern / gemeinden / ewb
V76	Basel	; / basel / baz / basler / – / kanton / baselbieter / iwb / baselland / basel-stadt / region / ebm / liestal / ebl / baselbiet / landrat / steiner / stadt / urs / elektra
V77	Stoppwörter	die / . / der / und / , / in / für / den / zu / von / sich / im / mit / auf / werden / als / des / eine / ist / das
V78	Deutschland	deutschland / merkel / deutschen / deutsche / berlin / regierung / spd / grünen / kanzlerin / angela / koalition / cdu / energiewende / euro / gabriel / partei / will / union / hatte / grüne
V79	Klimakonferenzen	bis / kopenhagen / usa / staaten / länder / klimaschutz / china / klimakonferenz / verhandlungen / des / soll / konferenz / entwicklungsländer / prozent / 2020 / abkommen / kyoto-protokoll / bali / emissionen / klimapolitik
V80	(In)direkte Rede	« / » / : / sagt / wir / sei / er / habe / seien / wollen / werde / uns / erklärt / thema / würden / hält / hätten / könne / müsse / findet
V81	Energiepolitik	leuthard / bundesrat / doris / leuenberger / energiewende / bundesrätin / wirtschaft / economiesuisse / schweiz / energiestrategie / moritz / atomausstieg / energieministerin / bern / gestern / steuerreform / 2050 / sagte / – / verband
V82	Energiewende	energie / energien / bis / erneuerbaren / erneuerbare / 2050 / energieeffizienz / ziel / soll / massnahmen / co2-ausstoss / energieverbrauch / energiepolitik / 2020 / erneuerbarer / anteil / ziele / technologien / fossilen / förderung
V83	Transportmittel	verkehr / auto / fahren / öffentlichen / strasse / bahn / strassen / sbb / velo / autos / zug / schweiz / kilometer / mobilität / tempo / bus / fährt / autofahrer / fahrt / co2-ausstoss
V84	Beschreibung Autos	. / : / der / und / mit / km / h / aber / den / auf / ps / - / sich / für / motor / im / franken / dem / preis / 100 / ab
V85	Stoppwörter	. / der / , / die / und / mit / in / den / das / von / auf / ist / im / dem / für / bei / auch / zu / ein / als

Thema	Thema	Wörter
V86	Internationale Politik	präsident / usa / russland / sarkozy / frankreich / bush / merkel / welt / staaten / iran / obama / europa / treffen / präsidenten / zwischen / gipfel / putin / französische / paris / internationalen
V87	Studien Klimawandel	forscher / studie / – / daten / war / (/ atmosphäre / universität / erwärmung / klima / jahre / of / letzten / wissenschaftler / university / grad / erde /) / wissenschafter / temperatur
V88	Personenbeschreibungen	er / seine / seiner / war / seinen / ihm / seinem / ihn / als / hatte / mann / seines / eines / frau / arbeit / wollte / amt / vater / heute / musste
V89	unklar	vom / wir / ! / « / » / ich / uns / ausgabe / sonntagszeitung / unsere / artikel / menschen / endlich / leider / geld / unserer / wollen / 1. / 3. / 2.
V90	Pole	eis / arktis / des / eisbären / grönland / klimawandel / meter / meer / antarktis / nordpol / arktischen / kanada / welt / kilometer / schmilzt / sommer / schiffe / eisbär / schiff / insel

13.2.2 Keywords

Aufgrund des Umfangs sind jeweils maximal die ersten 200 *Keywords* mit den höchsten Effektgrössen aufgelistet.

13.2.2.1 März 2007

Lemma	Anzahl	Log-Likelihood	Effektgrösse
Grzimek	19	134.18	34110.44
Frauentag	11	76.68	29609.07
Victorinox	11	76.68	29609.07
Philipona	12	73.05	10703.30
Blumenthal	18	100.28	6844.98
h	55	298.31	6089.39
Renzo	20	107.67	5901.83
Luzi	30	149.76	4401.37
Bundesbeschluss	28	138.15	4221.32
Volkskongress	10	48.78	4055.11

Lemma	Anzahl	Log-Likelihood	Effektgrösse
Weltrisikogesell-schaft	10	45.74	3276.03
Sondersitzung	11	48.19	2870.91
Knut	78	339.07	2805.71
Swiss-Chef	10	42.34	2600.82
Auslandanteil	13	55.05	2600.82
Freysinger	12	50.05	2492.79
Chirac	45	181.76	2283.08
Jungfraujoch	35	136.91	2098.35
Krippe	16	62.15	2060.66
Atel	36	136.13	1925.62
Gehege	12	44.21	1806.46
Swisselectric	12	42.57	1651.89
Notter	11	37.00	1463.64
Ackermann	11	34.78	1281.82
Karikatur	17	53.52	1270.57
Schneemangel	10	31.24	1250.41
Zigarre	10	30.84	1217.48
Tempo-30-Zone	14	42.93	1203.85
Nizza	10	30.44	1186.11
Gewerkschaftsbund	14	41.78	1139.72
Ratspräsidentschaft	10	29.68	1127.65
hochalpin	10	29.68	1127.65
unterstehen	10	29.68	1127.65
Zecke	43	125.50	1091.13
fakultativ	11	31.71	1065.06
Zoo	50	139.60	1002.38
DRS	28	77.57	988.10
Gaskombikraftwerke	48	132.42	980.33
OcCC	12	32.78	962.62
BS	10	27.26	959.15
baz	43	114.19	914.28
Käppeli	11	28.78	890.30
Silvia	14	35.86	857.25
Neutralität	19	48.44	850.29
Taxi	17	42.39	818.28

Lemma	Anzahl	Log-Likelihood	Effektgrösse
Bieri	11	26.80	786.84
Auto-Salon	10	24.34	785.52
=	18	43.77	783.91
Beck	28	67.32	769.23
Energiesparlampe	20	46.88	737.46
Salon	32	74.61	731.02
Velofahrer	16	37.30	731.02
Hayek	15	34.85	726.78
Riklin	12	27.73	720.50
Fortwo	12	27.01	690.49
Carlo	14	31.43	687.74
Hysterie	15	33.64	686.65
Unterzeichnung	11	24.33	671.66
EU-Gipfel	21	46.45	671.66
Voten	11	24.10	661.77
Maier	13	27.64	631.47
Klima-Initiative	18	38.04	625.59
Gaskraftwerk	265	558.4	622.58
AKWs	34	71.45	620.22
Atem	16	33.62	620.22
Biokraftstoff	10	20.80	610.74
Hitzesommer	16	32.58	591.41
Waldsterben	25	50.77	588.99
Impfung	11	21.98	575.21
Klimadebatte	33	65.17	565.13
verschlafen	12	23.40	554.75
Glühbirne	29	56.21	549.99
Axpo-Chef	11	20.84	532.11
Rüschlikon	11	20.66	525.45
Inconvenient	11	20.48	518.94
Autosalon	28	52.01	517.33
Utzenstorf	14	25.56	504.98
Rechsteiner	25	45.51	502.86
Hollywood	10	17.79	487.14
Bülach	13	23.06	485.18
Waldfläche	17	29.81	477.53

Lemma	Anzahl	Log-Likelihood	Effektgrösse
Truth	11	19.27	476.88
Finnland	16	28.00	476.18
Kommissionspräsident	15	26.19	474.64
Stromlücke	40	69.67	473.12
Römer	10	16.97	456.87
Zumikon	12	19.65	435.70
Piccard	16	25.95	430.22
Herrliberg	14	22.50	425.16
Partikel	18	28.8	422.74
Gores	20	31.96	421.90
Jacques	17	27.16	421.75
EOS	13	20.71	420.16
Mitgliedstaat	39	61.68	416.33
Anna	16	24.50	399.57
Chavalon	15	22.86	397.08
EU-Kommissionspräsident	10	15.06	391.06
Kompensation	40	58.88	380.15
Destination	17	24.92	378.27
Homepage	15	21.52	368.35
Adliswil	10	14.26	365.66
Donnerstagabend	11	15.64	364.20
Südpol	10	14.14	361.68
Vorreiterrolle	20	28.02	357.77
Meile	44	61.17	354.44
Oberland	64	88.82	353.68
Berliner	32	44.41	353.68
Wahljahr	14	19.14	347.47
Gabriel	46	62.70	346.10
Mitgliedsstaat	12	16.15	340.95
Schild	10	13.28	335.62
Session	17	22.55	335.20
Corsa	13	17.17	333.47
Delegiertenversammlung	13	17.05	330.81

Lemma	Anzahl	Log-Likelihood	Effektgrösse
Karrer	33	43.04	328.5
VS	10	12.82	322.00
Hybridautos	11	14.08	321.41
kg	52	66.39	320.49
Geländewagen	19	24.15	318.90
Fehr	28	35.38	316.66
Verfassung	36	45.46	316.40
Ständerats	11	13.64	309.78
Trockenperiode	10	12.16	303.11
Sponsor	14	16.77	298.02
Brüsseler	10	11.95	297.18
kompensieren	94	111.24	293.91
Emissionszertifikate	18	21.18	292.06
Energiemix	10	11.74	291.42
Vorstoß	76	89.13	290.98
Klimabericht	17	19.92	290.76
parteipolitisch	10	11.64	288.61
Peugeot	39	45.31	287.96
Auflage	42	48.57	286.49
energiesparend	16	18.46	285.83
CO2-neutral	15	17.31	285.83
Quote	17	19.52	284.22
Mitteleuropa	14	16.05	283.87
SP	13	14.90	283.72
Herbert	11	12.49	280.89
Ruedi	30	34.02	280.40
KKW	21	23.74	279.38
CO2-Abgabe	125	140.89	278.48
vollumfänglich	11	12.40	278.46
Integration	28	31.52	278.12
National-	14	15.76	278.12
EU-Staat	29	32.28	274.76
Ethanol	28	30.84	271.61
Arbeitnehmer	12	12.97	266.21
Barroso	28	30.18	265.33

Lemma	Anzahl	Log-Likelihood	Effektgrösse
Kohlendioxid-Ausstoß	10	10.76	264.98
Eisbär	54	57.77	263.25
0,6	13	13.84	261.97
separat	15	15.87	260.11
Kammer	21	22.12	258.97
Klimaänderung	17	17.80	257.31
Dieselmotor	33	34.46	256.51
Energiedebatte	11	11.45	255.80
ausdrücklich	13	13.48	254.65
einschneidend	11	11.36	253.68
Ständerat	112	115.6	253.38
Abweichung	10	10.31	253.05
Autoindustrie	36	37.09	252.92
Wirtschaftlichkeit	14	14.36	251.74
juristisch	13	13.30	251.11
GWh	12	12.24	250.38
Klima-	26	26.52	250.23
Stickoxid	16	16.30	249.90
institutionell	16	16.21	248.49
Atomkraft	58	58.76	248.49
Beschluss	57	57.62	247.90
müde	11	11.10	247.47
Verursacher	15	15.06	246.26
Bioethanol	22	22.03	245.45
Coop	36	36.03	245.40
Bernhard	23	23.00	245.11
erschweren	19	18.94	244.40
Kloten	10	9.87	241.88
Wen	10	9.87	241.88
Benzin-	18	17.63	239.96
benützen	11	10.67	237.60
Strom-	10	9.70	237.60
Union	68	65.06	234.22
Genfer	31	29.58	233.57
abends	10	9.54	233.44

Lemma	Anzahl	Log-Likelihood	Effektgrösse
EU-Land	13	12.36	232.80
Schadstoffausstoss	13	12.36	232.80
Bürgerliche	28	26.34	230.23
Gore	72	66.74	226.82
Erich	10	9.21	225.40
mahnen	20	18.26	223.45
Dampf	12	10.91	222.49
mitziehen	10	9.05	221.53
Frieden	23	20.78	221.03
Klimakatastrophe	20	17.80	217.74
Versammlung	13	11.57	217.74
Rapperswil	10	8.82	215.89
würdigen	10	8.75	214.05
Energieminister	15	13.12	214.05
Manuel	15	13.04	212.84
Durchschnitts-temperatur	17	14.60	210.23

13.2.2.2 Dezember 2007

Lemma	Anzahl	Log-Likelihood	Effektgrösse
Nusa	59	446.34	282279.42
Rebus	20	146.73	95621.84
Crossrail	12	85.83	57333.10
Dobriansky	15	99.96	23830.46
Doomsday	14	92.60	22235.10
Adaptionsfonds	13	85.26	20639.73
Weingarten	19	122.64	18087.15
Bali-Roadmap	26	167.34	17676.91
Clock	11	70.68	17449.00
Fleitmann	21	131.27	14258.28
Alpamare	12	75.01	14258.28
Christkind	12	72.45	11386.62
KWI	12	72.45	11386.62

Lemma	Anzahl	Log-Likelihood	Effektgrösse
Bali	665	3853.16	8993.57
Harlan	13	74.97	8788.46
Stalagmiten	11	63.28	8674.50
Trump	10	56.45	7876.82
P/	12	66.26	7079.14
Anpassungsfonds	14	74.48	5991.39
Kyoto-Länder	13	67.94	5556.29
Kyoto-Staaten	11	56.46	5164.70
Kahn	18	90.11	4686.09
Resource	10	50.06	4686.09
Zenger	10	50.06	4686.09
Dürr	28	133.87	3960.93
Paula	11	52.55	3949.77
Atomic	10	46.42	3581.61
Ferieninsel	10	46.42	3581.61
US-Delegation	17	77.95	3437.55
Allmen	11	50.31	3409.80
Korken	10	43.40	2891.31
Lokführer	16	69.06	2845.29
Scientists	11	46.48	2670.90
Silvester	27	112.90	2592.18
Roadmap	22	91.25	2532.35
Weihnachtsbeleuchtung	18	74.43	2510.60
indonesisch	57	235.29	2498.16
Vellacott	26	107.24	2492.47
Mauro	20	82.42	2487.08
Schaumwein	20	81.61	2419.00
Garrett	15	60.03	2293.05
Fußnote	12	48.02	2293.05
Reduktionsverpflichtungen	19	73.10	2065.14
Lichterlöschen	22	83.69	2005.88
Göttin	10	37.85	1980.91
Horx	12	45.15	1951.18
Postkarte	14	52.46	1930.46
Neujahr	16	59.76	1915.20

Lemma	Anzahl	Log-Likelihood	Effektgrösse
löschen	78	289.54	1885.72
Konferenzzentren	20	73.72	1853.51
Seifritz	11	38.68	1654.90
Boer	65	227.59	1637.97
Sihl	24	83.51	1614.42
Konferenzteilnehmer	21	71.74	1547.67
Verhandlungsmandat	14	46.58	1458.26
Bals	10	33.12	1443.90
Zeiger	11	35.97	1404.20
Watson	20	65.22	1395.65
Lissabon	43	139.04	1370.01
Ivo	24	76.22	1318.10
Simbabwe	16	49.42	1243.46
Champagner	18	55.20	1225.38
Road	13	39.84	1223.81
Energieplanungsbericht	12	36.50	1205.30
di	22	66.78	1199.93
Ikea	16	48.53	1197.92
Venus	22	63.83	1096.52
Beschneiung	24	68.05	1048.66
c	12	34.03	1048.66
portugiesisch	15	41.58	1004.48
Ki-Moon	10	27.47	987.75
Realismus	10	27.47	987.75
Hotellerie	12	32.90	983.64
Kangoo	10	26.41	918.32
Pacific	10	26.41	918.32
Samstagabend	21	55.36	915.23
Bulletin	10	26.07	897.10
Drittweltland	10	25.74	876.75
Mechanism	10	25.74	876.75
Bush-Regierung	12	30.82	873.44
Minderung	16	40.98	869.34
Bd.	18	45.42	846.70
Kolly	13	32.71	842.72
Weltklimakonferenz	39	96.89	824.05

Lemma	Anzahl	Log-Likelihood	Effektgrösse
Klimakonvention	21	52.10	822.09
Koerber	10	24.78	820.4
Sparlampe	20	49.25	811.64
Plenum	17	41.63	804.04
Mugabe	10	24.47	803.04
Kohlensäure	12	29.25	797.39
Herzinfarkt	12	28.95	783.59
Yvo	19	45.81	782.87
Illustration	10	23.88	770.20
Slowenien	13	30.61	752.32
Reduktionszielen	17	39.87	747.54
CDM	10	23.30	739.67
Beatrice	14	32.57	737.57
Tropenwald	14	32.02	717.14
Jerusalem	11	24.73	697.68
Nachfolgeabkommen	23	51.45	691.94
cm3	11	24.47	685.78
ratifizieren	39	86.63	684.28
Mitternacht	13	28.70	677.74
Licht	255	558.09	668.06
holländisch	12	26.20	665.77
Emissionsziele	15	32.18	647.83
Kägi	41	87.82	646.12
Aktion	201	423.13	628.79
au	12	24.97	617.91
Körner	14	28.98	612.82
Donald	11	22.73	611.45
Li	14	28.74	605.32
Friedensnobelpreis	37	75.74	602.72
Hauptbahnhof	11	22.04	583.73
Bremser	10	20.04	583.73
Fotograf	24	47.21	567.83
versammelt	11	21.60	566.42
Ökonomie	37	71.73	555.87
Blochers	16	30.97	554.51
Gstaad	11	21.17	549.96

Lemma	Anzahl	Log-Likelihood	Effektgrösse
Delegation	73	140.40	549.41
Indonesien	50	96.05	548.52
Friedensnobelpreisträger	13	24.96	548.12
Delhi	21	40.13	544.28
b	11	20.96	542.04
Klimakonferenz	213	399.45	529.67
Klimaschutzabkommen	18	33.71	528.83
Technologietransfer	15	27.92	524.27
Uno-Klimakonferenz	43	79.98	523.64
Dimas	18	33.10	515.35
ausschalten	30	55.04	513.60
Rüti	11	20.14	512.17
Fukuda	10	18.15	505.83
Vorgeschmack	12	21.55	498.26

13.2.2.3 Dezember 2009

Lemma	Anzahl	Log-Likelihood	Effektgrösse
EIT	11	79.30	55086.58
Yucca	23	161.63	38363.38
Geläut	14	97.66	35018.73
Talagi	14	97.66	35018.73
Klimaexpress	17	112.84	21222.09
Kirchenglocke	42	278.39	20971.24
Kompromisspapier	11	71.71	18295.53
Kennzeichnungspflicht	10	64.38	16623.21
Mayors	10	64.38	16623.21
Läuten	11	66.47	10937.32
Konferenzpräsidentin	13	78.34	10770.08
Niue	13	78.34	10770.08
Glockenläuten	10	59.41	9933.92
Glockengeläut	11	64.31	9097.76
Glocke	78	437.93	7425.44
Vivian	10	55.56	7067.09

Lemma	Anzahl	Log-Likelihood	Effektgrösse
Lökke	12	65.65	6589.28
Weihnachtsgeschichte	10	53.90	6171.20
COP	10	52.38	5474.40
Ruloff	15	76.48	4916.96
Fibl	11	56.08	4916.96
Bella	28	140.14	4582.50
CRU	10	49.69	4460.87
läuten	80	396.26	4409.63
Vertragsentwurf	17	84.09	4388.86
Kirchenrat	15	73.91	4326.73
Minarett-Initiative	19	93.05	4232.83
Rasmussen	78	380.01	4153.51
Ehrbar	10	48.48	4080.80
Kopenhagener	86	403.66	3651.82
Pershing	14	65.41	3596.71
Gloor	16	74.45	3548.70
US-Umweltbehörde	13	60.36	3523.36
äthiopisch	13	60.36	3523.36
Manmohan	12	55.32	3441.38
Zanetti	21	96.55	3411.87
Romero	16	73.42	3390.06
Weltklimagipfels	18	81.47	3244.64
Sonderzug	14	63.37	3244.64
Kopenhagen	1068	4824.44	3217.72
Climategate	13	57.41	3005.74
Schlussphase	14	60.58	2826.56
Klimagipfels	52	224.27	2798.69
Orientierungshilfe	10	42.53	2687.20
Lula	32	135.78	2667.98
Allschwil	22	92.41	2592.03
Konferenzzentren	24	100.59	2575.71
Fredrik	13	53.20	2408.48
G-77	13	53.20	2408.48
dänisch	152	617.50	2359.93
Pfarrei	16	64.72	2332.47
Leuthold	14	56.53	2321.98

Lemma	Anzahl	Log-Likelihood	Effektgrösse
Lars	37	146.95	2220.34
Sonntagnachmittag	12	47.62	2215.52
Tuvalu	36	141.44	2157.63
Lothar	49	191.74	2134.83
Redaktionsschluss	13	50.31	2074.02
Minimalkonsens	14	53.71	2028.41
Hedegaard	60	229.81	2019.84
Jackson	24	91.13	1975.98
Klimagipfel	230	873.38	1975.36
Fäh	11	41.50	1943.95
Econetic	13	48.99	1938.14
Welzer	19	71.45	1928.13
ungültig	13	45.99	1662.72
Fiasko	16	56.34	1645.03
Finanzhilfe	26	91.41	1639.21
Wintersturm	13	45.43	1616.33
Connie	35	121.39	1588.40
Anglia	20	69.06	1572.32
Orkan	18	61.62	1541.91
Uno-Klimasekretariats	11	37.46	1523.13
Verschwörung	15	50.75	1501.16
Verhandlungstisch	13	43.84	1490.74
Phil	14	46.79	1460.83
Guatemala	12	39.89	1443.68
Ruanda	12	39.89	1443.68
Singh	15	49.25	1405.09
Erdenbürger	11	35.96	1391.53
Verfassungsgericht	15	48.77	1375.58
Verhandlungsdelegation	10	32.04	1333.42
Zwei-Grad-Ziel	24	76.91	1333.42
Reinfeldt	17	53.79	1298.17
Messner	10	31.59	1293.60
Groß	41	128.89	1280.51
Jiabao	22	69.14	1279.66
Kolly	17	53.34	1275.62
Unterhändler	20	62.29	1255.94

Lemma	Anzahl	Log-Likelihood	Effektgrösse
Copenhagen	15	45.64	1197.49
Sonja	14	42.24	1177.04
Silva	27	80.67	1154.24
Uno-Klimagipfel	16	47.81	1154.24
Verschmutzer	15	44.82	1154.24
Cap	11	32.87	1154.24
Landeskirche	11	32.87	1154.24
Übereinkunft	16	47.40	1134.94
Margrit	11	31.69	1074.18
zustehen	11	31.69	1074.18
Däne	14	40.26	1070.62
Gipfelteilnehmer	16	45.85	1063.35
Weltklimagipfel	31	88.72	1060.64
Weckruf	15	42.87	1057.76
Drehbuch	11	31.31	1049.72
Übereinkommen	11	31.31	1049.72
Anschubfinanzierung	21	59.64	1045.18
Grundrecht	13	36.90	1044.22
Kirchgemeinde	33	92.83	1026.26
Staatsoberhaupt	14	38.44	980.58
Rosmarie	13	35.13	951.94
Arosa	23	62.05	949.00
EPA	34	90.91	933.80
Gottesdienst	16	42.33	916.09
ref.	15	39.38	903.39
Klimaschutzgesetz	10	25.93	883.72
Minarett	14	36.12	875.52
This	13	33.49	873.44
Demonstrant	47	120.85	870.36
Klimagesetz	23	59.11	869.66
Ankunft	16	41.05	867.13
Jones	26	66.67	866.23
Germanwatch	15	38.43	864.80
Zusage	52	132.42	855.61
Klimaschaden	11	27.93	851.49
Malediven	29	73.62	850.93

Lemma	Anzahl	Log-Likelihood	Effektgrösse
Accord	11	27.63	835.37
Muslime	15	37.51	829.07
Mauch	18	44.78	821.48
Fastenopfer	13	31.98	805.84
Schweinegrippe	14	34.02	789.08
bindend	40	96.54	780.17
Wen	25	60.20	777.09
Morales	11	26.46	775.98
reformiert	37	88.99	775.60
Pfarrer	34	81.72	774.75
Yvo	18	43.05	768.32
–	10	23.85	764.99
Konferenzteilnehmer	12	28.51	760.05
Klimaabkommen	46	108.30	748.46
Inselstaat	33	76.39	727.80
Schibler	11	25.37	723.68
Weihnachten	53	122.21	723.22
east	21	48.42	723.10
Abschlusserklärung	12	27.44	713.56
Nestlé	36	81.81	706.30
Jenny	23	52.04	701.32
Chavez	14	31.59	698.15
Entwicklungsorganisation	14	31.08	680.42
Abkommen	178	392.11	671.84
Staatschef	50	109.88	669.47
Klimakonferenz	242	528.97	663.59
festnehmen	14	30.59	663.45
hektisch	13	28.27	658.38
Klimavertrag	35	75.99	656.87
Zivilgesellschaft	10	21.54	648.80
Äthiopien	17	36.60	648.14
verhaften	15	32.19	645.09
katholisch	38	81.53	644.71
Kerze	14	29.64	631.64
Entwicklungsland	318	670.37	627.16

Lemma	Anzahl	Log-Likelihood	Effektgrösse
Afrikaner	11	23.16	626.14
Industrieland	172	360.86	622.71
Dänemark	57	119.27	620.32
Everest	10	20.84	616.71
Mount	12	25.01	616.71
Vortag	12	25.01	616.71
Staats-	84	174.20	611.87
Trade	11	22.70	607.52
Wermuth	10	20.62	606.61
Klimakonvention	16	32.90	604.14
Absichtserklärung	22	44.31	585.55
Kuba	15	29.95	577.97
Delegation	71	138.69	559.64
Weltklimakonferenz	28	54.68	559.51
Terroranschlag	11	21.42	556.98
E-Mail	38	73.61	552.89
Venezuela	19	36.81	552.89
unverbindlich	26	50.32	552.21
Gipfel	159	305.36	545.91
Scheitern	50	95.69	543.20
industrialisiert	10	19.14	543.20
Kirche	132	251.95	541.08
Abkommen	14	26.63	538.52
verbindlich	165	312.81	535.79
verpflichtend	10	18.94	535.06
Entwicklungs-	33	62.43	534.33
Verursacherprinzip	13	24.56	533.21
Entwurf	67	126.15	530.65
Car	11	20.61	527.12
versammelt	10	18.74	527.12
Einigung	71	132.48	523.83
Uno-Klimakonferenz	41	76.06	519.56
Morin	13	23.79	509.54
Aktivist	24	43.83	508.12
Wohnzimmer	12	21.91	508.12
Verringerung	37	67.24	504.65

Lemma	Anzahl	Log-Likelihood	Effektgrösse
Islam	12	21.72	502.04
Industrie-	35	62.57	493.22
Konferenz	175	311.78	490.83
Kongresszentrum	10	17.80	490.23
Gesundheitsreform	13	23.05	487.57

13.2.2.4 September 2013

Lemma	Anzahl	Log-Likelihood	Effektgrösse
Geissler	25	187.06	41753.45
TCA	12	89.48	40079.31
Steuri	11	78.03	24454.02
Lundsgaard-Hansen	10	70.13	22221.84
Strahler	10	65.14	13293.10
Broder	10	61.26	9466.50
Trekking	10	58.07	7340.61
Jauslin	18	101.99	6596.55
500L	40	225.30	6433.22
Aircross	13	72.34	6118.23
Suezkanal	11	59.78	5566.31
AET	14	75.54	5414.81
Gaswirtschaft	11	58.62	5161.58
Abbott	110	540.85	3881.73
Laborpartei	18	87.85	3788.32
x	124	604.82	3780.24
Windreich	10	48.13	3620.31
GSoA	18	85.29	3445.23
Cement	10	47.29	3424.50
ZIS	14	65.89	3372.29
Curiosity	16	75.18	3356.28
Lindenberg	18	84.48	3343.94
Camaro	16	74.39	3248.28
Lenkungssystem	18	81.43	2990.72
Zink	30	134.99	2943.89
Labor-Partei	18	80.71	2913.45

Lemma	Anzahl	Log-Likelihood	Effektgrösse
Rösti	28	121.58	2657.40
Eberle	21	89.89	2553.35
Steel	17	72.08	2487.30
Silo	11	44.55	2201.94
SP-Initiative	12	48.55	2195.96
Weltklimabericht	16	64.00	2132.18
Steinbrück	56	217.16	1971.86
Peer	26	100.33	1948.36
Stockholm	50	192.68	1941.63
Luftfahrtindustrie	10	37.94	1869.57
Fe	12	45.43	1859.97
Bürki	11	41.45	1838.48
Kohlekraft	15	54.15	1662.25
Bundestagswahl	32	114.48	1628.14
Klimawissenschaft	16	57.24	1628.14
Wahlergebnis	12	42.72	1609.76
Kanzler	17	59.92	1574.14
Europapolitik	15	52.87	1574.14
KOF	12	42.30	1574.14
Klimasteuer	10	34.84	1533.31
Nordostpassage	10	31.86	1266.64
EWL	21	66.87	1265.32
Koalitionspartner	17	51.96	1164.90
Kilchberg	15	45.35	1140.10
Trittin	19	57.32	1135.29
CDU/CSU	13	38.75	1109.10
Country	10	29.04	1054.58
Saline	10	28.75	1035.01
Klimaskeptiker	23	65.49	1016.09
Wehrpflicht	13	36.74	1001.96
Swissolar	13	36.20	974.76
Darlehen	17	47.31	973.98
SPD	126	346.40	952.08
Rudd	56	153.80	950.44
Oppositionsführer	13	35.67	948.86
Koalition	109	298.30	944.24

Lemma	Anzahl	Log-Likelihood	Effektgrösse
Spitzenkandidat	12	32.82	943.62
Palmöl	15	39.83	894.54
Stromabkommen	14	36.51	866.51
Akku	18	46.87	864.30
...	69	178.06	850.74
Berggebiet	17	43.11	825.54
Bundestag	34	85.09	807.10
Eurokrise	10	24.99	804.94
C4	13	32.30	797.48
zuhanden	13	32.08	788.32
Rebsorte	10	24.55	781.13
IAA	21	50.19	747.15
CDU	63	149.12	735.41
Kevin	24	56.27	724.19
CSU	23	53.90	723.64
Stöckli	16	37.31	717.90
Rebe	14	32.57	715.23
regieren	42	96.93	705.89
schwarz-gelb	11	25.07	692.07
Leon	10	22.71	687.83
Legislaturperiode	11	24.69	675.39
Fledermaus	12	26.87	672.68
Klimabericht	26	58.09	670.40
Fördermaßnahme	14	31.22	668.46
Ensi	23	50.81	658.72
Santa	11	24.13	651.65
Zusammenfassung	18	39.38	648.68
Massnahmenpaket	25	54.62	647.38
Blockheizkraftwerk	11	23.95	644.06
Tony	41	88.74	638.06
Steuererhöhung	14	30.13	632.44
wirtschaftspolitisch	16	34.13	623.95
Schröder	22	46.84	622.18
Guzzella	11	23.42	622.18
Bayern	21	44.66	621.17
Herzstück	11	23.25	615.17

Lemma	Anzahl	Log-Likelihood	Effektgrösse
Fichte	21	44.15	610.24
Bündnis	29	60.19	598.56
KEV	68	139.77	589.95
Klimasystem	18	36.62	581.01
Kleinwasserkraftwerk	13	26.42	580.12
Liberale	27	54.68	577.18
Ökosteuer	12	24.25	575.28
Knutti	29	58.54	574.31
Baumart	18	36.13	569.66
Finanzministerin	12	23.93	564.12
Tourer	11	21.61	551.88
Hollande	20	39.20	550.15
Weltklimarats	17	32.57	532.45
Kanzlerin	75	143.57	531.75
Mindestlohn	22	41.69	524.25
Merkel	254	474.75	513.83
Stocker	55	100.77	499.85
Apfel	18	32.97	499.69
Energiestrategie	167	303.81	494.85
Fahrverhalten	13	23.41	488.21
Airbus	14	24.99	482.31
Weltklimarat	32	57.13	482.31
Energiewirtschaft	18	31.46	468.58
vorhersagen	16	27.76	463.92
School	10	17.32	462.74
Riese	17	29.35	460.79
IPCC	115	194.83	449.29
Laufzeit	32	53.46	441.14
Schiefergas	13	21.45	434.08
Julia	12	19.49	425.22
Repower	28	45.37	423.75
Seehofer	10	16.18	423.17
Schmidt	19	30.54	419.32
Marty	10	15.95	415.12
CO2-Steuer	15	23.80	412.49
Abschaltung	19	29.95	408.94

Lemma	Anzahl	Log-Likelihood	Effektgrösse
Stossrichtung	13	20.38	406.13
Session	16	25.05	405.40
Stromimport	10	15.60	403.50
Deutsche	44	68.42	401.96
Labor	35	53.40	392.39
Gewissheit	11	16.74	391.08
Maya	14	21.29	390.85
Energieministerin	31	46.92	388.45
Eisen	14	21.18	388.29
einspeisen	18	27.11	386.04
Volkspartei	10	15.04	385.26
Konservative	24	36.00	384.09
Gebäudetechnik	10	14.82	378.33
Genosse	10	14.60	371.59
Legislatur	25	36.30	368.95
Bundesebene	11	15.87	366.22
Energiegesetz	36	50.22	351.45
fix	15	20.88	350.44
8,5	10	13.88	349.43
5,4	12	16.44	343.97
Fiat	34	46.28	341.25
Frankfurt	23	31.21	340.06
Biodiesel	13	17.63	339.67
integriert	20	26.89	336.26
rot-grün	26	34.77	334.19
Tarif	14	18.71	334.04
Aerosol	10	13.02	323.83
eingeführt	12	15.58	322.94
fünft	26	33.64	321.57
Angela	65	84.07	321.37
Gebäudeprogramm	14	17.88	316.67
Volksabstimmung	25	31.81	315.42
Linke	57	71.36	309.55
Arbeitsgruppe	33	41.01	306.97
BFE	24	29.82	306.88
Botschaft	62	76.90	306.25

Lemma	Anzahl	Log-Likelihood	Effektgrösse
Wahlkampf	74	91.24	304.20
kostendeckend	33	40.49	302.52
Parteichef	13	15.89	301.18
Etappe	18	21.78	297.81
Jürgen	12	14.35	293.91
Entscheidungsträger	14	16.66	292.27
verkürzen	10	11.79	289.33
Report	15	17.52	286.34
Küng	10	11.63	284.86

13.2.2.5 Dezember 2014

Lemma	Anzahl	Log-Likelihood	Effektgrösse
Pulgar-Vidal	12	95.79	86940.65
Juul	11	87.39	79687.26
Atta	15	116.26	54300.41
Celerio	12	91.39	43420.33
EKT	15	112.39	36166.94
Weimann	10	74.92	36166.94
Cafetier	20	146.48	28913.55
Oryx	10	69.04	18033.47
Elmiger	18	122.35	16220.12
Diablerets	13	87.85	15615.67
Käthi	19	127.88	15212.71
Bartholdi	13	85.68	13370.58
Hausammann	16	104.67	12794.91
Lima	168	1092.17	12334.38
EON	29	186.42	11586.01
Guetzli	11	70.39	11298.18
Eintretensdebatte	14	87.63	10054.74
Trift	13	78.59	8472.19
EMRK	13	77.10	7757.84
Wasserprobe	10	56.92	6493.99
crème	10	53.47	5080.99
Hendricks	12	62.94	4735.59

Lemma	Anzahl	Log-Likelihood	Effektgrösse
Kreditkarte	19	97.25	4345.62
Eon	16	79.32	3901.87
Einfachheit	25	123.36	3842.06
Innerrhoden	14	68.88	3805.67
Swissnuclear	10	48.85	3717.57
Weltklimavertrag	28	132.99	3401.64
Rühl	15	69.10	3100.02
E.ON	10	45.84	3053.65
Vitara	13	58.17	2846.69
Häsler	12	53.40	2801.36
BDP-Nationalrat	11	48.63	2749.55
Gaskessel	11	46.81	2473.78
peruanisch	22	91.91	2354.99
Frauenquote	13	53.44	2257.35
schleunig	11	44.61	2179.64
Dudenhöffer	14	56.55	2156.61
GTi	12	46.78	1972.40
Teyssen	10	38.98	1972.40
Unia	12	46.31	1924.20
Müller-Altermatt	14	53.19	1852.84
Rösti	20	75.22	1808.79
Energiedebatte	37	138.98	1803.37
Brille	18	66.15	1713.35
Atomausstiegsinitiative	10	36.75	1713.35
Peru	45	155.94	1500.01
Schlusslicht	10	34.04	1443.27
Masseneinwanderungs-initiative	15	50.89	1432.41
O	16	52.47	1332.77
Weihnachtsbaum	10	32.67	1322.23
Thurgau	31	100.98	1314.18
UNO-Klimakonferenz	43	138.94	1292.39
Wasserfallen	40	125.28	1212.83
Bolliger	13	39.48	1140.71
weiterlaufen	11	33.21	1127.50
Grunder	31	88.75	1018.68

Lemma	Anzahl	Log-Likelihood	Effektgrösse
Kerry	15	42.24	988.01
Vignette	10	27.10	921.60
Appenzell	15	40.54	916.83
Perrez	18	48.04	896.65
E.On	22	58.29	885.03
Germanwatch	11	28.92	873.02
A1	15	39.39	871.44
Les	13	33.71	852.47
Borner	10	25.75	842.00
Kohle-	28	65.97	725.59
Fessenheim	10	23.53	724.25
Stromlieferant	10	23.53	724.25
Fracking	23	53.83	717.78
Alt	10	22.45	671.64
Nationalrat	338	756.92	668.54
Anna	18	40.10	663.51
Enthaltung	12	26.73	663.51
Erneuerbaren	21	46.52	657.82
Bonus-Malus-System	15	32.99	650.35
Körner	10	21.77	640.14
Paris	114	246.89	635.01
Versorger	18	38.75	629.39
Skifahrer	11	23.42	618.80
Schublade	10	21.28	618.16
Energiestrategie	180	375.29	599.31
Naturschutzgebiet	10	20.04	565.45
AKW-Betreiber	15	29.27	543.79
Atom-	14	26.99	534.67

13.2.2.6 Vor März 2011

Lemma	Anzahl	Log-Likelihood	Effektgrösse
G-8-Staaten	137	156.59	11388.79
baz	270	308.37	11221.07
Dongtan	123	139.75	10214.76

Lemma	Anzahl	Log-Likelihood	Effektgrösse
Kolly	78	85.85	6441.06
G-8	363	397.08	5988.22
Bono	71	77.51	5854.05
Doha-Runde	63	68.00	5183.17
Darfur	125	134.82	5141.24
Sarkozys	123	132.45	5057.38
McCain	550	591.87	5024.77
Yvo	120	128.89	4931.59
2-Abgabe	112	119.42	4596.15
Madonna	52	54.98	4260.71
Schwörer	50	52.63	4092.99
Bali	995	1046.69	4072.03
iQ	96	100.54	3925.27
Alcosuisse	47	49.10	3841.41
Verschrottungsprämie	46	47.92	3757.55
Leuenbergers	276	287.52	3757.55
Importsteuer	45	46.75	3673.69
Nobelkomitee	45	46.75	3673.69
Kindle	43	44.40	3505.97
Lissabon-Vertrag	43	44.40	3505.97
G-8-Gipfel	340	350.51	3464.04
Hacke	42	43.23	3422.11
McCains	82	84.11	3338.25
Huckabee	41	42.06	3338.25
Klimatickets	41	42.06	3338.25
V70	41	42.06	3338.25
G-8-Gipfels	80	81.78	3254.39
Jugendgewalt	80	81.78	3254.39
Mayrhuber	39	39.72	3170.53
Reinfeldt	76	77.11	3086.67
Bäregg	38	38.55	3086.67
Zoellick	38	38.55	3086.67
Bio-Ethanol	36	36.22	2918.95
Ire	70	70.12	2835.09
Ohmura	35	35.06	2835.09
Accord	68	67.80	2751.23

Lemma	Anzahl	Log-Likelihood	Effektgrösse
EU-Vertrag	34	33.90	2751.23
Jintao	99	98.22	2667.37
Der	33	32.74	2667.37
Volkswirtschafts-ministerin	33	32.74	2667.37
Fust	130	128.65	2625.44
Heathrow	65	64.32	2625.44
Bali-Roadmap	32	31.58	2583.51
Gefahrenkarte	32	31.58	2583.51
Jean-Louis	32	31.58	2583.51
Multilateralismus	32	31.58	2583.51
S80	32	31.58	2583.51
Umweltkommissar	32	31.58	2583.51
Unique	32	31.58	2583.51
W.Bush	32	31.58	2583.51
ix55	32	31.58	2583.51
Ökostädte	32	31.58	2583.51
Gordon	286	281.95	2564.88
Arup	31	30.43	2499.65
Espinosa	31	30.43	2499.65
Hayward	31	30.43	2499.65
NR	31	30.43	2499.65
S40	31	30.43	2499.65
Palin	212	207.23	2439.75
Koerber	60	58.55	2415.79
2-Reduktion	30	29.27	2415.79
Cellulose	30	29.27	2415.79
Boer	236	229.59	2373.86
Reformvertrag	58	56.25	2331.93
Car-Sharing	29	28.12	2331.93
Pixo	29	28.12	2331.93
RPK	29	28.12	2331.93
Lula	87	84.37	2331.93
Bötsch	28	26.97	2248.07
GVB	28	26.97	2248.07
M3	28	26.97	2248.07

Lemma	Anzahl	Log-Likelihood	Effektgrösse
MARTIN	28	26.97	2248.07
Mittelmeerunion	28	26.97	2248.07
Pfadis	28	26.97	2248.07
g.	28	26.97	2248.07
Bardill	27	25.83	2164.21
Finanzmarktkrise	27	25.83	2164.21
Fleitmann	27	25.83	2164.21
Melua	27	25.83	2164.21
Rihanna	27	25.83	2164.21
Schlüer	27	25.83	2164.21
Skihalle	27	25.83	2164.21
Zahnstocher	27	25.83	2164.21
EU-Umweltkommissar	53	50.51	2122.28
Ökostadt	79	75.20	2108.31
Crichton	52	49.37	2080.35
Neukomm	52	49.37	2080.35
Ratspräsidentschaft	52	49.37	2080.35
Aquila	26	24.68	2080.35
Borregaard	26	24.68	2080.35
Evangelikalen	26	24.68	2080.35
Kohlendioxyd	26	24.68	2080.35
Lebensmittelkrise	26	24.68	2080.35
Tagestip	26	24.68	2080.35
Verkehrsrichtplan	26	24.68	2080.35
Inconvenient	103	97.59	2059.39
AP	402	378.97	2006.98
CLC	25	23.54	1996.50
Labours	25	23.54	1996.50
Liebefeld-Köniz	25	23.54	1996.50
Mcdonalds	25	23.54	1996.50
Tuena	25	23.54	1996.50
US-Medium	25	23.54	1996.50
Umweltberater	25	23.54	1996.50
leserbriefe	25	23.54	1996.50
11.September	24	22.41	1912.64
Colombo	24	22.41	1912.64

Lemma	Anzahl	Log-Likelihood	Effektgrösse
Solarmobil	24	22.41	1912.64
Stadtmauer	24	22.41	1912.64
Strafgebühr	24	22.41	1912.64
US-Außenpolitik	24	22.41	1912.64
US-Politik	24	22.41	1912.64
stupid	24	22.41	1912.64
ziehend	24	22.41	1912.64
Chirac	141	131.02	1870.71
Apec-Staaten	23	21.27	1828.78
Milchpreis	23	21.27	1828.78
Prodi	23	21.27	1828.78
Räder/Reifen	23	21.27	1828.78
Weingarten	23	21.27	1828.78
nebenstehend	23	21.27	1828.78
Brown	780	720.95	1823.84
Ahmadinejad	68	62.68	1800.82
Bush-Regierung	68	62.68	1800.82
EU-Staats-	44	40.28	1744.92
3S	22	20.14	1744.92
AKP	22	20.14	1744.92
Agrarsubvention	22	20.14	1744.92
Brévine	22	20.14	1744.92
Filmvorführung	22	20.14	1744.92
Linea	22	20.14	1744.92
Novatlantis	22	20.14	1744.92
SLR	22	20.14	1744.92
Tegra	22	20.14	1744.92
Uno-Weltklimarates	22	20.14	1744.92
Weiterverbreitung	22	20.14	1744.92
Züri-Fäscht	22	20.14	1744.92
Kopenhagener	192	174.49	1689.01
V50	42	38.02	1661.06
Brandenberger	21	19.01	1661.06
Ostrom	21	19.01	1661.06
Photo	21	19.01	1661.06
Hans-Jürg	103	92.81	1627.51

Lemma	Anzahl	Log-Likelihood	Effektgrösse
Flugsicherung	41	36.90	1619.13
Lancer	41	36.90	1619.13
Bremspedal	20	17.89	1577.20
CO-Ausstosses	20	17.89	1577.20
CRU	20	17.89	1577.20
Couchepins	20	17.89	1577.20
Energie-Aussenpolitik	20	17.89	1577.20
Hügli	20	17.89	1577.20
Jelk	20	17.89	1577.20
Klimaexpress	20	17.89	1577.20
Mittelbünden	20	17.89	1577.20
Peres	20	17.89	1577.20
Tonhalle-Orchester	20	17.89	1577.20
UN-Klimakonferenz	20	17.89	1577.20
bike	20	17.89	1577.20
rapportieren	20	17.89	1577.20
E85	120	107.34	1577.20
Chu	60	53.67	1577.20
Zapatero	60	53.67	1577.20
Kux	39	34.66	1535.27
Leuenberger	2761	2438.91	1496.81
Autoabgas	38	33.54	1493.34
Rotmilan	38	33.54	1493.34
Rütli	38	33.54	1493.34
US-Delegation	38	33.54	1493.34
Berlinger	19	16.77	1493.34
Distrikt	19	16.77	1493.34
Erdmagnetfeld	19	16.77	1493.34
G8-Staaten	19	16.77	1493.34
Gallardo	19	16.77	1493.34
Grosspartei	19	16.77	1493.34
Irak-Kriegs	19	16.77	1493.34
Lantal	19	16.77	1493.34
MICHAEL	19	16.77	1493.34
Palins	19	16.77	1493.34
Racz	19	16.77	1493.34

Lemma	Anzahl	Log-Likelihood	Effektgrösse
Rahmenbewilligungs-gesuch	19	16.77	1493.34
Trojanow	19	16.77	1493.34
Urananreicherung	19	16.77	1493.34
jr	19	16.77	1493.34
multipolar	19	16.77	1493.34
Ökopolis	19	16.77	1493.34
bewölken	95	83.86	1493.34
Umweltetikette	75	65.97	1472.37
daten	74	64.86	1451.41
Fredrik	37	32.43	1451.41
Romero	37	32.43	1451.41
Hu	162	140.93	1409.48
Bülach	126	109.61	1409.48
Zollikerberg	54	46.98	1409.48
Feintool	36	31.32	1409.48
Kosch	36	31.32	1409.48
Bak	18	15.66	1409.48
Bauabfall	18	15.66	1409.48

13.2.2.7 März 2011 und danach

Lemma	Anzahl	Log-Likelihood	Effektgrösse
HHHHH	161	241.83	19098.71
Hollande	224	331.24	13255.62
Stromabkommen	110	162.51	13017.13
AKW-Ausstieg	88	128.42	10393.70
Netzausbau	88	128.42	10393.70
Vahrenholt	83	120.68	9797.47
red.	142	204.31	8366.51
Frankenstärke	70	100.61	8247.27
Somm	65	92.91	7651.03
Energieministerin	449	641.13	7548.82
Atomkatastrophe	185	263.34	7253.54
Pumpspeicher	61	86.75	7174.05

Lemma	Anzahl	Log-Likelihood	Effektgrösse
Humbel	58	82.14	6816.31
Ausstiegsinitiative	57	80.61	6697.06
xi	109	153.54	6398.94
Gauck	53	74.47	6220.07
Rio+20	52	72.94	6100.83
Durban	462	647.28	6021.33
Randers	50	69.88	5862.33
Grosshandelspreis	48	66.82	5623.84
Masseneinwanderung	44	60.71	5146.85
Netzstabilität	42	57.66	4908.36
SAK	42	57.66	4908.36
Atomunfall	83	113.80	4848.74
Rusal	39	53.10	4550.62
Gunzinger	76	103.16	4431.37
Rytz	187	253.34	4359.82
Ensi	220	297.34	4272.38
Ausstiegsentscheid	36	48.55	4192.88
Geilinger	36	48.55	4192.88
Stickelberger	35	47.03	4073.63
Swisspower	69	92.55	4014.01
VSE	170	227.59	3954.39
Energiewelt	33	44.01	3835.14
Onyx	33	44.01	3835.14
Direktimport	32	42.50	3715.89
Reaktorunglück	32	42.50	3715.89
rahel.ueding@ringier.ch	32	42.50	3715.89
@ringier.ch	190	251.97	3676.14
Esak	63	83.49	3656.27
Chopard	62	81.98	3596.65
Umlage	31	40.99	3596.65
Losinger	30	39.48	3477.40
Ukraine-Krise	30	39.48	3477.40
Cavigelli	119	156.43	3447.59
IBA	89	116.95	3437.65
Grosswasserkraft	29	37.98	3358.15
Göring-Eckardt	29	37.98	3358.15

Lemma	Anzahl	Log-Likelihood	Effektgrösse
Prognose	29	37.98	3358.15
Smola	29	37.98	3358.15
Grimselgebiet	57	74.46	3298.53
Hummel	57	74.46	3298.53
Energiewende	7849	10237.59	3254.72
Biorender	28	36.48	3238.91
Geissler	28	36.48	3238.91
Maizière	28	36.48	3238.91
Niederwil	28	36.48	3238.91
Rezital	28	36.48	3238.91
Ridley	28	36.48	3238.91
i40	28	36.48	3238.91
TWh	165	214.38	3179.28
KEV	702	909.55	3119.66
Drance	27	34.98	3119.66
Keqiang	27	34.98	3119.66
Ventilklausel	27	34.98	3119.66
WWZ	27	34.98	3119.66
Werthmüller	27	34.98	3119.66
Eurokrise	81	104.94	3119.66
Altwegg	26	33.49	3000.41
Energievision	26	33.49	3000.41
Gemperle	26	33.49	3000.41
Mitte-links	26	33.49	3000.41
Schattdorf	26	33.49	3000.41
Solarlobby	26	33.49	3000.41
Verteilnetze	26	33.49	3000.41
Lindenberg	51	65.48	2940.79
Pumpspeicherkraftwerk	51	65.48	2940.79
CKW	356	456.85	2932.27
Leserzuschrift	50	63.98	2881.17
Bleiker	25	31.99	2881.17
Büeler	25	31.99	2881.17
Escholzmatt	25	31.99	2881.17
Hiltpold	25	31.99	2881.17
Nant	25	31.99	2881.17

Lemma	Anzahl	Log-Likelihood	Effektgrösse
morn	25	31.99	2881.17
Pfammatter	48	61.00	2761.92
Ghibli	24	30.50	2761.92
Grosswasserkraftwerke	24	30.50	2761.92
Lynas	24	30.50	2761.92
Renat	24	30.50	2761.92
Spirulina	24	30.50	2761.92
Dobrindt	23	29.02	2642.67
Dreckstrom	23	29.02	2642.67
Gorlero	23	29.02	2642.67
Häberlin	23	29.02	2642.67
Ramsauer	23	29.02	2642.67
Schadenersatzforderung	23	29.02	2642.67
Sol-E	23	29.02	2642.67
Alpiq-Sprecher	22	27.53	2523.43
Ausstiegsplan	22	27.53	2523.43
E-Tron	22	27.53	2523.43
Grundstufe	22	27.53	2523.43
Kanzlerschaft	22	27.53	2523.43
Klimafalle	22	27.53	2523.43
Koffein	22	27.53	2523.43
Nock	22	27.53	2523.43
Radon	22	27.53	2523.43
Rosset	22	27.53	2523.43
S1	22	27.53	2523.43
Walo	109	136.18	2499.58
Nuklearkatastrophe	43	53.58	2463.80
Dätwyler	21	26.05	2404.18
Enzler	21	26.05	2404.18
Erwärmungspause	21	26.05	2404.18
GCF	21	26.05	2404.18
Glasenberg	21	26.05	2404.18
Huonder	21	26.05	2404.18
Jahrhundertprojekt	21	26.05	2404.18
Konfiguration	21	26.05	2404.18
Solargenossenschaft	21	26.05	2404.18

Lemma	Anzahl	Log-Likelihood	Effektgrösse
Stilllegungs-	21	26.05	2404.18
Wechselstrom	41	50.63	2344.56
Smartphone	80	98.31	2284.93
Almir	20	24.58	2284.93
Dichtestress	20	24.58	2284.93
Entsorgungsfonds	20	24.58	2284.93
KEV-Warteliste	20	24.58	2284.93
Leserseite	20	24.58	2284.93
Netzinfrastruktur	20	24.58	2284.93
Oberägeri	20	24.58	2284.93
Schnellcheck	20	24.58	2284.93
Signer	20	24.58	2284.93
Staubli	20	24.58	2284.93
Stopp/Start-System	20	24.58	2284.93
Swissgas	20	24.58	2284.93
Abzockerinitiative	39	47.69	2225.31
Augstein	39	47.69	2225.31
TAP	39	47.69	2225.31
Stromkonsumenten	97	118.48	2213.38
vegane	76	92.43	2165.69
Bundesinventar	38	46.22	2165.69
Alpbach	19	23.11	2165.69
Atomaufsichtsbehörde	19	23.11	2165.69
Hilpert	19	23.11	2165.69
Kartellgesetz	19	23.11	2165.69
Kavallerie	19	23.11	2165.69
Netznutzung	19	23.11	2165.69
Rechen	19	23.11	2165.69
Stromkonsument	19	23.11	2165.69
Swissfel	19	23.11	2165.69
Too	19	23.11	2165.69
VV	19	23.11	2165.69
Übertragungsleitungen	19	23.11	2165.69
Berset	170	206.51	2152.44
Seehofer	131	158.83	2131.62
Ewa	56	67.86	2125.94

Lemma	Anzahl	Log-Likelihood	Effektgrösse
BDP-Nationalrat	37	44.75	2106.06
Tännler	37	44.75	2106.06
Cleantech-Initiative	92	111.15	2094.14
Fördersystem	73	88.04	2076.25
erneuerbarem	36	43.29	2046.44
Abbotts	18	21.64	2046.44
Amrein	18	21.64	2046.44
Assistenzsystemen	18	21.64	2046.44
Bernisches	18	21.64	2046.44
FDP-Mann	18	21.64	2046.44
Grossimporteure	18	21.64	2046.44
IKRK	18	21.64	2046.44
Pumpspeichern	18	21.64	2046.44
Schynige	18	21.64	2046.44
Yeosu	18	21.64	2046.44
Ökopartei	18	21.64	2046.44
Übertragungsnetzes	18	21.64	2046.44
Suffizienz	54	64.93	2046.44
Finanzministerin	126	151.51	2046.44
Attiger	53	63.47	2006.69
Kleinkunde	53	63.47	2006.69
Smartphones	53	63.47	2006.69
Q3	35	41.83	1986.82
Inwil	121	144.21	1961.26
Adèle	34	40.37	1927.19
Bretschger	34	40.37	1927.19
Carte	34	40.37	1927.19
Centralschweizerischen	34	40.37	1927.19
Regionalwerke	34	40.37	1927.19
Asylante	17	20.18	1927.19
BLN-Gebiete	17	20.18	1927.19
Bajaj	17	20.18	1927.19
Bettwil	17	20.18	1927.19
Hohgant	17	20.18	1927.19
KSA	17	20.18	1927.19
Littau	17	20.18	1927.19

Lemma	Anzahl	Log-Likelihood	Effektgrösse
Nettoverschuldung	17	20.18	1927.19
GLP-Präsident	33	38.92	1867.57
blanche	33	38.92	1867.57
Steuerabkommen	48	56.20	1807.95
Agro	32	37.46	1807.95
Adligenswil	16	18.73	1807.95
Alioth	16	18.73	1807.95
BDP-Chef	16	18.73	1807.95

13.2.3 Eigennamen

13.2.3.1 März 2007

Lemma	Anzahl	Lemma	Anzahl	Lemma	Anzahl	Lemma	Anzahl
EU	284	Berlin	50	Heinz	29	Walter	21
Schweiz	278	BMW	50	DRS	28	Afrika	20
Schweizer	180	AG	46	Hans	28	Gores	20
SVP	151	Bush	44	Indien	28	Maurer	20
Europa	146	Frankreich	44	Urs	28	Sozialde- mokraten	20
SP	140	Europäi- schen	42	VW	28	Brüssel	19
FDP	114	Moritz	42	Beck	27	Franzosen	19
USA	112	»	41	BKW	27	Grzimek	19
CVP	103	Union	41	EU-Kommis- sion	27	Paul	19
Deutschland	94	Toyota	40	Franz	27	Russland	19
Bern	87	Gabriel	39	europäische	26	Suisse	19
Merkel	87	Peter	39	Fehr	26	Ueli	19
AKW	85	Europäische	38	Washington	26	Al	18
deutsche	80	Basler	37	amerikani- schen	25	amerika- nische	18
China	78	Schmid	37	WWF	25	Blumenthal	18
Leuenberger	77	Chirac	36	Thomas	24	Deutsche	18
deutschen	72	Europas	35	Bernhard	23	Mercedes	18

Lemma	Anzahl	Lemma	Anzahl	Lemma	Anzahl	Lemma	Anzahl
Genf	68	für	34	George	23	Müller	18
Knut	68	Angela	33	Meier	23	New	18
europäi-schen	63	Karrer	33	Ulrich	23	Rechsteiner	18
Basel	61	Markus	33	Rolf	22	Renzo	18
Zürich	58	Martin	33	Barroso	21	Zürcher	18
«	57	Berliner	32	Deutschen	21	Andreas	17
Berner	56	Christoph	31	EU-Staaten	21	Europäer	17
Gaskraft-werken	51	Ruedi	30	Mühleberg	21	EVP	17

13.2.3.2 Dezember 2007

Lemma	Anzahl	Lemma	Anzahl	Lemma	Anzahl	Lemma	Anzahl
Deutschland	142	»	48	York	32	Al	23
Leuenberger	122	Australien	47	AG	29	Amerika	23
SVP	98	Leuthard	47	London	29	Climate	23
Indien	97	amerika-nische	45	AKW	28	französi-schen	23
Bush	96	FDP	44	Berliner	28	für	23
Europa	94	Washington	44	UBS	28	US-Regier-ung	23
«	85	Lissabon	43	W.	28	Davos	22
Basel	78	Peter	43	Brasilien	27	of	22
Blocher	78	EU-Kommis-sion	42	Doris	27	Robert	22
deutsche	78	Indonesien	41	Markus	27	Stocker	22
deutschen	77	Boer	40	Basler	26	Amerikaner	21
IPCC	73	CO	40	BMW	26	britischen	21
Bern	70	Kyoto	40	Bundesrat	26	Chur	21
Afrika	68	CVP	39	Luzern	26	Frankreich	21
Moritz	65	George	39	Martin	26	Paris	21
Zürich	63	Kanada	39	Michael	26	UNO-Klima-konferenz	21
SP	59	Merkel	39	Zürcher	26	US-Präsi-dent	21

Lemma	Anzahl	Lemma	Anzahl	Lemma	Anzahl	Lemma	Anzahl
Christoph	56	Berlin	38	Chinas	25	Weltbank	21
Nusa	56	indonesischen	38	Europäische	25	David	20

13.2.3.3 Dezember 2009

Lemma	Anzahl	Lemma	Anzahl	Lemma	Anzahl	Lemma	Anzahl
Kopenhagen	1029	Hedegaard	47	Dänemark	33	für	24
USA	396	amerikanische	45	Sarkozy	33	Jackson	24
China	276	deutsche	45	britischen	32	Silva	24
Schweizer	258	Thomas	45	ETH	32	Jenny	23
Schweiz	254	Mexiko	44	Lula	32	WWF	23
EU	208	Chinas	43	Nicolas	32	afrikanischen	22
Leuenberger	178	IPCC	43	Urs	32	Boer	22
Obama	160	Brown	42	Baden	31	französische	22
Barack	112	CO	42	de	31	St.	22
Indien	104	Andreas	41	Clinton	30	Bundesrat	21
Europa	100	Zürich	40	Frankreich	30	East	21
US-Präsident	89	Peter	39	AG	29	Rasmussen	21
Moritz	82	amerikanischen	37	Amerika	29	SBB	21
Basel	79	Lars	37	Amerikaner	29	Stocker	21
Brasilien	74	of	37	Center	27	Zanetti	21
»	64	CEO	36	Australien	26	Anglia	20
Bern	61	Angela	35	Brüssel	26	Basler	20
«	58	britische	35	Rohde	26	da	20
Deutschland	58	Connie	35	Climate	25	europäischen	20
Afrika	56	Martin	35	Gordon	25	Frankreichs	20
Merkel	53	Präsident	35	Greenpeace	25	John	20
SVP	53	Russland	35	Grossbritannien	25	Jones	20
Washington	53	EPA	34	New	25	Michael	20

Lemma	Anzahl	Lemma	Anzahl	Lemma	Anzahl	Lemma	Anzahl
Blocher	51	Japan	34	Peking	25	Obamas	20
Lothar	49	Kyoto	34	Bella	24	Spanien	20

13.2.3.4 September 2013

Lemma	Anzahl	Lemma	Anzahl	Lemma	Anzahl	Lemma	Anzahl
Deutschland	228	CVP	52	Peer	26	Christian	19
Schweiz	208	Abbott	50	Europas	25	Fukushima	19
Schweizer	180	Stockholm	48	Frankreich	25	Reto	19
Merkel	154	St.	47	Geissler	25	Schmidt	19
FDP	136	Berner	46	BFE	24	York	19
Leuthard	134	Australien	45	Hans	24	Christoph	18
SPD	126	Zürich	43	Urs	24	GLP	18
IPCC	114	europäi-schen	41	»	23	Lindenberg	18
Europa	109	AG	40	China	23	Rudd	18
deutschen	100	Deutschen	40	Swiss	23	Schweizeri-schen	18
Bern	85	Tony	40	CSU	22	Werner	18
EU	83	BKW	38	Italien	22	Andreas	17
x	83	für	37	of	22	BMW	17
SVP	79	Steinbrück	37	Eberle	21	Bündner	17
Doris	78	ETH	35	EWL	21	Kevin	17
AKW	74	Luzern	32	IAA	21	Philipp	17
Thomas	68	Universität	32	Maurer	21	Steel	17
SP	67	Berlin	31	New	21	Bundesamt	16
Angela	65	Mühleberg	31	von	21	chinesi-schen	16
deutsche	65	Gallen	29	Bayern	20	Galler	16
CDU	63	Peter	29	Energie	20	Griechen-land	16
USA	63	Sozialde-mokraten	29	europäische	20	Martin	16
KEV	59	Knutti	27	Frankfurt	20	Merkels	16
«	56	Basel	26	Hollande	20	Stefan	16

Lemma	Anzahl	Lemma	Anzahl	Lemma	Anzahl	Lemma	Anzahl
Stocker	55	BDP	26	Rösti	20	Widmer-Schlumpf	16

13.2.3.5 Dezember 2014

Lemma	Anzahl	Lemma	Anzahl	Lemma	Anzahl	Lemma	Anzahl
Schweiz	212	Frankreich	38	IWB	22	CO	16
Schweizer	180	europäischen	37	David	21	Genf	16
SVP	177	Gallen	37	für	21	GLP	16
Deutschland	170	SP	37	Stefan	21	IPCC	16
Lima	161	Russland	35	Urs	21	Climate	15
AKW	158	Hans	34	Widmer-Schlumpf	21	Deutschlands	15
FDP	136	Martin	33	Cafetier	20	Elmiger	15
China	121	Christian	32	Gabriel	20	Franzosen	15
Paris	114	Indien	32	Markus	20	Italien	15
Leuthard	107	Peru	32	Suzuki	20	Japan	15
Bern	103	Thurgau	31	Thomas	20	Kerry	15
USA	92	ETH	30	Basler	19	Kopenhagen	15
EU	90	Zürich	30	Brunner	19	Müller	15
Europa	79	EON	29	Bundesrätin	18	Nationalrats	15
Basel	76	Suisse	28	Fukushima	18	von	15
Doris	72	Peter	27	Meyer	18	Andreas	14
CVP	59	Berlin	26	Mühleberg	18	EKT	14
BDP	51	Grunder	26	Nationalrat	18	französische	14
deutsche	49	KEV	26	Rösti	18	Hausammann	14
St.	48	«	25	Universität	18	Kanada	14
WWF	44	Maurer	25	französischen	17	Michael	14
UNO-Klimakonferenz	43	Wasserfallen	24	Käthi	17	Müller-Altermatt	14
deutschen	42	Albert	23	NZZ	17	New	14
AG	40	Merkel	23	Angela	16	Bolliger	13

Lemma	Anzahl	Lemma	Anzahl	Lemma	Anzahl	Lemma	Anzahl
Berner	40	BKW	22	Anna	16	Europas	13

13.2.3.6 Vor März 2011

Lemma	Anzahl	Lemma	Anzahl	Lemma	Anzahl	Lemma	Anzahl
Schweiz	7636	AG	1246	Davos	815	EU-Kommission	601
Schweizer	6149	Moritz	1215	George	811	Chinas	597
USA	6125	Merkel	1205	London	802	Grossbritannien	595
China	4044	Washington	1192	BMW	782	Markus	595
EU	4023	CVP	1188	St.	772	britischen	594
Bern	3351	Berner	1167	of	767	&	591
Europa	2924	Thomas	1142	Hans	752	Peking	590
Leuenberger	2750	amerikanischen	1106	Toyota	742	Asien	576
Kopenhagen	2408	für	1064	Amerika	725	Mexiko	566
Deutschland	2388	Frankreich	1053	Brasilien	711	britische	563
SVP	2303	ETH	1050	Paris	696	Europas	562
«	2056	York	1045	Australien	693	Basler	559
SP	1971	Afrika	1034	Andreas	678	Italien	559
Zürich	1856	CO	1014	US-Präsident	678	Leuthard	556
FDP	1763	Japan	1002	Christoph	672	Christian	555
Bush	1713	Bali	991	von	664	Kanada	544
Indien	1599	IPCC	985	Universität	658	VW	539
New	1551	Martin	978	Brown	657	Urs	536
Basel	1390	WWF	974	Blocher	646	Daniel	533
Obama	1368	Barack	940	Angela	642	David	477
»	1361	AKW	930	Michael	639	WEF	477
deutsche	1359	europäischen	897	Amerikaner	637	de	474
deutschen	1332	Genf	885	W.	632	Sarkozy	474
Russland	1302	amerikanische	866	John	629	französische	464
Peter	1296	Berlin	865	Zürcher	604	SDA	462

13.2.3.7 März 2011 und danach

Lemma	Anzahl	Lemma	Anzahl	Lemma	Anzahl	Lemma	Anzahl
Schweiz	7160	deutsche	1053	Universität	634	Afrika	450
Schweizer	5745	Japan	1053	Andreas	633	Brasilien	439
Bern	3249	Luzern	1050	Urs	619	europäische	437
Deutschland	3054	ETH	1027	Energie	607	&	433
USA	2821	Thomas	998	KEV	607	Angela	433
Europa	2560	BKW	930	Markus	595	und	431
EU	2401	»	918	Müller	570	Kanada	429
FDP	2282	WWF	913	von	558	London	425
Leuthard	2256	Merkel	911	Aargauer	552	Kanton	423
SVP	2236	BDP	896	Basler	531	David	410
China	2087	europäi-schen	870	Christoph	525	Schweizeri-schen	408
AKW	1984	Gallen	836	Italien	523	CDU	405
AG	1891	Hans	801	IPCC	520	Umwelt	405
CVP	1652	Frankreich	778	Michael	518	Aarau	394
«	1637	New	752	Paris	509	Bundesamt	392
Doris	1523	Russland	751	Paul	508	Zürcher	387
SP	1469	Berlin	737	Europas	504	Asien	379
Zürich	1368	Mühleberg	728	York	501	Deutschen	375
St.	1345	of	671	Daniel	500	Kurt	374
deutschen	1317	Christian	667	Obama	497	Ueli	366
Basel	1305	Genf	660	Australien	496	Maurer	364
Peter	1286	Fukushima	654	Durban	462	Franz	360
Berner	1175	SPD	648	amerikani-schen	460	Widmer-Schlumpf	359
für	1118	Indien	647	Walter	455	Baden	356
Martin	1057	GLP	646	Stefan	453	CKW	356

13.3 Codes

13.3.1 *Topic Modelling*: Themenzusammensetzung

Der folgende Code wurde für die endgültige Themenzusammensetzung verwendet.

```
options(java.parameters = "-Xmx8g")
library(mallet)
mallet_tokens <- matrix(c(texte, daten_geordnet), ncol = 2)
colnames(mallet_tokens) <- c("Text", "Datum")
mallet_instances <- mallet.import(mallet_tokens[,"Datum"],
mallet_tokens[,"Text"], "stoplist.txt", token.regexp = "(?<=\\s).*?(?=\
\s)")
topic.model90.10000.5050 <- MalletLDA(num.topics=90)
topic.model90.10000.5050$loadDocuments(mallet_instances)
vocabulary90.10000.5050 <- topic.model90.10000.5050$getVocabulary()
write.table(vocabulary90.10000.5050, file = "vocabulary90_10000_5050.
csv", sep = "\t")
word.freqs90.10000.5050 <- mallet.word.freqs(topic.model90.10000.5050)
write.table(word.freqs90.10000.5050, file = "word_freqs90_10000_5050.
csv", sep = "\t")
topic.model90.10000.5050$setAlphaOptimization(50, 50)
topic.model90.10000.5050$train(10000)
topic.model90.10000.5050$maximize(100)
```

Auf dem nachfolgenden Schritt beruht die Themenannotation der Dokumente.

```
doc.topics <- mallet.doc.topics(topic.model90.10000.5050, smoothed=F,
normalized=T)
write.table(doc.topics, file = "doc_topics90_10000_5050.csv", sep =
"\t")
```

Der nächste Schritt zeigt die Themenannotation einzelner Wörter. Die Wörter wurden jeweils dem wahrscheinlichsten Thema zugeordnet.

```
topic.words <- mallet.topic.words(topic.model90.10000.5050, smoothed=F,
normalized=T)
write.table(topic.words, file = "topic_words90_10000_5050.csv", sep =
"\t")
```

13.3.2 Korrelationen zwischen einzelnen Themenbereichen

Die Korrelationen wurde mittels der Spearman-Methode ausgewertet (s. Desagulier 2017: 192). Das Signifikanzlevel wurde auf 0.05 festgelegt. Lediglich zwischen «Hybridautos» (V34) und «Beschreibung Autos» (V84) (r=0,40) sowie zwischen «Kennzahlen Autos» (V35) und «Beschreibung Autos» (V84) (r=0,38) bestehen schwache Korrelationen. Weitere schwache Korrelationen bestehen zwischen «Stoppwörter» (V85) sowie «Hybridautos» (V34) und «Kennzahlen Autos» (V35) und zwischen zwei Themen «Stoppwörter» (V18 und V68).

```
library(data.table)
library(corrplot)
library(Hmisc)
doctopics <- fread("doc_topics90_10000_5050.csv", header=TRUE, sep=";")
doctopics <- as.matrix(doctopics)
korrelation <- rcorr(doctopics, type = "spearman")
color4 <- colorRampPalette(c("red", "blue", "green", "yellow"))
corrplot(korrelation$r, method = "color", p.mat = korrelation$P, sig.
level = .05, insig="blank", col = color4(8))
```

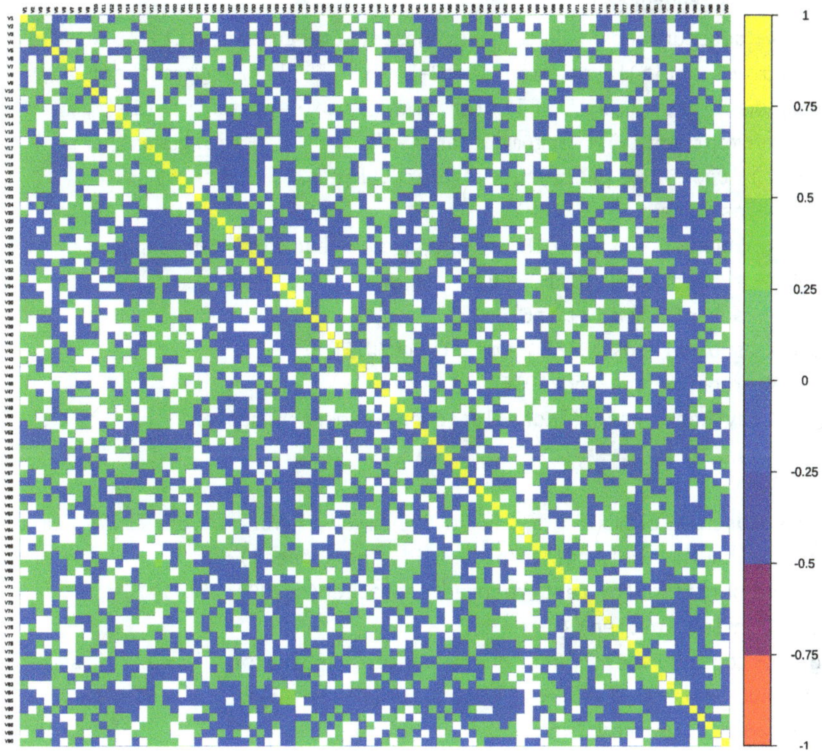

Abb. 31: Korrelationen zwischen den einzelnen Themen in den einzelnen Dokumenten. Die Themennummern entsprechen den Themen in Kapitel 13.2.1

13.3.3 Kollokationen zwischen Indikatoren und Themen

Mit diesem Code wurden diejenigen Belege erhoben, die signifikante Kollokationen zwischen Indikatoren und Themen darstellen und so Einzug in die Analyse fanden.

```
library(dplyr)
library(polmineR)
c <- "WANDELDESKLIMAS"
strukturen <- c("gemischt", "symptomatisch", "analogie", "struktur",
"these", "startpunkt", "zweifel", "konklusion")
part <- partition(c, text_year=as.character(c(2007:2014)))
```

```
for (x in strukturen) {
kook <- cooccurrences(part, query=paste('(<argument_art1="', x, '">[]+
</argument_art1>)|(<argument_art2="', x, '">[]+ </argument_art2>)|
(<argument_art="', x, '">[]+ </argument_art>|<argument_art3="', x, '">[]
+ </argument_art3>)|(<argument_art4="', x, '">[]+ </argument_art4>)',
sep=""), cqp=TRUE, pAttribute="topic", left=25, right=25)
kook <- as.data.frame(kook)
kook <- kook %>% mutate(DIFF = (count_coi - exp_coi)*100/exp_coi)
kook <- subset(kook, DIFF >= 0)
kook <- subset(kook, ll >=6.63)
kook <- subset(kook, DIFF >= mean(kook$DIFF))
kook <- kook[order(-kook$DIFF),]
write.csv(kook, paste("Korrelationen_ThemenArgumente/", x, ".csv",
sep=""))
}
indikatoren <- c("mv1", "mv2", "mv3", "mv4", "mv5", "mv6", "mv7", "mv8",
"mv9", "mv10", "em", "gi", "hi", "di", "bi", "neg")
part <- partition(c, text_year=as.character(c(2007:2014)))
for (x in indikatoren) {
kook <- cooccurrences(part, query=paste('[indikator="', x, '"]',sep=""),
cqp=TRUE, pAttribute="topic", left=10, right=10)
kook <- as.data.frame(kook)
kook <- kook %>% mutate(DIFF = (count_coi - exp_coi)*100/exp_coi)
kook <- subset(kook, DIFF >= 0)
kook <- subset(kook, ll >=6.63)
kook <- subset(kook, DIFF >= mean(kook$DIFF))
kook <- kook[order(-kook$DIFF),]
write.csv(kook, paste("Korrelationen_ThemenArgumente/", x, ".csv",
sep=""))
}
```

13.3.4 Themenverteilung der Diskursereignisse

Mit diesem Code wurden die Kacheldiagramme dargestellt. Exemplarisch ist hier der Code für das Diskursereignis im März 2007.

```
library(ggplot2)
library(treemap)
library(RColorBrewer)
```

```
themenverteilung <- read.csv("mallet_themenverteilungdokumente.csv",
sep=";", header=TRUE)
eu2020 <- subset(themenverteilung, JahrMonat=="2007_03")
eu2020_themen <- as.data.frame(colMeans(eu2020[1:nrow(eu2020),
14:103]))
colnames(eu2020_themen) <- c("Prozent")
labels <- c(V1="Bergtourismus", V2="Gesundheitswesen",
V3="Stoppwörter", V4="Heizen Weihnachten", V5="Stoppwörter",
V6="Biotreibstoffe", V7="Flugzeuge", V8="Wirtschafts- und Finanzkrise",
V9="Fossile Brennstoffe", V10="Aussenpolitik", V11="Luftverschmutzung",
V12="Asien", V13="Wiss. Institutionen CH", V14="Wälder", V15="Zürich",
V16="Natur und Mensch", V17="Literatur", V18="Stoppwörter", V19="Ge-
sellschaft", V20="Konsequenzen Klimawandel", V21="Städte", V22="Wein",
V23="Stoppwörter", V24="Gipfeltreffen", V25="Finanzielle Beträge",
V26="KEV", V27="Emissions-\nbeträge", V28="Atom-\nkraft-\nwerke",
V29="Verbrauch Autos", V30="Australien und Grossbritannien",
V31="Schweizer Politik", V32="Preisentwicklung", V33="Stoppwörter",
V34="Hybridautos", V35="Kennzahlen Autos", V36="Sport",
V37="Persönliche Meinungen", V38="Klimawandel", V39="Symbolische Ak-
tionen", V40="Wetter", V41="Berichterstattung", V42="Landwirtschaft",
V43="CO2-Kompensation", V44="Stoppwörter", V45="Bier", V46="Kohle-
kraftwerke", V47="Stoppwörter", V48="Fleischkonsum", V49="Südamerika",
V50="Zeit- und Ortsangaben", V51="USA", V52="CO2-Abgaben",
V53="Stoppwörter", V54="Weltall", V55="Veranstaltungen",
V56="Treibhausgase", V57="Kraftwerke", V58="Europäische Union",
V59="Familie/Schule", V60="Wahlen", V61="Bern", V62="Gebäudesanierung",
V63="Geothermie", V64="Windenergie", V65="(Nachhaltige)
Investititionen", V66="Unternehmen", V67="Elektroautos",
V68="Stoppwörter", V69="Al Gore", V70="Biodiversität",
V71="Berichterstattung", V72="Aargau", V73="Entwicklungsländer",
V74="Politik", V75="Zürich", V76="Basel", V77="Stoppwörter",
V78="Deutschland", V79="Klimakonferenzen", V80="(In)direkte Rede",
V81="Energiepolitik", V82="Energiewende", V83="Transport-\nmittel",
V84="Beschreibung Autos", V85="Stoppwörter", V86="International
Politik", V87="Studien Klimawandel", V88="Personen-\nbeschreibungen",
V89="unklar", V90="Pole")
eu2020_themen <- cbind(eu2020_themen, labels)
eu2020_themen <- eu2020_themen[order(-eu2020_themen$Prozent),]
eu2020_ausgeschlossen <- subset(eu2020_themen, !(labels %in% c
("Stoppwörter", "(In)direkte Rede", "Berichterstattung", "unklar")))
```

```
eu2020_ausgeschlossen <- subset(eu2020_ausgeschlossen,
eu2020_ausgeschlossen$Prozent >= 0.005)
png("abbildung16.png", res=300, width = 4800, height = 3000, units = "px")
treemap(eu2020_ausgeschlossen, c("labels"), vSize="Prozent", vCo-
lor="labels", fontsize.title=26, fontsize.labels=20,
title="Themenverteilung im März 2007", palette = brewer.pal(n=8, "GnBu"))
+ theme_minimal(base_size=28, base_family="Calibri") + theme(plot.
title=element_text(hjust=0.5), panel.grid = element_line(colour =
"#cccccc"))
dev.off()
```

13.3.5 *Keywords* der Diskursereignisse

Mit diesem Code wurden die *Keywords* (s. Kapitel 5.4.1.2.1) erhoben.

```
library(polmineR)
eu202020 <- partition("WANDELDESKLIMAS", pAttribute="lemma",
text_yearmonth="2007_03")
total <- partition("WANDELDESKLIMAS", pAttribute="lemma", text_year= as.
character(c(2007:2014)))
eu202020_keywords <- features(x = eu202020, y = total, included = TRUE,
method="ll")
eu202020_keywords <- as.data.frame(eu202020_keywords)
size_total <- size(total)
size_eu202020 <- size(eu202020)
eu202020_keywords$diff <- ((eu202020_keywords$count_coi/
size_eu202020)-(eu202020_keywords$count_ref/size_total))*100/
(eu202020_keywords$count_ref/size_total)
eu202020_keywords <- subset(eu202020_keywords, diff> 0)
eu202020_keywords <- subset(eu202020_keywords, !is.na(diff))
eu202020_keywords <- subset(eu202020_keywords, !is.infinite(diff))
eu202020_keywords <- subset(eu202020_keywords, count_coi >= 10)
#Auswertung
durchschnitt <- mean(eu202020_keywords$diff)
eu202020_stat <- subset(eu202020_keywords, ll>= 6.63)
eu202020_stat <- subset(eu202020_stat, diff >= durchschnitt)
eu202020_stat <- eu202020_stat[order(-eu202020_stat$diff),]
eu202020_stat$ll <- round(eu202020_stat$ll, 2)
```

```
eu202020_stat$diff <- round(eu202020_stat$diff, 2)
write.csv(eu202020_stat, "keywords_eu202020.csv")
#keywordscop13
cop13 <- partition("WANDELDESKLIMAS", pAttribute="lemma",
text_yearmonth="2007_12")
total <- partition("WANDELDESKLIMAS", pAttribute="lemma", text_year= as.
character(c(2007:2014)))
cop13_keywords <- features(x = cop13, y = total, included = TRUE,
method="ll")
cop13_keywords <- as.data.frame(cop13_keywords)
size_total <- size(total)
size_cop13 <- size(cop13)
cop13_keywords$diff <- ((cop13_keywords$count_coi/size_cop13)-
(cop13_keywords$count_ref/size_total))*100/(cop13_keywords$count_ref/
size_total)
cop13_keywords <- subset(cop13_keywords, diff> 0)
cop13_keywords <- subset(cop13_keywords, !is.na(diff))
cop13_keywords <- subset(cop13_keywords, !is.infinite(diff))
cop13_keywords <- subset(cop13_keywords, count_coi >= 10)
#Auswertung
durchschnitt <- mean(cop13_keywords$diff)
cop13_stat <- subset(cop13_keywords, ll>= 6.63)
cop13_stat <- subset(cop13_stat, diff >= durchschnitt)
cop13_stat <- cop13_stat[order(-cop13_stat$diff),]
cop13_stat$ll <- round(cop13_stat$ll, 2)
cop13_stat$diff <- round(cop13_stat$diff, 2)
write.csv(cop13_stat, "keywords_cop13.csv")
#keywordscop15
cop15 <- partition("WANDELDESKLIMAS", pAttribute="lemma",
text_yearmonth="2009_12")
total <- partition("WANDELDESKLIMAS", pAttribute="lemma", text_year= as.
character(c(2007:2014)))
cop15_keywords <- features(x = cop15, y = total, included = TRUE,
method="ll")
cop15_keywords <- as.data.frame(cop15_keywords)
size_total <- size(total)
size_cop15 <- size(cop15)
cop15_keywords$diff <- ((cop15_keywords$count_coi/size_cop15)-
(cop15_keywords$count_ref/size_total))*100/(cop15_keywords$count_ref/
size_total)
```

```
cop15_keywords <- subset(cop15_keywords, diff> 0)
cop15_keywords <- subset(cop15_keywords, !is.na(diff))
cop15_keywords <- subset(cop15_keywords, !is.infinite(diff))
cop15_keywords <- subset(cop15_keywords, count_coi >= 10)
#Auswertung
durchschnitt <- mean(cop15_keywords$diff)
cop15_stat <- subset(cop15_keywords, ll>= 6.63)
cop15_stat <- subset(cop15_stat, diff >= durchschnitt)
cop15_stat <- cop15_stat[order(-cop15_stat$diff),]
cop15_stat$ll <- round(cop15_stat$ll, 2)
cop15_stat$diff <- round(cop15_stat$diff, 2)
write.csv(cop15_stat, "keywords_cop15.csv")
#keywordscop20
cop20 <- partition("WANDELDESKLIMAS", pAttribute="lemma",
text_yearmonth="2014_12")
total <- partition("WANDELDESKLIMAS", pAttribute="lemma", text_year= as.
character(c(2007:2014)))
cop20_keywords <- features(x = cop20, y = total, included = TRUE,
method="ll")
cop20_keywords <- as.data.frame(cop20_keywords)
size_total <- size(total)
size_cop20 <- size(cop20)
cop20_keywords$diff <- ((cop20_keywords$count_coi/size_cop20)-
(cop20_keywords$count_ref/size_total))*100/(cop20_keywords$count_ref/
size_total)
cop20_keywords <- subset(cop20_keywords, diff> 0)
cop20_keywords <- subset(cop20_keywords, !is.na(diff))
cop20_keywords <- subset(cop20_keywords, !is.infinite(diff))
cop20_keywords <- subset(cop20_keywords, count_coi >= 10)
#Auswertung
durchschnitt <- mean(cop20_keywords$diff)
cop20_stat <- subset(cop20_keywords, ll>= 6.63)
cop20_stat <- subset(cop20_stat, diff >= durchschnitt)
cop20_stat <- cop20_stat[order(-cop20_stat$diff),]
cop20_stat$ll <- round(cop20_stat$ll, 2)
cop20_stat$diff <- round(cop20_stat$diff, 2)
write.csv(cop20_stat, "keywords_cop20.csv")
#keywordsipcc
ipcc <- partition("WANDELDESKLIMAS", pAttribute="lemma",
text_yearmonth="2013_09")
```

```
total <- partition("WANDELDESKLIMAS", pAttribute="lemma", text_year= as.
character(c(2007:2014)))
ipcc_keywords <- features(x = ipcc, y = total, included = TRUE,
method="ll")
ipcc_keywords <- as.data.frame(ipcc_keywords)
size_total <- size(total)
size_ipcc <- size(ipcc)
ipcc_keywords$diff <- ((ipcc_keywords$count_coi/size_ipcc)-
(ipcc_keywords$count_ref/size_total))*100/(ipcc_keywords$count_ref/
size_total)
ipcc_keywords <- subset(ipcc_keywords, diff> 0)
ipcc_keywords <- subset(ipcc_keywords, !is.na(diff))
ipcc_keywords <- subset(ipcc_keywords, !is.infinite(diff))
ipcc_keywords <- subset(ipcc_keywords, count_coi >= 10)
#Auswerten
durchschnitt <- mean(ipcc_keywords$diff)
ipcc_stat <- subset(ipcc_keywords, ll>= 6.63)
ipcc_stat <- subset(ipcc_stat, diff >= durchschnitt)
ipcc_stat <- ipcc_stat[order(-ipcc_stat$diff),]
ipcc_stat$ll <- round(ipcc_stat$ll, 2)
ipcc_stat$diff <- round(ipcc_stat$diff, 2)
write.csv(ipcc_stat, "keywords_ipcc.csv")
#keywordsvorfukushima
vor <- c("2007_01", "2007_02", "2007_03", "2007_04", "2007_05",
"2007_06", "2007_07", "2007_08", "2007_09", "2007_10", "2007_11",
"2007_12", "2008_01", "2008_02", "2008_03", "2008_04", "2008_05",
"2008_06", "2008_07", "2008_08", "2008_09", "2008_10", "2008_11",
"2008_12", "2009_01", "2009_02", "2009_03", "2009_04", "2009_05",
"2009_06", "2009_07", "2009_08", "2009_09", "2009_10", "2009_11",
"2009_12", "2010_01", "2010_02", "2010_03", "2010_04", "2010_05",
"2010_06", "2010_07", "2010_08", "2010_09", "2010_10", "2010_11",
"2010_12", "2011_01", "2011_02")
nach <- c("2011_03", "2011_04", "2011_05", "2011_06", "2011_07",
"2011_08", "2011_09", "2011_10", "2011_11", "2011_12", "2012_01",
"2012_02", "2012_03", "2012_04", "2012_05", "2012_06", "2012_07",
"2012_08", "2012_09", "2012_10", "2012_11", "2012_12", "2013_01",
"2013_02", "2013_03", "2013_04", "2013_05", "2013_06", "2013_07",
"2013_08", "2013_09", "2013_10", "2013_11", "2013_12", "2014_01",
"2014_02", "2014_03", "2014_04", "2014_05", "2014_06", "2014_07",
"2014_08", "2014_09", "2014_10", "2014_11", "2014_12")
```

```
vorfukushima <- partition("WANDELDESKLIMAS", pAttribute="lemma",
text_yearmonth=vor)
total <- partition("WANDELDESKLIMAS", pAttribute="lemma",
text_yearmonth= nach)
vorfukushima_keywords <- features(x = vorfukushima, y = total, included =
FALSE, method="ll")
vorfukushima_keywords <- as.data.frame(vorfukushima_keywords)
size_total <- size(total)
size_vorfukushima <- size(vorfukushima)
vorfukushima_keywords$diff <- ((vorfukushima_keywords$count_coi/
size_vorfukushima)-(vorfukushima_keywords$count_ref/size_total))*100/
(vorfukushima_keywords$count_ref/size_total)
vorfukushima_keywords <- subset(vorfukushima_keywords, diff> 0)
vorfukushima_keywords <- subset(vorfukushima_keywords, !is.na(diff))
vorfukushima_keywords <- subset(vorfukushima_keywords, !is.infinite
(diff))
vorfukushima_keywords <- subset(vorfukushima_keywords, count_coi >= 10)
#Auswertung
durchschnitt <- mean(vorfukushima_keywords$diff)
vorfukushima_stat <- subset(vorfukushima_keywords, ll>= 6.63)
vorfukushima_stat <- subset(vorfukushima_stat, diff >= durchschnitt)
vorfukushima_stat <- vorfukushima_stat[order(-vorfukushima_stat
$diff),]
vorfukushima_stat$ll <- round(vorfukushima_stat$ll, 2)
vorfukushima_stat$diff <- round(vorfukushima_stat$diff, 2)
write.csv(vorfukushima_stat, "keywords_vorfukushima.csv")
#keywordsnachfukushima
vor <- c("2007_01", "2007_02", "2007_03", "2007_04", "2007_05",
"2007_06", "2007_07", "2007_08", "2007_09", "2007_10", "2007_11",
"2007_12", "2008_01", "2008_02", "2008_03", "2008_04", "2008_05",
"2008_06", "2008_07", "2008_08", "2008_09", "2008_10", "2008_11",
"2008_12", "2009_01", "2009_02", "2009_03", "2009_04", "2009_05",
"2009_06", "2009_07", "2009_08", "2009_09", "2009_10", "2009_11",
"2009_12", "2010_01", "2010_02", "2010_03", "2010_04", "2010_05",
"2010_06", "2010_07", "2010_08", "2010_09", "2010_10", "2010_11",
"2010_12", "2011_01", "2011_02")
nach <- c("2011_03", "2011_04", "2011_05", "2011_06", "2011_07",
"2011_08", "2011_09", "2011_10", "2011_11", "2011_12", "2012_01",
"2012_02", "2012_03", "2012_04", "2012_05", "2012_06", "2012_07",
"2012_08", "2012_09", "2012_10", "2012_11", "2012_12", "2013_01",
```

```
"2013_02", "2013_03", "2013_04", "2013_05", "2013_06", "2013_07",
"2013_08", "2013_09", "2013_10", "2013_11", "2013_12", "2014_01",
"2014_02", "2014_03", "2014_04", "2014_05", "2014_06", "2014_07",
"2014_08", "2014_09", "2014_10", "2014_11", "2014_12")
nachfukushima <- partition("WANDELDESKLIMAS", pAttribute="lemma",
text_yearmonth=nach)
total <- partition("WANDELDESKLIMAS", pAttribute="lemma",
text_yearmonth= vor)
nachfukushima_keywords <- features(x = nachfukushima, y = total, included
= FALSE, method="ll")
nachfukushima_keywords <- as.data.frame(nachfukushima_keywords)
size_total <- size(total)
size_nachfukushima <- size(nachfukushima)
nachfukushima_keywords$diff <- ((nachfukushima_keywords$count_coi/
size_nachfukushima)-(nachfukushima_keywords$count_ref/size_total))
*100/(nachfukushima_keywords$count_ref/size_total)
nachfukushima_keywords <- subset(nachfukushima_keywords, diff> 0)
nachfukushima_keywords <- subset(nachfukushima_keywords, !is.na(diff))
nachfukushima_keywords <- subset(nachfukushima_keywords, !is.infinite
(diff))
nachfukushima_keywords <- subset(nachfukushima_keywords, count_coi >=
10)
#Auswertung
durchschnitt <- mean(nachfukushima_keywords$diff)
nachfukushima_stat <- subset(nachfukushima_keywords, ll>= 6.63)
nachfukushima_stat <- subset(nachfukushima_stat, diff >= durchschnitt)
nachfukushima_stat <- nachfukushima_stat[order(-nachfukushima_stat
$diff),]
nachfukushima_stat$ll <- round(nachfukushima_stat$ll, 2)
```

```
nachfukushima_stat$diff <- round(nachfukushima_stat$diff, 2)
write.csv(nachfukushima_stat, "keywords_nachfukushima.csv")
```

13.3.6 Wortwolken der Kollokationen einzelner Begriffe

Mit diesem Code wurden die Wortwolken von Ausdrücken für *Klimawandel* erhoben (s. Kapitel 8.3).

```
library(tm)
library(wordcloud)
library(polmineR)
freqlist <- read.table("keys_cop15.txt", header=TRUE)
#Statistisch relevante Wörter
freqlist.stat <- subset(freqlist, Stat >= 6.64)
#DIFF
freqlist.stat$DIFF <-(freqlist.stat$Freq_SC_N - freqlist.stat
$Freq_RC_N)*100/freqlist.stat$Freq_RC_N
freqlist.diff <- subset(freqlist.stat, DIFF >= median(DIFF))
#Aufbereitung
all.words <- as.vector(rep(freqlist.diff$Lemma, freqlist.diff$Freq_SC))
cat(all.words, file = "wolke/keywords_wolke_cop15.txt", sep=" ")
cop15 <- Corpus(DirSource("wolke"))
cop15 <- Corpus(VectorSource(cop15))
wordcloud(cop15, scale=c(5,0.5), max.words=100, min.freq = 10, random.
order = FALSE, rot.per = .35, use.r.layout = FALSE, colors = brewer.pal(8,
"Dark2"))
#Stoppwörter entfernen
stopwords <- stopwords(kind="german")
interpunktion <- c('\\.', ',', '«', '»', '\\(', '\\)', '\\?', '-', '-',
';', '!')
stopwords <- c(stopwords, interpunktion)
synonyme <- c('[lemma="Klimawandel"]', '[lemma="Klimaerwärmung"]',
'[lemma="Klimaveränderung"]', '[lemma="Klimaänderung"]', '[lemma=
"Erderwärmung"]', '[lemma="global"][lemma="Erwärmung"]')
y <- '[lemma="Klimawandel"]'
wolke_lemma <- as.data.frame(context("WANDELDESKLIMAS", y,
sAttribute="s", pAttribute="lemma"))
wolke_lemma <- wolke_lemma[order(-wolke_lemma$count_coi),]
```

```
wolke_lemma <- wolke_lemma[!grepl(paste(stopwords,collapse="|"),
wolke_lemma$lemma),]
all.words <- as.vector(rep(wolke_lemma$lemma, wolke_lemma$count_coi))
wortwolke <- cat(all.words, file = "wolke/keywords_wolke_cop15.txt",
sep=" ")
klimawandel <- Corpus(DirSource("wolke"))
klimawandel <- Corpus(VectorSource(klimawandel))
wortwolke <- '[lemma="Klimaveränderung"]'
wolke_lemma <- as.data.frame(context("WANDELDESKLIMAS", z,
sAttribute="s", pAttribute="lemma"))
wolke_lemma <- wolke_lemma[order(-wolke_lemma$count_coi),]
wolke_lemma <- wolke_lemma[!grepl(paste(stopwords,collapse="|"),
wolke_lemma$lemma),]
all.words <- as.vector(rep(wolke_lemma$lemma, wolke_lemma$count_coi))
wortwolke <- cat(all.words, file = "wolke/keywords_wolke_cop15.txt",
sep=" ")
klimaveraenderung <- Corpus(DirSource("wolke"))
klimaveraenderung <- Corpus(VectorSource(klimaveraenderung))
a <- '[lemma="Klimaänderung"]'
wolke_lemma <- as.data.frame(context("WANDELDESKLIMAS", a,
sAttribute="s", pAttribute="lemma"))
wolke_lemma <- wolke_lemma[order(-wolke_lemma$count_coi),]
wolke_lemma <- wolke_lemma[!grepl(paste(stopwords,collapse="|"),
wolke_lemma$lemma),]
all.words <- as.vector(rep(wolke_lemma$lemma, wolke_lemma$count_coi))
wortwolke <- cat(all.words, file = "wolke/keywords_wolke_cop15.txt",
sep=" ")
klimaaenderung <- Corpus(DirSource("wolke"))
klimaaenderung <- Corpus(VectorSource(klimaaenderung))
b <- '[lemma="Erderwärmung"]'
wolke_lemma <- as.data.frame(context("WANDELDESKLIMAS", b,
sAttribute="s", pAttribute="lemma"))
wolke_lemma <- wolke_lemma[order(-wolke_lemma$count_coi),]
wolke_lemma <- wolke_lemma[!grepl(paste(stopwords,collapse="|"),
wolke_lemma$lemma),]
all.words <- as.vector(rep(wolke_lemma$lemma, wolke_lemma$count_coi))
wortwolke <- cat(all.words, file = "wolke/keywords_wolke_cop15.txt",
sep=" ")
erderwaermung <- Corpus(DirSource("wolke"))
erderwaermung <- Corpus(VectorSource(erderwaermung))
```

```
c <- '[lemma="global"][lemma="Erwärmung"]'
wolke_lemma <- as.data.frame(context("WANDELDESKLIMAS", c,
sAttribute="s", pAttribute="lemma"))
wolke_lemma <- wolke_lemma[order(-wolke_lemma$count_coi),]
wolke_lemma <- wolke_lemma[!grepl(paste(stopwords,collapse="|"),
wolke_lemma$lemma),]
all.words <- as.vector(rep(wolke_lemma$lemma, wolke_lemma$count_coi))
wortwolke <- cat(all.words, file = "wolke/keywords_wolke_cop15.txt",
sep=" ")
global <- Corpus(DirSource("wolke"))
global <- Corpus(VectorSource(global))
g <- '[lemma="Klimaerwärmung"]'
wolke_lemma <- as.data.frame(context("WANDELDESKLIMAS", g,
sAttribute="s", pAttribute="lemma"))
wolke_lemma <- wolke_lemma[order(-wolke_lemma$count_coi),]
wolke_lemma <- wolke_lemma[!grepl(paste(stopwords,collapse="|"),
wolke_lemma$lemma),]
all.words <- as.vector(rep(wolke_lemma$lemma, wolke_lemma$count_coi))
wortwolke <- cat(all.words, file = "wolke/keywords_wolke_cop15.txt",
sep=" ")
klimaerwaermung <- Corpus(DirSource("wolke"))
klimaerwaermung <- Corpus(VectorSource(klimaerwaermung))
e <- '[lemma="Wandel"][word="des"][lemma="Klima"]'
wolke_lemma <- as.data.frame(context("WANDELDESKLIMAS", e,
sAttribute="s", pAttribute="lemma"))
wolke_lemma <- wolke_lemma[order(-wolke_lemma$count_coi),]
stopwords <- c(stopwords, interpunktion, 'list\\(\\)', '"en\\)"',
'ngen')
wolke_lemma <- wolke_lemma[!grepl(paste(stopwords,collapse="|"),
wolke_lemma$lemma),]
all.words <- as.vector(rep(wolke_lemma$lemma, wolke_lemma$count_coi))
wortwolke <- cat(all.words, file = "wolke/keywords_wolke_cop15.txt",
sep=" ")
wandel <- Corpus(DirSource("wolke"))
wandel <- Corpus(VectorSource(wandel))
f <- '[lemma="Klimaänderung"]'
wolke_lemma <- as.data.frame(context("WANDELDESKLIMAS", f,
sAttribute="s", pAttribute="lemma"))
wolke_lemma <- wolke_lemma[order(-wolke_lemma$count_coi),]
wolke_lemma <- wolke_lemma[!grepl(paste(stopwords,collapse="|"),
```

```
wolke_lemma$lemma),]
all.words <- as.vector(rep(wolke_lemma$lemma, wolke_lemma$count_coi))
wortwolke <- cat(all.words, file = "wolke/keywords_wolke_cop15.txt",
sep=" ")
aenderung <- Corpus(DirSource("wolke"))
aenderung <- Corpus(VectorSource(aenderung))
pdf("wortwolken_ausdruecke.pdf", width = 7, height = 5)
layout(matrix(c(1:16), ncol=4), heights=c(1, 8, 1, 8, 1, 8,1,8, 1, 8))
par(mar=c(0.3,0.3,0.3,0.3), pty="m")
plot.new()
text(x=0.5, y=0.5, "Klimawandel")
wordcloud(klimawandel, main="Title", max.words=100, min.freq = 5,
scale=c(2,0.8), random.order = FALSE, rot.per = .0, use.r.layout = T)
plot.new()
text(x=0.5, y=0.5, "Klimaveränderung")
wordcloud(klimaveraenderung, main="Title", scale=c(2,0.8),max.
words=100, min.freq = 5, random.order = FALSE, rot.per = .0, use.r.layout =
T)
plot.new()
text(x=0.5, y=0.5, "Klimaänderung")
wordcloud(aenderung, main="Title", max.words=100, min.freq = 5, scale=c
(2,0.8), random.order = FALSE, rot.per = .0, use.r.layout = T)
#plot.new()
#text(x=0.5, y=0.5, "Wandel des Klimas")
#wordcloud(wandel, main="Title", max.words=150, min.freq = 5, scale=c
(2,0.5), random.order = FALSE, rot.per = .0, use.r.layout = T)
plot.new()
text(x=0.5, y=0.5, "Erderwärmung")
wordcloud(erderwaermung, main="Title", max.words=150, min.freq = 5,
scale=c(2,0.8), random.order = FALSE, rot.per = .0, use.r.layout = T)
plot.new()
text(x=0.5, y=0.5, "Globale Erwärmung")
wordcloud(global, main="Title", max.words=100, min.freq = 5, scale=c
(2,0.8), random.order = FALSE, rot.per = .0, use.r.layout = T)
plot.new()
text(x=0.5, y=0.5, "Klimaerwärmung")
wordcloud(klimaerwaermung, main="Title", max.words=100, min.freq = 5,
scale=c(2,0.8), random.order = FALSE, rot.per = .0, use.r.layout = T)
dev.off()
```

13.4 Zur Analyse verwendete Artikel und Beiträge

13.4.1 Pilotanalysen der Diskursereignisse

13.4.1.1 März 2007

Zeitung	Datum	Autor*in	Titel	ID
Neue Zürcher Zeitung	24.03.2007	keine Angabe	Es gibt in Europa einen Platz für die Schweiz	16486
Neue Zürcher Zeitung	14.03.2007	keine Angabe	Weltweit weniger Waldfläche	16614
Neue Zürcher Zeitung	10.03.2007	keine Angabe	Der EU-Gipfel sagt Ja zum Klimaschutz	16629
Neue Zürcher Zeitung	07.03.2007	keine Angabe	Schweiz	16644
Berner Zeitung	24.03.2007	Bernhard Kislig	Trügerischer Glanz der Ökobilanz	9366
Berner Zeitung	10.03.2007	Simon Thönen	Merkel stellt geschickt die Weichen	9397
Berner Zeitung	02.03.2007	keine Angabe	Technologie «von vorgestern»	9432
Berner Zeitung	02.03.2007	Dietmar Ostermann	McCains Traum vom Weissen Haus	9433
Berner Zeitung	02.03.2007	keine Angabe	Ist er ein Umweltsünder?	9434
Basler Zeitung	31.03.2007	Kurt Tschan	Heizen wie anno dazumal	6887
Basler Zeitung	22.03.2007	Michael Rockenbach	Gaskraftwerken wird Hahn zugedreht – So kompensieren die Betreiber das CO2	6908
Basler Zeitung	13.03.2007	Axel Kiefer	Mit dem Klimawandel Geld verdienen – Hauptursache Kohlendioxid	6945
SonntagsBlick	04.03.2007	keine Angabe	Axpo-Chef Heinz Karrer warnt	19048
SonntagsZeitung	04.03.2007	keine Angabe	Meldungen	20033
SonntagsZeitung	25.03.2007	keine Angabe	Wen oder was haben wir befragt?	20158

13.4.1.2 Dezember 2007

Zeitung	Datum	Autor*in	Titel	ID
Neue Zürcher Zeitung	15.12.2007	keine Angabe	Zähes Ringen an der Klima-konferenz auf Bali	15552
Zürichsee-Zeitung	12.12.2007	keine Angabe	Fonds gegen Folgen des Klimawandels	29036
Neue Zürcher Zeitung	13.12.2007	keine Angabe	Treibstoff aus Pflanzen	15562
Berner Zeitung	20.12.2007	Simon Thönen	Klimaschutz verteuert Autos	9237
Basler Zeitung	31.12.2007	keine Angabe	achtung, statistik!	6377
Basler Zeitung	31.12.2007	Valentin Groebner*	Der schlechte Geschmack der Vergangenheit	6388
NZZ am Sonntag	16.12.2007	keine Angabe	Das Telefon für Öko-Bewusste	17723
Basler Zeitung	31.12.2007	Christoph Heim	Editorial. Das Gas des Jahres	6392
Sonntag	30.12.2007	Matthias Scharrer	Badespass in CO2-Schleuder	17933
Sonntag	09.12.2007	Patrik Müller	Politik und Liebesbriefe	17942
Tages-Anzeiger	29.01.2007	keine Angabe	Autokonzerne widersetzen sich dem Klimaschutz	23954
Aargauer Zeitung	08.12.2007	Christoph Bopp	Lieber kein grosser Wurf	2112
Basler Zeitung	04.12.2007	Willi Germund,	Bali soll den Durchbruch bringen	6455
Zürichsee-Zeitung	24.12.2007	Irma Schaub	CO2-Ausstoss global reduzieren	29016
Zürichsee-Zeitung	20.12.2007	keine Angabe	Weniger Steuern für Öko-Fahrer	29022

13.4.1.3 Dezember 2009

Zeitung	Datum	Autor*in	Titel	ID
Neue Zürcher Zeitung	19.12.2009	keine Angabe	Die Welt im Spiegel von Kopenhagen	14747
Neue Zürcher Zeitung	12.12.2009	keine Angabe	Differenzen an der Klimakonferenz	14771
Neue Zürcher Zeitung	11.12.2009	keine Angabe	Bildungsaustausch mit Europa	14778

Zeitung	Datum	Autor*in	Titel	ID
Basler Zeitung	05.12.2009	keine Angabe	Entwicklungsländer fordern Schadenersatz	5405
Aargauer Zeitung	18.12.2009	Gieri Cavelty	Im Kampf gegen den Klimawandel	2882
Aargauer Zeitung	16.12.2009	keine Angabe	Verteidigen wir die Menschenrechte	2898
Zürichsee-Zeitung	14.12.2009	Sonja Astfalck	Gemeinsam aus der Sackgasse finden	29586
Zürichsee-Zeitung	07.12.2009	Martin Arnold	«Die Bergkultur regelt sich selber»	29600
20 Minuten	17.12.2009	keine Angabe	Studenten-Mission: HSG soll klimaneutral werden	188
Südostschweiz	19.12.2009	Silvan Stricker	«Wir sind nur ein kleines Rädchen»	22632
Blick	19.12.2009	Matej Mikusik	Noch steht die Welt mit leeren Händen da	10155
Blick	07.12.2009	keine Angabe	So gefährlich ist das Spiel mit der Erde	10165
Tages-Anzeiger	12.12.2009	Doro Baumgartner	Nicht alle Glocken läuten gegen die drohende Klimakatastrophe	26272
Tages-Anzeiger	22.12.2009	keine Angabe	Deutlich mehr Schäden durch Klimawandel	26305
Tages-Anzeiger	31.12.2009	keine Angabe	Präsident Lula setzt Klimaschutzgesetz in Kraft	26426

13.4.1.4 September 2013

Zeitung	Datum	Autor*in	Titel	ID
SonntagsZeitung	29.09.2013	Pascal Tischhauser	«Für die Energiestrategie 2050 sieht es im Moment nicht gut aus»	19830
Südostschweiz	12.09.2013	keine Angabe	Neue Tierarten in Weinbergen	21748
Neue Zürcher Zeitung	12.09.2013	keine Angabe	Unsichere Energiewelt	12269
Berner Zeitung	02.09.2013	keine Angabe	Frau Leuthard, bitte lesen!	7572
Berner Zeitung	14.09.2013	keine Angabe	Änderung der Einspeisevergütung verunsichert Baubranche	7553

Zeitung	Datum	Autor*in	Titel	ID
Tages-Anzeiger	05.09.2013	René Lenzin	Graubünden und Tessin investieren in Kohlestrom	27622
Tages-Anzeiger	28.09.2013	Martin Läubli	«Das CO2-Budget ist schon fast weg»	27763
Blick	17.09.2013	Philipp Albrecht	Wir brauchen die AKW noch	9866
Basler Zeitung	30.09.2013	keine Angabe	Kundgebung für Umweltaktivisten	4038
Aargauer Zeitung	13.09.2013	Stefan Schmid	Es droht ein happiger Aufschlag auf Neuwagen	1707
Basler Zeitung	26.09.2013	Thomas Wehrli	Auf den letzten Drücker	4048
NZZ am Sonntag	22.09.2013	Andreas Hirstein/ Patrick Imhasly	Der Klimawandel steht still	17071
Aargauer Zeitung	03.09.2013	keine Angabe	Leserbriefe zu den Aarauer Stadtratswahlen am 22. September	1723
Basler Zeitung	06.09.2013	Christian Fink	Feuer, Licht und Energie im Fokus	4072
Tages-Anzeiger	22.10.2013	David Nauer	Mini-Opposition für Deutschland	27899

13.4.1.5 Dezember 2014

Zeitung	Datum	Autor*in	Titel	ID
Basler Zeitung	30.12.2014	Peter Hegetschweiler	Das Einsteigermodell aus Ingolstadt	3650
Basler Zeitung	15.12.2014	Kurt Tschan	Kommentar. Das Klima bleibt belastet	3663
Basler Zeitung	09.12.2014	Andreas Tereh	Einspruch. Borner rechnet mit Milchbuch	3678
Schweiz am Sonntag	07.12.2014	Aline Trede	Energiegeladen durch die Energiestrategie	18163
SonntagsBlick	14.12.2014	Jonas Dreyfus	«Manchmal muss man seinen Körper einsetzen»	18533
Berner Zeitung	04.12.2014	keine Angabe	Die BKW expandiert weiter	7178
Tages-Anzeiger	02.12.2014	Stefan Häne/ Markus Brotschi	Nationalrat will Energieverbrauch pro Kopf senken	27963

Zeitung	Datum	Autor*in	Titel	ID
Tages-Anzeiger	09.12.2014	Christian Brönnimann	Atomausstieg wird ein wenig konkreter	27968
Tages-Anzeiger	02.12.2014	Simon Schmid	Signal an Schweizer Konzerne	27980
Tages-Anzeiger	09.12.2014	Nina Vetterli	Das Tüpfelchen auf dem GTi	28239
Neue Luzerner Zeitung	10.12.2014	keine Angabe	UNO-Klimagipfel in Lima gestartet	11079
St. Galler Tagblatt	03.12.2014	Christian Mihatsch	Textlawine begräbt Klimaverhandlungen	21218
St. Galler Tagblatt	02.12.2014	Hanspeter Guggenbühl	Antrag der SVP bleibt chancenlos	21420
St. Galler Tagblatt	04.12.2014	keine Angabe	Schizophrenes Volk?	21497
St. Galler Tagblatt	03.12.2014	keine Angabe	Weisse Weihnachten sind noch möglich	21318

13.4.1.6 Grundberichterstattung

Zeitung	Datum	Autor*in	Titel	ID
Neue Zürcher Zeitung	30.05.2014	keine Angabe	Vom Revier zum Park	12584
Neue Zürcher Zeitung	04.04.2008	keine Angabe	Grünes Erwachen in Australien	15722
Neue Zürcher Zeitung	21.06.2008	keine Angabe	Der Satellit Jason 2 gestartet	16056
Basler Zeitung	26.10.2011	keine Angabe	Klimawandel. Der CO2- Ausstoss stieg seit 2000 um 28,5 Prozent	4739
Basler Zeitung	28.05.2008	Peter-Jakob Kelting	Rohstoff für die Gegenwart	6150
Basler Zeitung	24.05.2007	Annette Mahro	Im Epizentrum des Eurodistricts	6787
NZZ am Sonntag	15.04.2007	keine Angabe	Klimawandel, Teil 1	17858
Aargauer Zeitung	24.06.2008	Daniel Friedli	Grüne Pirouette um die Kernkraft-Frage	2438
Aargauer Zeitung	30.11.2009	keine Angabe	Kerosin-Steuer geht an die Luftfahrt	2837
Zürichsee-Zeitung	03.06.2009	keine Angabe	Mit Geld Klimaschutz betreiben	29429
Blick	23.09.2008	Andreas Faust	Na dann, gute Fahrt!	10250

Zeitung	Datum	Autor*in	Titel	ID
Tages-Anzeiger	05.08.2014	Martin Läubli	Ort der Zerstörung	27981
St. Galler Tagblatt	20.05.2011	keine Angabe	Mut zur Energiewende	20291
St. Galler Tagblatt	05.11.2013	keine Angabe	Das CO2-freie Haus	20770
Tagblatt der Stadt Zürich	12.06.2013	Gabriele Spiller	Neulich...	23533

13.4.2 Analyse diskursrelevanter Themengebiete

13.4.2.1 Biotreibstoffe

Zeitung	Datum	Autor*in	Titel	ID
Berner Zeitung	07.08.2007	keine Angabe	Liste 1 SVP-Frauen	8917
Neue Zürcher Zeitung	15.03.2014	keine Angabe	Amerika hilft Malaysia bei Flugzeug-Suche	12190
Neue Zürcher Zeitung	13.12.2007	keine Angabe	Treibstoff aus Pflanzen	15562
Basler Zeitung	24.06.2008	keine Angabe	Bioethanol ist seit zwei Jahren auf dem Markt	6108
Neue Zürcher Zeitung	04.04.2007	keine Angabe	Biokraftstoffe der zweiten Generation	16463
Berner Zeitung	24.06.2008	keine Angabe	Bio-Ethanol an 38 Tankstellen	9568
Berner Zeitung	23.11.2011	keine Angabe	Mit Biogas CO2-neutral unterwegs	8354
Berner Zeitung	10.03.2011	keine Angabe	Biogas neu im Angebot	8251
Tages-Anzeiger	28.06.2008	Romeo Regenass	Sonderfall Schweiz – auch beim Bioethanol	25307
Tages-Anzeiger	28.06.2008	Romeo Regenass	Sonderfall Schweiz – auch beim Bioethanol	25288
Basler Zeitung	24.06.2008	Hanspeter Guggenbühl	Steuererlass auf Biobenzin wirkt nicht	6111
Südostschweiz	21.01.2011	keine Angabe	Mehr Erdgas im Glarnerland abgesetzt	22342
SonntagsZeitung	13.03.2011	keine Angabe	Der Wundersaft, den keiner will	19575

Zeitung	Datum	Autor*in	Titel	ID
Basler Zeitung	08.07.2008	Peter T. Klaentschi	Schnapsidee wird zur Alternative	6086
Berner Zeitung	18.10.2007	keine Angabe	Gas geben – mit Erdgas	9314
Sonntag	01.06.2008	keine Angabe	Der Treibstoff, der den Kreislauf schliesst	18531
Berner Zeitung	23.05.2007	Brigitte Walser	«Interessant ist der Treibstoff, der aus Abfall gewonnen wird»	9095
Aargauer Zeitung	12.02.2013	keine Angabe	Neue Bioenergie aus dem Aargau	1280
Südostschweiz	23.06.2008	Hanspeter Guggenbühl	Steuererlass auf Biobenzin wirkt nicht so wie erhofft	23210
Zürichsee-Zeitung	24.06.2008	Stefan Schneiter	Ökologisch Autofahren mit E85	29141

13.4.2.2 Fossile Brennstoffe

Zeitung	Datum	Autor*in	Titel	ID
Basler Zeitung	26.08.2013	keine Angabe	www.baz.ch	4086
Basler Zeitung	19.06.2013	keine Angabe	www.baz.ch	4139
Basler Zeitung	16.10.2010	keine Angabe	Bisphenol A	5065
20 Minuten	03.01.2013	keine Angabe	Russland bleibt vorn	566
St. Galler Tagblatt	01.09.2011	keine Angabe	Rosneft kooperiert mit Exxon Mobil	20570
St. Galler Tagblatt	03.01.2013	keine Angabe	Russland bleibt Erdöl-Riese	21115
Neue Luzerner Zeitung	01.09.2011	keine Angabe	Riesige Ölvorkommen vermutet	11667
Blick am Abend	31.08.2011	keine Angabe	Mega-Deal in der Arktis	10787
Basler Zeitung	17.11.2010	keine Angabe	«Peak Oil»	5033
Neue Zürcher Zeitung	19.05.2008	Karl R. Felder	Gazprom investiert erstmals in Nordamerika	15833
Neue Zürcher Zeitung	13.07.2007	keine Angabe	Gazprom kooperiert mit Total	16539
Basler Zeitung	18.08.2011	keine Angabe	Öl fliesst weiter in die Nordsee	4815
Tages-Anzeiger	15.09.2014	keine Angabe	Milliardenschwere Arktis-Pläne von Exxon in Gefahr	27794

Zeitung	Datum	Autor*in	Titel	ID
Neue Zürcher Zeitung	07.09.2007	keine Angabe	Kasachstan fordert höheren Anteil am Erdölfeld Kaschagan	15122
Neue Zürcher Zeitung	14.04.2008	keine Angabe	Shell will in Russland Terrain gutmachen	15895
Neue Zürcher Zeitung	20.08.2013	keine Angabe	Reife Schönheit	13014
Basler Zeitung	14.06.2010	Hanspeter Guggenbühl	Abhängigkeit birgt doppeltes Risiko	5173
Basler Zeitung	28.06.2007	Gerd Braune	Die dunkle Seite des Ölsandreichtums	6716
Neue Zürcher Zeitung	05.04.2014	keine Angabe	Schiefergas wird für Kiew wichtiger	12164
NZZ am Sonntag	13.06.2010	keine Angabe	Ölpest stoppt Erforschung riskanter Ölvorkommen nicht	17432

13.4.2.3 Konsequenzen Klimawandel

Zeitung	Datum	Autor*in	Titel	ID
NZZ am Sonntag	02.09.2012	keine Angabe	Acht Plagen	17209
Neue Zürcher Zeitung	10.05.2014	keine Angabe	Kiribati kämpft gegen den Untergang	12116
20 Minuten	03.10.2013	keine Angabe	Flucht wegen Klima	788
20 Minuten	27.11.2013	keine Angabe	Kein Klimaflüchtling	773
Basler Zeitung	04.02.2011	keine Angabe	Regenwald stirbt vor Hitze	4971
Basler Zeitung	10.12.2009	keine Angabe	Hohe Wellen	5378
Neue Zürcher Zeitung	17.08.2010	keine Angabe	Die Katastrophen	14081
20 Minuten	27.08.2009	keine Angabe	Trotz geplanter Schleusen: Venedig wird untergehen	241
St. Galler Tagblatt	01.12.2012	keine Angabe	Hochwasserschutz hat Priorität	20839
Südostschweiz	05.05.2013	Urs Wälterlin	Australien droht ein Platz auf der «Liste der Schande»	21821
Neue Zürcher Zeitung	27.03.2010	Victor Kocher	«Man muss den Mut zu einer Vision haben»	13965
Tages-Anzeiger	05.10.2011	keine Angabe	Wassermangel im Südseeparadies	27415
Neue Luzerner Zeitung	06.05.2013	keine Angabe	Riff droht «Liste der Schande»	11506

Zeitung	Datum	Autor*in	Titel	ID
Aargauer Zeitung	10.07.2012	keine Angabe	Mehr Schutz für Korallen verlangt	1198
Tages-Anzeiger	12.11.2013	keine Angabe	Warten auf Hilfe nach Taifun Haiyan	27993
St. Galler Tagblatt	04.10.2013	keine Angabe	Salzkorn	20777
St. Galler Tagblatt	04.10.2013	keine Angabe	Salzkorn	20778
Südostschweiz	02.10.2012	Urs Wälterlin	Seesterne und Klimawandel zerfressen die Wunderwelt	21950
Basler Zeitung	18.05.2009	keine Angabe	Klima	5691
St. Galler Tagblatt	01.10.2012	Ralph Schulze	Aus Strassen wurden Flüsse	20692

13.4.2.4 Klimawandel

Zeitung	Datum	Autor*in	Titel	ID
Basler Zeitung	21.05.2010	keine Angabe	Auch die Meere erwärmen sich	5202
Basler Zeitung	27.09.2013	keine Angabe	Entschleunigte Erwärmung	4044
Berner Zeitung	31.05.2012	keine Angabe	Do, 31. Mai	8115
NZZ am Sonntag	06.12.2009	keine Angabe	Der Ausstoss von Treibhausgasen und die Zukunft der Erde	17488
NZZ am Sonntag	29.11.2009	keine Angabe	Reto Knutti	17497
Basler Zeitung	03.02.2007	keine Angabe	Thomas Stocker	7031
NZZ am Sonntag	22.09.2013	keine Angabe	Wissen	17078
Berner Zeitung	28.09.2013	keine Angabe	Warnung verschärft	7542
Berner Zeitung	28.09.2013	keine Angabe	Meere sollen stärker ansteigen	7537
St. Galler Tagblatt	02.04.2014	keine Angabe	PRESSESCHAU	21460
Neue Luzerner Zeitung	07.10.2013	keine Angabe	Klimarat verschärft seine Warnungen	11278
NZZ am Sonntag	09.11.2014	keine Angabe	Tausende Seiten zusammengefasst	16934
St. Galler Tagblatt	03.11.2012	keine Angabe	Vier Grad wärmer bis zum Jahr 2100	20708
St. Galler Tagblatt	03.11.2012	keine Angabe	Vier Grad wärmer bis zum Jahr 2100	20709

Zeitung	Datum	Autor*in	Titel	ID
Zürichsee_Zeitung	28.09.2013	keine Angabe	Klimawandel noch stärker	30201
Basler Zeitung	11.06.2010	keine Angabe	Klimawandel	5176
Aargauer Zeitung	05.10.2009	keine Angabe	Grönland Gletscher schmelzen schneller als befürchtet	2787
Südostschweiz	28.03.2012	keine Angabe	ausland	22169
Berner Zeitung	04.07.2013	keine Angabe	Berner Forscher kritisieren zaghafte Klimapolitik	7620
Tages-Anzeiger	15.03.2007	keine Angabe	Bis 2050 wird es 2,5 Grad wärmer	24043

13.4.2.5 CO_2-Kompensation

Zeitung	Datum	Autor*in	Titel	ID
Anzeiger Region Bern	07.02.2007	keine Angabe	Mitmachen, Geld sparen und gewinnen!	3607
Neue Luzerner Zeitung	19.09.2013	keine Angabe	Kanton Uri Gotthard-Raststätte erhält Klimaschutz?	11307
Basler Zeitung	10.02.2010	keine Angabe	Strengere Vorschriften	5277
Neue Zuercher Zeitung	12.07.2007	keine Angabe	In der Jugendherberge CO2-neutral übernachten	16540
Biel Bienne	06.06.2007	keine Angabe	News	9749
Berner Zeitung	23.01.2009	keine Angabe	Jost druckt klimaneutral	8686
Anzeiger Luzern	28.08.2013	keine Angabe	myClimate – The Climate Protection Partnership	3598
Berner Zeitung	22.01.2009	keine Angabe	Jost druckt klimaneutral	8687
Aargauer Zeitung	28.05.2008	keine Angabe	Versicherungen mit speziellem Klimaschutzprodukt	2209
Neue Zürcher Zeitung	25.02.2010	keine Angabe	Zürich tourismus wird grün	14313
Tages-Anzeiger	11.02.2009	keine Angabe	Briefe und Pakete klimaneutral schicken	25769
Anzeiger Luzern	28.08.2013	keine Angabe	myClimate – The Climate Protection Partnership	3591
Basler Zeitung	18.09.2007	keine Angabe	Swiss dockt bei «my climate» an	6596
St. Galler Tagblatt	03.12.2011	keine Angabe	Den Klimaschutz vor Ort gefördert	20356

Zeitung	Datum	Autor*in	Titel	ID
Anzeiger Luzern	23.10.2013	keine Angabe	myClimate – The Climate Protection Partnership	3592
Tages-Anzeiger	17.03.2014	keine Angabe	Klimaschutz-Stiftung wirbt für Flugreisen	28081
St. Galler Tagblatt	09.03.2011	keine Angabe	EgoKiefer gewinnt mit Eisbär	20515
20 Minuten	02.07.2008	keine Angabe	20 Sekunden	166
Basler Zeitung	13.03.2007	keine Angabe	Klimawandel: Wie Investoren profitieren und einen Beitrag leisten können	6946
Berner Zeitung	07.08.2007	keine Angabe	Führendes Unternehmen	8919

13.4.2.6 CO_2-Abgaben

Zeitung	Datum	Autor*in	Titel	ID
Basler Zeitung	18.02.2009	keine Angabe	Ziel verfehlt	5784
Aargauer Zeitung	21.01.2009	keine Angabe	CO2-Reduktion EU-Ziele übernehmen	2526
10vor10	26.08.2009	keine Angabe	Bundesrat will CO2-Ausstoss senken	26
Tagesschau	17.01.2012	keine Angabe	Nachrichten Schweiz	28370
Aargauer Zeitung	11.04.2014	keine Angabe	Schweiz erreicht Klimaziele 2012	1759
Aargauer Zeitung	22.12.2007	keine Angabe	Höhere Auflagen für Gaskraftwerke	2087
Südostschweiz	22.02.2008	keine Angabe	Der Bundesrat verzichtet auf eine Benzinabgabe	23297
Basler Zeitung	16.12.2011	keine Angabe	CO2-Ausstoss. Auf Benzin wird keine Abgabe erhoben.	4691
Berner Zeitung	22.02.2008	keine Angabe	Autofahrer geschont	8571
Neue Zürcher Zeitung	17.08.2007	keine Angabe	Bundesrat Leuenberger für neue Lenkungsabgabe	15171
20 Minuten	11.04.2014	keine Angabe	Schweiz hat Klima-Ziele für 2008 bis 2012 erfüllt	747
Zürichsee-Zeitung	17.08.2007	keine Angabe	Emissionen massiv senken	28907
St. Galler Tagblatt	03.01.2012	Hanspeter Guggenbühl	Bundesrat bricht Klimaversprechen	20826
Berner Zeitung	07.03.2011	keine Angabe	Erst die Kasse, dann das Klima	8261

Zeitung	Datum	Autor*in	Titel	ID
Südostschweiz	22.02.2008	keine Angabe	Bundesrat verzichtet auf Benzinabgabe	23298
St. Galler Tagblatt	07.03.2011	Hanspeter Guggenbühl	Erst die Kasse, dann das Klima	20327
Südostschweiz	17.01.2012	Hanspeter Guggenbühl	Schweiz senkt ihre Klimagase vor allem im Ausland	22204
Basler Zeitung	07.03.2011	Hanspeter Guggenbühl	Erst kommt die Kasse, dann das Klima	4955
Südostschweiz	20.06.2009	keine Angabe	Höhere CO2-Abgabe verteuert das Heizöl	22834
Berner Zeitung	18.01.2012	keine Angabe	Leuthards Kuhhandel mit CO2-Zertifikate	7904

13.4.2.7 Treibhausgase

Zeitung	Datum	Autor*in	Titel	ID
Basler Zeitung	26.02.2012	keine Angabe	Lebender Filter	4616
Basler Zeitung	09.05.2008	keine Angabe	Neuer Speicher	6177
Tages-Anzeiger	01.12.2010	keine Angabe	Volle Kraft voraus mit Ameisensäure im Tank	26133
Basler Zeitung	31.10.2008	keine Angabe	West Lafayette	5946
Tages-Anzeiger	12.01.2011	keine Angabe	Erstmals gasförmige Kohlensäure hergestellt	27135
Tages-Anzeiger	11.11.2014	keine Angabe	Gespeichertes Treibhausgas im Boden ist rückführbar	28139
St. Galler Tagblatt	03.10.2014	keine Angabe	Forscher wollen Klimagase als Schlamm entsorgen	21443
Neue Zürcher Zeitung	31.05.2010	keine Angabe	Die Methan-Bildung im Kivusee	13489
St. Galler Tagblatt	03.09.2011	keine Angabe	Neue Methode zum Speichern von Wasserstoff	20500
Neue Zürcher Zeitung	18.05.2011	keine Angabe	Ein Ziel – Verschiedene Wege	14648
Neue Zürcher Zeitung	26.03.2008	keine Angabe	Farbstoff-Solarzellen für hohe Temperaturen	15432
Neue Zürcher Zeitung	26.03.2008	keine Angabe	Farbstoff-Solarzellen für hohe Temperaturen	15732
Neue Zürcher Zeitung	16.04.2008	keine Angabe	Wasserspaltung mit einem stabilen Katalysator	15887

Zeitung	Datum	Autor*in	Titel	ID
St. Galler Tagblatt	06.01.2011	keine Angabe	Treibstoff aus Solarreaktor	20491
Neue Zürcher Zeitung	23.09.2009	Reinhold Kurschat	Vom Abfall zum Chemieroh-stoff	13853
Basler Zeitung	05.08.2010	keine Angabe	Sequestrierung	5134
St. Galler Tagblatt	03.04.2014	keine Angabe	Kerosin aus Sonnenlicht ist machbar	21437
Tages-Anzeiger	05.01.2011	keine Angabe	Treibstoff aus Sonnenlicht, Wasser und Kohlendioxid	26869
Blick am Abend	05.01.2011	keine Angabe	SO GEHT DAS	10856
Neue Zürcher Zeitung	17.11.2010	Reinhold Kurschat	Die Kunst der Kohlendioxid -Abscheidung	14849

13.4.2.8 Klimakonferenzen

Zeitung	Datum	Autor*in	Titel	ID
Blick	01.12.2011	keine Angabe	CO2 Klimafonds kommt nicht	10011
Zürichsee-Zeitung	10.10.2009	keine Angabe	Klima-Bekenntnis der USA	29668
Blick	30.11.2010	keine Angabe	Jetzt reden sie in Mexiko	10105
Südostschweiz	11.12.2011	keine Angabe	Kompromiss in letzter Minute am Klimagipfel in Durban	22020
20 Minuten	27.11.2012	keine Angabe	18. Weltklimakonferenz in Doha wurde eröffnet	579
Südostschweiz	04.12.2007	keine Angabe	Positives Startsignal für Kli-makonferenz	23405
Südostschweiz	04.12.2007	keine Angabe	Positives Startsignal für Kli-makonferenz	23400
Neue Zürcher Zeitung	11.09.2008	keine Angabe	Für Nicholas Stern ist die nächste Klimakonferenz in Kopenhagen das wichtigste	16200
Basler Zeitung	08.12.2008	keine Angabe	Ende Woche tagen die Um-weltminister	5883
20 Minuten	09.12.2014	keine Angabe	Proteste am UNO-Klimagipfel	702
Berner Zeitung	12.12.2011	keine Angabe	Zeitplan ist beschlossen	8336
Zürichsee-Zeitung	13.12.2007	keine Angabe	Berlin fordert von den USA konkrete Ziele	29033
Südostschweiz	12.12.2009	keine Angabe	Uno legt ersten Vertragsent-wurf vor	22654

Zeitung	Datum	Autor*in	Titel	ID
Südostschweiz	13.12.2008	keine Angabe	Wenig Konkretes am Uno-Treffen	23022
Neue Zürcher Zeitung	03.12.2007	keine Angabe	NZZ Online	15315
20 Minuten	25.11.2013	keine Angabe	Klimakonferenz	774
St. Galler Tagblatt	03.12.2011	keine Angabe	PRESSESCHAU	20526
Zürichsee-Zeitung	30.11.2010	keine Angabe	Klimakonferenz eröffnet	29873
Neue Luzerner Zeitung	09.12.2012	keine Angabe	Kioto-Protokoll? bis 2020 verlängert	11646
20 Minuten	12.12.2011	keine Angabe	Durban: Kompromiss am Weltklimagipfel	337

13.4.2.9 Energiepolitik

Zeitung	Datum	Autor*in	Titel	ID
Basler Zeitung	07.11.2012	keine Angabe	Folgekosten unbekannt	4360
Basler Zeitung	03.07.2012	keine Angabe	Umstrittene Stromgewinnung	4492
Berner Zeitung	31.01.2013	keine Angabe	Do, 31. Januar	7699
St. Galler Tagblatt	06.09.2013	keine Angabe	PRESSESCHAU	20969
Basler Zeitung	02.12.2011	keine Angabe	Die ökologische Steuerreform lenkt von den Problemen der Energiewende ab	4710
Südostschweiz	23.08.2013	keine Angabe	inland	21772
Südostschweiz	10.11.2012	keine Angabe	Inland	21917
20 Minuten	04.07.2011	keine Angabe	Ökologische Steuerreform	370
20 Minuten	17.05.2013	keine Angabe	Energiewende-Streit	532
Neue Zürcher Zeitung	31.12.2013	keine Angabe	Umkämpfte Umsetzung der Energiewende	12399
Neue Zürcher Zeitung	30.12.2013	keine Angabe	Umkämpfte Umsetzung der Energiewende	12400
20 Minuten	17.01.2012	keine Angabe	Für Energiewende	693
Berner Zeitung	19.08.2010	keine Angabe	Leuenberger Ende Oktober	8485
Tages-Anzeiger	24.08.2013	keine Angabe	Annäherung von Wirtschaft und Umweltverbänden	27880
St. Galler Tagblatt	04.07.2011	keine Angabe	Für ökologische Steuerreform	20379
Tages-Anzeiger	04.06.2011	keine Angabe	Widmer-Schlumpf für ökologische Steuerreform	26974

Zeitung	Datum	Autor*in	Titel	ID
St. Galler Tagblatt	05.10.2012	keine Angabe	Energiewende als Chance sehen	20907
SonntagsZeitung	16.12.2012	keine Angabe	Leuthard kontert Kritik der Wirtschaft an Energiestrategie	19809
Basler Zeitung	17.12.2009	keine Angabe	Klimaschutz als Event	5346
Neue Luzerner Zeitung	05.09.2013	keine Angabe	Bundesrat formt Energiewende	11325

13.4.2.10 Studien Klimawandel

Zeitung	Datum	Autor*in	Titel	ID
Blick	01.07.2013	keine Angabe	El Niño wird aktiver	9883
St. Galler Tagblatt	03.03.2012	keine Angabe	Grönlands Eismassen stärker bedroht	20698
Neue Zürcher Zeitung	02.05.2007	keine Angabe	Beeinflusst der Klimawandel das Fischwachstum?	16902
20 Minuten	15.04.2011	keine Angabe	Gletscher erwärmen sich immer schneller	391
Aargauer Zeitung	27.03.2008	keine Angabe	Antarktis-Eis schmilzt rapide	2267
Neue Zürcher Zeitung	02.06.2010	Sven Titz	Natürliche Komponenten der Erderwärmung	13480
St. Galler Tagblatt	07.12.2010	keine Angabe	Narkosegase heizen wie eine Million Autos	20604
Basler Zeitung	31.10.2008	keine Angabe	Auch am Südpol: Der Mensch ist schuld	5947
20 Minuten	20.06.2011	keine Angabe	0,45 Grad Celsius	373
Tages-Anzeiger	22.06.2007	keine Angabe	Klimaschaukel im Mittelmeer	25229
Neue Zürcher Zeitung	28.01.2010	keine Angabe	Einfluss von Kohlendioxid auf Klima	14363
Neue Zürcher Zeitung	06.02.2008	keine Angabe	Rasche Verstärkung des Treibhauseffekts	14925
St. Galler Tagblatt	09.04.2013	keine Angabe	Klimawandel bringt heftigere Turbulenzen	20808
Tages-Anzeiger	02.10.2008	keine Angabe	Klima der letzten 6000 Jahre aufgezeichnet	25246
Tages-Anzeiger	16.01.2013	keine Angabe	2012 war eines der wärmsten Jahre	27985

Zeitung	Datum	Autor*in	Titel	ID
Aargauer Zeitung	23.01.2009	keine Angabe	Antarktis doch wärmer	2523
Tages-Anzeiger	01.02.2008	keine Angabe	Wärmerer Atlantik, mehr Hurrikane	24445
St. Galler Tagblatt	03.09.2013	keine Angabe	Mensch beendete die Kleine Eiszeit	21134
Tages-Anzeiger	24.07.2007	Martin Läubli	Der Mensch als Regenmacher	24413
Südostschweiz	01.02.2008	keine Angabe	Klimawandel deutlich «hausgemacht»»	23317

Index

https://doi.org/10.1515/9783110760804-014

www.ingramcontent.com/pod-product-compliance
Lightning Source LLC
Chambersburg PA
CBHW071728270326
41928CB00013B/2598
9783111530123